DAS LEBEN DER KUNST

BOJANA KUNST

DAS LEBEN DER KUNST

Transversale Linien der Sorge

Aus dem Slowenischen von Alfred Leskovec
Bearbeitung: Stefan Nowotny

transversal texts
transversal.at

ISBN: 978-3-903046-39-9

transversal texts ist Textmaschine und abstrakte Maschine zugleich, Territorium und Strom der Veröffentlichung, Produktionsort und Plattform - die Mitte eines Werdens, das niemals zum Verlag werden will.

Dieses Buch ist gedruckt, als EPUB und als PDF erhältlich.
Download: transversal.at
Umschlaggestaltung und Basisdesign: Pascale Osterwalder

transversal texts, 2023
eipcp Wien, Linz, Berlin, London, Málaga, Zürich
ZVR: 985567206
A-1060 Wien, Gumpendorferstraße 63b
contact@eipcp.net ¦ transversal.at

in Kooperation mit

Maska, Ljubljana
SI-1000, Metelkova 6
info@maska.si ¦ www.maska.si

Die slowenische Version ist unter dem Titel *Življenje umetnosti: prečne črte skrbi* bei Maska, Ljubljana 2021 erschienen.
Die vorliegende Publikation ist Teil des Projektes ‚Peripheral Visions', das im Rahmen des Programms ‚Creative Europe (2021-2027)' der Europäischen Union gefördert wird. Die Ausgabe wurde durch die Slowenische Buchagentur ermöglicht.
Das eipcp wird gefördert von: Stadt Wien Kultur, Foundation for Arts Initiatives; Bundesministerium für Kunst, Kultur, öffentlichen Dienst und Sport.

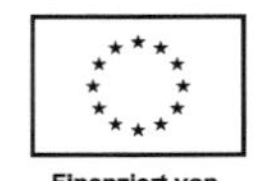

Finanziert von
der Europäischen Union

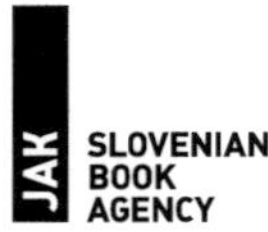

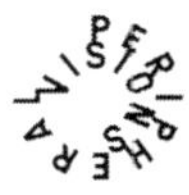

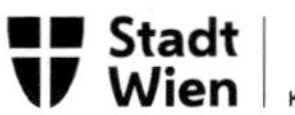

Kultur

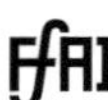

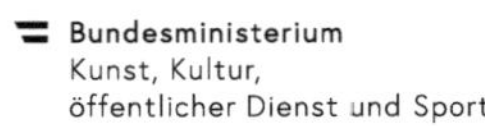

Von der Europäischen Union finanziert. Die geäußerten Ansichten und Meinungen entsprechen jedoch ausschließlich denen der Autorin und spiegeln nicht zwingend die der Europäischen Union oder der Europäischen Exekutivagentur für Bildung und Kultur (EACEA) wider. Weder die Europäische Union noch die EACEA können dafür verantwortlich gemacht werden.

Inhalt

Vorwort

Dies ist ein Buch vom Leben der Kunst und ihren Schwierigkeiten mit der Sorge. Wir können auf verschiedene Weisen sorgen, auch indem wir nichts tun und dennoch Sorge tragen. Wir können einfach nur sorgsam nachdenken und an etwas oder diejenigen denken, die in Schwierigkeiten sind. Wir können abstrakt sorgen, für uns und andere, und die Sorgen können uns von innen auffressen, ohne dass wir deshalb wirklich etwas unternehmen, außer uns zu sorgen. Auf den ersten Blick scheint es, dass heute viele künstlerische Arbeiten Sorge tragen, indem sie die Probleme der Welt, in der wir leben, aufzeigen, vor ihnen warnen, sie darstellen, sich mitfühlend auf sie einlassen, sie offenlegen. Allgemein scheint es, dass der Kunst die Sorge um die Würde des Menschenlebens obliegt, was jedoch noch nicht bedeutet, dass die sorgende Kunst auch wirklich würdevoll ist, sofern sie sich auf sich selbst und ihre Verflechtung mit der Welt bezieht. Mein Schreiben war von einem Unbehagen begleitet, das ich während der letzten zehn Jahre und mehr verspürte angesichts der häufigen Bezugnahmen auf Sorge in Kunstzusammenhängen – vor allem in den performativen und bildenden Künsten, in deren Mittelpunkt menschliche Körper und mehr-als-menschliche Körper stehen. Ausdrücke und Gesten der Sorge sind allgegenwärtig: in kuratorischen Konzepten, auf Festivals, in den Titeln von Ausstellungen und Aufführungen, in Workshops, Büchern und Diskussionen über Kunst, in Reflexionen über künstlerische Arbeitsprozesse.

Im akademischen Feld wie auch im Kunstfeld sehen wir andauernd den Wunsch nach Vorschlägen,

Zukunftsvisionen und neuen Alternativen, doch oft kommt es im Zusammenhang mit diesen Vorschlägen und Wünschen bloß zur Umgruppierung einer Reihe von Werten, von Themen, die jenen ähneln, die wir mit neuen Vorschlägen eigentlich hinter uns lassen möchten. Aus diesem Grund denke ich das Leben der Kunst im vorliegenden Buch so, dass ich es an seine Grenzen bringe, seine politischen, rechtlichen und ethischen Grenzen: Wird die Sorge ernst genommen, in ihrer Stofflichkeit und ihren körperlichen Implikationen, in ihrer grundlegenden Interdependenz, dann kann sie nicht länger auf dieselbe Weise weiterleben und es wird notwendig, ein anderes Leben der Kunst zu fordern. Dieses andere Leben, dieses andere Vermögen bildet sich in der schöpferischen Dynamik vielfältiger Welten, vielfältiger Körper heran, die Sinnlichkeiten und Stofflichkeiten ohne moderne Gewalt und Ausschließung, ohne Progressivismus und Neuentdeckung erschaffen, während zugleich die Trennungen, Eigentumsverhältnisse und Schutzmechanismen der Freiheit unterminiert werden, um die herum sich Kunstsysteme, wie wir sie kennen, herausgebildet haben. Die so erschlossenen Ränder und Grenzen bestimmen auch die Reichweite meines Schreibens. Weil mein Wissen, mein Leben und meine Arbeit situiert sind, kann ich nur an dieser schwindelerregenden Linie entlang schreiben, entlang einer Reihe von Momenten körperlichen und gedanklichen Unbehagens, denen ich mich nur nähern kann, wenn ich genauer und umfassender zuhöre, wenn ich langsamer werde und haltmache. So komme ich dem näher, was Mierle Laderman Ukeles in ihrem Manifesto for Maintenance Art beschreibt – ich versuche, die Schaffung des Neuen zu entstauben, auf die Zeitlichkeit, den Wiederholungscharakter, die Sinnlichkeit und die Kontinuität der Sorge hinzuweisen. Daher auch meine Entscheidung, mich beim Schreiben von den Formen des Unbehagens leiten zu lassen, die ich nicht aufzulösen vermag, einschließlich der körperlichen Angstgefühle, die aufkommen, wenn ich mich mit künstlerischen Arbeiten und Diskursen auseinandersetze. Ich bin fest vom Vermögen der Kunst überzeugt, eine andere Welt zu imaginieren und sie in der Praxis zu erproben, und dieses Buch ist auch aus einem Wunsch nach Affirmation dieses Vermögens entstanden. Mein Lernen und Denken gilt der Frage, wie wir uns in erfinderischer Art und Weise mit den ökologischen, menschlichen und globalen Krisen auseinandersetzen können, die wir durchleben. Aber im Alltag meiner Arbeit und meines Lebens bin ich mit der Asymmetrie, der Ungleichheit und den Konflikten konfrontiert, die jene selben Kunstwelten durchziehen, die im Kampf um eine gerechtere Welt auf den Barrikaden stehen und von denen ich mit meiner Arbeit und meinem Leben selbst Teil bin. In dieser Hinsicht beziehe ich mich stark auf ein reiches feministisches und dekoloniales Denken der Sorge, das sich in der feministischen Ethik und in der feministischen Natur- und Sozialwissenschaft ebenso findet wie in der feministischen aktivistischen Praxis, die sich ständig mit dem Unbehagen der Sorge auseinandersetzt. Die Sorge ist und bleibt jene unabweisbare, kontinuierliche und transversale Linie des Lebens, und sie lässt sich nicht trennen vom ontologischen Prekärsein des Lebens selbst; doch eben deshalb steht sie auch im Mittelpunkt der Herstellung von Geschlechterhierarchien und der Gewalt gegen diejenigen, die anders sind. Die Sorge ist somit ein ambivalentes Vermögen, das es permanent zu entmystifizieren gilt und das mit den Praxen und materiellen Prozessen in Beziehung zu setzen ist, durch die sie als ethisches und politisches Verhältnis konstituiert wird. Ohne Transversalität keine Sorge. Sie verbindet vielerlei Körper, Praxen und Materialitäten, die auch von tiefen Konflikten und Asymmetrien durchzogen sein können. Die Sorge der Solidarität bindet viele Körper ein, für die die Folgen dieser Sorge aber ganz unterschiedlich sein können. Geteilte Sorge trennt also und grenzt aus, während sie uns doch zugleich miteinander verbindet. Eben wegen dieser Transversalität versetzt uns die Sorge in eine Asymmetrie von körperlichen und materiellen Verantwortlichkeiten, worin Formen des Mitgefühls und Körperzustände immer dynamisch und – gerade aufgrund ihrer Interdependenz – ungerecht und ungleich sind.

Es ist kein Zufall, dass gerade in einer Welt, die von extremen Ungleichheiten, ökologischen Krisen und Ungleichgewichten gekennzeichnet ist, Sorge in der Kunst keine Grenzen kennt, ja fast unendlich wird: Es wird möglich, sich empathisch auf Probleme einzulassen, sich mit anderen zu verbinden, sich mit dem Leben zu verflechten, Welten zu schaffen, in den Befreiungspraxen anderer Inspiration zu suchen – denken wir nur an ein engagiertes internationales Festival oder eine Biennale. Das ändert nichts an den Systemen der Kunst, den Produktions- und Arbeitsweisen in der Kunst, der Rolle von geistigem Eigentum und Autorschaft, der Schaffung und Zirkulation ihrer Werte; zudem ist Kunst, samt ihrer grenzenlosen Sorge, tief in prekäre Verhältnisse, in die Beschleunigung von Arbeit und Produktion eingebettet. Trotz ihrer Verstrickung und ihres Engagements, trotz ihrer grenzenlosen Sorge um die Welt verbleibt die

Kunst oft innerhalb ihres konzeptuellen und institutionellen Horizonts, und die Sorge erweist sich paradoxerweise als ein Mehrwert, der dem Fortschrittsglauben und den unaufhörlichen Innovationen, obgleich nun stärker sinnlich orientiert, hinzugefügt wird. Dies erzeugt zahlreiche Asymmetrien: zwischen der unendlichen Sorge der Kunst um die Welt und der Verschärfung ihrer Produktions- und ökonomischen Bedingungen, zwischen ihrer Offenheit für die Verflechtung mit dem Leben und der Unterordnung unter projektbasierte Arbeits- und Schaffensmodelle, zwischen ihrer Sorge um Dauer, Bewahrung und Mäßigung und den gewaltförmigen Beschleunigungen, die in den globalen Kunstwelten zu finden sind. Ich beschreibe eben jene Asymmetrien, die ich in den letzten Jahren in künstlerischen Veranstaltungen, Diskussionen und theoretischen Konzepten, aber auch in den ganz alltäglichen Widersprüchen im Leben von Künstler:innen, im institutionellen Leben der Kunst, in künstlerischen Bildungseinrichtungen oder bei meiner alltäglichen Lehrtätigkeit beobachten konnte. Ich bin überzeugt davon, dass diese gesellschaftlichen und persönlichen Formen von Unbehagen nur zu ertragen sind, wenn wir körperlich, sinnlich und aktiv dekoloniale Herangehensweisen ins Werk setzen, um das Leben der Kunst, wie wir es kennen, zu verlernen. Die Sorge hat für die Kunst reale Folgen, denn sie kann sich nur durch die Erfindungen gemeinschaftlicher Lebensformen verwirklichen. Die Sorge wird somit zum Vermögen der Kunst, mit ihren eigenen Lebens- und Existenzweisen zu brechen, eine Zäsur in ihre materiellen, ökonomischen und strukturellen Hintergründe einzuführen, die von der modernen kolonialen Kunstgeschichte herrühren, und dabei ihre eigenen Formen der Zuschreibung von Wert gründlich zu unterminieren und zu verwirren. Dieser Prozess ist schwierig und instabil, voller Unbehagen, Fallstricke und Versuchungen, Privilegien zu bewahren und eine Art von Gewalt auszuüben, die eben auch zur Sorge gehört, steht doch Sorge auch im Mittelpunkt moderner Kunstinstitutionen, die es nicht gäbe ohne koloniale Prozesse räuberischer Sammeltätigkeit, mithin des Herausreißens aus den Lebenswelten, denen viele der geplünderten Kunstobjekte angehören.

Die Verbindungen zwischen Kunst und Sorge eröffnen auch Einblicke in eine Reihe von sozialen Gegenwartsfragen, welche die Koexistenz betreffen, und zwar in Bezug auf menschliche wie auch mehr-als-menschliche Verhältnisse, eine Koexistenz also, die verflochten, interdependent und transversal ist und verschiedene menschliche, ökologische und globale Konstellationen miteinander verknüpft. Die Kunst hat bezüglich dieser Welten ein wunderbares Vermögen des Imaginierens, Schaffens und Experimentierens, sofern sie auch dazu in der Lage ist, das ihr bekannte Leben zu überschreiten, indem sie sich den spektralen Dimensionen mehr-als-menschlicher und kosmopolitischer Zusammenhänge zuwendet, welche uns an Körper und Existenzen binden, die uns zu dem machen, was wir sind: Leben existiert nur, weil es in diese dynamischen, immer schon geneigten und transversalen Sorgelinien verwoben ist. In Umfeldern, in denen autoritäre Regierungsformen mehr oder minder gewaltsam in künstlerische Praxen und Leben intervenieren, sehen wir heute einen Kampf für ein anderes Bild der Kunst als jenes, das in ihrer modernen Geschichte am Werk war. Ich interessiere mich daher auch dafür, wie (und ob) Sorgepraxen über die Trennungen zwischen Progressivem und Konservativem, Altem und Neuem hinausgehen, sowie dafür, wie wir inmitten der Feindseligkeiten, die gegenwärtigen Kulturkämpfen zugrunde liegen, Fluchtlinien und Allianzen finden sowie andere Atmosphären der Koexistenz schaffen können. Ich möchte zeigen, dass die Sorge uns in der Tat aus dem Gleichgewicht werfen muss, dass ihre Prozesse uns verwirren und den Boden erschüttern müssen, auf dem wir stehen: Schon durch die Nähe von Kunst und Sorge allein wird jegliche Anrufung der Autonomie der Kunst grundlegend erschwert, selbst wenn diese in Verteidigung ihrer Freiheit erfolgt.

Dies ist ein Buch über die Veränderungen in künstlerischen Prozessen, in der künstlerischen Arbeit und im Schaffen von Kunst, sowie über die mit diesen einhergehenden Veränderungen der Werte, die uns im Kunstfeld umgeben – Veränderungen, die eng mit poetisch-künstlerischen Erkundungen sowie mit zeitgenössischen dekolonialen Praxen und Denkweisen verbunden sind. Es ist ein Widerhall von Reflexionen und Fragestellungen, die es nicht gäbe ohne die zahlreichen Menschen, die mich begleiten, die mich inspirieren und die Teil jener transversalen Sorgelinien sind, die sich durch die Welt unserer gemeinsamen Existenz ziehen. Mein Schreiben ist zutiefst geprägt von Lektüren und Gesprächen, von meiner Lehrtätigkeit, aber auch vom vielfältigen Austausch mit Künstler:innen, von dramaturgischen und künstlerischen Prozessen, denen ich beigewohnt habe. Ich danke den gegenwärtigen und ehemaligen Student:innen und Kolleg:innen am Institut für Angewandte Theaterwissenschaft in Gießen, mit denen ich die vielen Wege dieses Buches in Seminaren und Gesprächen gemeinsam durchgearbeitet habe, Wege, die sich mir ohne ihre Sicht der Welt und ihren Mut nicht eröffnet hätten. Für sein Vertrauen und die Einladung, dieses Buch zu schreiben, danke ich meinem Freund Janez Janša. Ich danke auch Igor Stromajer für die erste Lektüre, dem Herausgeber der Maska-Buchreihe Gregor Moder für sein Vertrauen und all die editorische Unterstützung sowie Alja Lobnik und Pia Brezavšček für das generationenübergreifende Verwandtwerden. Mein Dank gilt auch Marc Villanueva Mir für seine Hilfe bei der Klärung von Nuancen spanischer Begriffe sowie Suzana Koncut für ihre engagierte und schnelle terminologische Recherche und Unterstützung. Ich danke weiterhin dem Übersetzer des Buches ins Deutsche, Alfred Leskovec, für seine Übersetzung. Mein besonderer Dank gilt auch Stefan Nowotny für sein aufmerksames Lektorat der deutschen Übersetzung sowie den Kolleg:innen von transversal texts, insbesondere Gerald Raunig, Ruth Sonderegger und Raimund Minichbauer, für ihre Unterstützung und ihr Vertrauen.

DAS LEBEN DER KUNST

Das Individuum und die Gruppe können nicht ohne einen gewissen existenziellen Sturz ins Chaos auskommen. Es ist das, was wir jede Nacht tun, wenn wir uns dem Universum der Träume hingeben. Die wichtige Frage hierbei ist zu wissen, welche Lehre wir aus diesem Abtauchen ziehen: ein Gefühl des Desasters oder die Enthüllung neuer Möglichkeitslinien? (Félix Guattari, *Für eine Neubegründung sozialer Praktiken*)[1]

---

1 Félix Guattari, *Für eine Neubegründung sozialer Praktiken* übers. v. Daniel Drognitz, in: Tobias Bärtsch, Daniel Drognitz, Sarah Eschenmoser et al. (Hg.), *Ökologien der Sorge*, Wien et al.: transversal texts, 2017, S. 215.

1. Die Nähe von Kunst und Leben

1992, einige Wochen vor seinem Tod, erschien in der französischen Zeitung *Le Monde* ein Artikel von Félix Guattari, in dem der Philosoph die damalige aktuelle politische und ökologische Situation beschrieb. Die Zeit, in der wir leben, schreibt Guattari, „ist eine Zeit, die unsere vertrauteste Vergangenheit rasch und weit zurückwirft und Seins- und Lebensweisen auflöst, die uns noch immer frisch in Erinnerung sind, eine Zeit, die unsere Zukunft gegen einen dunklen, von Wolken und giftigen Dämpfen verhangenen Horizont wirft."[2] In dieser Zeit priesen einige das Ende der Geschichte, den Fall der Berliner Mauer und das Verschwinden der bipolaren Welt, durchliefen die ehemaligen sozialistischen Staaten Europas eine Transition und mit dieser einhergehend oft auch die Auflösung ihrer eigenen Emanzipationsbewegungen, beschleunigte der globale Neoliberalismus seinen Vormarsch durch Demokratieexporte und stützte sich dabei auf algorithmische Protokolle sowie die Verfeinerung der logistischen Bewegung von Körpern und Waren, während die Kunst zusehends international und global sowie immer stärker in die postfordistische, prekäre Arbeit eingebunden wurde. In diesem historischen Augenblick schreibt Guattari über die Probleme des kapitalistischen Wachstums, die Zerstörung von Welt und Natur und den wachsenden Autoritarismus. Er schreibt über die Unfähigkeit zur Auseinandersetzung mit den Problemen dieser Welt durch die Gefechte zwischen linker und rechter Politik sowie über die Notwendigkeit, jenes katastrophische Gefühl zu überwinden, das durch Passivität noch mehr zur Stärkung des

2 Ebd., S. 209.

Autoritarismus beitragen kann. Es ist eine Zeit, in der aus dem Chaos neue Werte entstehen müssen, schreibt Guattari, Werte, die divers, heterogen und dissensuell sind. Nur so können wir dem Wuchern der Mikrofaschismen in den Poren unserer Gesellschaft Widerstand leisten, den Mikrofaschismen, die sich in Fremdenfeindlichkeit, im Wiederaufstieg religiöser Fundamentalismen, im Militarismus, in der Unterdrückung von Frauen und Minderheiten, in der Zerstörung der Lebensumwelt usw. manifestieren.[3] Die gesellschaftliche und ethische Wertschöpfung ist untrennbar mit gesellschaftlichen und individuellen Praxen verbunden, die aus der kapitalistischen Bemessung von Wert und Wachstum heraustreten. Diese Praxen verbinden eine umweltbezogene, eine mentale und eine soziale Ökologie, die indes weniger mit dem Erreichen eines ökologischen Gleichgewichts (eines zukünftigen Paradieses) zu tun haben, als mit der Koexistenz verschiedener Weltperspektiven, mit Heterogenität und Interdependenz, durch die wir lernen, das Andere zu hören, Ungleichheit, Singularität und Marginalität zu hören, und auch Wahnsinn zu hören. Dabei ist laut Guattari der pluralistische, multizentrische und heterogene Charakter zeitgenössischer Subjektivität von zentraler Bedeutung; das Individuum ist stets als ein Gesellschaftsbau heterogener Komponenten zu begreifen. Die Kunst ist nur ein Teil dieser Vielfalt, denn ästhetische und ethische Werte entstehen laut Guattari „nicht aus Imperativen und transzendentalen Codes. Sie erfordern eine existenzielle Teilhabe auf der Basis einer Immanenz, die unaufhörlich wiedererobert werden muss."[4]

---

3 Ebd., S. 216 f.

4 Ebd., S. 217.

Was bedeutet es, dass die Immanenz *wiederzuerobern* ist? Wenn wir die poetische Immanenz der Kunst als ein Ineinanderfließen von Kunst und Leben verstehen – zumal Kunst stets in der Welt ist und dabei die heterogenen Möglichkeiten der Welt schafft und imaginiert –, bedeutet dann die Forderung nach ihrer Wiedereroberung, dass auch die Immanenz verloren gegangen ist? Wie kann dergleichen nach einer langen und vielfältigen Geschichte von Kunst behauptet werden, die vor allem im 20. Jahrhundert die Grenzen zwischen Leben und Kunst in vielen avantgardistischen und progressiven Arbeiten verwischt hat? Die Kunst kann nicht unabhängig von einer situierten und interdependenten Ethik der Existenz gedacht werden. Dieses Ineinanderfließen von Kunst und Leben hat weniger mit der Freiheit der Kunst zu tun, Formen und Ausdrücke zu erfinden, als mit ihrer mikropolitischen, niemals abzuschließenden Rolle in der Imagination von Seinsmöglichkeiten und der Konstituierung von Welt. Kunst ist somit lediglich eine Praxis – unter vielen anderen –, welche die Imagination von Welt öffnet; sie ist nur Teil dessen, was von Suely Rolnik so beschrieben wird: „Ausübung des Denkens in seiner vollen Funktion: untrennbar ethisch, ästhetisch, politisch, kritisch und klinisch. Das heißt, Re-Imagination der Welt in jeder Geste, jedem Wort, jedem Verhältnis, jeder Existenzweise – wann immer es das Leben verlangt."[5] Aber eben diese Praxen einer Neuerfindung der Welt werden – obwohl sie überall stattfinden –oft zum Schweigen gebracht oder sogar ausgelöscht, vor allem in Gebieten, die im Laufe einer kolonialen und ökologisch destruktiven Moderne unzählige Enteignungen erfuhren. Wenn wir also die Notwendigkeit

5 Suely Rolnik, „The Spheres of Insurrection: Suggestions for Combating the Pimping of Life", übers. v. Vivian Mocellin, *e-flux journal* 86, 2017, http://worker01.e-flux.com/pdf/article_163107.pdf, S. 1.

einer Wiedereroberung der Immanenz diskutieren, impliziert das einen Prozess der geschichtlichen Umwertung und mikropolitischen Erschließung der Interdependenz des Lebens. Die katalonische Aktivistin und Philosophin Marina Garcés schreibt dazu: „Die Erkenntnis, dass man engagiert ist, schafft eine Unterbrechung im Sinn der Welt."[6] Wird Kunst tatsächlich als etwas mit dem Leben Verflochtenes gedacht, ist sie also in diesem Sinne engagiert, dann muss sie sich laut Garcés ehrlich mit der Wirklichkeit auseinandersetzen. „Ich will eine Kunst, Poesie, Philosophie, Lehre, die nicht Werkzeuge und Zeitvertreib eines so bunten wie brutalen Kapitalismus sind, die nicht zu jener Scheinheiligkeit beitragen, die es uns erlaubt, hier mit den Dingen voranzukommen, als ob nichts geschähe oder als ob das, was geschieht, nicht mit uns geschähe."[7] Wenn Philosophie etwas ist, das über die Dinge nicht nur reflektiert, sondern auch mit ihnen umgeht, sich mit ihnen auseinandersetzt, auf Widersprüche trifft und offen für das Unerwartete ist, dann gilt dasselbe auch für die Kunst. Ehrlichkeit zeigt sich nicht in den Themen, die von der Kunst erörtert werden, und in ihrem Wunsch, ins Leben einzugreifen und es umzuwandeln, sondern vielmehr darin, wie sie handelt, wie sie an der Wirklichkeit teilhat und von der Sorge und Aufmerksamkeit für das Leben der Welt bestimmt ist, die wir teilen. Ihr Engagement rührt aus der Materialität, dem Stoff der Kunst, und nicht aus dem, was Kunst anspricht, darstellt oder in ihren Aktionen umsetzt. Die Kunst ist also lebensnah, steht in Kontakt mit dem Leben, ist mit ihm durch und durch verflochten; sie ist nie unaffiziert und daher auch

---

6 Marina Garcés, „Honesty with the real", übers. v. Julie Wark, *Journal of Aesthetics and Culture* 4, 2012, https://www.tandfonline.com/doi/full/10.3402/jac.v4i0.18820, PDF, S. 4.

7 Ebd., S. 5.

nicht autonom, sie steht in einem Verhältnis radikaler Verantwortlichkeit, und zwar nicht aufgrund apriorischer Prinzipien der Moral oder einer normativen Ethik, sondern weil sie immer schon situiert ist, verantwortlich durch Verflechtung mit dem Leben. Die Kunst hat eine radikale Verantwortung gegenüber dem Leben eben deswegen, weil sie sich nicht aus ihm herauslösen kann. Aber genau hier beginnen die Schwierigkeiten, denn wir leben in einer Welt, die von einschneidenden Ungleichheiten und erheblichen Asymmetrien bezüglich der Verteilung von Chancen geprägt ist, in einer Welt des beschleunigten Verschwindens von Biosphären, Umwelten und Gemeinschaften. Wie also neue Möglichkeiten entdecken in diesem Chaos, und nicht noch tiefer darin versinken?

Suely Rolnik stellt fest, dass „die schöpferische Tätigkeit [...] der Affirmation des Lebens Kanäle [eröffnet] und das Vertrauen [nährt], dass das Leben sich selbst in Grenzsituationen durchsetzen kann“[8], wobei diese Situationen unterschiedlich artikuliert und auch mit den drei Guattarischen Ökologien verbunden werden können; sie können mental, sozial und ökologisch sein.[9] Suely Rolnik beschreibt das künstlerische Schaffen als „Hören auf die intensive Wirklichkeit, die ihn [den Künstler] bedrückt und die nur die Grenzen durchbrechen kann, wenn sie sich im Innersten seiner Poetik konkretisiert“[10]. In diesem Sinne ist die Kunst einem Leben verpflichtet, das durch eine Verschiebung der Wirklichkeitskonstanten oder des Sinns für

---

8 Suely Rolnik, *Archive Mania / Archivmanie*, übers. v. Pablo Lafuente, dOCUMENTA (13): 100 Notes – 100 Thoughts, 100 Notizen – 100 Gedanken, #022, Ostfildern: Hatje Cantz, 2011, S. 25.

9 Vgl. Félix Guattari, *Die drei Ökologien*, übers. v. Alec A. Schaerer, Wien: Passagen Verlag, 1994.

10 Ebd., S. 25.

die Wirklichkeit, wie wir sie kennen, neu eröffnet werden kann, und darin liegt ihre Komplexität. Die Wirklichkeit ist nichts anderes, als was sie ist, was paradoxerweise auch eine Erfahrung des Anders- und Fremdseins ist, zumal sich Wirklichkeit durch eine ungewohnte Erfahrung auftut, die uns bewegt. Selbst wenn die Welt um uns herum verschwindet, entsteht doch noch immer Kunst und verschiebt durch ihre Kraft die Koordinaten der Wirklichkeit; zudem ist ihre Erfahrung auch die Erfahrung unseres alltäglichen und praktischen Lebens, nämlich die der Offenheit für diese Erfahrung der Andersheit. Es ist gut möglich, dass die Kunst eines Tages – gemeinsam mit uns – verschwindet, aber das heißt nicht, dass ihre Notwendigkeit auch nur das Geringste an Bedeutung verliert in einer Zeit, in der wir noch lernen müssen, mit einer verschwindenden und in Veränderung begriffenen Welt in unserer Mitte zu leben. Die Kunst hat es somit nicht nur mit der Transformation von Wirklichkeit (ein großes Thema des 20. Jahrhunderts) und ihrer Repräsentation (ein anderes großes Thema seit der Romantik) zu tun, sondern auch mit dem, was Garcés als „Umgang mit der Wirklichkeit“ bezeichnet.[11] Im spanischen Original verwendet sie den Ausdruck *tratar*, der sich auf Weisen des Umgangs, des Verfahrens, auf Achtsamkeit und auch auf Sorge beziehen kann und zugleich irgendwie eine körperliche, stoffliche Nähe, eine Nähe der Berührung (handle achtsam!) impliziert. *Tratar con lo real*, Umgang mit der Wirklichkeit, gewinnt auf diese Weise eine streng physische Konnotation: wie sich etwas sorgsam berühren, anfassen, halten lässt.[12] Es geht um die Beschreibung einer

---

11 Marina Garcés, „Honesty with the real“, S. 1.

12 Ich danke an dieser Stelle Marc Villanueva Mir für die Erklärung der Bedeutung der spanischen Ausdrücke.

Relationalität, die hinsichtlich ihrer Wirkung nicht ohne Wert ist, denn in ihrem Kern findet sich eine fast therapeutische, heilende Spur: Der Umgang mit der Wirklichkeit erfolgt mit Aufmerksamkeit. Dieses Verfahren, der Umgang mit der Wirklichkeit, entbehrt nicht einer gewissen Intentionalität, es handelt sich um eine Vorgangsweise, die aufmerksam, sorgend sein muss. Nur auf diese Weise kann die Wirklichkeit die Kunst berühren und die Kunst sich mit dem Leben vermischen, sofern und solange nämlich in dieser Relationalität eine Schiefheit oder Schrägheit, ein Faden oder Strom, eine Berührung und eine Sorge existieren, die sie miteinander verbinden. Und nur so ist es möglich, den Sinn der Welt, wie wir sie kennen, zu unterbrechen und die Möglichkeiten des Lebens zu eröffnen.

Folgerichtig waren die in den frühen 1990er-Jahren in der ästhetischen Theorie recht populären Aufrufe zum Ende der Kunst im Wesentlichen auf akademische Debatten in westlichen Institutionen begrenzt: Ihre Formulierung verortete sich vor allem innerhalb der kanonischen Geschichte der westlichen Kunst sowie innerhalb der Erschöpfung der Dialektik von Distanz und Selbstdifferenzierung der Kunst von der Wirklichkeit. Zugleich haben diese Diskussionen nur wenige Berührungspunkte mit dem Leben der Kunst als einer Vielheit unangepasster Leidenschaften und Weltverhältnisse, mit der Potenzialität einer Kunst, die Verhältnisse mit der Welt flicht, so sehr diese Verhältnisse voller Trauer und Schwierigkeiten, Ohnmacht und Unsichtbarkeit sein mögen. Ich bin nicht so sehr daran interessiert, was uns das Ineinanderfließen von Kunst und Leben über Kunst erzählt, sondern vor allem an den Folgen, die sich durch dieses Ineinanderfließen für die Kunst ergeben; wie sie sich also, wenn sie aufmerksam mit der Wirklichkeit umgeht, durch derartige Berührungen und Kontakte wandelt. Oder anders gesagt: Das Ineinanderfließen von Leben und Kunst verändert auch das Leben der Kunst selbst, ihre Bewertung und die Formen, wie sie geteilt wird.

Was bedeutet das? Im vorliegenden Buch denke ich das Leben auf die folgenden beiden Weisen: Manchmal schreibe ich vom Leben der Kunst, aber oftmals auch vom Verhältnis zwischen Kunst und Leben; ich schreibe von ihrem Ineinanderfließen, aber auch von ihren Verflechtungen, Verschlingungen usw. Wenn ich vom Leben der Kunst schreibe, habe ich vor allem die Existenz der Kunst in der Gesellschaft vor Augen, die Weise, wie sie auf uns zukommt, welche Art von Präsenz sie erfordert, wie sie bewertet wird, unter Einschluss der Institutionen, die sich mit ihrer Produktion, Ökonomie, Verbreitung und ihrem Schutz verbinden. Das Leben der Kunst ist ein Begriff, der die institutionelle Grundlage der Kunst, ihren infrastrukturellen Hintergrund wie auch ihre ökonomischen Zirkulations- und Produktionsmodelle beschreibt. Das Leben der Kunst hat bestimmte Charakteristiken wie Autonomie, Unantastbarkeit und Freiheit, die an die ästhetischen Geschichten der Kunst ebenso gekoppelt sind wie an Systeme des Schutzes und der (ewigen) Bewahrung, an Urheberschafts- und Eigentumsrechte sowie an institutionelle und politische Machtverhältnisse. Aber zugleich gründet das Leben der Kunst in einer konkreten materiellen Geschichte und ist Teil der politischen, juridischen und ökonomischen Geschichte der Moderne, wie wir sie heute kennen; es gehört deren ethisch-ontologischer Begründung an, die ihre genauere künstlerische Artikulation in der Romantik erhält, spezifischer noch in Kants Ästhetik und den späteren Ableitungen davon. Das Leben der Kunst verbindet sich also mit der Geschichte der Moderne, aber auch mit einer Reihe von rechtlichen und ökonomischen Architekturen kolonial-rassistischer Gewalt, die die Kehrseite der Geschichte der Moderne bildet. Aus diesem Grund sind das Leben der Kunst, ihre institutionelle Grundlage, die Mechanismen ihres Schutzes und ihre Freiheit untrennbar mit dem Kern der Moderne verknüpft; Letzterer lässt sich mithilfe von Denise Ferreira da Silva als Einrichtung einer epistemologischen Zäsur innerhalb des Begriffs des Menschlichen selbst beschreiben, welche die kapitalistische Entwicklung und die entsprechenden Verhältnisse zur Welt und zu Körpern rechtfertigte.[13] Dieser problematische Begriff des Lebens der Kunst bildet heute den Kern vieler Verflechtungen von Kunst und Leben. Die Geschichte der modernen Kunst und das Leben der Kunst greifen also mit Kolonialität ineinander und sind Teil der Verteilung von Macht und der Anordnung von Verhältnissen – nicht nur juridischer und ökonomischer Art, sondern auch ästhetischer, intimer, körperlicher, Arbeitsverhältnisse betreffender usw. Auch wenn das Projekt des modernen Kolonialismus zu Ende ist und auch wenn mit dem Kampf um Dekolonisation eine Herrschaftsepoche zu Ende ging, die vor allem durch das Begriffsfeld der Entdeckung (neuer Territorien, neuer Welten) geprägt wurde, bleibt die Kolonialität laut Nelson Maldonado-Torres doch weiterhin bestehen. Wir leben nach wie vor in einer Welt, in der die Selbstregulation vieler Gesellschaften nur durch die Reproduktion kolonialer Verhältnisse möglich ist. Auf diese Art ist denn auch die problematische Regulierung von Verhältnissen innerhalb von Kunstwelten zu begreifen, deren

---

13 Vgl. Denise Ferreira da Silva, *Toward a Global Idea of Race*, Minneapolis, London: University of Minnesota Press, 2007, insbesondere das Schlusskapitel („Conclusion: Future Anterior"); sowie „An end to ‚this' world. Denise Ferreira da Silva interviewed by Kerstin Stakemeier and Susanne Leeb", in: *Texte zur Kunst*, 12.4.2017, https://www.textezurkunst.de/articles/interview-ferreira-da-silva.

Institutionen und Verwaltungsformen mit den Spuren und Strömen von Kolonialität eng verbunden sind. „Bezieht sich Kolonialität auf eine Logik, Metaphysik, Ontologie und Matrix der Macht, die auch nach formaler Selbstständigkeit und Desegregation fortbestehen können, so bezieht sich Dekolonialität auf Bemühungen um eine Rehumanisierung der Welt, auf einen Bruch mit Hierarchien der Differenz, durch welche Subjekte und Gemeinschaften entmenschlicht und die Natur zerstört werden, sowie auf das Schaffen von Gegendiskursen, Gegenwissen, schöpferischen Gegenakten und Gegenpraxen, die die Kolonialität aus ihren Angeln zu heben und mannigfaltige andere Formen des Existierens in der Welt zu erschließen suchen."[14]

Es geht also nicht nur darum, dass sich das Leben der Kunst in der Moderne mit der kapitalistischen Arbeits- und Akkumulationsweise so eng verflochten hat, dass Arbeit und Leben auch im künstlerischen Schaffungsprozess

---

14 Nelson Maldonado-Torres schreibt über den Unterschied zwischen Kolonialismus, modernem Kolonialismus und Kolonialität. Ersteren bezeichnet er als Verhältnis zwischen zwei Territorien oder Ländern, wobei das eine in einem Dominanzverhältnis zum anderen steht. Diese Art des Kolonialismus hat immer schon existiert, unterscheidet sich aber vom sogenannten modernen Kolonialismus, der in seiner fünfhundertjährigen Geschichte durch das metaphysische Konzept der Entdeckung geprägt wurde. Die Idee der Entdeckung ist Ausgangspunkt für eine ganz andere Ordnung von Territorium und menschlichem Leben, und ist Teil einer epistemologischen Zäsur innerhalb des Menschlichen. Maldonado-Torres verwendet in diesem Zusammenhang auch den Begriff der Kolonialität, einer Verfasstheit, die auf vielen Ebenen fortbesteht, beispielsweise im Verhältnis zu Arbeit, Migration, Körpern, Geschlecht. Wenn ich von Kolonialität spreche, beziehe ich mich auf diese dritte Bedeutung, die fortwährende Ordnung und Anordnung von Welt und Menschen. Wenn ich von Dekolonialität spreche, beziehe ich mich auf Bemühungen um eine Rehumanisierung der Welt, einer Zerschlagung von Hierarchien der Differenz. Vgl. Nelson Maldonado-Torres, *Outline of Ten Theses on Coloniality and Decoloniality*, http://caribbeanstudiesassociation.org/docs/Maldonado-Torres_Outline_Ten_Theses-10.23.16.pdf.

nicht mehr voneinander getrennt werden können und im Zentrum der Kunst vor allem mobile, leistungsfähige und flexible Subjekte tätig sind. Mit diesem Problem habe ich mich in meinem letzten Buch *Umetnik na delu* („Der Künstler am Werk") auseinandergesetzt, möchte hier aber über etwas anderes nachdenken. Ich bin zunehmend davon überzeugt, dass das Leben der Kunst selbst, wie es sich durch die Geschichte der Moderne hindurch entwickelt hat, die epistemologische und ethische Dissonanz zwischen den Seinsweisen der Kunst und den Seinsweisen der Welt nicht länger aufrechterhalten kann; und ebenso wenig die Dissonanz zwischen der eigenen Autonomie, Institutionsentwicklung und Ökonomie sowie einer Welt, die von verschwindenden Biosphären, wachsender Ungleichheit und Gewalt gegen Körper geprägt ist. Das prekäre Leben unterspült das Leben, es schwächt die Grundlagen seiner kolonialen und kapitalistischen Architektur und des ökonomischen Systems – insbesondere im mikropolitischen Bereich. Davon zeugt bereits der Umstand, dass das Leben der Kunst buchstäblich in zwei Teile zerfallen ist: in einen abstrakten, durchgängig finanzialisierten, privatisierten und entmaterialisierten Teil, der sich in kapitalistischen Beschleunigungen und spekulativen Investitionen in Kunst fortsetzt; und andererseits in einen Teil, in dem das Leben der Kunst mit seiner materiellen Vielfalt in zugänglicheren und offeneren Kunstsystemen sprudelt und überquillt. Problematisch wird es, wenn sich diese vielfältige Kunst der Zirkulation von kapitalistischen Werten und geopolitischen Verhältnissen der Welt unterordnet. Eine solche Zirkulation schöpft nämlich ihren eigenen Wert aus dem Ineinanderfließen von Kunst und Leben, den prekären Existenzen von

Künstler:innen, der Produktion einer politischen Kunst und in letzter Zeit auch jener Kunst, die um den Zustand der Welt besorgt ist. Wenn ich von der Verflechtung von Leben und Kunst schreibe, versuche ich etwas Unmögliches; ich versuche, in der genannten Vielfalt zu schwimmen und zugleich aus dem dissonanten, oft doppelzüngigen Leben der Kunst auszubrechen. Wie wäre es also, Kunst jenseits von Trennung und Exposition zu denken, sie als eine immanente Kraft des Lebens in all seinen Verstärkungen und Verringerungen zu betrachten, als eine dichte Biosphäre, als eine atmosphärische Verflechtung von Verbindungen zwischen Menschen und Dingen, als poetische Prozesse und Praxen, die sich mit dem Leben verschlingen? Was geschieht mit der Kunst, wenn sie die Stimmen, Körper, Dinge, Umwelten jener verkörpert und bekräftigt, die die Moderne hindurch oft als ihr konstitutives Anderes gegenwärtig sind; wie ändert sich die Kunst selbst und ihre Lebensweise? Verändern sich dadurch die Formen des Herstellens und des Lebens der Kunst, ihre Strukturen und ihre institutionellen Grundlagen, ihr gesamter Aufbau und ihr Platz im Leben der Welt? Die Verflechtung von Kunst und Leben unterscheidet sich auch vom Verhältnis zwischen Kunst und Leben, wie es im Zentrum der avantgardistischen Bewegungen des 20. Jahrhunderts stand – und zwar sowohl der historischen Avantgarden und der avantgardistischen Bewegungen der 1960er-Jahre als auch der stärker auf das soziale Leben gerichteten partizipatorischen Kunst seit den 1990er-Jahren. Der grundsätzliche Unterschied liegt darin, dass diese Verschiebungen, insbesondere im 20. Jahrhundert, Teil der Geschichte der Kunst und der Ausbreitung ihrer Verfahren sind, jedoch nur möglich waren, weil der Kern des

Lebens der Kunst niemals in Frage gestellt wurde: Die grundlegende Trennung innerhalb des Menschlichen, die auch die Struktur, den Platz und die Rolle der Kunst in der kolonialen Geschichte der Moderne bestimmt, wurde sehr selten thematisiert. So bezogen die historischen Avantgarden ihre imaginative Kraft gerade aus der Entdeckung „primitiver" und anderer Leben der Kunst, während die Avantgarden der 1960er-Jahre sie aus der „universalen" Entdeckung von künstlerischem Wunsch und Freiheit bezogen, die noch heute in vielen makropolitischen Diskussionen über Gegenwartskunst fortwirkt. Die partizipatorische Kunst der 1990er-Jahre entdeckte dagegen die sozialästhetische Vielfalt des Lebens der Kunst sowie die Repräsentation kultureller Differenzen und unterzog damit die Formen der Teilnahme, der Präsenz und der Arbeit einer Revision. All diese Erweiterungen beruhten aber auch auf einer grundlegenden ethisch-epistemologischem Vorannahme: Man kann sich mit dem Leben nur in einer distinkten Weise verflechten, innerhalb der Abstraktion moderner Repräsentationen, die eben durch Distinktion die ästhetische Voraussetzung der Gleichheit aller Verfahren möglich macht, durch die sich Kunst auf das Leben bezieht. Das Ineinanderfließen von Leben und Kunst, von dem ich schreibe, verläuft aber anders; es entzieht sich der Zeitlichkeit der Moderne und ihren Produktionsrhythmen, ihrem Fortschrittsglauben und ihrer Entwicklungsidee, verortet sich außerhalb des Begriffs der Moderne und globaler Gleichzeitigkeit sowie auch außerhalb der Ausbreitung autonomer künstlerischer Verfahren und der Demokratisierung ihrer Schaffensweisen. Es geht um ein flüchtiges Leben der Kunst, um die Notwendigkeit, die Begriffe und Konzepte aufzugeben, die dem prekären

Leben ohnehin bereits entzogen wurden. Flüchtigkeit artikuliert einen Wandel im emanzipatorischen, befreienden Denken, welches sich eng mit dem Denken und Handeln verbindet, wie es Fred Moten entwickelt, wenn er über die flüchtige Existenz nachdenkt, die im Zentrum des emanzipatorischen Lebens von Sklav:innen stand; es geht um eine unablässige Zurückweisung von Kriterien, die von anderswo aufgezwungen sind.[15] Eine ähnliche Position findet sich in der berühmten Aussage „Die Werkzeuge der Herrschenden werden das Haus der Herrschenden niemals einreißen"[16] der US-amerikanischen schwarzen und lesbischen Aktivistin, Bibliothekarin, Schriftstellerin und Feministin Audre Lorde, die in die schwarze emanzipatorische Tradition körperlicher und materieller Befreiungsprozesse als wichtiger Teil eingegangen ist. Es geht nicht einfach um einen Exodus, einen Auszug, sondern um ein Sich-Entziehen hinsichtlich der konzeptuellen und strukturellen Orientierung und Verwaltung von Körpern und Leben, das zugleich mit dieser flüchtigen Existenz die körperliche und stoffliche Erfindung von Neuem impliziert; neue Häuser müssen gebaut werden, andere Dächer über unseren Köpfen, neue Formen der Koexistenz.

Diese Verflechtung von Leben und Kunst stellt das Leben der Kunst als solches in Frage, das sich in der westlichen Geschichte der Moderne und des Kapitalismus

---

15 Siehe dazu: Fred Moten, *In the Break: The Aesthetics of the Black Radical Tradition*, Minneapolis, London: University of Minnesota Press, 2003. Fred Moten, *Black and Blur (consent not to be a single being)*, Durham, London: Duke University Press, 2017.

16 Audre Lorde, „Die Werkzeuge der Herrschenden werden das Haus der Herrschenden niemals einreißen", in: *Sister Outsider: Essays*, übers. v. Eva Bonné u. Marion Kraft, München: Carl Hanser Verlag, 2021, S. 7–12.

entwickelt hat. Diese Geschichte ist voller Erweiterungen bezüglich künstlerischer Repräsentationsformen und poetischer Sensibilitäten, und sie ist mit den poetischen Verbesserungen der Welt eng verbunden. Doch eben dieser Hang zur Verbesserung hat zugleich auch seinen entsprechenden Anteil am Fortbestand der kolonialen und rassistischen Architektur der modernen Welt, im Materiellen wie im Immateriellen. Und genau aus diesem Grund ist die Sorge im Verhältnis zur Kunst auch eine ambivalente Linie, die derjenigen aus den Zeichentrickfilmen *La Linea* aus meiner Jugendzeit ähnlich ist: Sie ist notwendig, denn sie bietet eine fundamentale Stütze, aber man kann auf ihr auch leicht ausrutschen, wobei alles, was ist und zur Erscheinung kommt, eigentlich nur ein Teil der Krümmung und Dynamik der Sorgelinie ist.[17] Sorge kann rasch gewalttätig werden – insbesondere dann, wenn man davon überzeugt ist, im eigenen Bemühen um die Verbesserung dieser Welt Recht zu haben –, zugleich ist sie aber auch ein zentraler Teil der Möglichkeit, die Wirklichkeit leichter zu machen und die Welt zu heilen. Es reicht nicht aus, die Kunst für bisher aus ihr ausgeschlossene Themen zu öffnen, es reicht nicht aus, die Verhältnisse innerhalb ihrer Institutionen gleichmäßig zu repräsentieren und ins Gleichgewicht zu bringen, und es reicht auch nicht aus, die Relationalitäten, die in der Kunst am Werk sind, besser zu hüten. Es reicht also nicht aus, mehr und besser zu sorgen, obwohl dies zugleich von essenzieller Bedeutung ist. Eben dieses ambivalente Verhältnis

---

17 *La Linea* ist eine italienische Serie von animierten Kurzfilmen des Cartoonisten Osvaldo Cavandoli und des Filmkomponisten Franco Godi. Die Fernsehserie setzt sich aus 90 Episoden zusammen und wurde seit 1971 im italienischen Nationalfernsehen RAI gesendet.

zur Weltverbesserung ist in den letzten Jahren zu einem der Kernthemen der Kunst und ihrer Verbindungen zur Sorge geworden, woran sich zeigt, wie sehr dieses Problem auch in der Arbeit von Künstler:innen und Kunstarbeiter:innen präsent ist und wie ausschlaggebend es für unsere Kunstauffassung geworden ist.

Dies mag auch der Grund sein, warum die Kunst in Zeiten der Krise und schwerwiegender politischer und ontologischer Verschiebungen oft als Symptom einer bestimmten Wirklichkeit erscheint, als Symptom der Weise, wie wir handeln und uns zu ihr und zum Leben überhaupt verhalten. Kunst entsteht als eine Art von situierter Wahrheit innerhalb eines Ungleichgewichts von Kräften, und das reizt ihre Gegner:innen oft zu Hass oder gar Gewalt an. Die Moderne, die ich mit dem Anfang moderner Kolonialisierung und den ersten Anzeichen von Kapitalismus (sowie auch mit dem Auffassungswandel bezüglich der Stellung von Künstler:innen, ihrem Heraustreten aus der Anonymität) ansetze, begriff das Leben der Kunst oft als Erhaltung und Bewahrung des Unbelebten, als Überrest, als Relikt und Reliquie, als unantastbares Objekt, als geschütztes Archiv, als Dokument, aber auch als Nachweis von Eigentum und Rechten. Die Kunstgeschichte, die am meisten Verbreitung findet, ist in Wahrheit eine Geschichte der toten Kunst und ihrer animistischen Wiedererweckung in den Institutionen der Moderne, eine Fortschreibung der Erinnerung an die Vergangenheit (im Sinne kultureller Werte, der Festschreibung der Werte einer Nation, der normativen Werte von Schönheit und Wahrheit usw., und in jüngerer Zeit auch finanzieller und spekulativer Werte). Eine solche Kunst ist geschützt und oft auch unzugänglich, heute wird sie oft unter besonderen klimatischen Bedingungen aufbewahrt, was nur umso paradoxer ist in einer Welt, in der ganze Klimasysteme zusammenbrechen. Das Leben tritt somit in die Kunst als eine Forderung nach einem anderen Klima der Kunst, nach einem Klima, das keine atmosphärische Selbstgenügsamkeit ist, sondern eines, das von der Überhitzung dieser Welt affiziert, entschleunigt, berührt wird. Dieses Leben fließt auch durch die bestehenden globalen Kunstsysteme und bringt ihre Besonderheiten an den Tag, die im Verhältnis zur Asymmetrie der Welt nicht aufrechtzuerhalten sind.

2. Mikropolitik: Die Szenen der Macht verlassen

Ich versuche das Ineinanderfließen von Kunst und Leben im vorliegenden Buch vor allem aus einer mikropolitischen Perspektive zu denken, im Sinne von singulären und heterogenen Gesten und ihren Verbindungen. Dabei geht es weniger um Fragen des Maßstabes, um die Differenz zwischen kleinen und großen Gesten, sondern eher um einen Wandel der Perspektive oder, um mit Sara Ahmed zu sprechen, einen Wandel der Orientierung.[18] Es geht um die Orientierung des Körpers im Verhältnis zu anderen Körpern, die Orientierung des Lebens im Verhältnis zu anderen Leben, um eine Orientierung, die partiell, sonderbar und schräg ist, sich dabei aber auf Unterstützung, Verletzlichkeit und Abhängigkeit gründet und die Spannungen zwischen dem Vertrauten und dem Seltsamen aushält. Mikropolitische Handlungen in der Kunst sind vom Leben abhängig, mit ihm verbunden, verknüpft und verschmolzen, sie sind immer schon transversal und schaffen Verbindungen zwischen den vielen Erscheinungsweisen des Lebens. Ich möchte zugleich Aufmerksamkeit auf den Umstand lenken, dass Mikropolitik nicht nur innerhalb des Menschlichen zu denken ist, sondern auch als Sequenz und Summe von intra-agentiellen Verhältnissen, die über das Menschliche hinausgehen. Mala Kline widmete ihr Buch mikropolitischen Gesten und singulären Ereignissen und führte ein Denken der Mikropolitik im Sinne einer besonderen ontologischen Skala von

---

18 Sara Ahmed, *Queer Phenomenology: Orientations, Objects, Others*, Durham, London: Duke University Press, 2007.

Ereignissen weiter, die ganz verschiedene Implikationen für die zeitlichen und räumlichen Verhältnisse der Teilnehmenden haben.[19] Ich nähere mich der Mikropolitik durch ihre Transversalität, die Artikulation einer Relationalität, die nicht anders als durch die Einbindung und das Zusammenbringen singulärer Leben geschehen kann. Es ist auf diese Weise möglich, auch die Sorge als einen mikropolitischen Begriff zu denken, denn sie ist stets ein transversaler Akt. Die Sorge ist eine transversale Kraft, sie artikuliert sich allein durch das Verhältnis, das viele singuläre Situationen auf dynamische und veränderliche Weise miteinander verbindet.

Die Philosophin und Psychoanalytikerin Suely Rolnik betrachtet den mikropolitischen Widerstand im 21. Jahrhundert aus eben dieser Perspektive, wobei sie sich mit Mikropolitik im Zusammenhang feministischer und dekolonialer Praxen auseinandersetzt. Sie führt damit das im Werk von Félix Guattari und Gilles Deleuze anzutreffende Verständnis von Mikropolitik weiter. In einem Vortrag entwickelte Guattari 1970 den Begriff der Mikropolitik, der später zu einem Angelpunkt seines Werks werden sollte.[20] Mikropolitik zeigt sich hier als Artikulation des Widerstandes gegen das Bündnis von Psychoanalyse und strukturalistischem Marxismus zu dieser Zeit. Dieses Bündnis verortete die politische Tätigkeit vor allem im Bereich von Repräsentation und Sprache und ließ keinen Raum für verkörperte und sinnliche politische Ausdrucks- und Handlungsformen, wie sie vor allem durch den Student:innen-Aufstand

19 Mala Kline, *Gledališča potencialnosti: Med etiko in politiko*, Ljubljana: Maska, 2020.

20 Félix Guattari, *Mikro-Politik des Wunsches*, übers. v. Hans-Joachim Metzger, Berlin: Merve, 1977.

und die Friedensbewegungen Ende der 1960er Jahre, die Proteste gegen Rassismus sowie die feministischen und die sexuellen Befreiungsbewegungen ins Blickfeld gerieten. Deleuze und Guattari wollten mit diesem Begriff Wege für ein Denken des Politischen außerhalb von Staatsapparat und Hegemoniebegriff (einschließlich des Kulturkampfes) öffnen und stattdessen begehrendes, minoritäres Werden, molekulare Prozesse, Körperlichkeiten, mehr-als-menschliche Ausdrucksweisen, Affekte, tierische und pflanzliche Körper, Rhythmen, Umwelten, Geoformationen usw. in die Politik einführen, wobei sie zugleich im zwischen diesen Artikulationen entstehenden Begehren eine grundlegende biopolitische Kraft erkannten. Des Weiteren eröffnet Mikropolitik auch die Operation einer Politik jenseits von Identitäten und Dualitäten, während politische Zugehörigkeitsprozesse als mehrschichtig und divers, als unverhältnismäßig begriffen werden; Politik organisiert sich stets transversal, über Grenzen hinweg, und Mikropolitik verfolgt eine Mannigfaltigkeit von Zielen, die in Reichweite sehr verschiedener sozialer Zusammenhänge liegen.[21] Mikropolitik findet um ein chaotisches Werden herum statt, durch eine Mannigfaltigkeit von Begehren und Praxen hindurch, die die Wirklichkeit umgestalten, wobei sie aber nicht die vorhandene politische Organisation wiederholen, sondern stattdessen durch Begehren und Stärkung der Möglichkeiten des Lebens

---

21 Siehe dazu: Stephan Adolphs, Serhat Karakayalı, „Mikropolitik und Hegemonie. Wider die neuen Para-Universalismen: Für eine antipassive Politik“, https://transversal.at/transversal/0607/karakayal-adolphs/de; sowie Gerald Raunig, *DIVIDUUM. Maschinischer Kapitalismus und molekulare Revolution*, Band 1, Wien et al.: transversal texts, 2015.

neue Weisen der Zugehörigkeit erfinden. Das zentrale Konzept des Begehrens im mikropolitischen Feld mag später stark kritisiert worden sein (bekannt ist etwa die Deleuze-Kritik Žižeks, der eine solche Auffassung des Begehrens mit der Produktion individualisierter Möglichkeiten im Kapitalismus verknüpft und Deleuze somit als einen Philosophen des digitalen und neoliberalen Kapitalismus interpretiert)[22]; doch Suely Rolnik nähert sich der Mikropolitik auf andere Weise, auch in Bezugnahmen auf Guattaris späteres Werk. In ihren Arbeiten sind zwei Aspekte besonders wichtig. Der erste Aspekt betrifft das Denken der Mikropolitik im Verhältnis zu dem, was sie als das kolonial-kapitalistische Unbewusste bezeichnet, was auch mit ihrem spezifischen Verständnis des Subjekts zusammenhängt. Den zweiten Aspekt bildet der feministische, materialistische, spinozistische Lebenshintergrund, der das mikropolitische Denken auf Stofflichkeit und Äußerlichkeit jenseits des Menschlichen hin öffnet, und auf eben diese Weise versteht sie die Kraft des Lebens: Die kolonial-kapitalistische Matrix, so Rolnik, forme Subjektivität, indem sie die deren Leben charakterisierenden Reihen von Interdependenzen und Möglichkeiten auslöscht, indem sie versucht, die Verflechtung der Subjektivität mit dem, was ihr äußerlich ist, zu beherrschen – ihr Wissen, ihre Relationalität, ihre Haltung zur Umwelt, ihre Konzeption von Sexualität, des Körpers usw. Dabei werden Biosphäre, Erde, Gewässer, Pflanzen, Tiere usw. in zuhälterischer Manier enteignet und degradiert. Statt die Möglichkeiten der Transmutationen des Lebens auszuweiten, wenn

22 Slavoj Žižek, *Körperlose Organe. Bausteine für eine Begegnung zwischen Deleuze und Lacan*, Frankfurt am Main: Suhrkamp, 2005.

das Leben es verlangt, statt diesen ethischen Imperativ zu erfüllen, findet sich das Leben dergestalt durch die Menschen verarmt und damit einhergehend auch die Biosphäre, die ihnen ihr Überleben ermöglicht.[23] Subjektivität ist eine dynamische Spannung zwischen dem, was vertraut ist, und dem, was fremd ist, wobei beide Erfahrungen, zwischen denen es eine ständige Spannung gibt, wie ein Möbiusband den Weg zum Handeln ebnen. In diesem ständigen Aushandlungsprozess um die Macht des Begehrens, im Hin- und Hergerissensein zwischen Vertrautem und Fremdem, nimmt eine Politik des Begehrens Gestalt an, von den aktivsten bis hin zu den reaktivsten Ausformungen einer solchen Politik; und eben hierin finden wir laut Suely Rolnik das grundlegende Feld der Mikropolitik.

Die Krise des Lebens, der Zusammenbruch der Biosphäre und die radikale Ungleichheit der Leben sind spezifische Folgen dessen, was Suely Rolnik als das kolonialkapitalistische Unbewusste bezeichnet, durch welches die Subjektivität kontrolliert und geformt wird. Das ist die Matrix, in der eine reaktive Mikropolitik herrscht, also eine Mikropolitik, die die Formen präservieren will, in denen sich das gegenwärtige Leben verkörpert. Mikropolitik ist mithin keine Qualität an und für sich, sondern beschreibt vielmehr affektive, körperliche, begehrende Dynamiken und die Existenz von Subjektivität durch transversale Relationalitäten, durch die Verbindungen zwischen mannigfaltigen und veränderlichen Vielheiten. Eben diese Transversalität wird innerhalb der reaktiven Mikropolitik außer Kraft gesetzt, ja

23 Suely Rolnik, „The Spheres of Insurrection: Suggestions for Combating the Pimping of Life“, S. 3.

ausgelöscht, wodurch Lebenskräfte und Vitalitäten ihres Vermögens beraubt oder dazu degradiert werden, das Bestehende zu wiederholen und das Differente aus der Welt zu schaffen, woraus sich Mikrofaschismen und Vitalitätsblockaden entwickeln. Suely Rolnik stellt fest: „Und je größer die Destabilisierung, umso vehementer verbarrikadiert sich die Subjektivität hinter dem bereits Errichteten und verteidigt es mit Zähnen und Klauen, bereit, seinen Fortbestand durch einen hohen Grad an Gewalt zu sichern."[24] Rassismus, Homophobie, Chauvinismus, Klassismus usw. sind politische Verhältnisse, die von dieser reaktiven Mikropolitik herrühren und auf die Degradierung des Lebens ausgerichtet sind, in der alles außerhalb unserer Singularität Existierende als inferior, nicht-menschlich und sogar unsichtbar verstanden wird. Wenn es nicht in dem aufgeht, was wir bereits sind, müssen Körper und Umwelt verschwinden. Diese Spannung in der Subjektivität ist eng mit dem kolonialkapitalistischen Unbewussten verbunden, das sie innerhalb des Unterschieds zum Anderen etabliert (auch wenn das Resultat laut Suely Rolnik oft ein unglückliches, elendes, leeres und isoliertes Leben ist). Eben weil sich das Leben mikropolitisch artikuliert, ist das makropolitische (politische wie künstlerische) Handeln unzureichend, wenn es darum geht, Widerstand und das Imaginieren von Welt zu verstehen. Oft ist makropolitisches Handeln nur darauf ausgerichtet, die Ordnung des Raumes zu subvertieren, Verschiebungen in Charakteren und in der Repräsentationspolitik zu bewirken, aber dies geschieht nach wie vor innerhalb von Machtverhältnissen, durch die bestehende Ordnungen, Identitäten und

24 Ebd., S. 6.

Dualitäten befestigt werden. Suely Rolnik zufolge ist es notwendig, diese Politik aufzugeben und durch etwas zu ersetzen, was sie als einen mikropolitischen Aufstand bezeichnet und dem makropolitischen Aufstand entgegensetzt. Ist der makropolitische Aufstand ein programmatischer Protest des Bewusstseins (in dem er auch beispielsweise in der Geschichte der linken Bewegungen situiert wird), so ist der mikropolitische Aufstand ein Protest des Unbewussten; nur so lassen sich neue Verhältnisse zwischen Makropolitik und Mikropolitik herstellen. Man muss sich dessen bewusst sein, dass der perverse Missbrauch der Lebenskraft der Biosphäre und all ihrer Elemente die wahre mikropolitische Matrix des Kolonialregimes ist, und eben diese Pathologie gilt es durch einen mikropolitischen Aufstand in den Mittelpunkt zu stellen. Dieser Aufstand ist transversal und verläuft laut Suely Rolnik durch alle Gesellschaftsschichten hindurch, ungeachtet dessen, ob man eine Souveränitäts- oder Unterordnungsposition einnimmt. In diesem Sinne gibt es auch nichts, was garantieren würde, dass alle subalternen Subjekte Agent:innen eines solchen mikropolitischen Aufstandes sind, zumal auch sie unter der Vorherrschaft des Unbewussten stehen können, das für das dominante Regime typisch ist; eben das ist heute oft an neuen Faschismen und radikalen rechten Bewegungen zu beobachten und hat neue Mikrofaschismen zur Folge. Zugleich kann es aber auch vorkommen, dass ein souveränes Subjekt zur mikropolitischen Agent:in wird, jedoch nur dann, wenn es ihm gelingt, sich der dominanten Subjektivierungspolitik zu entziehen. Wie Suely Rolnik hinzufügt, ist es dennoch wichtig, daran zu erinnern, dass der mikropolitische Aufstand ein Aufstand der Lebenskräfte ist, dass er mithin niemals endgültig und für immer gegeben ist, sondern vielmehr dynamisch, wandelbar und unvollständig.

Diese Art des Verständnisses von mikropolitischem Aufstand verbindet sich mit einer Konzeption des Lebens, worin das Begehren weniger mit der Befreiung eines individuellen, von der Welt abgetrennten Wunsches (den sich häufig der neoliberale Kapitalismus aneignet) zu tun hat als vielmehr mit der Intensivierung einer Kraft, der Lebenspotenz, mit einer Kraft, die über das Menschliche hinausgeht, aber eben deshalb das Vermögen des Subjekts angeht. Das Leben ist ein unaufhörlicher Schaffensprozess, der von Suely Rolnik als eine dauernde Bewahrung begriffen wird, es ist eine Kraft des Schaffens und der Wandelbarkeit. Sie beschreibt unsere Lebensbedingungen folgendermaßen: „Wir werden konstituiert durch die Effekte von Kräften, mit ihren vielfältigen und wandelbaren Beziehungen, welche die vitalen Ströme der Welt erzeugen. Diese Kräfte durchqueren alle singulären Körper, aus denen sich die Welt zusammensetzt, und machen sie so zu einem einzigen Körper in kontinuierlicher Variation, ob wir uns nun dessen bewusst sind oder nicht.“[25] Das ist nicht die Affirmation eines machtvollen Vitalismus, einer Aktualisierungskraft des Lebens, ganz im Gegenteil. Ihr Lebensbegriff zeigt in Wahrheit auf, wie sich das Leben (und mit ihm unsere Subjektivität) durch Abhängigkeiten, Verletzlichkeiten, Wechselbeziehungen und Verflechtungen mit dem formt, was uns äußerlich ist: Das Leben enthüllt sich erst, wenn wir es zulassen, affiziert zu werden von dem, was uns äußerlich ist, berührt zu werden von etwas, das außerhalb von uns selbst

25 Ebd., S. 5.

existiert. Wir sind, so Rolnik, lediglich die wandelbaren Effekte der Weltkräfte, die unsere Körper zusammensetzen und zersetzen.[26] Das bedeutet: Empfinden des Lebens durch Emotionalität, denn es vollzieht sich durch Affekt, nicht durch Wahrnehmung; es vollzieht sich als vitale Sinnlichkeit. Somit ist auch die Subjektivität, die Teil dieses Empfindens ist, nicht nur eine kompetente und leistungsfähige Subjektivität, angetrieben durch das Begehren auf ihrem Weg zur Freiheit. Hierin bestand der Kern des Missverständnisses der sexuellen Revolutionen der 1960er-Jahre. Die universelle Kraft des Begehrens wurde durch den neoliberalen Kapitalismus mit seiner kolonialen Vormachtstellung reichlich ausgebeutet und, unter Einschluss der Nutzung von Medien- und Technologieprotokollen, in eine reaktive Mikropolitik der Befriedigung kleiner Interessen und Genüsse umgewandelt, während die Welt zugleich immer weiter verschmutzt und ausgebeutet wurde. Suely Rolnik indes begreift die vitale Sinnlichkeit des Subjekts in entgegengesetztem Sinn: Das Empfinden des Lebens vollzieht sich als Verflechtung mit der Welt und als Abhängigkeit von ihr, als eine Öffnung auf ein anderes, multidimensionales Feld des Lebens oder, mit anderen Worten, als Annahme der Verletzlichkeit und des Prekärseins, die ihm innewohnen.

Die Wirkungsweise der kolonial-kapitalistischen Matrix, von der Suely Rolnik aus der Perspektive der lateinamerikanischen Staaten schreibt, ist auch in Milieus zu erkennen, die in der zweiten Hälfte des 20. Jahrhunderts ein anderes Verhältnis zum Kolonialismus und Kapitalismus entwickelten als die großen kolonialen Mächte

26 Ebd.

und Milieus, in denen dekoloniale Kämpfe stattfanden. Das ist am Fall Jugoslawiens gut ersichtlich, das mit dem sozialistischen Selbstverwaltungssystem auf Kapitalismus verzichtete und ehemaligen kolonisierten Staaten durch die Bewegung der blockfreien Staaten zugleich neue Möglichkeiten eröffnete, Möglichkeiten, die sich auf Pazifismus und Souveränität gründeten. Es scheint daher, dass aus der Perspektive des ehemaligen Jugoslawien – wie auch aus der Perspektive der anderen osteuropäischen Staaten – eine differenziertere und kontextuellere Lektüre von Dekolonialität erforderlich ist, weil diese Milieus mit anderen geschichtlichen Kontexten verbunden sind. Aber trotz dieses wichtigen Unterschieds lassen sich im mikropolitischen Umfeld, insbesondere im Übergang der 1960er- in die 1970er-Jahre, einige interessante Details finden, namentlich im Fall Jugoslawiens, dessen Geschichte sich aufgrund seiner Position zwischen den beiden Blöcken mitunter als Bündel voller Symptome anbietet, wenn es darum geht, gegenwärtige Globalisierungsdynamiken zu erkennen. Zwei mehr oder weniger im genannten Zeitraum entstandene Filme weisen in unterschiedlicher Form auf die neue globale (kapitalistische, postkoloniale) Dynamik hin, durch die emanzipatorische Tendenzen ausgelöscht wurden – einschließlich derjenigen, für die sich der Sozialismus wenigstens prinzipiell einsetzte –, und zwar eben durch die Kontrolle über das mikropolitische Vermögen des Körpers, insbesondere des Frauenkörpers. Der erste ist ein Film von Želimir Žilnik mit dem Titel *Zgodnja dela* („Frühe Werke“, 1969), der eine Geschichte von vier jungen Menschen (drei Jungen und einem Mädchen mit dem allegorischen Namen Jugoslawa) erzählt, die die Welt verändern wollen und unter dem

Einfluss der Lektüre des jungen Marx auf das Land und in die Fabriken ziehen, um Menschen aufzurütteln. Das sind junge Leute, die an den studentischen Demonstrationen von 1968 in Belgrad teilnahmen und die sich auf ihrem Weg nicht nur mit der Grobheit der Umgebung, in die sie sich begeben, sondern auch mit ihrer eigenen Ohnmacht, Eifersucht und Unfähigkeit konfrontiert sehen. Die drei frustrierten und enttäuschten Jungen erschießen Jugoslawa, weil sie Zeugin ihrer Ohnmacht wurde. Sie legen die jugoslawische Parteiflagge auf sie und verbrennen sie; der am Filmende aufsteigende Rauch ist das einzige Zeugnis ihrer gescheiterten Revolution. Diese Szene könnte man allegorisch lesen, denn sie kündigt furchteinflößend den zwei Jahrzehnte später erfolgten Untergang Jugoslawiens an; sie stellt die reale mikropolitische Gewalt im Alltagsleben des Sozialismus dar, welches – trotz grundsätzlicher ideologischer Betonung der Gleichheit – durch zahlreiche, sogar verschärfte Geschlechterungleichheiten charakterisiert ist. Žilnik stellt in seinem Film die Strömungen der reaktiven Mikropolitik im Innersten des Sozialismus dar und vermittelt einen Einblick in die Ruinen der Revolutionen der 1960er-Jahre. Diese Ruinen werden durch das Liebäugeln Jugoslawiens mit dem Kapitalismus in den 1970er-Jahren noch bizarrer und rücken noch näher an die zuhälterischen Prozesse, von denen Suely Rolnik schreibt. Als sich Jugoslawien in den 1970er-Jahren – insbesondere durch die Entwicklung des Tourismus – dem globalen Kapitalismus öffnet, sind es schon wieder Frauenkörper, die symptomatisch im Zentrum neuer geopolitischer Verhältnisse stehen. 1972 wurde in Malinska auf der Insel Krk ein Hotelresort mit dem Spielcasino Haludovo eröffnet, dessen Leitung der

Investor Bob Guccione, Eigentümer der US-amerikanischen Zeitschrift *Penthouse*, übernahm. Anlässlich der Eröffnung drehte das Belgrader Fernsehen einen Dokumentarfilm, den ich vor einigen Jahren als Teil einer Installation des Künstlers Marko Lulić sehen konnte.[27] Der Film zeigt die Eröffnung des Hotels mit Ansprachen eines hohen Vertreters der Kommunistischen Partei sowie des Eigentümers von *Penthouse*, hinter ihnen sind junge Frauen, *Penthouse*-Schönheiten in Badeanzügen, aufgereiht. Die Eröffnungsreden heben auch die Friedensbemühungen und die internationale Rolle Jugoslawiens hervor, und in einem bestimmten Augenblick der feierlichen Eröffnung dreht sich der *Penthouse*-Eigentümer um, zeigt auf die Frauen und sagt: „Das sind die Friedenstruppen der neuen Welt."

Die beiden Filme können uns dabei helfen, die Widersprüche und die Komplexität der jugoslawischen – und auch der post-jugoslawischen – Situation im Verhältnis zum globalen Kapitalismus und zu den Dekolonisationsprozessen zu verstehen, insbesondere nach den Epochen der studentischen Revolutionen Ende der 1960er-Jahre. In der mikropolitischen Sphäre nämlich enthüllen die Filme, dass Dekolonialität auch im jugoslawischen, blockfreien Sozialismus nicht immer mit Prozessen der Gleichheit und Geschlechteremanzipation sowie mit einem Vorgehen gegen hautfarbebasierte Ungleichheitsregime verbunden war. Es stimmt zwar, dass etliche (kleinere) sozialistische Staaten nicht auf die gleiche Art Teil kolonialer Prozesse waren wie die Staaten des kapitalistischen Blocks und dass sie sich oft in untergeordneten

---

27 Der Titel dieses Dokumentarfilms aus 1973 lautet *Ne prodajamo Hollywooda* („Wir verkaufen kein Hollywood"); seine Autoren sind Dejan Karaklajić und Jovan Aćin.

Positionen befanden, aber die Geschichte des Sozialismus sollte Elementen der modernen Kolonialgeschichte wie Ausschluss und Überlegenheitsgefühl kein Ende bereiten. So lässt sich auch die Verschärfung von Asymmetrien in den neuen autoritären Herrschaftsformen in osteuropäischen Staaten verstehen, wo durch die Macht über den Frauenkörper eine paradoxe doppelte Reinigung erfolgt: Die neoliberale Freiheit, dieses problematische *anything goes*, wird vertrieben, und parallel dazu wird die Geschichte emanzipierter und autonomer Körper ausgelöscht – und mit ihr auch die in der Geschichte des Sozialismus erkämpften Rechte (Abtreibungsverbot, Verschärfung des Geschlechterunterschieds, traditionalistische Bevölkerungspolitiken usw.). Aus eben diesem Grund ist der von Suely Rolnik und den globalen feministischen Bewegungen entwickelte Begriff des mikropolitischen Aufstands auch in postsozialistischen Milieus aktuell, denn zwischen den feministischen Bewegungen lassen sich – mögen auch die Geschichten und Kontexte verschieden sein – auf genau diese Weise außerordentlich wichtige und schlagkräftige Verwandtschaftsbeziehungen knüpfen.

3. In die Wirklichkeit eingreifen: Mikropolitik und Kunst

Mikropolitische Verhältnisse in der Kunst können uns zu verstehen helfen, wie Verletzlichkeit und Prekärsein heute im Mittelpunkt des Lebens, im Zentrum vieler politischer Machtverschiebungen stehen – und welche Rolle sie in Dynamiken der Herrschaft, wie auch des Kampfes gegen diese, spielen. Sie können auch das Verständnis des Aktivismus verändern, der in der Geschichte der modernen Kunst, besonders im 20. Jahrhundert, eine der grundlegenden Weisen gewesen ist, wie Kunst ins Leben eingreift und sich ihm annähert.

In der Geschichte der Kunst des 20. Jahrhunderts war es vor allem die Idee der Kunst als Aktivismus, als Eingreifen in die Wirklichkeit, die die Kunst dem Leben annäherte und die Beziehungen zwischen mikropolitischem und makropolitischem Handeln komplizierte. Aber Rolnik stellt das Verhältnis zwischen Kunst und Aktivismus in Frage und sucht durch das mikropolitische Denken eine Neubestimmung des Verhältnisses zwischen Kunst und Politik. Sie tut dies, indem sie Rolle und Arbeit von Künstler:innen in extremen und schwierigen politischen Verhältnissen analysiert, in denen Aktivismus die einzige Option zu sein scheint, weil autoritäre politische Kräfte auf die Unterdrückung vielfältiger kreativer Kräfte hinarbeiten. Die Situation ist jedoch keineswegs einfach, wie Rolnik in ihrem kurzen Essay *Archivmanie* schreibt. Sie behauptet, dass künstlerische Aktionen, wenn sie im Sinne einer makropolitischen Tendenz verstanden werden, vor allem eine Sache der Ideologie, also mehr

Aktivismus denn Kunst seien. Deshalb sei im mikropolitischen Feld zwischen Kunst und Aktivismus zu unterscheiden und von einer Vermischung der beiden Begriffe Abstand zu nehmen. Rolnik denkt hier vor allem an die Figur der aufopferungsvollen, engagierten Künstler:in, welche die Rolle der Rebell:in und Interventionist:in annimmt. Sie argumentiert, dass ein derartiges Engagement oft Folge einer extremen Beziehung zu Projektion und Fantasie ist, zumal das aus einer politischen Situation rührende Trauma eine Substitution des Denkens durch Ideologie auslösen kann. Das Ergebnis, so Rolnik, ist, dass die Künstler:in zur Aktivist:in wird und ihr Werk zu einem „Pamphlet, das Träger der traurigen Gefühle des Opfers, seiner Ressentiments und Rachegelüste ist“[28]. Diese Affekte werden in den Kunstwerken selbst mobilisiert „und haben nur zwei mögliche Resultate: die Hoffnung auf Erlösung oder die durch eine halluzinierte Apokalypse angetriebene Hoffnungslosigkeit“[29]. Die Position der Künstler:in wird somit als Spiegel des Gegenübers konstituiert, während die Kunst zum Bildschirm ideologischer Projektionen wird, „in die Fäden romantischer Sehnsucht und religiöser Inbrunst eingewebt sind“[30]. Das ist eine gewagte Hypothese, die tief in den Kern des Begriffs von politischer Kunst einschneidet und die Widerstands- und Tätigkeitsgesten problematisiert, die vielen experimentellen und künstlerischen Aktionen eingeschrieben sind. Sie weist darauf hin, wie unzureichend diese auf das Gegenüber

---

28 Rolnik, *Archive Mania / Archivmanie*, S. 24.

29 Ebd.

30 Ebd.

zielende Geste, die durch Verstrickung bei gleichzeitiger Ausnahmebehauptung gekennzeichnet ist, gerade in schwierigen und gewaltsamen politischen Situationen ist, in Situationen, in denen Leben vernichtet und Gewalt gegen Leben ausgeübt wird. Die Handlungen der Künstler:in verorten Letztere außerhalb der Wirklichkeit, während eben diese Wirklichkeit zugleich um sie herum geschieht. Es ist daher nicht verwunderlich, dass das grundlegende Argument zugunsten der Kunst auch die Verteidigung ihrer Freiheit ins Zentrum stellt, die Distanz, die durch die Autonomie der Kunst geschaffen wird, und so finden wir uns schnell inmitten einer Reihe von Dualitäten und kulturpolitischen Kämpfen wieder, durch welche die Positionierung von Identitäten und die makropolitische Verwaltung von Dualitäten bekräftigt werden.

Rolnik verfasste ihren Text, um das Interesse der globalen Kunstwelt an lateinamerikanischer Kunst zu verstehen, die in der Periode der Diktaturen entstanden ist. Den Mittelpunkt ihres Interesses bildet Konzeptkunst außerhalb des westlichen Kanons, und zwar im Besonderen jene, die in den 1960er- und 1970er-Jahren in Lateinamerika entstanden ist, also in einer Zeit radikaler und gewaltsamer politischer Veränderungen und der gegen sie geführten Kämpfe. Ihr kurzer Essay versucht, Aufmerksamkeit auf das unbewusste Begehren hinter dem manischen Interesse zu lenken, das der Westen oder der globale Norden diesem spezifischen Zeitraum entgegenbringt, insbesondere in einer Zeit globaler politischer Krisen und neuer Herausforderungen für die politische Kunst. *Archivmanie* ist somit die Beschreibung eines Phänomens der Konzentration auf übersehene und marginale politische Gesten in Gegenden, die nicht im Zentrum der Zirkulation des Kunstkapitals stehen.[31] Solche Arbeiten werden häufig in makropolitischen Begriffen verstanden, als aktivistische Gesten ähnlich denjenigen, die von Avantgardist:innen, Gesellschaftsvisionär:innen, Provokateur:innen, Progressiven, die ins Mark gesellschaftlicher Antagonismen intervenieren, Rebell:innen usw. bekannt sind. Rolnik artikuliert etwas, das sich vom zeitgenössischen Verständnis des künstlerischen Aktivismus unterscheidet – jener waghalsigen Kreuzung von Kunst und Leben, die in die Geschichte der westlichen Kunst des 20. Jahrhunderts eingeschrieben ist. Wie ist Rolniks Behauptung aber im Kontext aktueller Angriffe auf die Gegenwartskunst sowie der unzähligen Kulturkämpfe zu verstehen, insbesondere wenn ähnliche Aussagen oft seitens der Gegner:innen zeitgenössischer Kunst zu hören sind, die meinen, diese sei ideologisch, instrumentalisiert und politisiert und solle also zu distanzierteren, neutraleren Arbeiten zurückkehren? Tatsächlich kann uns Rolnik dabei helfen, die Rolle der Kunst in schwierigen, verschärften politischen Verhältnissen anders zu denken, denn sie versucht den Kern des Politischen in der Kunst zu verlagern und auf diese

---

31 Ich greife in diesem Buch auf die Ausdrücke „globaler Norden" und „globaler Süden" zurück, weil sie den verflochtenen Sphären einer Welt am besten entsprechen, die durch Fortbestand von Kolonialität wie auch durch dekolonialen Widerstand geprägt ist. Es handelt sich dabei nicht um eine territoriale Kennzeichnung, weil der globale Norden auch im Süden und umgekehrt gefunden werden kann. Den Ausdruck „Westen" verwende ich nur dann, wenn er von den zitierten Autor:innen verwendet wird oder wenn ich unmittelbar vom ehemaligen Osten und Westen Europas (in Bezug auf die Geschichte des Sozialismus) spreche. Das entspricht auch meiner Lektüre vorwiegend europäischer, südamerikanischer und nordamerikanischer Autor:innen, welche eng mit dem Kontext verbunden ist, in dem ich lebe und arbeite.

Weise auch das Zusammenfließen der Kunst mit dem Leben neu zu artikulieren. Die Kunst ist immer schon immanent politisch, zumal das Politische, wie Kunst, nur durch den Prozess einer Schöpfung innerhalb eines Feldes von Beziehungen und Verhältnissen artikuliert werden kann. Rolnik schreibt, dass das politische Moment der Kunst innerlich und nicht äußerlich ist und sich durch die Interdependenz des Ineinanderfließens von Kunst und Leben konstituiert. Daraus ergibt sich die Absenz jeglicher Ausnahmestellung künstlerischer Handlungsmacht in Bezug auf die Wirklichkeit, jeglicher Repräsentation oder Trennung von den mikropolitischen Lebenskräften, die eine bestimmte Artikulation ermöglicht haben. „Die schöpferische Tätigkeit eröffnet nämlich der Affirmation des Lebens Kanäle und nährt das Vertrauen, dass das Leben sich selbst in Grenzsituationen durchsetzen kann, sogar in Kontexten makropolitischer Unterdrückung [...].“[32] Und weiter: „Der Künstler orientiert sich [...] an seinem Hören auf die intensive Wirklichkeit, die ihn bedrückt und die nur die Grenzen durchbrechen kann, wenn sie sich im Innersten seiner Poetik konkretisiert.“[33] Rolnik schreibt, dass die Kunst „ein mächtiges chemisches Reagenz“ wird, „das durch Ansteckung übertragen wird und in die molekularen Zusammensetzungen, in die es eindringt, eingreifen kann, indem es deren toxische Elemente auflöst“[34]. Diese Metapher ist von besonderem Interesse, weil sie ein Verständnis von Kunst als eine Reihe von Prozessen eröffnet, die innig in die Umgebung, die Umstände, in

32 Rolnik, *Archive Mania / Archivmanie*, S. 25.

33 Ebd.

34 Ebd.

denen diese Prozesse entstehen, eingebettet und mit der Sinnlichkeit der involvierten Körper verflochten sind. Eben das ist auch der Grund, wie Rolnik mit Blick auf die Situation zur Zeit der Diktaturen in Lateinamerika schreibt, warum sich diese Kampagnen sehr von pädagogischen Indoktrinierungskampagnen, die Bewusstsein schaffen und vor allem ideologische Inhalte vermitteln, unterscheiden, und ebenso sehr von sozialen und erzieherischen Inklusionskampagnen.[35] Die politische Kraft dieser künstlerischen Praxen liegt in dem, „was sie in den von ihnen affizierten Milieus hervorrufen können“[36]. Zugleich aber geschieht durch diese Praxen noch etwas anderes: die Demontage der eigenen Rolle in der Inszenierung von Macht. Der Akzent liegt auf dem Körpervermögen und nicht auf der Schaffung eines Bewusstseins.

Und genau das ist es, worüber auch Marina Garcés schreibt, wenn sie das Engagement der Kunst mit einer Ehrlichkeit gegenüber der Wirklichkeit verbindet. Ehrlichkeit der Kunst spiegelt sich nicht in den Themen wider, mit denen sie sich befasst, und auch nicht in ihrem Begehren, in etwas einzugreifen und es zu verändern, sondern existiert in der Art und Weise, wie sie mit der Wirklichkeit und mit uns umgeht, wie sie selbst an der Wirklichkeit der Welt teilnimmt, die wir teilen.[37] Engagement rührt aus einem Sich-Einlassen auf das Leben, daraus, affiziert zu sein von der Umwelt, in der wir uns finden, von einer irreversiblen Berührung, aber auch einer radikalen Verantwortlichkeit, die in unserer

---

35 Ebd., S. 26.

36 Ebd.

37 Garcés, „Honesty with the real“, S. 4.

gemeinsamen Verletzlichkeit begründet ist. Die Priorität gilt einer spezifischen Verflechtung von Kunst und Leben, was etwas anderes bedeutet als künstlerische Intervention und die Thematisierung politischer Fragen, als ein Eingreifen ins Leben. Zudem kann politische Kunst, wenn sie makropolitisch verbreitet wird und Erfindung, Widerstand und Lösungskonzepte als Mission der Künstler:in präsentiert, ohne größere Probleme auf dem globalen Markt als Zurschaustellung emanzipatorischen Vermögens zirkulieren (in aller Regel des emanzipatorischen Vermögens anderer, das sich mit einer anderen Lebenserfahrung verbindet). Dabei wird aber oft eine Dimension übersehen, der in mikropolitischer Betrachtung dieser Arbeiten eine Schlüsselrolle zukommt: die ständige Demontage und Unterminierung der eigenen Rolle in der Dynamik und Inszenierung von Macht.

In dieser Hinsicht ist es interessant, Suely Rolniks These bezüglich der Unterscheidung von Kunst und Aktivismus im Lichte politischer Kunst heute zu lesen, auch als Verständigung über den Verlust der taktischen und strategischen Vorsprünge der Gegenwartskunst, an die noch vor zehn Jahren viele künstlerische politische Bewegungen der Linken glaubten. Diese von den situationistischen Bewegungen der 1960er-Jahre ermutigten künstlerischen Bewegungen, deren manifeste Interventionen und Medienaktionen sich oftmals auf Taktiken der subversiven Affirmation stützen, sind heute in überwältigendem Ausmaß von einer Maschine privatisierter Medien und Spektakel abhängig und zu einem wichtigen Teil von Identitätskonstruktionen sowie eines Schutzes von Eingriffen in das Leben geworden, der sich auf deren Autonomie beruft. Das Eingreifen in die gesellschaftliche Wirklichkeit, ihre Manipulation, das

Verschieben von Bedeutungen, ihre strategische Adressierung, das Mischen von Bildern und die Erzeugung widersprüchlicher Repräsentationen sind zudem makropolitische Strategien des gegenwärtigen ideologischen Kampfes, die sowohl der rechten Gegenoffensive als auch ihrer Anfechtung durch die politische Linke eigen sind.[38] Es geht um Nachahmung und Ausbeutung der gleichen Produktionsweise, Organisation, Verwaltung, Planung, Vereinfachung und technologischen Manipulation, die somit, aufgrund ihrer Funktionsweise und Wertschöpfung, oft mit neoliberalen Wirtschafts- und Produktionssystemen verschmelzen, mit reibungsloser Logistik und einem fiktiven Nomadismus der Zirkulation sowie mit spektakulären Effekten, wenn diese erforderlich sind.

Dass die Politik tatsächlich der Kunst immanent ist, geht auch aus dem Sachverhalt hervor, dass totalitäre Regime und autoritäre Politiken oftmals nicht nur durch Zensur und Verbot (das ist ihre makropolitische Dimension), sondern auch mikropolitisch auf die Kunst einwirken; das vollzieht sich, wie Rolnik schreibt, über innere Verbote, die „Hemmung der Manifestation des schöpferischen Prozesses, noch bevor sein Ausdruck sich abzuzeichnen beginnt“[39]. Die Erfahrung von Trauma und Verbot rührt aus dem Schrecken und der Demütigung durch totalitäre Regime und autoritäre Regierungsformen und affiziert mithin das Begehren in seinem Innersten, erschüttert sein Potenzial oder, wie Rolnik es ausdrückt, „entleert damit die Subjektivität

38 Verónica Gago, *Für eine feministische Internationale: Wie wir alles verändern*, übers. v. Katja Rameil, Münster: UNRAST-Verlag, 2020, S. 245.

39 Suely Rolnik, *Archive Mania / Archivmanie*, S. 23.

ihrer Konsistenz".[40] Rolnik denkt dabei an die Geschichte und die wiederholte Gefahr diktatorischer Regimes in lateinamerikanischen Staaten, während man ihre Gedanken heute mit in verschiedenen Kontexten (einschließlich Slowenien) erfolgenden aktuellen Angriffen auf Künstler:innen, die als Faulenzer:innen, Privilegierte und Perverse bezeichnet werden, in Zusammenhang bringen könnte. Das Ziel dieser Angriffe ist nicht bloß makropolitisch (ideologisch), sondern ist auch in der mikropolitischen Sphäre wirksam. Es kommt zu tiefen Einschnitten in Wert und Wertlosigkeit individueller Leben und Subjektivitäten, zur Auslöschung ihres Rechts, in Erscheinung zu treten und sich auszudrücken, ihres Rechts auf einen Anteil an der Wirklichkeit. Zugleich wird befördert, was Rolnik als reaktive Mikropolitik bezeichnet: Widersprüche werden beseitigt, die Vielfältigkeiten des Lebens ausgelöscht. Eben darum treffen künstlerische Arbeiten heute mitunter auf eine Implosion dermaßen widersprüchlicher und feindseliger Leidenschaften und finden sich im Mittelpunkt heftiger Kämpfe wieder, besonders wenn der Körper oder das Leben einer Künstler:in im Mittelpunkt steht, was natürlich kein Zufall ist: Der Körper ist der Schauplatz des mikropolitischen Kampfes. Wir erleben intensive Prozesse der Kriminalisierung von Künstler:innen, Abwertung und Hass gegenüber ihren Leben, Versuche, das poetische, politische Quellen und Überfließen des Lebens zum Verstummen zu bringen. Dies geschieht eben durch Mikrofaschismen, kleine Vernarrtheiten in die Macht in Gestalt des Hasses auf Andere, welche sich durch die Nutzung technologischer

40 Ebd.

und kommunikativer Protokolle heute grimmig ausbreiten können. Aber selbst wenn wir Kunst im Sinne von Freiheit, Progressivität und Autonomie befürworten, sind wir nicht immun gegen die Miniaturen einer Vernarrtheit in Macht. Wir übersehen in diesem Bemühen die Besonderheiten und Unangepasstheiten von Körpern wie auch die Eingebundenheit der Kunst in die epistemologischen Regime von Moderne und Kolonialität, was zu der extremen Asymmetrie von Körpern und Lebensumwelten in der Kunst führt.

Hier gelangen wir zu einer weiteren mikropolitischen Dimension der Kunst, die der gesamten Diskussion über Mikropolitik eine neue Richtung gibt, sie auf andere Art durchquert. Die Immanenz des Politischen in der Kunst, das Ineinanderfließen des Poetischen und Politischen, die Nähe von Kunst und Leben – das sind keine Erfindungen der künstlerischen Moderne und sie leiten sich auch nicht aus den historischen Avantgarden ab. Mag der Fusion von Poesie und Politik auch in den Manifesten der Avantgardekunst ein Denkmal gesetzt worden sein, mag sie auch von den experimentellen Kunstaktionen der 1960er-Jahre ausstrahlen und in den Relationen der partizipatorischen Kunst der 1990er-Jahre sowie in den Körperexperimenten in Theater und Tanz existieren: Diese Fusion hat nicht überall die gleiche Geschichte und wird nicht überall auf die gleiche Weise artikuliert. Eben das ist der Hintergrund der Diversität globaler Kunst heute, die nur so strotzt von emanzipatorischen und kritischen Tendenzen, vom Engagement für das „Gute“ und die Sorge um die Welt, während diese Tendenzen nichtsdestotrotz häufig unter Bezugnahme auf die dominanten Narrative der modernen Kunst und ihre experimentellen und progressiven Unternehmungen verstanden und interpretiert werden. Die Frage aber lautet, von welchem Ort aus, wo und im Verhältnis zu wem wir die Affirmation des Lebens praktizieren. Diese Art der Fusion von Poesie und Politik wurde Suely Rolnik zufolge in Gegenden, die von der westlichen Kultur beherrscht wurden, massiv unterdrückt. Ebenso haben die Immanenz des Politischen in der Kunst und die Nähe von Kunst und Leben ihren Anfang nicht in den Avantgarden, sondern gehören seit jeher zum Leben von Körpern und zu den Lebensverhältnissen in der Welt. Rolnik schreibt, „dass die Verdrängung der immanenten Artikulation des Poetischen und Politischen ihren Ursprung in der abendländischen Moderne hat und heute in der Wissenspolitik des transnationalen Kapitalismus gipfelt“[41]. Sie beschreibt sie als koloniale Verdrängung, in deren Kern die Verdrängung jener immanenten Dynamik des Politischen und Poetischen steht: die Verdrängung und Unterdrückung des Körpervermögens, der erfinderischen Imagination von Empfindungen und der Fähigkeit, sich der Paradoxie der Erfahrung zu öffnen, sowie der Fähigkeit, die darin begründet liegt, dass es genau die Spannung zwischen den widersprüchlichen Wirklichkeiten des Lebens ist, durch die Subjektivität ermöglicht und aufrechterhalten wird, durch die die Existenz von Körpern möglich gemacht wird. Die koloniale Kraft wirkt unmittelbar auf den Körper, im Sinne einer Verdrängung und Unterdrückung von Körpervermögen, wobei es jedoch laut Rolnik eben diese Vermögen sind, die eine wesentliche Dimension

41 Ebd., S. 29.

jeglichen poetisch-politischen Handelns darstellen[42]; anders gesagt, nur auf diese Weise kann Kunst mit dem Leben verschmelzen. Rolnik schreibt aus einer dekolonialen Perspektive:

> Die Aktivierung dieses durch die Moderne verdrängten Körpervermögens stellt eine wesentliche Dimension jeder poetisch-politischen Aktion dar. Ohne diese Aktivierung gibt es nur Variationen der Produktionsweisen von Subjektivität und Wissen, die uns als Kolonien Westeuropas begründen, also genau den Status, dem wir entfliehen wollen.[43]

Es gibt noch ein weiteres Problem, denn die koloniale unbewusste Verdrängung wirkt heute auf eine komplexe Weise. Körpervermögen werden nicht unterbunden, sondern vielmehr gefördert; sie werden gefeiert und ihre Intensität beschleunigt, und zwar deswegen, weil das im ökonomischen Interesse des Kapitals ist bzw. im Interesse dessen, was Rolnik als Zuhälterei des Kapitalismus bezeichnet. Ihren Beitrag dazu hat auch die Kunst geleistet, die seit Anfang des 20. Jahrhunderts lautstark das Verschmelzen von Kunst und Leben, Politik und Poesie proklamierte. Sie tat dies indes auch am epistemologischen Horizont der westlichen Kunst und der modernen progressiven Lebensauffassung, die eng fusioniert waren mit der Produktionsökonomie der Kunst und ihrer Hervorbringung politischer Inhalte – oder vielmehr mit einer Ökonomie, die sich auf Asymmetrie sowie institutionelle und historische Privilegien gründet. Nur so ist es nach wie vor möglich, singuläre mikropolitische Aktionen und Ereignisse

---

42 Ebd.

43 Ebd.

durch zahlreiche politische Ausstellungen und Ereignisse makropolitisch zu vermarkten und zu verbreiten und aus ihnen Atome ökonomischen und symbolischen Werts zu extrahieren. Durch ein makropolitisches Verständnis von Politik, das die Emanzipations- und Widerstandskraft der Kunst feiert und eben dadurch tief in die ökonomischen Strömungen eines ungezügelten Kapitalismus eingebettet bleibt, wird die mikropolitische Kraft von Kunst somit ausgelöscht. Diese hegemoniale Situation trägt, wie Rolnik es ausdrückt, „zur Leugnung der mikropolitischen künstlerischen Aktionen bei und verhindert deren Anerkennung und Ausbreitung“[44]. Es ist ebenso sehr Teil des gegenwärtigen Kapitalismus, die Mission und Emanzipation des Anderen, die ständige Zirkulation politischer Ideen mit Genuss zu betrachten, wie es Teil des gegenwärtigen Kapitalismus ist, diese Dokumente, Überreste und Erinnerungen zu recyceln, um einen Rest aus ihnen herauszupressen, der auf den Wert der Kunst und die Ausweitung ihrer Kommodifizierung zurückwirken wird.

Das alles gibt dem Westen, oder vielmehr dem globalen Norden, oft das Gefühl, dass er an etwas Gutem mitwirkt, und verringert das Schuldgefühl, während die Verteilung von Macht und Sichtbarkeit sowie die bestehenden Hierarchien und Wertesysteme wenig oder keine Veränderung erfahren. Emanzipatorische Praxen werden „Bilder von Lebensformen *prêt-à-porter*“[45], anstatt uns durch ihre poetische Störkraft berühren, bewegen und verwandeln zu können und mit der Bedeutung der Welt um uns herum zu brechen, damit, wie wir diese Welt mit anderen teilen.

---

44 Ebd., S. 22.

45 Ebd., S. 30.

Daraus ergibt sich die folgende Forderung von Rolnik: „Die Tätigkeiten der Künstler, Kritiker, Kuratoren, Museologen und Archivare müssen über die Kräfte begriffen werden, die sie jeweils bestimmen, in ihrer komplexen Transversalität und nicht, als existierten sie in einem idealisierten imaginären Territorium."[46] Ihre ethische Verpflichtung ist es, Kunst als Verteidigung der „polyphonischen Ausübung der ‚Lebenskunst'"[47] zu denken. In diesem Sinne bedarf es einer kritischen Haltung gegenüber der makropolitischen Tendenz in der Kunst, *dieser Zirkulation unterschiedlicher Gesten vor dem Hintergrund ein und derselben Wirklichkeit.* Wenn wir die Kunst in der Tat für polyphonische Ausübungen der Lebenskunst öffnen wollen, müssen wir über die institutionellen, kuratorischen, archivarischen, dramaturgischen, Produktions- und ökonomischen Ungleichheitspraxen nachdenken, die sich im Innersten dessen finden, wie die Kunst in der Welt existiert. Polyphone Lebenspraxen bedeuten nicht: noch eine politisch engagierte Biennale oder Ausstellung mehr, noch eine erfolgreiche Ausschreibung mehr; denn sie sind auch durch die Praxis einer radikalen Ungleichheit in Bezug auf Werke, Kontexte, Besucher:innen, Geldgeber:innen gekennzeichnet. Diese Ungleichheit bildet den Kern der Kunstökonomie. Wir sind uns alle dessen bewusst, und doch nehmen wir an ihrer globalen Wirklichkeit teil, weil wir das Gefühl haben, es geht nicht anders. Von größerer Notwendigkeit wäre es, über die mikropolitische Eingebettetheit von Institutionen und ihrer Wechselbeziehungen nachzudenken, und auf dieser Basis

46 Ebd., S. 35 [Übers. mod.].

47 Ebd.

neue Solidaritätspraxen zu denken und zur Ausübung zu bringen: *Gesten eines Verwandtwerdens vor dem Hintergrund unterschiedlicher Wirklichkeiten.* In erster Linie bedeutet das eine Reflexion über das mikropolitische Potenzial von Kunst, über die Immanenz des Poetischen im Politischen, und zwar eben aufgrund der radikalen Ethik der Sorge, der Verflechtung mit dem Leben. Gerade die Immanenz des Poetischen im Politischen ist der Grund, weshalb Kunst die Kraft hat, das, was gegeben ist, zu durchdringen, was Marina Garcés als Unterbrechung des Weltsinns bezeichnet. Die beschriebene Situation bildet die Quelle der Mikrofaschismen, denen wir gegenwärtig beiwohnen und die Garcés folgendermaßen charakterisiert:

> [...] die unbestreitbare Wirklichkeit des Kapitalismus als System und Lebensweise und die Komplexität eines Systems wechselseitiger Abhängigkeiten, das uns als unermesslich, unkontrollierbar und unregierbar präsentiert wird. Das eigene Leben zu managen ist in diesem Zusammenhang unser Platz und unsere Rolle. Und wir müssen diese Herausforderung annehmen, unter Androhung, aus dem „Deal" ausgeschlossen zu werden.[48]

In einer solchen Situation kommt es zu einer fortschreitenden Zuspitzung der Beziehungen zwischen jenen, die sich aus Furcht, aus der Übereinkunft ausgeschlossen zu werden, anderen gegenüber feindselig zeigen, sowie jenen, die in die Übereinkunft aufgenommen und somit immer mehr geschützt werden. Welche Rolle spielt die Kunst dabei? Vielleicht ist ihre Rolle ganz einfach. Die Kunst kann erfinderisch sein und imaginieren, wie wir

48 Garcés, „Honesty with the real", S. 6.

mit anderen gut zusammenleben können, wie wir die Welt wahrnehmen können, die zwischen uns existiert und die uns, indem sie zwischen uns existiert, verbindet. Das ist die Immanenz des Poetischen. Es ist notwendig, in eine Nähe mit der Welt zu finden, was auch grundlegende Auswirkungen auf die Bewertung von Kunst hat. Und darum, so Garcés, ist es auch notwendig, die Macht der Anonymität zu entdecken, als Teil unseres Engagements. Diese Entdeckung ist asymmetrisch und jedes Mal auf andere Weise situiert, aber das bedeutet nicht, dass Solidarität nicht länger möglich wäre. Das Mikropolitische hat seinen Ort also weniger in der Botschaft der Emanzipation, in der Extraktion der Kraft eines singulären Lebens, als vielmehr in der transversalen Übertragung von Praxen, im Austausch von Praxen der Hoffnung, welche die aus unterschiedlichen Wirklichkeiten rührenden Gesten vereinen.

Vielleicht ist die Tatsache selbst, dass das Politische zu einem Imperativ der Kunst wird, mit dem globalen Scheitern der linken Bewegungen verknüpft oder vielmehr mit den Problemen und Begrenzungen ihres makropolitischen Horizonts: mit der fehlenden Anerkenntnis dessen, was Verónica Gago als Asymmetrie und Unbestimmtheit der Körper bezeichnet.[49] Das Problem liegt darin, dass selbst politischste Kunst oft durch ihre kritischen Kommentare die künstlerischen Produktions- und Schaffensweisen weiterführt, die Teil des kolonialen kapitalistischen Regimes sind. Auf diesen Widerspruch im Kern progressiver Kunst verweisen heute zahlreiche dekoloniale, schwarze, feministische und queere Bewegungen in der Kunst, die die Verhältnisse zwischen

---

49 Gago, *Für eine feministische Internationale*, bes. Kap. 3, S. 103–138.

Leben und Kunst komplizieren, auch wenn Dekolonialität keine neue Normativität darstellt (und schon gar nicht einfach ein populäres, immer wieder aufzubringendes Thema), sondern vor allem ein praktisches Vermögen, sich immer wieder mit asymmetrischen und mehrschichtigen Situationen des künstlerischen Schaffens auseinanderzusetzen. Sie zeigen, wie jede poetische Erfindung, jede Berührung von Kunst und Welt auch die materiellen Bedingungen des Lebens der Kunst tiefgreifend verändert. Nur so kann die Verbindung zwischen Kunst und Ökologie, Dekolonialität und Feminismus gedacht werden. Durch einen dekolonialen Ansatz werden diese Verbindungen Teil einer Unterminierung, die die legalen, ökonomischen Grundlagen der Institutionen und Wertesysteme der Kunst unterbricht – und zwar oftmals genau jener, die vorgeblich eine Stimmenvielfalt repräsentieren, indes selbst nicht bereit sind, ihre eigenen politischen und ökonomischen Privilegien aus den Angeln zu heben, die größtenteils eine Folge kolonialer Geschichten und der zeitlichen Privilegien der Moderne sind. In der Verknüpfung von Ökologie und Kunst unterminiert dieser Wandel die Formen des Managements von Kunst, ihre Akkumulation, Beschleunigung und kapitalbasierte Logistik, und öffnet den Weg für andere poetische Erfindungen des Oikos, die sich oft eng mit dekolonialen Beziehungen zu Land, natürlichen Ressourcen und Körpern verbinden, jedoch nicht nur als Thema, sondern auch in den Handlungs- und Organisationsweisen der Kunst. Im verknüpften Denken von Feminismus und Kunst betrifft dieser Wandel eine Ausweitung des Begriffs einer Permanenz des Lebens und der sozialen Reproduktion, die Autorschaft, Individualität und Selbstbestimmung hinter sich lässt und die Kunst auf gemeinschaftliche Schaffens- und Bewertungsformen hin öffnet.

Diese Bewegungen verwirren auch die Kartografie von Mikro- und Makroverhältnissen. Mikropolitik ist hier keine Angelegenheit des Maßstabs, wonach kleine, partikulare Gesten großen Würfen gegenüberstünden. Das Mikropolitische ließe sich viel eher durch die Metapher transversaler Abweichungen denken, die ihre Spuren auf dem Boden hinterlassen und dadurch alternative Linien zu etablieren helfen, wie Sara Ahmed es ausdrückt: Diese Linien durchqueren das Territorium auf unerwartete Weisen, sie lassen sich als Spuren von Begehren lesen, die verschiedene queere Landschaften schaffen. Aber Ahmed mahnt zur Vorsicht im Umgang mit solchen Metaphern: „[A]uch wenn queere Abweichungen den Boden gestalten, den wir bewohnen, sollten wir es doch vermeiden, Abweichung zum Boden einer queeren Politik zu machen.“[50] Wenn wir nämlich so denken, geraten wir schnell in eine paradoxe Situation, in der Abweichung zu einer Art Norm wird und zugleich diejenigen ausschließt, die ihr nicht folgen. Dergestalt wurden etwa die alternativen mikropolitischen und transversalen Linien der Befreiungsbewegungen in den 1960er- und frühen 1970er-Jahren kommodifiziert, die der Kapitalismus in eine warenförmige Produktion von Begehren verwandelte, um zugleich aus der sexuellen Revolution die Kommodifizierung und Produktion von Geschlechtsidentitäten zu machen. Ein Denken von Mikropolitik in feministischen, queeren, ökologischen und dekolonialen Perspektiven wirft noch einige andere

---

50 Sara Ahmed, „Orientations: Toward a Queer Phenomenology“, *A Journal of Lesbian and Gay Studies* 12/4, 2016, S. 570.

Fragen auf, die Ähnlichkeiten aufweisen mit Ahmeds Weise, Verbindungen zwischen den Linien der Abweichung zu entwerfen. Wichtig für Ahmed ist nicht nur die Auffindung und Identifikation von Linien der Abweichung, der Alternative, des Andersseins, sondern vor allem die Frage der Orientierung; was ist unsere Orientierung im Verhältnis zu solchen Abweichungen, zu solchen Schrägen? „Wenn etwas seltsam, fremd, fehl am Platz aussieht, was werden wir tun? Wenn wir uns schräg fühlen, wo werden wir Unterstützung finden? [...] Eine queere Phänomenologie würde eine Orientierung auf das Queere implizieren, eine Weise, die Welt zu bewohnen, die jenen ‚Unterstützung' bietet, deren Leben und Lieben sie schräg, fremd und fehl am Platz erscheinen lassen."[51] Unterstützung zu finden für das, was unangepasst ist, ist die Essenz der Orientierung. Es geht also um eine Orientierung des Körpers im Verhältnis zu anderen Körpern, die partiell, schräg und fremd ist, die sich aber auf Unterstützung, Verletzlichkeit und Abhängigkeit gründet, der Spannung zwischen dem Vertrauten und dem Seltsamen standhält und eben darum auf das Zusammenleben durch bedingungslose Solidarität und Rücksichtnahme einwirkt. Das Ergebnis ist eine tagtägliche, sinnliche, zutiefst ethische Einbindung in die Verflechtung von Kunst und Leben: Es ist schlicht unmöglich, opportunistisch zu handeln. Keine naive Befreiung der Körper, sondern eine schwierige und interdependente Arbeit zahlreicher Körper, in der das Orientierungsvermögen in Beziehung zu Anderen steht und Abhängigkeit die Stärkung eines Verhältnisses ist, in dem die Unterscheidung zwischen Wissen, Schaffen und Heilen

51 Ebd.

irrelevant wird. Welche poetischen Biosphären gilt es in einer asymmetrischen Welt zu schaffen? Welche Hilfe bieten diese Biosphären im Prozess, uns einen Körper zu machen, und zwar nicht nur einen menschlichen Körper, sondern auch einen mehr-als-menschlichen Körper? Und was benötigen wir, um nicht zu reproduzieren, was wir bereits wissen?

4. Die flüchtige Dimension des Daseins: Mikropolitik und Prekarität

Judith Butler kann als eine der wichtigsten feministischen Philosophinnen des Lebens gelesen werden, besonders in ihren späteren Werken, in denen sie das Leben im Rahmen feministischer Positionen von Interdependenz und Relationalität denkt. In ihrer Analyse des Trauerns vor dem Hintergrund der US-amerikanischen Politik nach dem 11. September 2001 stellt sie in ihrem Buch *Gefährdetes Leben* die folgende Frage: „Was macht ein betrauernswertes Leben aus?“[52] Butler reflektiert darüber, wie es möglich ist, dass manchen Leben mehr Wirklichkeit zukommt und man zugleich manchen Toden gegenüber mitfühlender ist als anderen gegenüber. Der Tod zählt bei einigen nichts, weil auch ihr Leben nichts zählt, und der Dehumanisierungsprozess zeigt sich genau darin, dass einem Leben die Möglichkeit geraubt wird, dass sein Verlust betrauert wird. Einem Verlust ausgesetzt zu sein ist aber auch etwas, das die Menschen miteinander verbindet und zusammenführt, denn Verletzlichkeit ist ein grundlegendes Merkmal des Menschlichen. Durch unsere Körper sind wir der Welt und den anderen gegeben, immer in Interdependenz und immer prekär. Gerade der Umstand, dass wir Fleisch sind, macht uns zu relationalen Subjekten, auch wenn Verletzlichkeit stets unterschiedlich verteilt ist. Diese Verletzlichkeit enteignet uns und macht uns ungeachtet unserer Entscheidungen von anderen abhängig. Unser Prekärsein

52 Judith Butler, *Gefährdetes Leben*, übers. v. Karin Wördemann, Frankfurt am Main: Suhrkamp, 2005, S. 36.

rührt aus der ontologischen Verletzlichkeit, denn Leben existiert nie autonom, sondern in Interdependenz und nur, wenn es Unterstützung erfährt. Butler unterscheidet zwischen Prekärsein und Prekarität, wobei Ersteres eine ontologische Daseinsbedingung und Letzteres eine gesellschaftliche Bedingung ist. Ist das Prekärsein gleichmäßig unter allen Menschen verteilt – wir alle sind verletzlich –, so ist die Prekarität asymmetrisch verteilt; einige Körper sind geschützt, andere nicht. Prekarität umfasst somit die Ungewissheiten und Ungleichheiten, die aus Herrschaftsverhältnissen rühren, welche sich um Geschlecht, Rassisierung, Ethnizität, Klasse, Sexualität und Nationalität organisieren. Einige Leben sind folglich prekärer, verletzlicher und instabiler als andere. Butlers Analyse der Trauer zeigt, dass wir eine politische und ethische Neuorientierung, eine „normative Neuorientierung in der Politik"[53] brauchen, in deren Mittelpunkt die ontologische Verfassung anhaltend verletzlicher Körper zu stehen hätte, im Gegensatz zu einer Politik, die sich auf die Konsequenzen in Gestalt der Frage konzentriert, wie für ungleiche Schicksale der Prekarität Sorge zu tragen sei.

Diese Unterscheidung zwischen Prekärsein und Prekarität wurde von der Philosophin Isabell Lorey weiterentwickelt, sie fügt indes eine dritte Dimension hinzu, die sie als „gouvernementale Prekarisierung"[54] bezeichnet und die sich auf Formen der Regierbarkeit in demokratischen kapitalistischen Gesellschaften sowie auf Formen einer regierbaren biopolitischen Subjektivierung

53 Ebd., S. 45.

54 Isabell Lorey, *Die Regierung der Prekären*, Wien: Turia + Kant, 2012.

bezieht. Prekarisierung ist mit der Weise des Regierens verflochten, mit einem Regieren durch permanente Verunsicherung, welche die Ausgestaltung gesellschaftlicher Verhältnisse, Strukturen, Beziehungen und Dynamiken mit einem beharrlichen Gefühl der Ungewissheit einhergehen lässt. Gouvernementale Prekarisierung bedeutet nicht nur Destabilisierung durch Lohnarbeit und Instabilität der Beschäftigung, sondern auch Destabilisierung des Lebens und der Existenz von Körpern. Lorey stellt fest, dass es zu einer Verschiebung kommt, denn die ontologische Dimension des Prekärseins, der Umstand, dass wir alle verletzlich sind, wird zu einem grundlegenden politischen und ökonomischen Zustand, indem Verletzlichkeit zum Teil der politischen Produktion wird, zu einer der Formen, wie das Leben regiert wird. Eine solche Politik des Regierens bringt Existenzen hervor, die uns aus gegenwärtigen Arbeits- und Lebensweisen nur allzu vertraut sind und deren Auftauchen oft der Verschärfung neoliberaler Verhältnisse, dem Zusammenbruch traditioneller Arbeitsverhältnisse durch die Entstehung einer prekären Klasse sowie der Zerstörung emanzipatorischer Errungenschaften und öffentlicher Unterstützungsstrukturen (Gewerkschaften, öffentliches Gesundheitswesen usw.) zugeschrieben wird, besonders in den letzten Jahrzehnten. Existenzielle Angst vor Prekarisierung wird zum Kern, um den herum Beschäftigungsperspektiven organisiert werden; die Zukunft stellt sich einer solchen Existenz unter dem Gesichtspunkt einer Verschuldung dar, sie ist den Diktaten endloser Forderungen nach Transformation und Flexibilität unterworfen, in ihr scheint oft weder Wert noch Potenzial zu liegen. Obwohl eine solche Existenz auf den ersten Blick unabhängig zu sein scheint, befähigt zu unaufhörlicher Selbstorganisation und Entwicklung, ist sie doch ganz und gar von administrativen und politischen Mechanismen abhängig, die sie durch das politische Management von Ungewissheit mit dem Anschein von Sicherheit und Schutz ausstatten – und häufiger noch: dem Anschein von Immunität gegen diejenigen, denen kein Schutz zuteilwird. In dieser Verschiebung hin auf ein politisches Regieren, das sich das Prekärsein zunutze macht, bestimmen Flexibilität und Unsicherheit das Leben vermittels einer noch größeren Abhängigkeit: Selbstschutz und der Schutz anderer wird in Wirklichkeit zu einem Weg, das eigene Prekärsein auszuhalten. Auf diese Weise wird die ontologische Verletzlichkeit selbst, die Interdependenz, die die Grundlage unseres Lebens bildet, einem politischen und ökonomischen Management unterworfen, das auf Schutz gegenüber anderen abzielt; gegenüber denjenigen, die für unsere Existenz als solche konstitutiv sind.[55]

Ein solcher politischer und ökonomischer Entzug der existenziellen Verletzlichkeit aber, eine Enteignung, die eine Verschiebung aus der ontologischen in die ökonomisch-politische Sphäre bedeutet, ist nicht etwas, das lediglich mit den prekären Arbeits- und Lebensformen der vergangenen Jahrzehnte in Erscheinung tritt, und es lässt sich nicht nur mit neuen Formen der Arbeit und des Regierens in Verbindung bringen. Die Geschichte der Moderne beruht nicht nur auf der Herstellung von Unterschieden bezüglich der Prekarität (manche Leben sind verletzlicher als andere), sondern ist in ihrem Kern von einer ontologischen Zäsur geprägt: Viele Leben werden ausgelöscht,

55 Ebd.

sie sind nicht verletzlich, weil sie nicht existieren – es handelt sich um eine tiefe Zäsur in der Existenz und Konzeption des Menschlichen. Diese Zäsur ist nicht nur ontologisch, sondern eng mit den Anfängen des Kapitalismus verbunden, als sich die Vorstellungen des Menschlichen, des Ökonomischen und des Ästhetischen auf der Grundlage einer spezifischen Leugnung bezüglich der Zugehörigkeit bestimmter Körper zum politischen Feld herausbildeten. Es nehmen also spezifisch moderne Formen der Gouvernementalität Gestalt an, die eine Allianz mit dem Kapitalismus unterhalten. Innerhalb dieser sind die Körper von Sklav:innen nur lebendig-totes Kapital, sie sind Fleisch und die Möglichkeit zu moderner Selbstbestimmung und Subjektkonstitution wird ihnen verweigert. Nur auf diese Weise ist es möglich, den versklavten Körpern, oder heute den Körpern zahlreicher Migrant:innen, das Recht auf Mitgefühl, auf ontologische Verletzlichkeit zu entziehen und jegliche Spur der Verletzlichkeit des Körpers durch Verleugnung seiner schieren Materialität auszulöschen. Innerhalb der kapitalistischen Wertschöpfung werden diese Körper in eine abstrakte Kategorie verwandelt, was sie auch davon abhält, sich mit einer Subjektposition zu vereinigen.

Wenn Butler von Verletzlichkeit und einer ethischen und politischen Neuorientierung spricht, dann geht es nicht um eine Anerkennung von Verletzlichkeit als Grundzug menschlichen Lebens, denn wenn es zu dieser käme, wäre die moderne Geschichte, wie wir sie kennen, nicht möglich. Darauf verweisen auch ökofeministische Theoretikerinnen und feministische Philosophinnen des New Materialism und erweitern und verstärken dadurch Butlers Intervention.[56] Wenn wir das Menschliche mit dem Leben gleichsetzen, müssen wir Vorsicht walten lassen, um die Werkzeuge nicht zu verlieren, die es uns erlauben, Verletzlichkeit in Bezug auf Lebensformen zu denken, die nie menschlich sein werden. Eine ontologische Gleichsetzung zwischen Verletzlichkeit und Menschlichem kann es zugleich auch deswegen nicht geben, weil das Menschliche eine problematische, epistemologisch durch die Auslöschung anderer Körper geprägte Kategorie ist. Butler reflektiert in *Gefährdetes Leben* über die fraglose Unvermeidbarkeit der Gewalt, wenn ein Lebewesen sich nicht als menschlich darzustellen vermag, zugleich aber ausgerechnet das Menschliche als Kategorie fungiert, die Formen der Gewalt verstärkt, wie Hasana Sharp und Chloë Taylor schreiben.[57] Verletzlichkeit ist eine Kategorie des Lebens, in der wir nie allein, sondern immer zusammen mit anderen sind (wobei diese anderen nicht notwendig Menschen sind), und zwar deswegen, weil das Leben selbst verletzlich, immer schon interdependent ist; Leben ist ohne *Mit-Sein* ontologisch nicht möglich. Verletzlichkeit ist daher kein Vermögen des Menschlichen, sondern vielmehr eine Verfasstheit des *Abhängens-von*, einer Komplexität, aus wir uns nicht herauswinden können.

Dieser Unterschied ist wichtig, denn er kann uns auch dabei helfen, die gegenwärtige Situation des Prekärseins in der Kunstwelt zu denken und sie auf eine Art zu verstehen, die nicht auf neoliberale Regierungsweisen beschränkt bleibt. Einerseits zeitigt Verletzlichkeit, wenn

---

56 Siehe Hasana Sharp, Chloë Taylor (Hg.), *Feminist Philosophies of Life*, McGill-Queen's University Press, 2016.

57 Ebd., S. 9.

sie zur politischen und ökonomischen Kategorie wird, laut Lorey einen Effekt der Immunisierung, des Selbstschutzes gegen mögliche Formen des Prekären.[58] Dieser hat zutiefst zerstörerische Auswirkungen auf das Vermögen zu politischer Solidarität, den Zusammenhalt und das Zusammenleben mit anderen. Andererseits können wir laut Lorey aber auch über eine subversive Kategorie der Immunisierung nachdenken, die sie als eine konstituierende und aktive Immunisierung beschreibt. Anstatt den bestehenden politischen Körper zu verteidigen und zu schützen, wendet sich die aktive Immunisierung jenen zu – bzw. verortet sich in ihrer Nähe –, deren Rolle immer schon auf die einer Gefahr und Bedrohung festgeschrieben war. Diese Wendung geht über die juridischen Souveränitätslogiken hinaus und ist Teil eines Ungehorsams und einer Stärkung schöpferisch-erfinderischer Verhältnisse, die aus der biopolitischen Immunisierung (per Ausbeutung unserer Verletzlichkeit) ausbrechen. Wenn wir also von einer verallgemeinerten Prekarisierung ausgehen, dann handelt es sich politisch nicht einfach um einen Kampf für die Rückkehr von sozialer Sicherheit und Schutz oder um eine Wiederherstellung verloren gegangener Verhältnisse, sondern es geht vor allem um die Invention und Imagination neuer politischer Lebensformen, die mit ethischen und sinnlichen *Kommunalitäten* einhergehen. Oder mit anderen Worten, es geht um eine Stärkung (Immunisierung) von Lebenskräften, die ihre neuen Formen des Zusammenlebens und des Ausdrucks innerhalb von Verletzlichkeit,

58 Isabell Lorey, „Constituent Immunisation: Paths Towards the Common", in: *Open!* 1/20, 2015, https://www.onlineopen.org/constituent-immunisation.

Interdependenz und Verflechtung finden.[59] Lorey beschäftigt sich mit diesen Fragen im Rahmen der politischen Philosophie und mit einem Interesse daran, wie Konstituierungsprozesse neu gedacht werden können. Sie konzentriert sich dabei auf neue soziale Bewegungen der vergangenen zwei Jahrzehnte, insbesondere auf Formen präsentischer Demokratie und feministischen Widerstands.

Es sind eben diese neuen und widersprüchlichen Dynamiken des Prekärseins, die Instabilität des Lebens, das Neudenken der Kategorien des Menschlichen, der Abhängigkeit und der Verletzlichkeit, die zur Entwicklung des Interesses am Denken und der Praxis der Sorge in den vergangenen Jahrzehnten geführt haben, in der Kunst und auch in der Theorie. Sorge ist ein transversales Konzept, das über diese verschiedenen Begriffe und Artikulationen hinausgeht und im Zentrum der Artikulation von Abhängigkeit/Unabhängigkeit steht. Wenn wir also von Abhängigkeit sprechen, müssen wir auch von einem Begriff der Sorge sprechen, der auf die Neigung unseres Seins, auf das grundlegende Eingebettetsein und die Schräglage des Seins hinweist, das nicht ohne das existieren kann, was von Lorde und Ahmed als Rettungsleine/Lebenslinie/Lebensader *(life-line)* bezeichnet wird.[60] Es gibt viele Gründe, warum der Begriff der Sorge in der Kunst der vergangenen Jahrzehnte so präsent geworden ist. Einer der sichtbarsten besteht genau in der Verschlechterung prekärer Lebensverhältnisse, die in einem spezifischen

59 Ebd.

60 Sara Ahmed, „Selfcare as Warfare", *feministkilljoys*, 25.8.2014, https://feministkilljoys.com/2014/08/25/selfcare-as-warfare.

geopolitischen Horizont Raum greift, in dem die Sorgekrise im globalen Norden neben die Krise der Nachhaltigkeit des Lebens im globalen Süden tritt. Zugleich kommt es durch diese Zuspitzung prekärer Lebensverhältnisse zu einer Verschärfung (und oft Reaktivierung) der kolonialen Politiken des Todes (Nekropolitiken), was andere Formen der Mobilisierung und der Entmystifizierung eigener Machtpositionen (besonders im globalen Norden) sowie die Herstellung sinnlicher, mikropolitischer und ethischer Beziehungen zwischen prekären Körpern erforderlich macht. Auf dem Spiel steht also nicht einfach nur die Prekarisierung des Berufslebens, sondern auch die Sensibilität für eine tiefgreifende Asymmetrie zwischen den Leben, die sich um gegenwärtige politische Immunisierungspraxen herum organisieren. Diese verflicht sich mit der Auflösung des Menschlichen als eines Synonyms für das Leben und kann zugleich vom Zustand der Welt nicht unaffiziert bleiben. Sorge kann also Teil einer sinnlichen und ethischen Neuorientierung sein, was auch neue Imaginationen des Lebens in der Kunst hervorbringt, aber nur, wenn sich damit Konsequenzen auf der rhetorischen, performativen und materiellen Ebene verbinden, nur wenn sie in alle Schichten des Lebens eingreift. Aus diesem Grund muss auch die Sorge entmystifiziert werden, wie Precarias a la deriva es ausdrücken, denn nur so lässt sich Unabhängigkeit als eine Form der Interdependenz denken.[61]

---

61 Precarias a la deriva, „Globalisierte Sorge“, in: Tobias Bärtsch et al. (Hg.), *Ökologien der Sorge*, Wien et al.: transversal texts, 2017, S. 25–96. Precarias a la deriva sind ein Forschungs- und Aktivistinnenkollektiv aus Madrid, das 2002 im dortigen Sozialzentrum La Escalera Karakola entstand.

Auch die Arbeit in der Kunst ist zutiefst durch Prekarität und Prekärsein geprägt, aber auf sehr unterschiedliche Weisen. Auf der einen Seite gibt es eine in der Geschichte der Moderne verwurzelte Kunst, eine westliche Kunst, die sich als progressiver, geschichtlicher und avancierter Akt versteht und die mit kapitalistischer neoliberaler Wertschöpfung eng verflochten, in manchen Fällen von dieser sogar angetrieben ist. Eine solche makropolitische Dimension der Kunst beeinflusst die Auffassung von künstlerischem Leben und Schaffen, das heute durch Prekarität, Flexibilität, Projektarbeit und die unendliche Fähigkeit zur Selbstorganisation in die Ökonomien der künstlerischen Arbeit eingebettet und somit zu einem integralen Bestandteil gouvernementaler Prekarisierung geworden ist. Es ist oft nur möglich, in der Kunst zu arbeiten und Erfolg zu haben, wenn dahinter eine leistungsfähige, starke, unverletzliche und listige Subjektivität steht, ausgestattet mit Diskurs, aber auch am richtigen Ort in den geopolitischen Verhältnissen der Welt angesiedelt, eine Subjektivität, die sich ungehindert über Grenzen hinweg bewegen kann und die über einen gewissen ökonomischen Hintergrund verfügt sowie über zähen Wetteifer und die Fähigkeit zur erbitterten Abstraktion bezüglich der eigenen Situierung, damit sie die kognitiven und körperlichen Dissonanzen der gegenwärtigen Welt erträgt. Der Effekt davon ist besonders in der Produktion von Kunst sichtbar, die in den vergangenen Jahrzehnten gänzlich mit prekären Produktionsweisen verschmolzen ist und mit der Entwicklung von Fortbildungsmaßnahmen in Sachen beschleunigter und projektbasierter Arbeit einherging, wobei diese Produktion zugleich in wahrhaft neoliberaler Manier von affektiven und symbolischen Werten wie permanentem Engagement, Einbindung, Kollaboration, Selbstreflexion und auch der Sorge füreinander durchdrungen ist. Obgleich Kunst in ihren Projekten das Leben ständig zum Thema macht, politische Fragen aufwirft, vielfältig und bunt ist, wird dies paradoxerweise als Konsequenz ihrer eigentümlichen Absonderung von der Welt selbst möglich: Schlussendlich bekommen nur die stärksten, geopolitisch wohlpositionierten und gut vernetzten Subjektivitäten eine Stimme. Progressivismus als Merkmal einer Avantgarde und avancierte Kunst finden sich heute durch das Vermögen der Künstler:innen ersetzt, sich selbst zu organisieren und zu managen, und es ist wichtig, daran zu erinnern, dass derartig leistungsfähige Subjektivitäten auch die affektive Dynamik des kolonialen kapitalistischen Regimes konstituieren, in dem wir leben. Eine reaktive Mikropolitik ist Teil der Formierung künstlerischer Subjektivitäten, denn im Leben der Kunst und in der Arbeit von Künstler:innen ist eine mikropolitische Annäherung an kapitalistische Formen, die Welt zu organisieren und zu managen (Erzeugung von Beschleunigungen; Ausnutzung des Prekärseins; Streben nach Flexibilität, Nomadismus sowie danach, nie aufzuhören, immer involviert zu bleiben), notwendig, was ich in Übereinstimmung mit Suely Rolniks Aussage verstehe, wonach „sich eine reaktive Mikropolitik durchsetzt, die dazu neigt, ausschließlich die Bewegung einer Konservierung der Formen zu oktroyieren, durch welche das Leben in der Gegenwart verkörpert wird“[62]. Entsprechende Praxen individualisieren das Leben oft, fragmentieren es und bewirken seine affektive Beschleunigung, während

62 Rolnik, „The Spheres of Insurrection“, S. 6.

Projektarbeit und Projektzeitlichkeit die grundlegenden Produktionsformen des Lebens der Kunst sind, welche die gegenwärtige Vernetzung und Finanzialisierung der Kunst bestimmen.[63]

Bereits in den 1970er- und 1980er-Jahren lassen sich insbesondere in der Arbeit feministischer Künstlerinnen sehr genaue Analysen und Darstellungen solcher Probleme und ein Eintauchen in die widersprüchlichen und widerstreitenden mikropolitischen Belange des Lebens finden, die sich ebenfalls eng auf die Organisation von Leben und Arbeit beziehen. Daran ist nichts Seltsames, denn in der Geschichte des Feminismus wurde sehr viel Arbeit innerhalb mikropolitischer Sphären – Familie, Beziehungen, Mutterschaft, Sexualität, Privatheit, Vorstellungen von Liebe – geleistet, wobei durch diese mikropolitische Arbeit auch makropolitische Verhältnisse transformiert wurden. Viele Künstlerinnen bemerkten allerdings auch, dass Änderungen in der Lebensweise auf der mikropolitischen Ebene selbstständigen Frauen nicht notwendig auch ein besseres Leben ermöglichen, sondern sie paradoxerweise in neue Abhängigkeiten und prekäre Arbeit treiben oder verschärfte Ungleichheiten zwischen Frauen schaffen, was sich heute vielleicht am deutlichsten in der globalen Sorgekrise widerspiegelt, die zwischen globalem Süden und globalem Norden entstanden ist. Helke Sander, feministische Filmemacherin und Aktivistin, eröffnete mit ihrem Film *Die allseitig reduzierte Persönlichkeit – Redupers* 1978 einen Einblick in das Leben der Künstlerin Edda, einer alleinerziehenden Mutter, Fotografin,

63 Siehe hierzu Bojana Kunst, *Umetnik na delu: Bližina umetnosti in kapitalizma*, Ljubljana: Maska, 2012.

Aktivistin in einem feministischen Kollektiv, deren Rolle von Sanders im Film selbst gespielt wird. Der Film zeigt ihr Alltagsleben, aufgerieben zwischen zahlreichen, dem Überleben und künstlerischen Schaffen gewidmeten Verpflichtungen, der Organisation von privatem und öffentlichem Leben, dem Kampf mit Hierarchien und Vorurteilen. Ihr trotziges Beharren auf der gewählten Lebensweise zeigt den Konflikt zwischen der aktiven mikropolitischen Potenz eines solchen Lebens und den reaktiven, hierarchischen, patriarchalen Mikrostrukturen auf, mit denen sie sich als Frau in ihrem Alltag permanent auseinandersetzen muss. In einer Zeit, als viele feministische Künstlerinnen die Kunst für die Befreiung des Körpers – seiner Sexualität, seines Bildes, seines Begehrens – geöffnet hatten, vermittelt Helke Sander einen Einblick insbesondere in alltägliche mikropolitische Praxen des Lebens und seiner Reproduktion, die im Mittelpunkt des mikropolitischen feministischen Kampfes stehen. Ähnliches ließe sich über Mierle Laderman Ukeles und ihre künstlerische Praxis behaupten, die sie in ihrem berühmten *Manifesto for Maintenance Art* von 1969 beschreibt, in dem sie eine Unterscheidung zwischen den beiden Kunstprinzipien von Entwicklung und Wartung aufstellt.[64] Während Ersteres auf das individuelle Schaffen – „Neues; Wandel; Fortschritt; Vorstoß; Begeisterung; Flug oder Flucht" – abzielt, hat das zweite Prinzip, das sie als Wartung beschreibt, ganz

64 Ukeles, Mierle Laderman, „Manifesto For Maintenance Art 1969! Proposal For An Exhibition ‚CARE'", in: Journal of Contemporary Painting 4, Nr. 2, 2018, S. 233–237, https://www.wikiart.org/en/mierle-laderman-ukeles/manifesto-for-maintenance-art-1969-1969. Siehe dazu auch: Patricia C. Phillips, Tom Finkelpearl, Larissa Harris, Lucy R. Lippard, *Mierle Laderman Ukeles: Maintenance Art*, München, New York, London: Prestel, 2016.

andere Qualitäten. Wartung bedeutet: „den Staub von der reinen individuellen Schöpfung fernhalten; das Neue präservieren; Veränderung aufrechterhalten; Fortschritt schützen; Vorstöße verteidigen und ausdehnen; Begeisterung erneuern; den Flug wiederholen“[65]. Das zweite Prinzip der Kunst steht der reproduktiven Arbeit nahe, die sie als Mutter, Hausfrau und Künstlerin verrichtet, der alltäglichen mikropolitischen Gestaltung und Instandhaltung des Lebens, dem zeitlichen Rhythmus der Reproduktion. Die Künstlerin führte die Wartungskunst später durch eine Affiliation mit der New Yorker Müllabfuhr weiter; sie wurde deren Residenzkünstlerin und schuf in den nachfolgenden Jahrzehnten zahlreiche Kunstwerke in Zusammenarbeit mit ihr. Obwohl die Wartungskunst auf den ersten Blick um eine reaktive Mikropolitik, um Wiederholungen von Lebensformen herum organisiert zu sein scheint, offenbart sich ihr Prinzip bei sorgfältiger Lektüre des Manifests anhand einer Reihe von äußerst vitalen und sensoriellen Paradoxien, die alles, was neu, begeisternd, fortschrittlich, veränderlich ist, mit einer fast sinnlichen sensoriellen Hemmung, einer Abhängigkeitslinie, einer Beziehung der Sorge zu den taktilen Fäden der Verhältnisse verbindet: Jede Veränderung muss aufrechterhalten, nicht nur geschaffen werden, weil wir zu ihr in einem Verhältnis des dynamischen Begehrens, der Berührung und der Sorge stehen, während sie uns berührt und verändert. Veränderung ist keine Angelegenheit unendlicher Kreativität und der Erschaffung von Neuem, es geht in ihr nicht um ein potentes und vitales Subjekt, das, als reale Akteur:in in der kapitalistischen Zuhälterei unseres

---

65 Ebd.

Begehrens, bestehende Machtmodelle reproduziert, indem es diese ausbeutet und mithin unsere Seinsweisen disziplniert. Eine Wiederaneignung des Begehrens und ein Herauswinden aus der Zuhälterei sind nur mit Schöpfungen möglich, die der Spannung der Veränderung standzuhalten vermögen. Um Mierle Laderman Ukeles zu paraphrasieren: Wir können den Staub von der Erschaffung des Neuen nur abwischen, wenn wir es der Welt erlauben, uns zu berühren. Das ist Teil dessen, was Suely Rolnik als aktive Mikropolitik beschreibt und mit dem so genannten mikropolitischen Aufstand in Verbindung bringt – in dem Leben vor allem durch eine unendliche und vielschichtige Reihe von Interdependenzen gestärkt wird. Eben diese sinnlichen, ineinandergreifenden Paradoxien sind es, innerhalb deren Subjektivität sich für die Aufrechterhaltung und Transformation des Lebens öffnen kann. Die feministische Bewegung ist durch eine Geschichte mikropolitischer Arbeit genau deshalb geprägt, weil sie eine politische Bewegung ist, die sich nicht bloß mit Verteilungsverschiebungen auf den Schauplätzen der Macht zufriedengibt (im Sinne einer anderen Rollenverteilung oder einer Änderung von Hierarchieverhältnissen, womit der populäre Feminismus heute in überwältigendem Ausmaß beschäftigt ist: Frauen in Unternehmensvorständen, die auf repräsentativer Ebene arbeiten); es ist demgegenüber vielmehr notwendig, diese Rollen und die mit ihnen verbunden Begehrenspolitiken hinter sich zu lassen und mit den Verhältnissen von Sexualität, Familie, Liebe, Erotik, Nähe, aber auch mit Verhältnissen zu Tieren, Pflanzen, mit ökologischen Verhältnissen usw. zu arbeiten. Nur so kann die bloße Fortschreibung der Szenen der Macht auf praktischer Ebene unmöglich werden, wie Rolnik schreibt, und zugleich wird ein Knoten zwischen einander überschneidenden mikropolitischen Lebenssituationen geknüpft.

Rolniks Modell einer Verständigung über das koloniale Unbewusste und die Dynamik der Subjektivität bringt Metaphern zur Anwendung, die sich vornehmlich um sexualisierte Gewalt gegen den Körper drehen. Sie spricht von einer Zuhälterei kapitalistischer Kräfte, einer Vergewaltigung vitaler Kräfte, bedient sich zugleich aber auch positiver Metaphern der Empfängnis; so spricht sie etwa vom Eindringen der Welt in uns, vom Embryo einer Alterität im Körper. All diese Bilder kreisen nicht nur um unterschiedliche ökonomische Wünsche, sondern auch um den Frauenkörper, machen ihn zum Zentrum der Zirkulation des Begehrens, was auch problematisch sein könnte, insofern sie ihn essenzialisieren und lediglich in seiner reproduktiven Funktion verorten. Aus diesem Grund könnten diese Bilder auf den ersten Blick auch als kontrovers erscheinen, vermitteln sie doch den Anschein einer Verwendung von Metaphern, die sich primär auf Frauenkörper beziehen sowie auf eine binäre Sexualität, die sich um eine Kraft der Aneignung und die originäre, angeborene Kraft des Körpers dreht. Eine genaue Lektüre von Suely Rolnik lässt aber erkennen, dass es sich dabei weniger um eine Frage von Essenzialisierungen handelt als vielmehr um eine Thematisierung der politischen und ökonomischen Verhältnisse der Welt, in der wir leben; in dieser Welt nämlich ist der Reproduktionsbereich (Bewahrung und Aufrechterhaltung des Lebens, Biosphären, Lebensverhältnisse, Vorstellungen von Gleichheit, Koexistenz der Generationen) ein Schlüsselbereich gegenwärtiger politischer Kämpfe wie auch der sozialen und künstlerischen

Imagination, und zwar ungeachtet des Geschlechts. Dies knüpft auch an eine feministische Theoriegeschichte an, die das Leben als Potenz, als vitale Kraft denkt, im Sinne einer materiellen, greifbaren und eventuell auch animistischen Kraft; wobei es nicht um eine patente und leistungsfähige Kraft geht, sondern um eine Kraft relationaler Interdependenz, eine Kraft der Berührungen und der prekären Koexistenz, die über das Menschliche und über das Geschlecht, vor allem aber über binäre Geschlechterordnungen hinausgeht. Zugleich vermischt sie sich aber mit den mikropolitischen Praxen der Aufrechterhaltung des Lebens (Organisation des geschlechtlichen Lebens, Beziehungen, Familie, Sexualität, Arbeit, Ökonomie usw.) und gewinnt daraus auch ihre konkrete politische Wirkung. Es geht also nicht um eine Rückkehr zum angeborenen Körper, nicht um seine Stärkung oder eine Rückkehr zu seinem Ursprung, nicht um eine Essenzialisierung geschlechtlicher Eigenschaften des Körpers, an denen sich die erlösende und symbolische Darstellung des Körpers im Bereich des Aktivismus orientieren würde. Im Gegenteil: Ein mikropolitischer Aufstand bedeutet in Wahrheit, dass wir uns selbst einen Körper machen müssen.[66] *Sich selbst einen Körper zu machen* wird genau durch die Veränderung von Lebens- und Arbeitspraxen sowie intimer und sexueller Praxen möglich, die nicht um kapitalistischen Wert herum organisiert sind und die sich einer fantasievollen Vision der Welt sowie anderen Machtpraxen öffnen; zugleich aber auch durch eine erfinderische und

66 Suely Rolnik, „Wie machen wir uns einen Körper? Gespräch mit Marie Bardet", in: Verónica Gago et al., *8M – Der große feministische Streik. Konstellationen des 8. März*, übers. v. Michael Grieder u. Gerald Raunig, Wien et al.: transversal texts, 2018, S. 129–152.

dynamische Eröffnung von Sorgelinien, eine neue Relationalität. Und an dieser Stelle stoßen wir auf einen der wichtigsten Auslöser von Konflikten um die Kunst, in deren Mittelpunkt der gemachte, unbestimmte und stets unfertige Körper steht.

5. Kulturkampf: Jenseits der Dualität

In einer Publikation, die von jüngeren Künstlerinnen, Kuratorinnen und Studentinnen am Ende eines mehrmonatigen Seminars mit dem Titel „Kunst und Politik" in Sofia gestaltet wurde, findet sich auch ein Manifest mit zehn Punkten. Jeder einzelne von diesen Punkten ist interessant, aber der siebente hat meine besondere Aufmerksamkeit erregt, zumal er sich auf verblüffende Weise mit den Problemen verflicht, die ich im vorliegenden Buch über den Begriff der Sorge anzusprechen versuche. Der betreffende Punkt lautet: „In unserer künstlerischen Praxis frei zu sein von dem Imperativ, ‚politisch zu sein', ist die größte politische Geste osteuropäischer Künstlerinnen, unabhängig von Generationsunterschieden."[67] Was bedeutet der Imperativ, *politisch zu sein*, und warum ist eben die besondere Geste, sich diesem Imperativ zu entziehen, eine politische Geste? Eine der Interpretationen dieser Aussage – insbesondere des Arguments bezüglich des intergenerationellen Problems mit der Politik – könnte sein, dass es sich um eine Befreiung aus der makropolitischen Rolle der Kunst handelt, womit sie der Argumentation von Suely Rolnik in ihrem Essay *Archivmanie* folgen würde, in dem sie von dem problematischen Interesse spricht, das globale Kunstinstitutionen im Westen an Kunst aus der Zeit der Diktaturen und der politischen Kämpfe in lateinamerikanischen Staaten zeigen. Sie spricht darin über den unbewussten Wunsch, in diesen Praxen vor allem aktivistische Gesten zu sehen,

---

67 Marina Ludemann, Lučezar Bojadžijev (Hg.), *Pleasure & Pressure*, Sofia: Goethe-Institut Bulgarien, Januar 2021, S. 12–13.

die den Gesten gesellschaftlicher Visionär:innen, heroischer Künstler:innen und Widerstandskämpfer:innen ähneln, die sich auch in den finstersten Zeiten diktatorischen Regimes widersetzten. Die Kunstwerke werden also makropolitisch verstanden, als Arbeit der Repräsentation sowie der Herstellung und Enthüllung gesellschaftlicher Antagonismen, was, so Rolnik, ihre poetische Komplexität auslöscht und sie primär auf ihre ideologische Rolle reduziert. Eine zweite Interpretation jenes Punktes im zitierten Manifest hätte die besondere Zeit zu thematisieren, in der es verfasst wurde, eine Zeit multipler politischer Probleme und Veränderungen sowie neuer autoritärer Regierungsformen in vielen osteuropäischen Staaten. Wie also ist diese Aussage über die problematische Natur des Imperativs, *politisch zu sein*, im gegenwärtigen Moment zu lesen, der sich in manchen Kunstmilieus, das slowenische eingeschlossen, als extrem konfliktbeladen und belastet erweist? Um welche Umlenkung aus dem Politischen geht es hier? Wenn wir die anderen Punkte des Manifests lesen, wird klar, dass es sich nicht einfach um eine Frage des Konformismus handelt, um einen falschen Dualismus wie etwa einer Abkehr vom Politischen im Namen des Poetischen. Aus diesem Grund ist der zitierte Punkt aus dem Manifest eher ein Versuch, ein fast sinnliches Paradox zu formulieren, das auf Veränderungen in der Praxis und im Denken politischer Kunst im Allgemeinen hinweist und einen radikalen Abschied repräsentiert, einen Abschied von den Kategorien, durch die wir ihr Verhältnis bisher gedacht haben. Es geht nicht um eine Ablehnung des Politischen, sondern vielmehr um die Herstellung eines anderen Ineinanderfließens von Kunst und Leben.

Ich werde diesen siebenten Punkt im Manifest zuerst im Zusammenhang der Kulturkämpfe erörtern, die sich in Slowenien wie auch im gesamten europäischen Raum mit dem Auftauchen neuer autoritärer Regierungsformen beobachten lassen. Zugleich schwappen diese Kämpfe an vielen Berührungspunkten auf globale Kulturkämpfe über, die um Körper, Identitäten, Sexualitäten, Lebensweisen und die Akzeptanz von Differenz ausgetragen werden und die auf unterschiedliche Weise auf extrem belastete soziale und kulturelle Verhältnisse antworten.

Durch das letzte Jahrzehnt hindurch habe ich das Geschehen mit großer persönlicher Angst beobachtet, während viele Künstler:innen politischem Druck, Verboten, medialen Angriffen und Manipulationen ausgesetzt waren, besonders dort, wo neue autoritäre Regierungsformen auf dem Vormarsch sind. Diese Angriffe sind oft erbarmungslos, und sie zielen nicht nur auf Kunstwerke ab, sondern auf ganze künstlerische und soziale Milieus, die sich mit den Existenzräumen einer anderen Organisation des Lebens verbinden – von zivilgesellschaftlichen Organisationen und Formen des Kampfes um Rechte bis hin zu Kämpfen um öffentlichen Raum, feministischen und queeren Bewegungen sowie Umweltaktivist:innen, Menschenrechtsaktivist:innen, Anwält:innen von Geflüchteten usw. Ich selbst wuchs politisch, menschlich und intim in den frühen 1990er-Jahren auf, in einer komplexen und auch widersprüchlichen utopischen Situation, die von Transition, Demokratisierungsprozessen und der Formierung eines neuen Staates bestimmt war. Noch heute prägt mich ein Gefühl des Glaubens an das Vermögen der Kunst und ihrer Weise, das Leben zu imaginieren, sowie an eine enge Verschränkung der Kunst mit anderen Kämpfen für ein gleicheres und gerechteres Leben; ein Gefühl, das auch Teil der demokratischen Kämpfe war sowie Teil davon, wie ein freies Leben imaginiert wurde, und das eine außerordentlich wichtige Rolle in der Zeit meines Aufwachsens spielte. In Europa wie auch in nicht-europäischen Ländern gibt es zahlreiche Beispiele für die Auswirkungen neuer autoritärer Tendenzen, die meine Kolleg:innen und Freund:innen erfahren. Die Ausübung von Druck auf Künstler:innen und ihre Kriminalisierung verbinden sich eng mit der Entwertung ihres Lebens, ihrer Arbeit, ihrer Existenz. Und eben weil die Freiheit der Kunst zu einem Lackmustest in demokratischen Gesellschaften geworden ist, steht sie heute erneut im Zentrum eines lautstarken Arguments, das von Künstler:innen vorgebracht wird, welche sich in gesellschaftlichen und politischen Kämpfen wiederfinden. Aber wie lässt sich diese Freiheit vor dem Hintergrund einer Ethik der Asymmetrie sowie der mikropolitischen Prozesse denken, die die Unantastbarkeit der – in der Autonomie westlicher und moderner Kunst verwurzelten – Kategorie der Freiheit unterminieren, wie lässt sie sich vor dem Hintergrund eine Verflechtung von Kunst und Leben denken?

Im vorigen Kapitel schrieb ich von einem anderen Verständnis des Lebens der Kunst, das die Zeitlichkeit der Moderne und ihre Produktionsrhythmen hinter sich lässt sowie das Streben nach Fortschritt, das Teil der Geschichte der modernen Kunst war. Wenn Kunst ehrlich sein und daran mitwirken will, die Welt zu imaginieren, dann muss sie die Vorstellungen und Begriffe aufgeben, die dem prekären Leben ohnehin bereits genommen wurden. Es gilt, neue Wege des Zusammenlebens zu erfinden, die nicht mit den bestehenden

Positionierungs- und Handlungskategorien konform gehen, durch die viele missliche Verhältnisse in dieser Welt effektiv aufrechterhalten werden. Aber wie lässt sich ein solches Entfliehen im Kontext der bestehenden Kriminalisierungen künstlerischer Lebensformen denken, die wir nicht nur in Slowenien beobachten, sondern auch in anderen Umfeldern, in denen es zu einer Verstärkung autoritärer Regierungsweisen kam? Tatsächlich scheint in diesen Kämpfen um die Kunst das Gegenteil stattzufinden: Es kommt zu einer weiteren Bekräftigung der Kategorien der modernen Kunst im Sinne einer freien und progressiven Kraft, während zugleich auch Identitätskonstruktionen und Dualitätsreihen um die Kunst herum massiv verstärkt werden, was sich sehr von dem unterscheidet, worüber ich im vorangehenden Kapitel nachgedacht habe. Zur mikropolitischen Prohibition gehört nicht nur die Kriminalisierung von Künstler:innen, bevor das Kunstwerk überhaupt in Erscheinung tritt, sondern auch die makropolitische Transformation ihrer Handlungen und ihrer Positionierung in einem intensivierten Kulturkampf, wobei Differenzen, Lebensweisen, Imaginationsweisen, Mannigfaltigkeiten im Namen eines gemeinsamen oder sogar ideologischen Ziels oft ausgelöscht werden – mit dem Effekt, dass die noch nicht existierenden Möglichkeiten körperlicher und konkreter Erfindungen ebenso auf Distanz gehalten werden wie alternative Formen der Solidarität zwischen verschiedenen Praxen sowie die Formung und Erschaffung der eigenen Stimme.

Die Kunst findet sich also in einem intensiven Kulturkampf wieder, der oft durch einen ausgeprägten Mangel an Mitgefühl und Sorge gekennzeichnet ist, und die Komplexität und Dichte der Kunst wird abgeflacht zugunsten einer Instrumentalität, die keine inneren Widersprüche, Nuancen und Dynamiken aufweist, keine unvergleichbare Körperlichkeit und Materialität, die über die der Kunst vorbehaltenen Orte hinausschwappen; die Immanenz des Politischen in der Kunst selbst wird unterbrochen, ausradiert. Das Problem entsteht auch, weil sich oftmals die Formen des Lebens der Kunst innerhalb dieser Kämpfe nicht verändern; die Asymmetrien im Management und in der Produktion von Kunst bleiben erhalten und haben allenfalls eine gesteigerte Prekarität unter Künstler:innen zur Folge, während die Gewinner:innen in diesen Kämpfen häufig jene sind, die institutionell und geopolitisch am stärksten platziert sind. Eine wichtige Rolle in diesen Eskalationen spielen auch technologische Veränderungen in Kommunikationsprotokollen und im Einsatz sozialer Netzwerke in Kombination mit dem Verständnis von Öffentlichkeit in der Kunst – als Konsequenz von Privatisierung und kapitalistischer Wertproduktion durch den Einsatz von Sprache und Kommunikation, als Konsequenz also der Ausbreitung eines Semiokapitalismus, in dem Wertschöpfung durch die Produktion unserer eigenen Subjektivität erfolgt. Diese technologische Dimension darf im modernen Kulturkampf nicht übersehen werden, denn sie ist Teil der schnellen und exponentiellen Kraft algorithmischer Protokolle und Kommunikationsweisen, die extrem zerstörerisch und unkontrollierbar sein können. Die politische Situation fließt auf diese Weise in die Kunst ein, organisiert sich oft sogar um die Kunst herum, zählt ihre Reihen ab und schärft ihre Klingen. Diskussionen über Kunst spielen sich plötzlich in einer äußerst angespannten Atmosphäre ab, und Kunst wird zu einer der wichtigsten Arenen kultureller und politischer Kämpfe. Zugegeben, dieser

Umstand ist nichts Neues: Die Geschichte derartiger Kulturkämpfe lässt sich bis ins frühe 20. Jahrhundert zurückverfolgen, von marxistischem Hegemoniedenken über einen antagonistischen Begriff von Kunst bis hin zur postmodernen Anwaltschaft für Identitätspolitik und performative Sprechweisen. Wenn wir aber über Kunst wirklich im Zusammenhang eines fundamentalen Bruchs mit der Weltordnung sprechen wollen, in enger Verbindung mit feministischen und dekolonialen Optionen, dann bedarf es eines anderen Verständnisses des Zusammenhangs zwischen Kunst und Politik selbst, wie er in diesen Kulturkämpfen artikuliert wird. Vor allem gilt es eine Bresche durch die binären Gegensatzreihen zu schlagen, die um die soziale Rolle der Kunst herum aufgestellt werden und die innerhalb dieses Kampfes permanent reartikuliert und befestigt werden: links-rechts, progressiv-konservativ, provokativ-reaktiv, traditionell-modern. Auch wenn das poststrukturalistische Denken die Idee der Dualität als solche problematisiert hat, ist diese doch im Zentrum von Kulturkämpfen zurückgekehrt, und zwar gerade durch die identitätsbasierte und starre Bestimmung von Differenz. Nicht nur sind wir unfähig (nicht zuletzt aufgrund der Einfachheit der Protokolle, über die wir kommunizieren), Beharrlichkeit zu zeigen in Bezug auf die kognitiven Dissonanzen dieser Welt, sondern es scheint auch die Vermittlung all dessen unmöglich, was außerhalb seines Platzes und flüchtig ist, was sich an den verschiedenen Imaginationen von Leben als komplex und klebrig erweist. Zugleich werden – in diesem Kampf – Mitgefühl, ethische Relationalität und Ehrlichkeit aus den Verhältnissen der Kunst vertrieben, und es ist zudem schwierig, Unbehagen, Verletzlichkeit und Berührung zu ertragen.

Die Situation der Dualität lässt sich derzeit wie folgt beschreiben: Auf der einen Seite stehen die Befürworter:innen von Normativität und einer Ausnahmestellung der Kunst gegenüber der Wirklichkeit, die Befürworter:innen einer Reinigung der Kunst von Politik und dem Rauschen der Welt; im Extremfall führt diese Position, in ihrer Realitätsverleugnung, zu neuen autoritären Regierungsformen, Nationalismen und Faschismen. Auf der anderen Seite haben wir die Befürworter:innen von Achtsamkeit, von gerechter Verteilung und der Wiedergutmachung von Unrecht, von Respekt vor dem Besonderen und Aufmerksamkeit gegenüber Ausgrenzungen, was sich zu dem hochschaukelt, was heute oft als Cancel Culture bezeichnet wird, einem wachsamen Aktivismus, der Unkorrektheiten austreibt und eine radikale Wiedergutmachung von Unrecht fordert. Aber diese Art von Dualität ist gefährlich, schon darum, weil sie die Ränder und Kanten zweier Identitätspositionen nebeneinanderstellt und mithin Ausschluss und die Auslöschung von Differenz einerseits mit einer Forderung nach Wiedergutmachung von Unrecht andererseits gleichsetzt. Zugleich ist die erste Position abstrakt, die zweite aber historisch und Folge einer konkreten materiellen Geschichte der Ausbeutung: Die Funktionsweise von Nationalismen und Faschismen ist die einer Kraft, die trennt und danach das Getrennte (die Nation, Gemeinschaften usw.) nach ihrem Belieben zusammensetzt, während wachsame Aktivismen im Vermögen eines konkreten geschichtlichen Prozesses verwurzelt sind. Es geht um zwei ontologisch unterschiedliche Positionen gegenüber dem Leben: Abstrakte Separierung wird geschichtlicher Interdependenz gegenübergestellt, Kraft wird Vermögen gegenübergestellt.

Zugleich kommt es, wann immer wir es mit einer ausgeprägten Polarisierung zu tun haben, zu einer Entleerung des Bereichs dazwischen: Das Zwischen wird als Leere dargestellt. Eben dort, in der Mitte einer ausgeprägten Polarisierung, in der scheinbaren Leere, platziert sich oft die autoritäre Figur, werden die Protokolle von Kontrolle und Normen eingerichtet, wird eine neue Forderung nach Neutralität, nach Ausschluss erhoben. Anstelle eines Zwischen, das als Interdependenz von Polen fungiert, als dynamischer Überschneidungsbereich von immerfort neu artikulierten Kräften, wird ein Schnitt gesetzt, eine nicht länger zu überbrückende Kluft.

Der Umstand, dass diese Unterscheidungen um die Dualität von Macht herum etabliert werden, um die Differenzierung und Verschiebung von Positionen zwischen der einen und der anderen Seite, zwischen Unterdrücker:innen und Unterdrückten, Starken und Schwachen, zeigt, wie sehr sich der Kulturkampf um Identitätsorte, um Prozesse der Zugehörigkeit und Verbindungen zu einer Einheit sowie um Identifikationsprozesse herum organisiert und sich daher weit von Denken und Praxis eines Entfliehens entfernt, das um der Erfindung und Imagination einer neuen Welt willen derartige Konstruktionen und Kategorien hinter sich lassen muss. Der nigerianische Philosoph Bayo Akomolafe widmet diesen Fragen eine einsichtsreiche Diskussion. In einem Gespräch, das die Probleme des gegenwärtigen linken Aktivismus sowie eine andere Vision von Politik und Handlung zum Thema macht, legt Akomolafe die problematischen Widersprüche in der Art und Weise offen, wie Kunst heute ihre eigene Freiheit begreift. Akomolafe zeigt sich kritisch gegenüber dem Einnehmen von Positionen: Ein solches Einnehmen von Positionen, so Akomolafe, „schöpft aus den Quellen unserer Einkerkerung" und affirmiert somit unsere Trennung von der Welt. Daher erlaubt sie uns nur, innerhalb dieser bereits ausgelaugten Blase zu denken und zu handeln.[68] Anstatt andere Wege der Macht zu entdecken, stehen wir am Ende mit einer verarmten Form der Macht da, die paradoxerweise Teil eben jenes Regimes der Dualität ist, dem wir uns widersetzen. Akomolafe sucht nach anderen Formen der Bezeichnung und Anerkennung der Dynamik der Gewalt, die keine Identitätspositionen, keine Spaltungen zwischen ihnen und uns noch auch ähnliche Reihen von Dualitäten erzeugen; sein Nachdenken über Handlungsmöglichkeiten in politischen Auseinandersetzungen und Kulturkämpfen ist komplexer. Um ein anderes Handeln möglich zu machen, ist es erforderlich, eine radikale Wende zu vollziehen und weit über die Idee, wonach der (aktive) Mensch der Mittelpunkt der Welt ist, hinauszudenken. Es muss eine Antwort gefunden werden, die nicht auf menschliches Leben beschränkt ist, sondern von vielen anderen Faktoren abhängt, von Interdependenzen, die nicht nur menschlich sind, sondern auch ein Verhältnis zu Ahn:innen, klimatischen Bedingungen, Territorium, Tieren und Pflanzen betreffen; wir existieren und agieren nur durch solche Interdependenzen, durch sie werden die zahllosen Mannigfaltigkeiten des Lebens erzeugt. In Wahrheit ist also alles, was existiert, in der Mitte angesiedelt, die nie leer ist, sondern das Rauschen der Intensität und der Komplexität der Welt, die sich

---

68 Bayo Akomolafe, „Cancel Culture and the Limits of Identity Politics", 25/7/2020, https://youtu.be/3CaQ2Ggc7f0. Siehe auch: Bayo Akomolafe, „We are coming down to Earth: We will not arrive intact", https://bayoakomolafe.net (letzter Zugriff: 15.7.2021).

von dieser Mitte aus ergießt und freisetzt. Akomolafe bietet eine radikale Kritik des Handelns an, die sich, indem der Welt zugehört wird und Interdependenzen anerkennt werden, der Akzeptanz verarmter Modalitäten von Macht ebenso verweigert wie der Akzeptanz von Individualisierungsprozessen und Positionierungen, deren Anerkennung nur durch die Etablierung einer Differenz zwischen uns und ihnen, durch starre Identitätspositionen und Ausschlüsse möglich ist.

Sein Ansatz lässt sich auch mit den Arbeiten von Autorinnen verbinden, die uns aus der feministischen Epistemologie bekannt sind. Die Schriften von Donna Haraway und Karen Barad bilden ebenso einen Versuch, außerhalb von Dualitätsreihen wie etwa dem Subjekt-Objekt-Binarismus zu denken. Die beiden Autorinnen thematisieren die Probleme, die sich mit objektiver Erkenntnis und Wissen verbinden, aus der Perspektive des Geschlechts; das Geschlecht beeinflusst und ist Teil unserer Begriffe von Wissen, Erkenntnis und wissenschaftlicher Wahrheit. Haraway schreibt daher von einem situierten Wissen, das partial und nicht nur von der Situierung des Subjekts, sondern auch von der Welt abhängig ist.[69] Das ist keine schlichte Leugnung wissenschaftlicher Wahrheit oder Behauptung ihrer Relativität, sondern die Begründung von Wahrheit-im-Verhältnis, in ihrer Interdependenz und Partialität. Jedes Wissen ist stets die Summe vieler kontradiktorischer,

69 Siehe: Donna Haraway, „Situiertes Wissen. Die Wissenschaftsfrage im Feminismus und das Privileg einer partialen Perspektive", übers. v. Helga Kelle, in: *Die Neuerfindung der Natur. Primaten, Cyborgs und Frauen*, Frankfurt am Main u. New York: Campus, 1995, S. 73–97; und Karen Barad, *Meeting the Universe Halfway: Quantum Physics and the Entanglement of Matter and Meaning*, Durham, London: Duke University Press, 2007.

partialer, verwickelter Situationen. Wenn wir also etwas durch Dualität entdecken, produzieren wir stets ein Differenzverhältnis – und zugleich ein Verhältnis der Macht der einen Position in Bezug zur anderen. Wenn wir aber etwas in Interdependenz und Verwicklung wissen oder entdecken, dann sind wir immer nur partial, situiert und mit Ebenen der Wirklichkeit verflochten, immer im Werden und nie abgeschlossen. Dieser Anerkenntnis der Partialität fügt Karen Barad ein spezifisches ontologisches Verständnis des Verhältnisses des Menschen zur Welt (der Wissenschaftler:in zum Forschungsobjekt) hinzu, das sie nicht als Verhältnis der Interaktion zwischen individuellen Kategorien (Subjekt-Objekt, Mensch-Materie usw.) begreift, sondern als ein Verhältnis der *Intra-aktion*. Dieser Begriff entstammt ihrer Beobachtung des wissenschaftlichen Prozesses, in dem es keine Möglichkeit des Ausschlusses, keinen Unterschied zwischen Apparat und Wissenschaftler:in gibt, weil beide Teil des Prozesses und der Kräftedynamiken sind, durch die sie zusammen das ausgestalten und beeinflussen, was verstanden wird. Intraaktion beschreibt somit eine Handlung, die nicht inhärente Eigenschaft und Eigentum des Individuums oder der Person ist, die sie veranlasst, sondern die aus dem Dynamismus der Kräfte entsteht. Alle „Dinge" befinden sich also, zusammen mit Menschen, in einem Prozess, der durch kontinuierlichen Austausch und Diffraktion, durch das unentwirrbare Zusammenspiel von Beeinflussung und Handlung gekennzeichnet ist. Akomolafe argumentiert, dass wir auch im politischen Aktivismus und im politischen Handeln intraaktiv denken müssen, insbesondere wenn wir den Zustand der gegenwärtigen Welt anerkennen wollen: Wir müssen in einem solchen Prozess in Interdependenzen denken und die Identitätsreihen hinter uns lassen, die die Imagination unserer Welt verarmen lassen, denn nur so ist es möglich, über etwas jenseits der Kategorien nachzudenken, mit denen wir vertraut sind.[70] Die Verbindung zur feministischen Position könnte nicht enger sein, denn gerade der Feminismus hebt nicht nur Partikularitäten hervor, indem er der Rolle des Geschlechts Rechnung trägt, sondern unterstreicht auch einen Punkt, der auf einer ethischen Ebene noch viel bedeutsamer ist: nämlich diese Verflechtung mit der Welt als einen grundlegenden Ausgangspunkt zu akzeptieren. Diese Einsicht zu umarmen eröffnet einen ganzen Bereich von Handlungen, die mitfühlend und affiziert sind und die die Komplexität der Welt auszuhalten vermögen.

Obwohl sich in der Gegenwartskunst viele Werke, Bewegungen und Künstler:innen durch ihre Experimente, Forschungen und Imaginationskraft den angesprochenen Verflechtungen mit den Mannigfaltigkeiten der Welt öffnen, wird die gesellschaftliche und politische Rolle der Kunst heute nichtsdestotrotz in hohem Ausmaß von binär organisierten Prozessen durchzogen. Es scheint sogar, als habe sich die Situation in jüngster Zeit – Seite an Seite mit der Eröffnung künstlerischer Möglichkeiten und einer großen Vielfalt – verschärft; tatsächlich sind Positions- und Kulturkämpfe schon seit langem nicht so starr gewesen. Wir sehen hier einen Widerspruch am Werk: Die Lebendigkeit mikropolitischer Kunst zeigt sich an bunten, vielschichtigen Artikulationen und Verflechtungen mit dem Leben, sieht

70 Siehe Bayo Akomolafe, „Cancel Culture and the Limits of Identity Politics“ sowie „We are coming down to Earth: We will not arrive intact“.

sich in diesen Kulturkämpfen aber zugleich permanent diversen Identitätslabels, Zuschreibungen und makropolitischen Ausrichtungen ausgesetzt, die sie in Frage stellen und ihrer Komplexität berauben. Diese Situation zeigt die schwierige Rolle der Kunst in der gegenwärtigen Welt auf, die sich als Konsequenz so mancher sozialer und politischer Verschiebungen während der vergangenen Jahrzehnte verstehen lässt. Einerseits ist die Mannigfaltigkeit der politischen Kunst auch eine Folge dieser Situation sowie der Art und Weise, wie in der politischen Linken die Welt imaginiert wird: ihren Problemen mit alternativen Weltkonzeptionen, aber auch ihrer Verfangenheit in universale emanzipatorische Bestrebungen, die nach wie vor eurozentrisch artikuliert sind.[71] Zugleich hat sich Kunst in hohem Ausmaß mit kreativ-semiokapitalistischen Formen der Wertschöpfung vermischt, innerhalb deren der Diversität der Kunst ihr Wert oftmals anhand starrer Etikettierungen und Identitätslabels zugeschrieben und ihre Mannigfaltigkeit in die Freiheit umgewandelt wird, Werke auszuwählen, als seien sie beliebige Produkte. Des Weiteren gibt es auch einen starken Widerstand gegen dekoloniale, feministische und queere Abkoppelungen und Ablösungen von bestimmten epistemologischen und institutionellen Existenzformen der Kunst, was einerseits zu Disziplinierung durch eingeschränkte Repräsentation, andererseits zu Abstoßung und Beseitigung im Namen der Wiederherstellung einer unhistorischen Moderne, abstrakter Normativitäten und außergeschichtlicher Wahrheiten führt.

71 Siehe dazu auch: Walter Mignolo, *The Darker Side of Western Modernity: Global Futures, Decolonial Options*, Durham, London: Duke University Press, 2011.

Dieser Kulturkampf ist besonders zugespitzt in politischen Klimata, in denen Kunst massiven Angriffen durch neue autoritäre und populistische Politiken ausgesetzt ist und folglich die Stimme erheben, sich auf die richtige Seite stellen muss. Mir scheint oft, dass Kunst und Künstler:innen in die Enge getrieben werden und sich in einer Situation wiederfinden, in der im Grunde jedes Argument widersprüchlich ist und jede Benennung eine neue Mauer errichtet. Die Kunst kann ihre provokative Natur und Freiheit verteidigen, tut sie das, findet sie sich aber bereits instrumentalisiert und in den Dienst eines bestimmten Ziels gestellt. Sie kann sich zur Anwältin von Autonomie und apriorischer Freiheit machen, jedoch ist das nur möglich, wenn sie zugleich auch ihre Ferne von der Welt befürwortet; in jeder Form von Anwaltschaft ist sie dazu gezwungen, sich selbst aus der Welt auszuklammern, sich von ihr zu trennen, sich vom Unrat und der Klebrigkeit der eigenen Materie zu reinigen, anstatt zu sein, was sie ist, nämlich eine Implosion der mannigfaltigen Weisen, Welt zu imaginieren. Poetische Kraft liegt in der Komplexität und Sinnlichkeit der Welt; sie lässt sich nicht einfach abflachen und tagespolitischen Diskussionen anpassen, auch deshalb nicht, weil wir zum gegenwärtigen Zeitpunkt die notwendigen Praxen noch nicht haben. Tatsächlich ist die Kunst noch mit der Erfindung dieser Praxen beschäftigt, mit ihrer Erprobung und Prüfung, damit, ihnen zuzuhören, Allianzen mit ihnen einzugehen. Um diese Praxen zu erkennen, müssen wir selbst stetig unser Empfindungs- und Aufnahmevermögen, unsere Sensibilität weiterentwickeln, wenn wir Kunst schaffen und über sie lernen, und es sind gerade diese sinnlichen Qualitäten, die in politischen und kulturellen Kämpfen zuerst zur Zielscheibe von Attacken werden: die Momente des Erschließens von Realität, die Bewegungen von Flucht und Aufbruch aus dem Bestehenden, das Imaginieren dessen, was im Kommen ist.

Es scheint oft, dass der manichäische Dualismus der Kulturkämpfe sich im letzten Jahrzehnt auch deswegen stark ausgebreitet hat, weil wir nicht in der Lage sind, die starke kognitive Dissonanz zwischen dem Kunstleben und dem Leben der sich wandelnden Welt um uns herum zu ertragen: Wir können nicht ertragen, dass wir selbst nicht wirklich im Mittelpunkt des Lebens stehen, sondern nur in grundlegender Interdependenz existieren – stets minoritär und verletzlich, und eben deshalb umso mehr auf Sorge und Mitgefühl angewiesen. Wir können den Umstand nicht akzeptieren, dass in einer Welt, die von weitreichender Ungleichheit (nicht nur auf menschlicher, sondern auch auf ökologischer, atmosphärischer, klimatischer Ebene), dem Abbau von Biodiversität und einer Ethik der Asymmetrie geprägt ist, sich auch die Kunst, ihre Sichtbarkeit und die Formen ihrer Zugehörigkeit bis zur Unkenntlichkeit verändern werden, ohne dass wir bereits wüssten, wie das geschehen wird. Diese kognitive Dissonanz hat auch starke Auswirkungen auf die Wahrnehmung des Progressivismus der Kunst, als einer der fundamentalen Kategorien der politischen Kunst im 20. Jahrhundert: Diese ist unter dem Gewicht der Ungleichheit und aufgrund ihrer Missachtung mikropolitischer künstlerischer Produktionsweisen in sich zusammengefallen, aber auch aufgrund der engen Verbindung zwischen dem Fortschrittsglauben und einer prekären Akkumulation von Projekten und Produktionen, innerhalb deren die Imagination von Zukunft durch Projektzeitlichkeit als Manifestation des allgegenwärtigen ökonomisch-zeitlichen Modells bedingt ist. Der reaktionäre Bedarf an neuen Formen von Normativität, an Verteidigungen der Universalität der Kunst, an Genealogien ihrer Kategorien des Schönen, an einer Rückkehr zum Schönen und Guten speist sich andererseits aus Illusionen von Ewigkeit und Beständigkeit, des Metaphysischen und der Absonderung der Kunst von der Welt, oft vermengt mit mikrofaschistischen Ausnahmeregelungen, neuen Vorstellungen von auf Aufschluss beruhenden nationalen oder ökonomischen Gemeinschaften sowie einem wütend-empörten Säuberungswillen, der der Kunst die Sedimentationen des Lebens auszutreiben versucht, und zwar just in einer Zeit, in der dieses ökologisch wie menschlich im Schlamm und in den Folgen einer Geschichte kultureller Überlegenheitsannahmen versinkt. Der Wunsch nach Reinigung der Kunst von ihrer Vielfalt entstammt einer Leugnung der Veränderungen, die vor unseren Augen stattfinden, und kehrt sich mitunter sogar in eine gewaltsame Auslöschung der Diversität des Lebens im Allgemeinen; er träumt von einer Rückkehr zur Universalität der Kunst in einer Zeit, in der es notwendig ist, das Leben in seinen mikropolitischen Zusammenhängen wirklich neu zu denken, um zu einem Neuentwurf der Lebensformen in der Zukunft zu gelangen. Aber selbst der Kampf um eine gerechtere Vielfalt der Kunst, den man am linken politischen Pol in der sogenannten Cancel Culture findet, kehrt sich ungeachtet seiner Verbindungen zu einer emanzipatorischen Geschichte häufig in eine unsensible und algorithmische Politik der Repräsentationsgleichheit, die in ihrer eigenen Blase – der institutionellen Kunstpolitik – existiert, und zwar gerade im Wunsch nach einer Rektifizierung von

Unrecht. Trotz ihrer Lautstärke und des gesellschaftlichen Widerhalls münden diese Interventionen oft in manageriale Ausweitungen des quantitativen Angebots, ohne aber in die Verflechtung von Leben und Kunst, in die Mechanismen sowie die Wertschöpfungs- und Wettbewerbssysteme auf dem Kunstmarkt einzugreifen, ohne die Machtdynamik aufzulösen und zu zerstreuen, die das System der Kunstinstitutionen nach wie vor beherrscht.

Der Dualismus von Kulturkämpfen radiert die Mannigfaltigkeit und Komplexität von Kunst und ihrer Situiertheit in einer Welt aus, die nicht nur menschlich ist, sondern auch ökologisch, poetisch, sprachlich, atmosphärisch, körperlich, tierisch usw. Diese Situiertheit erweist sich oft als zentraler Fokus des Angriffs auf Kunst, insbesondere dann, wenn dieser einem Wunsch nach Säuberung, nach Auslöschung der Spuren des Lebens in der Kunst entstammt. Ich möchte mich zweier künstlerischer Gesten aus sehr unterschiedlichen, bezüglich ihrer Dynamiken jedoch verwandten Kontexten bedienen, um die Schwierigkeiten zu illustrieren, die entstehen, wenn solche Gesten allein aus der Perspektive des Kulturkampfes gesehen werden; Schwierigkeiten, die sich sowohl aus dem Angriff als auch aus der Verteidigung der Identität ergeben.

Simona Semenič ist eine slowenische Künstlerin, Dramatikerin und Schriftstellerin, Theaterkünstlerin und Performerin, Autorin vielschichtiger Werke, die sich durch experimentelles Schreiben ebenso auszeichnen wie durch eine unermüdliche Suche nach den poetischen Ausdrucksmöglichkeiten eines engagierten, weltzugewandten Schreibens. Ihr Schreiben verknüpft sich auch eng mit Formen der Spracherfindung sowie mit der Erkundung von Dramen- und Romanformen für Diversitäten, durch die sich unterschiedliche Möglichkeiten der Aufführung öffnen. 2018 wurde sie mit dem Preis der Prešeren-Stiftung ausgezeichnet, einem staatlichen Preis für künstlerisches Schaffen. Als am Vorabend der Verleihung die Nachricht über den Preis an die Öffentlichkeit gelangte, erschien in den Medien ein Bild von Nada Žgank aus der gemeinsamen Arbeit *Komentar #8: Zapis celote* („Kommentar #8: Aufzeichnung des Ganzen")[72], auf dem Simona Semenič in einer Serie von drei Fotos zu sehen ist: Auf dem ersten Foto steht sie schwanger und in die slowenische Flagge eingewickelt, auf dem zweiten hält sie eine Schere in der Hand, und auf dem dritten zeigt sie an der Stelle des ausgeschnittenen Wappens durch die Flagge hindurch ihren schwangeren Bauch. Mein Blick fällt oft auf dieses Foto, wenn ich schreibe, denn es steht schon seit langem neben meinem Schreibtisch. Dieses mir so vertraute Bild wurde zum Anlass für zahlreiche Angriffe auf die Künstlerin, für Wut und Hohn, Erniedrigung und Kriminalisierung ihrer Arbeit und Persönlichkeit, zum Ausgangspunkt für zornige und frauenfeindliche Kommentare in den Medien. Sie wurde der Erniedrigung ihrer Heimat und der Respektlosigkeit gegenüber dem Staat beschuldigt, und die Kommentare wurden seitens führender slowenischer Politiker:innen weiter angefeuert. Ihre Arbeit, ihr Schreiben, ihr Engagement, ihr Umgang mit der Wirklichkeit, ihr Sinn für soziale Gerechtigkeit, verflochten mit ihrem Gefühl für Sprache und ihrem originären Zugang zur dramatischen Form

72 Simona Semenič, Nada Žgank, „Zapis celote", triptih fotografij, 67 x 100 cm, giclée print, 2009, http://www.mg-lj.si/si/razstave/2289/komentar-8-simona-semenic-nada-zgank.

– all das zählte nichts, sie war bloß eine Frau und zur Entrüstung vieler auch noch eine Mutter, die mit ihrem Bauch das Symbol ihrer Heimat entweiht hatte.

Die andere Geste ist vom Choreografen und Tänzer Wagner Schwartz, der 2017 im Museu de Arte Moderna de São Paulo eine Performance mit dem Titel *La Bête* aufführte.[73] In dieser Arbeit erweckte er Lygia Clarks Werk *Bichos* (oder *Critters*, „Kleine Tiere") zu neuem Leben, eine Serie von Metallskulpturen, die Clark in den 1960er-Jahren geschaffen hatte. Es handelt sich um eine Reihe von Skulpturen, die als instabile, prekäre, schwebende Lebewesen gestaltet sind, mit denen man durch Manipulation und Berührung interagieren kann, um auf ihre Präsenz im Raum Einfluss zu nehmen. Anstelle einer Skulptur bediente sich Schwartz in der Performance seines nackten Körpers, den man berühren und – ähnlich wie Lygia Clarks Skulpturen – vor Ort modellieren konnte. Schwartz macht sich in dieser Performance zunächst an einer Plastikreplik einer der Skulpturen zu schaffen, um anschließend die Besucher:innen dazu einzuladen, dasselbe mit seinem Körper zu tun. Da Nacktheit im Spiel war, hatte die Galerie, in der er auftrat, die gesetzlich vorgeschriebene Warnung an der Tür anbringen lassen, die darauf hinwies, dass ein Besuch der Veranstaltung im Ermessen der Zuschauer:innen lag, und elterliche Aufsicht empfahl. Auch die Aufseher:innen, die neben dem Eingang zur Galerie standen, waren angewiesen, Besucher:innen bezüglich der Nacktheit vorzuwarnen. Im Begleittext zu Schwartz' Arbeit lesen wir, dass er an einer Erprobung der unterschiedlichen

73 Wagner Schwartz: La Bête, https://www.numeridanse.tv/en/dance-videotheque/la-bete, CND – Centre national de la danse, Paris, 2018.

Empfindungen von Plastizität, Objekt und Körper sowie an der Erfahrung der Intimität interessiert war, die durch Berührung in den Raum des Museums gebracht wird. Unter dem spärlich erschienenen Publikum war auch eine befreundete Familie mit ihren Kindern, die wie alle anderen Besucher:innen an der Performance mitwirkte. Als ein jüngeres Kind seinen Körper berührte, nahm jemand ein Foto auf, das in sozialen Medien viral ging, und Schwartz wurde über Nacht zur Zielscheibe extrem heftiger und gewaltvoller Angriffe. Er wurde von fundamentalistischen religiösen Gruppen, die der politischen Bewegung des damaligen Präsidentschaftskandidaten Bolsonaro nahestanden, der Pädophilie beschuldigt, und die Gruppen nutzten die Proteste gegen ihn auch als Revolte gegen öffentliche Kunstförderungen. Die Drohungen waren so schwerwiegend, dass sich einige brasilianische Künstler:innen sogar gezwungen sahen, sich für eine Weile zu verstecken. Beide Gesten fanden auch ein riesiges Medienecho, im Falle Schwartz' unter Einschluss internationaler Medien, zumal zu diesem Zeitpunkt die letzte Phase der politischen Wahlkampagne lief.

Die beiden Ereignisse ähneln einander in ihrer Konstellation, beide gelangen in die Öffentlichkeit in Form eines Zusammenstoßes von Kräften und legen Probleme im Verhältnis zwischen Kunst und Leben offen, die sich in gegenwärtige Kulturkämpfe verlagern. Ich halte es für problematisch, die beiden Gesten entlang der binären Gegensätze Konservatismus-Progressivismus, Anständigkeit-Unanständigkeit, Kunst-Kunstlosigkeit zu denken, weil das die Diskussion über Kunst innerhalb der bestehenden Verhältnisse halten und somit nichts ändern würde außer einer Verschärfung und

Verhärtung, ja Erstarrung von Identitätspositionen, begleitet im Übrigen von Verallgemeinerungen und Glättungen bezüglich der Werke. Es ist auch interessant, dass beide Ereignisse erst öffentlich wurden, als sie in Form von Fotoreihen in soziale Netzwerke hochgeladen und auf diese Weise sichtbar gemacht wurden. Diese Reduzierung einer Geste auf einen visuellen Effekt ist ein Schlüssel zum Triggern von Reaktionen, jedoch keineswegs zufällig: Ein beträchtlicher Teil der Gegenwartskunst lebt auf diese Art und gelangt so in die Öffentlichkeit. Kunst wird oft produziert, indem Werke über soziale Netzwerke geteilt werden, wobei eben dieses Teilen, wie Claire Bishop am Beispiel von Tanzausstellungen ausführt, zu einem zentralen Element des Verständnisses von Partizipation und dem Erleben von Werken geworden ist, die in Biennalen und anderen künstlerischen Events präsentiert werden – was sich auch in der Weise widerspiegelt, wie die Werke gemacht werden.[74] Es lässt sich sogar sagen, dass Kunstwerke oft ähnlich wie Politik erlebt werden, die ihre Beziehungen ebenso über soziale Netzwerke knüpft. Wir wissen, dass algorithmisch regulierte soziale Netzwerke augenblicklich ganze Lawinen an Reaktionen – sowohl des Hasses als auch der viralen Bewunderung – auslösen können; algorithmische Protokolle ermöglichen die Oberflächlichkeit und Abflachung öffentlicher Austauschprozesse, wobei die Geschwindigkeit, in der jemand auf Basis eines Bildes herabgesetzt oder verehrt wird, schwer zu fassen ist. Solche Beispiele lassen sich nicht als Folge eines Missverständnisses abtun,

74 Claire Bishop, „Black Box, White Cube, Gray Zone: Dance Exhibitions and Audience Attention“, *TDR: The Drama Review* 62/2, 2018, S. 22–42.

denn diese Art von Missverständnis bildet tatsächlich den Kern dessen, wie in der Öffentlichkeit Widersprüche politisch-kulturell geformt und kulturelle Werte geteilt werden. Akomolafe schreibt, dass Menschen, als Identitäten, heute eigentlich in gepixelte Bilder eingesperrt werden, und eben diese Bilder stehen auch im Mittelpunkt politischer Kämpfe, die ungeachtet jeglichen Hintergrunds, jeglicher Einbettung, jeglicher Komplexität geführt werden. Aus diesem Grund ist jeder Widerstand und jeder Versuch des Heraustretens aus dieser gepixelten Dualität auch extrem schwierig; jeder Versuch, zu sagen: Ich bin mehr als das, ich reiche über die Namen und Labels hinaus, die ihr mir gegeben habt. Solche Versuche erweisen sich als schwierig: in einer Kultur von Ausschluss und Hass ebenso wie in einer Kultur der radikalen politischen Korrektheit. Akomolafe beschreibt diese Situation als eine gegenwärtige politische Arena, die sich durch eine Armut an Ideen und Konzepten, an Vorschlägen und Imaginationsweisen des Lebens charakterisiert. Wir vermögen uns nur durch die Denkkategorien wiederzuerkennen, die uns in uns selbst einschließen, und diese verbinden sich eng mit Humanismus (der Mensch steht nach wie vor im Zentrum), technologischen Protokollen (die unsere Beziehungen regulieren) und dem, was Akomolafe als moderne Verzweiflung bezeichnet (Krisen, Vorahnungen von Katastrophen, Furcht usw.).[75] Die beiden Beispiele aus der Kunst wurden abgeurteilt und verdammt, weil ihr generalisiertes und gepixeltes Bild dem Aufkommen einer spezifischen Furcht Vorschub leistete –

75 Bayo Akomolafe, „Cancel Culture and the Limits of Identity Politics".

eine Begrenzung, die oft im Zentrum von Abstoßung und Hass auf Vielfalt steht und zu einer Verschärfung dualer Gegensätze führt. In beiden Fällen geht es um die Furcht vor dem Körper, vor seiner Unbestimmtheit und mangelnden Fassbarkeit, vor seiner Verletzlichkeit und Fragilität, vor einem unabgeschlossenen Körper, der über Bestimmungen hinausgeht. In beiden Fällen ist es die Berührung des Körpers, die zum Problem wird und die implosiv wird, wenn sie sich mit einer Reihe von Bedeutungen verflicht, die mit der Weiterführung des Lebens und der Kontrolle darüber zu tun haben. Ob es sich um einen schwangeren Bauch handelt, der an ein staatliches Symbol rührt, oder um die Hand eines Kindes, die einen nackten Körper berührt: Was hervorbricht, ist ein Widerstand gegen die Unbestimmtheit sowie eine Forderung nach Kontrolle über die Formierung sexueller, körperlicher, familialer, reproduktiver Verhältnisse, die selbstverständlich eng mit ethnischen, nationalistischen und kapitalistischen Regulierungen und Kontrollen des Lebens verknüpft werden. Durch diese Implosion des Hasses offenbart sich der missliche Hintergrund gegenwärtiger Kämpfe, die auf die Weise übergreifen, wie wir unser Zusammenleben imaginieren. Kunst wird nicht aufgrund ihres provokativen politischen Charakters zur Zielscheibe von Angriffen, sondern weil sie ihrem Wesen nach eine Abfolge von permanenten Fluchtbewegungen und Ausgängen aus Identitätspositionen ist; sie kann nicht existieren, ohne sich immer wieder dem zu entziehen, was sie bestimmen könnte. In den beschriebenen beiden Fällen geht es um ein Hinausquellen über die Geschlechts- und Hautidentität des Körpers, über die Verhüllung des Körpers zum Zweck der Kontrolle über die Prozesse, in denen sich eine Permanenz des Lebens herstellt. Der schwangere Bauch, die Flagge, der nackte Körper, das Kind, alle verbunden durch die Nähe der Berührung, sind Konstellationen einer Flucht, die die entkörperten Identitätsterritorien des Patriotismus, der Sicherheit, der Kontrolle über die Berührungsdimension und Sexualität des Körpers hinter sich lässt und anderen Formen des Zusammenlebens Raum gibt. Das ist nicht progressive, befreite oder aufgeklärte Kunst, sondern eine Kunst, deren Handlungen durch das Werden und Geschehen gewoben werden, das sich zwischen Kunst und Leben ereignet, aus einem Hören auf den Körper, seine Materialität und seine Verflechtung mit der Welt.

Im Falle von Simona Semenič steht im Mittelpunkt der Angriffe das Verbot, Heimatliebe anders zu leben, auf eine Weise, die vital und heterogen ist sowie die Vielfalt der Liebe und die Kraft der Singularität betont. In den Prozessen des Werdens und Lebens berührt das Kind den Körper, und der Bauch ragt wie ein Wappen durch die Flagge hervor. Der Bauch, der an der Stelle des Wappens erscheint und dieses ersetzt, unterstreicht zugleich die Schlüsselrolle von Frauen und ihrer Reproduktionsarbeit in Ideologien und Wahrnehmungen von Staatlichkeit und nationaler Kultur; der Körper durchstößt die Flagge mit seiner Lebenskraft. Wenn ich mir das Bild anschaue, erinnert es mich an Zuhause, an Freundschaften, an Menschen und Orte, die ich vermisse. Es ist kein Zufall, dass Simona Semenič am Tag nach der Verleihung des Prešeren-Preises, als die Raserei derer, die die Flagge verteidigten, ihren Höhepunkt erreicht hatte, in ihrem Heimatort Ajdovščina einen Vortrag mit dem Titel *Domoljubje začutim ob umetnosti*

(„Die Heimatliebe spüre ich durch die Kunst")[76] hielt. Sie sprach von ihrer Liebe zur Sprache und widmete den Preis den Menschen um sie herum, ihren Lehrer:innen und Mitbürger:innen in der Stadt. Sie gab Einblick in die Heterogenität und Vielfalt von Heimatliebe, als ein Recht und als ethische Verpflichtung gegenüber der Vielfalt des Lebens. Sie steht also neben der Flagge als eine paradoxe Figur des Körpers, die sich auch als performative Katachrese beschreiben lässt; als zukünftige Mutter unterminiert sie performativ die Bedeutungen, die Müttern innerhalb nationaler Perspektiven schon a priori zugeschrieben werden. Sie enthüllt, wie im politischen Diskurs und seinem Zusammenhang mit Geschlechtsbestimmungen Verstehbarkeit konstruiert wird, wie die Figur der realen Mutter konstituiert und zugleich dekonstruiert wird, wie die Position des Körpers immer schon vorbestimmt und essenzialisiert ist, wann immer die Flagge in der Nähe ist. Um uns mit den Kategorien auseinanderzusetzen, müssen wir ihnen entfliehen, und wir können dies vermittels einer Aneignung dessen tun, was wir nicht haben, nämlich die Freiheit, Heimatliebe auf anderen Wegen auszudrücken.

Diese Gesten zu verteidigen, indem die Freiheit und Progressivität der Kunst betont werden, indem es als Rolle der Kunst verstanden wird, in die Wirklichkeit einzugreifen, Themen anzuschneiden usw., ist keine zufriedenstellende Rechtfertigung dessen, was hier

---

76 Primorske novice, uredništvo, „Simona Semenič: Domoljubje začutim ob umetnosti", *Primorske novice*, 16.2.2018, aktualisiert am 29.3.2018, https://www.primorske.si/plus/7-val/simona-semenic-domoljubje-zacutim-ob-umetnosti. Gegen die Teilnahme von Simona Semenič an dieser Veranstaltung protestierten mehrere Vertreter:innen rechter politischer Parteien.

in Wirklichkeit vor sich geht. Es handelt sich nämlich nicht um eine eigentümliche Geste von Künstler:innen, die von einer autonomen Position aus gesellschaftliche Anstöße geben, sondern um eine Reihe von Konstellationen zwischen verschiedenen Leben, die in der Weise, wie sie Welt imaginieren, vorgefassten Definitionen ausweichen und sich den Namen entziehen, die ihnen verliehen werden. In Situationen, die akut von Angst, Krisen und Vorahnungen zukünftiger Katastrophen geprägt sind, wird Kunst verdammt, weil es einmal mehr zu einer Säuberung von Positionen kommt, begleitet von Träumen von einer unantastbaren, neutralen Position, statt dass sie gänzlich aus dieser Dualität heraustritt und andere Wege findet, die Verflechtung zwischen Kunst und Leben zu verstehen. Die Kunst ist in einer besonders delikaten Position, weil sie durch ihre Verflechtung mit dem Leben, ihre poetische Weise, Zukunft zu imaginieren, ihr Hören auf Existenz und ihre situierte Sorge immer Teil einer poetischen Vielfalt der Welt ist und von dieser unauslöschlich berührt wird. Kunst ist nie rein und kann niemals Identitäts- oder Normativitätskonstruktionen der einen oder anderen Seite angehören, weil sie in hohem Maße von dem abhängt, was nicht menschlich ist oder über das Menschliche hinausgeht, und sie vollzieht daher oft Fluchtbewegungen, weil sie nur so Sprache sowie das, was noch im Kommen ist, entdecken und erfinden kann.

In diesem Sinne kann ich auf die Aussage aus dem Manifest über Politik und Kunst zurückkommen, mit der ich dieses Kapitel begonnen habe. Ich lese die Zurückweisung des Imperativs des Politischen genau im Kontext einer Zurückweisung dieser Dualitäten und Identitätskonstruktionen der Kunst, als Möglichkeit, Wege zu erschließen, um sich auf die Immanenz des Politischen in der Poetik der Kunst einzulassen. Suely Rolnik denkt die Immanenz des Politischen im Poetischen über die Demontage der eigenen Rolle in der Inszenierung von Macht, und auch in dem Sinne, dass den affizierten Lebenswelten Gelegenheiten gegeben werden müssen. Das bedeutet, dass die Immanenz des Politischen in der Kunst in Wirklichkeit auch eine Neuorientierung in Bezug auf Formen der Koexistenz beinhaltet, die nicht durch den Imperativ des Politischen stattfindet, sondern durch den Umgang mit der Wirklichkeit, der von Heilung unmöglich zu trennen ist. In Situationen, in denen das Leben vieler Künstler:innen von Prekarität und einer extrem instabilen Zukunft geprägt ist, kann der Imperativ der engagierten Kunst nämlich schnell darauf hinauslaufen, dass den Stärksten einmal mehr der Vorzug gegeben wird.[77] Wenn wir aber wirklich ins Chaos angespannter politischer Situationen eintauchen wollen, dann sind Teil davon auch viele, die sich in diesen Kämpfen bereits aufgerieben haben, die ein sehr prekäres Leben führen oder die am Rand der Sichtbarkeit stehen – oder die vielleicht zu ängstlich, zu krank

77 Sara Ahmed, „Selfcare as Warfare". Ahmed beschreibt, wie gesellschaftliche Privilegien auch ein informelles, unausgesprochenes Unterstützungssystem bilden, „das die Kosten der Verletzlichkeit reduziert, sodass, wenn Dinge zusammenbrechen, wenn du zusammenbrichst, du eher Aussicht darauf hast, dass sich jemand um dich kümmert". Als Beispiel führt sie heterosexuelle Beziehungen an; heterosexuelle Partner:innen haben im Falle einer Trennung oder des Todes einer Partner:in eher Aussicht darauf, dass sie umsorgt werden, als Partner:innen in nichtheterosexuellen Beziehungen. Ähnliche Verhältnisse lassen sich auch in der Kunst finden, wo man sich um diejenigen, die stärkere institutionelle Unterstützung oder einen größeren institutionellen Wert genießen, mit größerer Sicherheit kümmert.

oder zu schwach sind, um sich in den Kampf zu stürzen. Ich denke an dieser Stelle an ein anderes Manifest: *Sick Woman Theory*, verfasst von Johanna Hedva, einer chronisch kranken koreanisch-amerikanischen Künstlerin, Performerin und Astrologin. 2014, als sie dieses Manifest schrieb, erlitt sie einen mit starken Schmerzen einhergehenden Krankheitsschub, der sie ans Bett fesselte und es ihr unmöglich machte, sich den Black-Lives-Matter-Protesten anzuschließen, die vor ihrem Fenster stattfanden. „Wie wirfst du ein Backstein durch das Fenster einer Bank, wenn du das Bett nicht verlassen kannst?“[78], schreibt Johanna Hedva in ihrem Manifest. Auf diese Weise verstehe ich die politische Geste einer Zurückweisung des Imperativs des Politischen, der Kunst als eine Haltung sieht, die immer aktiv ist, tatkräftig und auf der Lauer liegend. Diese Zurückweisung ist vielmehr Teil einer Neuorientierung des Politischen im Alltag künstlerischer Gemeinschaften, Lebenswelten und Kollaborationen mit anderen prekären Lebensformen, in dem die Sorge als eine andere Artikulation von Protest, Widerstand und Verweigerung gegenüber starren Namen und Labels erscheint, was uns auch dabei helfen kann, unsere eigene emanzipatorische Geschichte und unsere Solidaritätsformen zu überdenken. Den Imperativ des Politischen zurückzuweisen ist daher selbst eine politische Geste, denn sie verortet die Kunst in einer Abhängigkeit vom Leben und führt sie

---

78 Johanna Hedva, „Sick Woman Theory“, *Mask Media, The Not Again Nr.* 24, 2016, http://www.maskmagazine.com/not-again/struggle/sick-woman-theory (letzter Zugriff: 15.7.2021); deutsch: https://www.kunstverein-hildesheim.de/assets/bilder/caring-structures-ausstellung-digital/Johanna-Hedva/bd504a3f7d/AUSSTELLUNG_1110_Hedva_SWT_d.pdf.

mit vielfältigen Abhängigkeiten und Intensitäten zusammen, die Brüche schaffen können in der Bedeutung der Welt, wie sie uns gegeben ist.

6. Körpervermögen

Der indigene amerikanische Philosoph Vine Deloria Jr. schreibt, dass die Macht überall um uns herum, unter uns zerstreut, in der Welt ist. Sie entsteht nicht nur aus dem Subjekt, dem Körper, dem Individuum, sondern formt unsere Gedanken, unser Begehren und unsere Handlungen; sie wirkt, ohne dass wir an sie denken würden, umgibt uns wie eine Atmosphäre von Einflüssen, fließt buchstäblich durch uns hindurch.[79] Wie Eve Tuck in einem Vortrag feststellt, in dem sie sich auf die Philosophie von Deloria Jr. stützt, hat diese Konzeption von Macht auf den ersten Blick viel mit der materialistischen Theorie von Macht und Wandlung bei Deleuze und Guattari gemeinsam, doch unterscheidet sie sich zugleich von ihr, und zwar besonders hinsichtlich der Verbindung von Macht und menschlichem Begehren, zumal sie ein Teil der Welt um uns herum ist: Sie ist immer geteilt und agentiell.[80] Macht ist also nicht differenzierend, begrenzend, bestimmend, sondern immer schon relational, eingebettet und nicht allein durch menschliches

---

79 Vine Deloria Jr., Daniel R. Wildcat, *Power and Place: Indian Education in America*, Golden: Fulcrum, 2001. Deloria Jr. versucht in diesem Werk über die Probleme nachzudenken, mit denen sich die indigene amerikanische Bevölkerung im amerikanischen Bildungssystem konfrontiert sieht. Deloria Jr. schreibt, dass ihr Weltverständnis aus zwei grundlegenden Erfahrungsdimensionen bestand, die zusammen ein hinreichendes Mittel boten, um der Welt Sinn zu verleihen. Diese zwei Begriffe waren Ort und Macht, wobei letzterer Begriff sich vielleicht besser als geistige Macht oder Lebenskraft bestimmen lässt. Siehe dazu: Deloria Jr., Wildcat, *Power and Place*, S. 2.

80 Ebd.; siehe auch: Eve Tuck, „Biting the Hand That Feeds You“, Vortrag auf dem Symposium *Theories of Change in the Settler State and its Universities, Public Engagement and the Politics of Evidence in an Age of Neoliberalism and Audit Culture*, University of Regina, Juli 2015, http://www.joenorrisplaybuilding.ca/?page_id=2368, https://youtu.be/lXEEzqIjA3I.

oder individuelles Begehren angetrieben. Die westliche philosophische Tradition kam diesem dynamischen und agentiellen Denken der Macht, welches sich auch durch verschiedene indigene Lebenspraxen und -philosophien sowie durch animistische Formen des Wissens und der Stärkung des (menschlichen und mehr-als-menschlichen) Körpers zieht, am nächsten im Werk von Baruch de Spinoza – Schleifer optischer Gläser, Hersteller von Linsen für Mikroskope und Teleskope sowie Philosoph –, insbesondere in dessen komplexer Philosophie politischer Macht. Spinozas Werk beeinflusste viele materialistische Gegenwartskonzeptionen von Macht, die sich eng auf den Körper jenseits dualistischen Denkens und materialistischer Körperkonzeptionen beziehen: Marx, Deleuze, feministische Philosophinnen wie Elizabeth Grosz, aber auch das Denken vieler gegenwärtiger Tanz- und Performancepraxen, in deren Mittelpunkt die Rolle des Körpers steht. Spinoza trifft eine Unterscheidung zwischen *potestas* und *potentia*, wobei *potestas* eine statische, konstituierte Macht meint, während *potentia* eine dynamische, konstituierende Dimension hat.[81] Dieser Unterschied ließe sich auch als

81 Siehe Baruch de Spinoza, *Die Ethik nach geometrischer Methode dargestellt*, übers. v. Otto Baensch, Hamburg: Meiner, 1989; sowie Elizabeth Grosz, *Volatile Bodies: Toward a Corporeal Feminism*, Bloomington: Indiana University Press, 1994. *Potentia* definiert unsere Macht, etwas zu tun, *potestas* bedeutet Macht als Herrschaft über etwas. *Potestas* ist die Macht der Autorität, *potentia* aber die eigentliche Kraft und Macht der Multitude und diese Macht eben ist es, die Jahrhunderte später im Zentrum der Werke postoperaistischer Philosophen wie Negri oder Virno stehen wird. Die Macht eines individuellen Wesens kann aus Spinozas Sicht nur durch Kooperation mit anderen gesteigert werden, durch das Vermögen, affiziert zu werden und zugleich andere zu affizieren (wir werden durch etwas beeinflusst und wir können zugleich andere beeinflussen); so lässt sich also der Machtgrad jedes individuellen Wesens, von Spinoza als *conatus* bezeichnet, vergrößern. Im Spanischen etwa lässt sich zwischen *poder* und *potentia* unterscheiden, im Deutschen zwischen *Macht* und *Vermögen*.

Differenz zwischen Macht und Vermögen wiedergeben, wobei das Vermögen Relationalität impliziert und eben jene Form von Macht ist, die im Zentrum des Schreibens von Deloria Jr. steht. Das Mikropolitische artikuliert sich als dynamisches Denken der Möglichkeit, als Denken eines geteilten Schaffungsvermögens, das eng mit dem Begehren nach Imagination und einer dynamischen Veränderung der Welt verbunden ist. Aber das kann nur durch die Stärkung des Vermögens *(potentia)* der (nicht nur menschlichen) Körper erfolgen, eines Vermögens, das in einer Erfahrung außerhalb des Subjekts begründet liegt und sich daher radikal von Mikrofaschismen bzw. dem, was Rolnik als reaktive Mikropolitik beschreibt, unterscheidet. In diesem Sinne hat das Vermögen Handlungsmacht, weil es sich mit dem vermengt, wodurch es konstituiert wird; denn um sich als Vermögen zu konstituieren, ist jeder vermögende Körper auch enteignet, zusammengebunden mit einem anderen Körper und an ihm haftend. Dieses Vermögen ist in den symbiotischen Existenzen von Pflanzen, Tieren und Menschen am Werk, in denen Lebensformen sich durch die Rhythmen von Zeit, Raum, Atmosphäre und Biosphäre dynamisch verändern. Im Gegensatz zu diesen Strömen wirkt Macht restriktiv und territorial, teilt und identifiziert ihre Quellen, extrahiert Ressourcen und Reichtümer; Macht trennt, um zusammenzusetzen.

Gleichzeitig ist das Vermögen vom Körper nicht getrennt, es ist Teil der Weise, wie der Körper mit anderen koexistiert, und eben diese Art von Vermögen ist zentral für ein Verständnis feministischer Kämpfe. Diese sind nicht Kämpfe um Macht, um Herrschaft über andere, es sind keine Identitätskämpfe, die sich um starre Begriffe von Geschlecht und Sexualität herum organisieren. Die feministische Bewegung ist im Gegenteil eine facettenreiche Bewegung, die, wie Gago sagt, Bewegungen von Körpern mit einschließt, von Frauen, Lesben, Transpersonen, Migrantinnen und Armen, und sie ist eng mit der Queerbewegung verbunden. Es geht um viele feminisierte Körper, die Stärkung ihres Vermögens, interdependent zu sein und eine andere, vielfältigere und gerechtere Welt zu imaginieren, eine Welt, die nicht von Monokulturen und autoritären Formen der Verwaltung des Lebens geprägt sind. Gago beschreibt, wie die feministische Bewegung das Vermögen (*potentia*) als eine Macht versteht, die individuell wie kollektiv, wandelbar wie singulär ist (sie existiert als eine Variation) und die der Unbestimmtheit und Unabgeschlossenheit des Körpers folgt; eben darum kämpft sie ihre eigenen (sexuellen, intimen, geschlechtlichen, ökologischen) Kämpfe, die Vermögen des Körpers erneuernd und ins Werk setzend. Feministische *potentia* ist eine Macht des Begehrens: „Das impliziert, dass der Wunsch dem Möglichen nicht entgegengesetzt ist, sondern er ist vielmehr die Kraft, die antreibt, was als möglich wahrgenommen wird, kollektiv und in jedem Körper."[82] Das Vermögen steht also nicht im Gegensatz zu Verletzlichkeit, Enteignung und dem Prekärsein des Lebens, sondern existiert im Innersten des Gefühls von Verletzlichkeit.

Das Vermögen ist nicht unsere individuelle Eigenschaft, unser Können, etwas zu tun, sondern etwas, das uns zusammenbringen kann, um etwas gemeinsam zu tun. Eine solche agentielle Macht, von der Deloria Jr. schreibt, löst mithin die Macht vom Subjekt, auch wenn sie dadurch dessen Sein stärkt, jedoch auf eine

---

82 Gago, *Für eine feministische Internationale*, S. 11.

abhängige, verletzliche Weise. Die Ausbeutung und Auslaugung der Vermögen unserer Körper, unserer Fähigkeiten und Verletzlichkeiten bildet den Kern gegenwärtiger Regierungsformen, dessen, was Lorey als „Regieren durch Unsicherheit"[83] bezeichnet. Regieren durch Unsicherheit steht auch im Mittelpunkt gegenwärtigen Kunstschaffens, was das schon ohnehin schon schwierige und prekäre künstlerische Leben noch weiter erschweren kann; aber es belastet auch andere prekäre Leben, die den Kapitalismus in ihren Körpern fühlen: in Form extremer Instabilität, Prekarität und Unsicherheit, die Hand in Hand gehen mit Ansprüchen auf Aktivierung, Kreativität, Flexibilität, Zugehörigkeit usw. Ann Cvetkovich beschreibt in ihrem Buch *Depression: A Public Feeling* diese alltäglichen affektiven, emotionalen und körperlichen Empfindungen am Beispiel der Depression, die sie als ein öffentliches Gefühl des neoliberalen Kapitalismus bezeichnet, als ein Zum-Schweigen-Bringen des Vermögens, das alle Ebenen menschlichen Lebens betrifft.[84] Cvetkovich verfasste das Buch zu einer Zeit, als sie während der Arbeit an ihrer Dissertation selbst mit einer Reihe von negativen Gefühlen konfrontiert war, weshalb das Buch als persönliches Tagebuch wie auch als theoretische und gesellschaftliche Analyse von Depression geschrieben ist. Sie zielt in ihrem Werk auf eine Überschreitung der Dichotomie zwischen negativen und positiven Gefühlen durch eine queer-feministische Perspektive und entpathologisiert auf diese Weise Emotionen wie Scham, Schuld, Ohnmacht oder

83 Isabell Lorey, „Gouvernementale Prekarisierung", 2015, https://transversal.at/transversal/0811/lorey/de.

84 Ann Cvetkovich, *Depression: A Public Feeling*, London: Duke University Press, 2015.

Scheitern, um zugleich Gefühle von Glück und Hoffnung vom ihnen zugeschriebenen positiven Wert abzulösen. Depression ist eine Gemengelage alltäglicher Gefühle, die aus der lebendigen Erfahrung systemischer Veränderungen (Ungleichheit, Rassismus, Krieg, Privatisierung, politischer und ökonomischer Druck) entsteht und eng mit prekären Existenzformen verbunden ist. Aber „zu sagen, dass der Kapitalismus (oder Kolonialismus und Rassismus) das Problem ist, hilft mir nicht dabei, am Morgen aufzustehen“[85]. Die Auseinandersetzung mit Prekarität und ihren Paradoxien führt bei vielen Künstler:innen dazu, dass sie sich der Notwendigkeit körperlicher, zeitlicher, gemeinschaftlicher Praxen der Selbstorganisation und Unterstützung stellen, die von anderen Arbeitsweisen in den performativen Künsten, anderen Arbeitsbedingungen und neuimaginierten Formen künstlerischer Gemeinschaft bis hin zu anderen Praxen der Arbeit mit Körpern, Räumen und Zeitlichkeiten reichen, um einen Umgang mit den Entwicklungen und der Geopolitik der Kunst zu finden. Solche Experimente lassen sich mit der Frage der Sorge in Verbindung bringen, die nicht einfach ein Gefühl ist, das uns zusammenbringt, sondern als ein tagtägliches mikropolitisch-sinnliches Handeln betrachtet werden muss, durch das die Verhältnisse der Welt wie auch das Vermögen, Körper zusammenzubringen, verändert werden. Diese Dimension ist in gegenwärtigen Verschiebungen innerhalb der Welt des Theaters, des Tanzes und auch der bildenden Kunst von höchster Bedeutung; beim Aufdröseln von Hierarchien und Asymmetrien zwischen den Orten geht es nicht so sehr um

85 Ebd., S. 15.

Identitätsfeststellungen und den Schutz individueller Identitätsorte, um das Zusammentragen und Abtragen von Privilegien und Nicht-Privilegien, sondern um das Vermögen eines Gefühls für die Komplexität unserer Körper, für schwierige und oft unbehagliche Nähen und Fusionen, darum, Räumlichkeiten und Zeitlichkeiten zuzulassen, innerhalb deren ein geduldiges tägliches Erfinden sowie Organisierungspraxen, die sich um das Dasein von Körpern drehen, Platz finden können. Eben diese Anforderung ist heute etwa in der Körperarbeit im Tanz stark präsent und verflicht sich mit sensorischen, therapeutischen, somatischen Forschungen, wobei zugleich die Asymmetrie von Erfahrungen, Vergangenheiten, Traumata und Geschichten situiert wird und somit Probleme mit Hierarchien und Machtdynamiken angegangen werden, ob diese beruflicher und institutioneller Art sind oder Umwelt und Makropolitik betreffen. Einerseits geht es dabei um ein Abrücken vom Körper als Punkt einer starren Identifikation, andererseits darum, sich im Körper zu verorten, aber so, dass dieser Körper nun unabgeschlossen, wandelbar, fließend ist. Nur so kann das alltägliche Leben anders organisiert werden, können die Gewalt und der paradoxe Charakter der Strukturen aufgeweicht werden, innerhalb deren Kunst stattfindet. Es gibt auch viele Praxen, die versuchen, Strukturen für Kollektivitäten aufzubauen und den menschlichen Körper als Zentrum unserer Weltwahrnehmung zu subvertieren. Über die Macht als Vermögen können wir auch in den Werken feministischer Aktivistinnen und Künstlerinnen nachlesen, beispielsweise bei Audre Lorde. In ihrem berühmten Essay „Vom Nutzen der Erotik: Erotik als Macht" aus dem Jahr 1978 können wir lesen: „Es gibt viele Arten von Macht – genutzte und ungenutzte, entdeckte und unentdeckte. Die Erotik ist eine Ressource, über die alle Menschen auf einer zutiefst weiblichen und spirituellen Ebene verfügen, und sie ist fest verwurzelt in der Macht unserer nicht ausgedrückten, nicht anerkannten Gefühle."[86] Diese Quelle ist Teil eines anderen körperlichen Wissens von der Welt, sie erfordert Orientierung in ihr, und durch Orientierung kann Energie gewonnen werden: „Als Frauen müssen wir erkunden, wie unsere Welt sich wirklich verändern lässt. Ich spreche von der Notwendigkeit, sämtliche Aspekte unseres Lebens und unserer Arbeit neu zu bewerten und herauszufinden, in welcher Weise sie unserem Fortkommen dienen."[87] In westlichen Gesellschaften werden Frauen, so Lorde, gelehrt, dieser Macht nicht zu vertrauen; die erotische Macht wurde in der Geschichte oftmals gegen sie gewendet, als triviale, verwirrende und formbare Sinneswahrnehmung dargestellt und häufig durch Pornografie ersetzt. Aber das Erotische ist etwas anderes: „Erotik ist aus dem Chaos geborene Schaffenskraft und Harmonie. Wenn ich vom Erotischen spreche, meine ich folglich eine Bejahung weiblicher Lebenskraft und schöpferischer, ermächtigender Energie, die wir uns jetzt durch unsere Sprache, unsere Geschichte, unseren Tanz, unser Leben, beim Lieben und Arbeiten zurückerobern und zu unserem Nutzen einsetzen."[88] Lorde verfasste diesen Text als eine afroamerikanische lesbische Feministin, und aus diesem Grund, so schreibt sie, kann die Frage der Erotik für sie nicht zweitrangig sein, insbesondere nicht angesichts

86 Audre Lorde, „Vom Nutzen der Erotik: Erotik als Macht", in: *Sister Outsider: Essays*, S. 51–60, hier: S. 51.

87 Ebd., S. 54.

88 Ebd., S. 55.

der Tatsache, dass es um das Schaffen und Schreiben von Kunst geht. Ihre Situiertheit, die Transversalität zwischen verschiedenen Seinsweisen, eröffnet eine spezifische Dimension erotischer Macht, die nicht essenzialistisch oder reduktionistisch ist, wie es ihr seitens einiger Feministinnen vorgeworfen wurde.[89] Es handelt sich um eine spezifisch situierte Position, die Erotik nicht als spezifisch weibliche Macht essenzialisiert, sondern die Macht der Erotik als eine Form des Wissens und Handelns politisiert: situiert, partial, verortet, stets in Verhältnissen und Beziehungen zur Macht um uns herum stehend. Diese Macht ist auch nicht abstrakt, sondern konkret, mit einem gesteigerten Körpersein verbunden: In ihr geht es darum, wie Wissen und Handeln möglich sind, um die Weise, wie wir etwas wissen, wie wir uns in der Welt durch Gefühl und Empfindung in der Situation, in der wir uns befinden, orientieren und wie ein solches Wissen im politischen und künstlerischen Handeln von zentraler Bedeutung ist. Dieses Wissen erzählt von einem dynamischen Feld des Vermögens, durch das andere Beziehungen zu Gewalt und Unterdrückung hergestellt werden, deren Motivation und Stärkung von innen kommt und aus dem Verhältnis zu anderen. Die Macht der Erotik ist also als ein spezifisches Wissen vom Körper und von den Körpern zu lesen, durch welches Unterdrückungsformen angesprochen und Öffnungen geschaffen werden können. Diese Macht ist nicht eine potente, leistungsfähige Macht, im Gegenteil: Sie öffnet die Tür zu Interdependenz, Partialität, Verletzlichkeit, aber auch zum Widerstand gegen

89 Siehe Alexis De Veaux, *Warrior Poet: A Biography of Audre Lorde*, New York: WW Norton & Co., 2006.

Angst. Sie öffnet dieselbe Tür, die Lorde auch in ihrem späteren Werk *Auf Leben und Tod: Krebstagebuch* öffnet, in dem sie über ihre Erfahrung mit Brustkrebs schreibt. In der Einleitung zu diesem Buch beschreibt sie, wie sie eine Kämpferin bleibt, ohne dass die Angst sie verlassen hätte. Die Krise der Krankheit kann nämlich bewirken, „dass die Kämpferin sorgsam noch eine Waffe, eine unerwünschte, aber nützliche Waffe, erforscht“[90]. Angst erscheint in diesem Werk also als eine neue Waffe, eine neue Artikulation von Macht, die neben Erotik und Selbstsorge steht.

> [Lorde] untersucht ihren Körper als Schlachtfeld, auf dem eine Auseinandersetzung zwischen ganz verschiedenen Mächten ausgetragen wird: von Erotik und Selbstfürsorge gegen die kosmetische und chirurgische Maschinerie; von rassistischen und ästhetischen Vorurteilen und der Angst, nicht begehrt zu werden oder selbst den Wunsch nach Sex zu verlieren, gegen die heilende Kraft eines Netzwerks von Freundschaften. Lorde zeigt, dass es sich um Kräfte handelt, die ein Selbsttraining erfordern. Und eine Sprache, die auch wie eine neue Haut ist.[91]

Es ist das Stillschweigen bezüglich Krankheit und Angst, schreibt die Lyrikerin und Essayistin Anne Boyer, welches das Eintreten in die politische Auseinandersetzung erforderlich macht, ähnlich, wie das für das Stillschweigen um die Erotik herum in dem früheren Text gilt. „Meine Arbeit besteht darin, das Schweigen zu bewohnen, mit dem ich bisher gelebt habe, und es mit

90 Audre Lorde: *Auf Leben und Tod: Krebstagebuch*, Frankfurt am Main: Fischer-Taschenbuch-Verlag, 2000, S. 11.

91 Gago, *Für eine feministische Internationale*, S. 100 (Übers. mod.).

mir selbst zu füllen, bis es wie hellster Tag und lautester Donner klingt."[92] Das Tagebuch wird so ihr (mikro)politisches Manifest, ein Manifest der Umwendung von Angst aus Starre und Inaktivität, eine Beschreibung eines mikropolitischen Aufstandes. Gago beschreibt Lordes Rebellion gegen die Angst wie folgt: „Welche tyrannischen Zwänge schluckt ihr Tag für Tag in dem Versuch, sie euch zu eigen zu machen, bis ihr an ihnen erkrankt und – immer noch schweigend – sterbt?"[93]

Durch das letzte Jahrzehnt hindurch konnten wir zahlreiche Kritiken des Neoliberalismus lesen, die darauf hinweisen, wie sich der gegenwärtige Kapitalismus durch die Produktion von Affekten, Subjektivitäten und immaterieller Arbeit die Potenzen des Lebens aneignet und wie diese seinen Kern und auch seine Triebkraft bilden. Besonders in der Kunst lässt sich die tagtägliche mikropolitische Extraktion von Lebensdynamik am Leben von Künstler:innen deutlich erkennen, was Thema meines letzten Buches über die Nähe von Kunst und Kapitalismus war, in dem ich diese Verhältnisse primär über den Begriff der künstlerischen Arbeit analysiert habe. Aber ich wurde das Gefühl der Unzufriedenheit mit den realen Folgen dieser Art von Kritik nicht los, was mich oft mit einem Unbehagen zurückließ. Den kritischen Analysen zum Trotz belässt diese Art von Sprache Subjekte in Verhältnissen, über die sie eine Menge wissen mögen (auf rationaler wie auch emotionaler Ebene), ohne sie aber deshalb verändern zu können. Das Ergebnis ist oft ein Zynismus (oder, wie Virno

92 Audre Lorde, zitiert nach Anne Boyer, *Die Unsterblichen. Krankheit, Körper, Kapitalismus*, übers. v. Daniela Seel, Berlin: Matthes & Seitz, 2021, S. 13.

93 Gago, *Für eine feministische Internationale*, S. 101.

sagt, Opportunismus, der eine der Grundcharakteristiken postfordistischer affektiver Ströme darstellt) oder ein Ohnmachtsgefühl, erscheint es doch als unmöglich, mit der Komplexität und der Unermesslichkeit des Problems fertigzuwerden. In der Kunst gibt es viele Werke, die sich mit den Weltverhältnissen, in denen sie existieren, auseinandersetzen, indem sie das eigene Unbehagen symbolisch durch Thematisierung politischer Probleme auflösen, während sie zugleich an den Existenz- und Lebenspraxen partizipieren, die diese Probleme prolongieren. Zur Maskierung dieses Unbehagens machen solche Kunstwerke endlose diskursive Wendungen und eine beträchtliche Vermittlungsarbeit erforderlich. Dasselbe gilt für jene gegenwärtigen Formen des Feminismus, die in jüngeren Jahrzehnten angeblich zu einem Empowerment arbeitender Frauen, zu hierarchischem Aufstieg auf der Leiter von Beschäftigungschancen und repräsentativer Einbeziehung in Aufsichtsräte von Unternehmen geführt haben, während das berühmte Motto der feministischen Bewegung, *Das Private ist politisch*, oft in eine Kommerzialisierung des Intimen und Sexuellen mündet. Aber woher rührt dieses Unbehagen, dieses Ohnmachtsgefühl? Dieses Gefühl taucht aufgrund einer besonderen Situierung auf, einer Orientierung, die Kritik stets auf Basis der Verhältnisse einer neutralen, generischen Position der Analytiker:in formuliert, die zwar engagiert und eingebunden sein mag, aber eben auf generische Art und Weise. Feministische, queere und dekoloniale Kritiken von Rassismus und Ungleichheit problematisieren genau diese kritische Neutralität, weil es ihnen im Gegenzug – auch aus der Erfahrung und Geschichte von Unterdrückung – um eine spezifische (körperliche, geschlechtliche, räumliche, zeitliche) Orientierung geht, die Teil einer komplexen Dynamik von Macht und Verhältnissen ist und die immer in konkreten Situationen verortet und eingebettet ist. Nur auf diese Weise können die komplexen Dynamiken von Macht und Verhältnissen, die stets situiert, partial sind und gegensätzliche Positionen durchlaufen, auf der mikropolitischen Ebene offengelegt werden. Die Geschichte des Feminismus lehrt uns, schreibt Sara Ahmed, dass das Sprechen über persönliche Gefühle nicht notwendigerweise eine „Ablenkung der Aufmerksamkeit weg von Strukturen“[94] bedeutet, womit sie sich auf Machtstrukturen, institutionelle Strukturen usw. bezieht. Sie fügt jedoch hinzu, dass eine solche Vergessenheit in Bezug auf Machtstrukturen eben dann eintritt, wenn persönliche Gefühle zu den dominanten Gefühlen derer werden, die nicht um ihr Überleben kämpfen müssen. Wenn Lorde über Erotik oder Selbstsorge nachdenkt, dann geht es nicht um Selbstverhätschelung (im Sinne etwa der Wellnessindustrie) und auch nicht um eine authentische feminine Macht (im Sinne eines Konservatismus, der eine Rückkehr zur Rolle als Mutter und Ehefrau fordert). Lorde vermittelt einen Einblick in die Macht als Vermögen, das in einer schmerzvollen Geschichte von Unterdrückung und Gewalt gegen Körper verwurzelt ist und nach Möglichkeiten eines Verwandtwerdens zwischen diesen sucht. Und das ist Teil einer aktiven Mikropolitik des Lebensvermögens – *sich einen Körper zu machen.*[95] Wir leben in der Zeit extrem

---

94 Ahmed, „Selfcare as Warfare“.

95 Siehe dazu: Rolnik, „Wie machen wir uns einen Körper?“, S. 129–152.

akuter kolonial-kapitalistischer und neoliberaler Gewalt gegen das Vermögen sozialer Reproduktion auf menschlicher und mehr-als-menschlicher Ebene (gegen die Nachhaltigkeit des Lebens), die das ökologisch-körperliche Wissen darüber zerstört, wie wir gemeinschaftlich leben und überleben können. Und deshalb ist es notwendig, auf einer aktiven mikropolitischen Übernahme der Immanenz des Körpers zu insistieren, der zu einem der zentralen Schauplätze des gegenwärtigen politischen und ökonomischen Kampfes um die Interpretation des Lebens wird.

> Der Feminismus (als Bewegung mit vielen Facetten) hat eine mystische Dimension. Er funktioniert aus Affekten und Leidenschaften heraus. Er öffnet jenes dornige Feld von Wünschen, von Liebesbeziehungen und erotischen Begegnungen, von Ritual und Fest, von Sehnsüchten über ihre sanktionierten Grenzen hinaus. Der Feminismus entzieht, anders als jede andere als links geltende Politik, Körper nicht ihrer Unbestimmtheit, ihres Nichtwissens, ihrer verkörperten Träume, ihrer dunklen Handlungsmacht.[96]

Auf diese Weise beschreibt Verónica Gago die feministische Bewegung *Ni una menos* („Nicht eine weniger"), eine Initiative, die im letzten Jahrzehnt in lateinamerikanischen Staaten zu einer starken internationalen Bewegung angewachsen ist und mit politischen und ästhetischen Innovationen einhergeht, die sowohl praktisch als auch theoretisch sind, von Formen des feministischen Streiks bis zur Entwicklung anderer Wissensformen und anderer Methoden politischen Handelns, besonders bezüglich der Art und Weise, wie Verhältnisse

96 Gago, *Für eine feministische Internationale*, S. 258.

zwischen Körpern und ihren Territorien definiert werden.[97] In diesem Sinne schreibt Gago von feministischer *potentia*, der Kraft, die die Bewegung zur Entwicklung einer alternativen Theorie der Macht antreibt. Es handelt sich dabei nicht um eine naive oder essenzialistische Theorie der Macht, denn diese Bewegung ignoriert nicht die Modalitäten von Ausbeutung und Herrschaft, welche die Macht strukturieren, sondern vielmehr um eine Konfrontation mit der Macht (*potestas*). Das Vermögen (*potentia*) wird auch als eine Gegenmacht verstanden, als Macht „der gemeinsamen Erfindung gegen die Enteignung, des kollektiven Genusses gegen die Privatisierung und der Ausweitung dessen, was wir uns im Hier und Jetzt als möglich wünschen"[98]. Von zentraler Bedeutung dabei ist einerseits eine äußerst konkrete und materialistische Analyse von Machtverhältnissen, gestützt auf die Einsicht in Reproduktionsweisen und folglich eng verflochten mit Analysen von Arbeits- und Produktionsweisen, Verhältnissen zum Territorium, der Finanzialisierung des Lebens; zugleich ist dies aber nicht möglich ohne eine Berücksichtigung der dunklen Potenzen des Körpers, der Unbestimmtheit und Offenheit von Körpern für die Weisen, zu sein und sich zu vermengen. Das Mikropolitische tritt also auch in transversale Verhältnisse ein, die durch Internationalisierung die Serien der Verflechtung zwischen Kräften stärken, dabei jedoch stets auf eine grundlegende Veränderung der Produktionsverhältnisse zielen: Es eröffnet Einblicke in

---

97 Siehe dazu: Verónica Gago, Raquel Gutiérrez Aguilar, Susana Draper, Mariana Menéndez Díaz, Marina Montanelli, Marie Bardet/Suely Rolnik, *8M – Der Große Feministische Streik*, Wien et al.: transversal texts, 2018.

98 Gago, *Für eine feministische Internationale*, S. 10.

kapitalistische Akkumulation und Gewalt, setzt sich mit den Grenzen der Repräsentierbarkeit von Arbeit auseinander, wirft Fragen einer feministischen politischen Ökonomie auf usw. Das alles aber ist nur durch die Erfindung neuer ästhetischer, poetischer, existenzieller Ausdrucksformen und Intensitäten möglich. Das ist der Grund, warum ich, wenn ich über das Leben der Kunst nachdenke, mich auch der politischen Geschichte und Praxis des Feminismus zuwende, denn aufgrund seiner Verflechtungen mit dem Leben liegt in ihm die Macht (das Vermögen), an solchen Erfindungen und mikropolitischen Intensivierungen mitzuwirken, den Potenzialen der (menschlichen und mehr-als-menschlichen) Körperlichkeit Sprache und poetische Formen zu verleihen.

SORGELINIEN

„[D]ie Sorge ist nicht leicht zu finden, aber sie ist auch eine ununterbrochene Linie, deren Unterbrechung unvorstellbar ist." (Daniel Drognitz, Sarah Eschenmoser et al., *Ökologien der Sorge*)[99]

99 Daniel Drognitz, Sarah Eschenmoser et al., „Ökologien der Sorge. Vorwort", in: *Ökologien der Sorge*, Wien et al.: transversal texts, 2017, S. 10.

1. Eintauchen in die Krisen der Nachhaltigkeit des Lebens

Wie die Welt imaginieren, fragt Denise Ferreira da Silva in ihrem Essay über schwarze feministische Poetik, und wie zugleich die Aufgabe übernehmen, diese Welt zu ent-denken mit Blick auf ihr Ende?[100] Ist es möglich, innerhalb einer solchen Asymmetrie Kunst zu schaffen und dabei die Neigungslinien von Kunst und Leben anders zu verschränken?

Félix Guattari schreibt über die Notwendigkeit, mannigfaltige, heterogene und dissensuelle Werte zu schaffen, die aus dem kapitalistischen Chaos und den Katastrophengefühlen hervorgehen müssen, die dieses Chaos erzeugt (in Bezug auf Menschen und Umwelt).[101] Die Kunst ist offen für solche Schaffensweisen, für solch vielfältige Mikropolitiken des Lebens, für verschiedene Fluchtlinien und die Entwirrung sinnlicher Dissense, und durch eben diese Vielfalt verflechten sich Leben und Kunst. Wie ich im letzten Kapitel gezeigt habe, entgehen diese vielfältigen Bewegungen in der Kunst jedoch nicht der kapitalistischen Wertschöpfung; und sie werden zudem einer globalen Zirkulation von Kunstwerken eingeordnet, die ihre Anliegen oft entkörpert und dematerialisiert und sie in die Zirkulation guter und emanzipatorischer politischer Werte umwandelt. Dabei werden Ungleichheiten und koloniale Machtdynamiken perpetuiert, zwischen Werken ebenso wie zwischen Künstler:innen; zwischen künstlerischen Kontexten

100 Siehe Denise Ferreira da Silva, „Towards a Black Feminist Poethics: The Quest(ion) of Blackness Towards the End of the World“, *The Black Scholar* 44/2, 2014, S. 81–93.

101 Guattari, „Für eine Neubegründung sozialer Praktiken“, S. 215 f.

und ihren geopolitischen Positionierungen. Diese Situation schafft höchst komplexe und von inneren Widersprüchen geprägte Kunst- und Lebensmilieus. Sie mögen überquellen von wohlartikulierter und politisch bewusster Kritik, von Gesten des Dissenses und poetischen Inventionen des Widerstands, aber das bedeutet nicht, dass sie nicht auch Teil der Schaffung, Produktion und Distribution von Kunst sind, die zutiefst geprägt ist von immer größerer Fragmentierung, Flexibilität und Schwierigkeiten beim Versuch, künstlerische Existenzen und Formen des Kunstlebens aufrechtzuerhalten. Künstlerisches Engagement ist ästhetisch, emotional, politisch, sozial geworden, aber das hat zugleich keine wirkliche Veränderung der materiellen Verhältnisse der Kunstwelt bewirkt, die tief in geopolitische kapitalistische Verhältnisse eingebettet sind. Künstlerische Milieus sind daher heute oft ähnlich unhaltbar und destruktiv wie andere kapitalistische Milieus, mögen sie auch noch so politisch engagiert und divers sein. Diese Unhaltbarkeit wird durch den Widerspruch des Kunstlebens mit seinen rebellischen und engagierten Werten noch verstärkt, zumal der Kapitalismus mit seinen kognitiven, kreativen und emotionalen Arbeitsformen der Kunst mit ihrer Dynamik, Wandelbarkeit und Flexibilität um nichts nachsteht. Diese komplexe Situation spiegelt zugleich nicht nur die postfordistischen Arbeitsweisen und die Prekarisierung von Existenzen wider, die in den letzten Jahrzehnten im Kunstfeld vorherrschend waren. Ein grundlegenderes Problem liegt in den materiellen Bedingungen moderner Kunst und den Formen, wie im Westen Kunst und Wert ineinandergreifen, und dieses Problem reicht tief in ästhetische Vorstellungswelten, in die Rollen von Künstler:innen und in die institutionelle Struktur der Kunst hinein. Es lässt sich mit den Worten von Sylvia Wynter beschreiben, wenn sie über die Rolle von Intellektuellen innerhalb der Universität spricht und diese als Grammatiker:innen unserer Ordnung bezeichnet, insofern ihre Fähigkeit die zu einer Anordnung von Tatsachen ist, die mit den Werten und vor allem mit den kognitiven Modellen der Gesellschaft im Einklang sind, in der sie leben. Aber wie dann, fragt Sylvia Wynter, den Rassismus im Kern unserer Vorstellung vom Menschen verstehen, was ist die Rolle schwarzer intellektueller Frauen an der Universität, und wie lässt sich eine Abkehr von bestehenden Formen des Wissens denken?[102] In diesem Sinne müssen wir auch über das Leben der Kunst heute nachdenken: Wie über die Ordnung des Wertes der Kunst selbst hinausgehen, die diesen Wert eng an ihre Autonomie bindet, an eine eigentümliche Absonderung von der Welt. Die Künstler:innen sind gewiss keine Grammatiker:innen der Welt, und im Gegensatz zu vielen Intellektuellen sind sie nicht an der Ordnung der Welt interessiert; sie sind eher chaotische Ersinner:innen der Welt, und doch gilt dasselbe auch für sie: Sie können die Welt nur ersinnen, wenn sie die Geltung der bestehenden Welt

---

102 Sylvia Wynter spricht darüber in ihrem Vortrag „No Humans Involved“, den sie während der Proteste gegen die Freisprechung der Polizeibeamten im Fall Rodney King (2011) hielt. Der Titel bezieht sich auf die „N.H.I.“-Klassifikation, die vom Los Angeles Police Department als Bezeichnung für Übergriffe auf die Rechte armer, schwarzer Männer verwendet wird. Wenn Klassifikationen unser Verhalten und Denken bestimmen, was soll man dann von dieser Kategorie denken, selbst innerhalb der Geschichte der Moderne und ihrer Bildungssysteme? Woher kommt dieser Begriff des Menschen? Siehe: Sylvia Wynter, „No Humans Involved: An Open Letter to my Colleagues“, *Forum N.H.I., Knowledge for the 21st Century, Knowledge on Trial* 1/1, 1994, S. 55.

unterbrechen, und indem sie dies tun, überschreiten sie auch die Existenzweisen der Kunst. Aber das bedeutet keine Rückkehr zur avantgardistischen Rolle der Kunst: Die Ordnung der Welt zu überschreiten bedeutet keinen Bruch mit dieser, sondern genau das Gegenteil. Es impliziert ein Stricken von Zusammenhängen und verbindet sich mit der Entwicklung von Sensibilität, Sinnlichkeit, Einbildungskraft, Partialität und Affiziertheit, wodurch die mannigfaltigen Geschichten des Lebens in die Kunst Einlass finden, die Werte der Kunst tief erschüttert und der Kunst ihre eigenen Schutz- und Sicherheitsinstrumente entzogen werden. Wir können Guattaris Gedanken bezüglich der Dringlichkeit eines Schaffens von Werten daher noch eine weitere Qualität hinzufügen: die Dringlichkeit einer Schaffung von Sorgeverfahren. In diesem Zusammenhang ist es notwendig, über den Begriff der Sorge selbst nachzudenken, dessen ich mich bedienen kann, um eine solche Hinneigung der Kunst zum Leben zu beschreiben: die Linie, die Kunst und Leben verbindet. Das kann uns auch helfen, den Wert künstlerischen Schaffens anders zu denken sowie die wichtige Rolle, die diesem nicht nur bei der Heilung der Wunden und Folgen der Vergangenheit zukommen mag, sondern auch hinsichtlich der Heilkraft, die es im Zusammenhang einer kollektiven Imagination von Zukunft möglicherweise anzubieten vermag.

In diesem Kapitel situiere ich Sorge in der Verflechtung von Kunst und Leben, wobei ich Verflechtung nicht als Verwischen der Grenzen zwischen Kunst und Leben verstehe, was eine der Haupttendenzen der Kunst des 20. Jahrhunderts war. Seit der Wende vom 19. zum 20. Jahrhundert wurde diese Tendenz eng mit dem Projekt der Moderne verknüpft, mit der Emanzipation des Menschen und seiner Ausdruckskraft, mit Fortschrittsutopien und auch mit der Zelebrierung der Freiheit der Kunst und ihrer Universalität. In den historischen Avantgarden verflicht sich die Kunst mit Leben als eine Kraft moderner Zeitlichkeit, aber ihre progressive Zeitlichkeit erfährt einen radikalen Bruch und Sturz in den Abgrund nach den schrecklichen Kriegserfahrungen sowie der Befreiung von kolonialer Gewalt. Dem folgt eine Periode der Öffnung der Kunst für das Leben, der Demokratisierung ihrer Verfahren und der Verpflichtung der Kunst gegenüber dem Leben der Gegenwart. Dieses Verwischen der Grenzen zwischen Kunst und Leben bildet den Hintergrund für eine Vielzahl künstlerischer Verfahren, politischer Interventionen und heterogener Ausdrucksformen, vermischt sich aber andererseits stark mit der Kommodifizierung und Kapitalisierung von rebellischen und erfinderischen Formen des Alltagslebens. Wenn ich von einer Verflechtung von Kunst und Leben spreche, meine ich etwas anderes, nämlich ein schräges, vermengtes, verwickeltes Verhältnis zwischen den beiden, in dem das Leben in die Kunst als ethisches Problem eintritt; Kunst ist also in die Realität involviert, wodurch es zu einer Unterminierung ihrer Existenz kommt. Diese Art von Verhältnis ist nicht neu, es wird nicht von mir entdeckt, denn es war in der Kunst immer schon präsent; es blieb aber oft am Rand ihrer Autonomie hängen, dort, wo Kunst in Heilung, Therapie, Aktivismus, Magie, Rituale, Hilfe, Unterstützung, Berührung glitt. Mich interessiert eben dieses Gleiten, diese Schräge und Neigung, diese Verbindungen am Rande, nicht als ein neues Thema der Kunst, sondern als eine zentrale Qualität ihrer Existenz, als Teil ihres poetischen

Verhältnisses zur Welt. Es geht weniger um die Ausweitung von Kunst in eine Nichtkunst, sondern darum, dass dieses marginale Gleiten und Rutschen, diese Hinneigung zum Körper anderer, sich im Innersten dessen findet, wie Kunst unter uns allen überhaupt existiert. Wenn wir das Leben als materiell, körperlich und greifbar verstehen (über den Menschen hinaus), dann bleibt diese dynamische, veränderliche, unfixierbare und klebrige Materie des Lebens in der Kunst als ein ethisches Problem übrig. Das Gefühl von Stofflichkeit bildet den Mittelpunkt des ethischen Verhältnisses zur Welt und bringt seine poetische Erscheinung, seinen Wandel und die Transfiguration von Materialität und Formen hervor. Und die Stofflichkeit der Welt ist ethisch, weil sie von historischen Verläufen und Bewegungen geprägt ist, von den Stempeln von Ausbeutung und Transformation, von Auslöschungen und Enteignungen, von Leben und Aufbrüchen, von Geschichten des Sterbens und des Lebens, von den mannigfaltigen Verhältnissen zwischen dem Menschlichen und dem Mehr-als-Menschlichen.

Als ein Sinnbild für diese Verbindung kommt mir die Frauenfigur in den Sinn, die in einer Soloszene von Vera Mantero auftritt. In der Performance *Caldeirão Highlanders, exercises in fictional anthropology* (2012), in der die Künstlerin die Verwüstungen und Auslöschungen in der portugiesischen Landschaft Caldeirão durchreist, steht sie in der Schlussszene mit dem knorrigen braunen Stamm eines hohlen Baumes auf der Bühne. Während sie diesen mit ihren Händen fasst, sagt sie: „Eine Frau, die hinter einem Baum steht." Sie legt den Stamm auf ihren Körper, umarmt ihn und sagt: „Eine Frau, die hinter einem Baum steht und ihn in ihren Armen trägt." Sie geht mit dem Stamm umher und sagt:

„Eine Frau, die entscheidet, an welchem Ort ein Baum am besten eingepflanzt werden kann.“ Sie stellt den Baum auf den Kopf, hebt ihn einige Male in die Höhe und sagt: „Eine Frau, die Gewichtheberin und Försterin ist“, legt ihren Kopf in den hohlen Stamm und sagt: „Eine Frau, die durch einen Baum die andere Seite der Welt aufmerksam betrachtet“, legt den Kopf an den Stamm an ihrer Seite und sagt: „Eine Frau, die die Ketten der Erde an den Ketten eines Liedes befestigt hat“, legt den Stamm auf ihren Rücken, geht über die Bühne und sagt: „Eine Frau, die eine Last auf ihrem Rücken trägt“, schiebt die Hand in den hohlen Stamm, steht neben ihm und sagt: „Ein Frau, deren Hand einen tiefgreifenden Wandel durchgemacht hat“.[103] Die Verbindung zwischen Sprache, Körper und Baum stellt Verhältnisse her, die nicht nur Teil eines poetischen Spiels und der Macht der Bezeichnung sind, sondern auch Eintritt in eine Welt der Veränderungen von Materie und Formen ermöglichen, durch die sich kosmopolitische Artikulationen der Welt enthüllen. Vera Mantero sagt, dass dieser Teil der Performance dem Wissen gewidmet ist, das wir verloren haben, „dem Wissen über die Verbindung zwischen Körper und Seele (Geist), zwischen Kunst und Leben“[104]. Was haben wir also verloren und was möchten wir durch Sorge (wieder)finden, vielleicht auch erfinden? Die Kunst kann Formen der Vermengung eröffnen, in denen die poetisch-politische Macht aus der Nichtunterscheidung kommt, aus einer aktiven Vermengung mit der Welt. Die Kunst ist nicht deswegen mit

---

103 Vera Mantero, „The Caldeirão Highlanders: Exercises in Fictional Anthropology“, *O Rumo do Fumo*, 2012, https://www.orumodofumo.com/en/em-circulacao/the-caldeirao-highla_11.

104 Ebd.

dem Leben verbunden, weil sie dieses zu verbessern oder Gutes zu tun bestimmt ist, das ist nicht der Zweck der Sorge. Es geht um etwas anderes, das sich uns durch die Verhältnisse der Kunst enthüllen kann: Der Umstand, dass die Kunst es mit den Missständen dieser Welt zu tun hat, ist, so Michael Marder, ein Zeichen des Vegetativen in uns – und in dieser Welt gibt es keine ontologische Priorität des einen Wesens über das andere.[105]

Aber was ist Sorge eigentlich? Und wie lässt es sich im Zuge eines Zusammenbringens von Kunst und Sorge vermeiden, auf den zahlreichen vorgefertigten moralischen Bedeutungen, den emotionalen Untertönen und Färbungen auszurutschen, die mit der Sorge einhergehen? Ist es überhaupt möglich, über Sorge ohne diesen Unterton, ohne eine bestimmte Färbung zu schreiben und sie nicht immer schon vorab als etwas Gutes zu begreifen? Wie können wir die Bedeutungen von Sorge verschieben und sie aus dem Reich der Moral in eine politisch-ethische Praxis und Handlungsweise der Kunst übersiedeln? Und was sind die materiellen, greifbaren Konsequenzen einer solchen Sorgepraxis in der Kunst?

105 Michael Marder, „We Couldn't Care More", in: Joke Brouwer, Sjoerd van Tuinen (Hg.), *To Mind Is to Care*, Rotterdam: V_2, 2019, S. 158–173.

2. Was ist Sorge?

Wie ich im vorigen Kapitel erwähnt habe, sind künstlerische Milieus heute komplex und voll von inneren Widersprüchen. Aus diesem Grund taucht das Interesse an Sorge in Kunstzusammenhängen in unterschiedlichen Formen auf und verbindet sich mit vielen Werten und Absichten, wobei die Sorge eben deswegen, weil sie ein transversaler Begriff ist, vielfältige Bereiche künstlerischer Aktivität durchquert. Die Artikulationen von Sorge sind eng mit den Arbeitsbedingungen von Künstler:innen und den Existenzbedingungen künstlerischer Gemeinschaften verknüpft – und auch mit den Arbeits-, Schaffens- und Gemeinschaftsprozessen, über die Kunst in anderen Zusammenhängen Verbreitung findet.[106] Sorge kann in Kunstzusammenhängen schnell zu einem a priori optimistischen Wert werden, der künstlerische Gemeinschaften zusammenhält und Erleichterung schafft bezüglich der Prekarität künstlerischer Existenzen und Leben, die sich um künstlerische Gemeinschaften herum organisieren. Antonia Rohwetter hat zu diesem Thema eine Studie verfasst, in der sie Diskurse über Sorge, Prekarität und Verletzlichkeit am Beispiel der freien Szene in den darstellenden Künsten in Berlin analysierte. Sie untersucht darin, wie Sorge die existenzielle Seite der Prekarität, verbreitete Gefühle

---

106 Diese Art von Problem erinnert mich an die inflationäre Diskussion über Kollaboration in der Kunst, die vor zwei Jahrzehnten besonders in den darstellenden Künsten grassierte und innerhalb deren Kollaboration an einen positiven, optimistischen Wert gekoppelt wurde, obwohl sie sich eng mit neuen prekären Arbeits- und postfordistischen Organisationsweisen im Kunstfeld verknüpfte. Siehe dazu auch: Bojana Cvejić, „Kollektivität? Sie meinen Kooperation!", 2005, https://transversal.at/transversal/1204/cvejic/de.

von Verletzlichkeit, geteilte Emotionen und wiedererkennbare Lebensweisen an den Tag zu bringen erlaubt. Prekarität, schreibt Rohwetter in Anlehnung an Lauren Berlant, wird in der gegenwärtigen Situation nicht nur zu einem Genre, einer Sitcom (z. B. als Genre von Performances, die die eigene Prekarität thematisieren), sondern eine solche emotionale und erfahrungsbasierte Polarisierung von Prekarität verdeckt auch strukturelle Ungleichheiten und führt letztendlich zu einer Normalisierung dieses Gefühls durch die Wiedererkennung von Gemeinsamkeiten. „Aber noch bemerkenswerter ist, dass diese Unsicherheiten (vielleicht weil sie affektiv erfahren werden?) uns die materiellen Bedingungen übersehen lassen, die diese Unsicherheiten in sehr unterschiedlicher Weise regulieren."[107] In der Kunst finden wir also plötzlich heraus, dass wir ähnliche Arbeitsbedingungen teilen, obwohl wir einen unterschiedlichen ökonomischen Hintergrund haben, aber auch aus unterschiedlichen gesellschaftspolitischen Verhältnissen, geopolitischen Kontexten und privaten Verhältnissen kommen, und dies trägt zur Ausblendung von Machtdynamiken bei, die in der Normalisierung von Prekarität gleichwohl weiterexistieren. Auch Hierarchien werden aufrechterhalten: Selbst wenn uns Prekarität zusammenbringt, schreibt Rohwetter, werden dadurch nicht notwendig auch die Bedingungen verändert, unter denen wir arbeiten. Obwohl die Prekarität alle betrifft, ist sie dennoch nicht gleichmäßig verteilt. Prekäre Arbeitsweisen in der Kunst offenbaren beispielsweise auch die Schlüsselrolle leistungsfähiger (tüchtiger,

107 Antonia Rohwetter, *Prekär, verletzlich, in Beziehung: Optimistische Figuren relationaler Subjektivität*, Gießen: ATW Justus-Liebig-Universität, 2019, S. 25.

starker, gesunder) Subjektivitäten, die sich mit geopolitischen Privilegien (ständige Bewegungs- und Reisemöglichkeit) sowie mit geschlechtsspezifischen und persönlichen Ungleichheiten (bezüglich Mutterschaft, Alter, Geschlecht, Hautfarbe usw.) verbinden. Obwohl Prekarität in künstlerischen Gemeinschaften geteilt wird, verändert das nicht notwendig die Produktion und Bewertung der Arbeit von Künstler:innen, es bringt Machtverhältnisse nicht zum Verschwinden und beeinträchtigt nicht die in Kunststrukturen anzutreffenden Hierarchien. Dennoch ist es zugleich gerade die zugehörigkeitsbedingte Ausblendung materieller Bedingungen, welche die Widersprüche des Kapitalismus im Leben der Künstler:in weiter verschärft: Verbundenheit, Zugehörigkeit, Freundschaft, sich emotional aufeinander einzulassen, das alles sind Qualitäten, die der Arbeit der Kunst innewohnen und die auch eng mit den affektiven Verhältnissen verbunden sind, die von Institutionen und bestehenden Organisationsformen gefördert werden. Wir können daher erneut von den Effekten eines „Regierens durch Prekarisierung" sprechen, in dem die Immunisierung nicht die Lebensformen und Körper stärkt, sondern sie isoliert und ihre Kräfte durch abstrakte emotionale Werte erschöpft: Das Leben kann sich nicht gegen die Prozesse der biopolitischen Immunisierung wenden, aus ihnen heraustreten und die materiellen Bedingungen der eigenen Prekarität überschreiten.[108] Auf diese Weise kommt der Sorge in der Kunst keine Reziprozität zu, sie ermöglicht kein besseres Leben, keine bessere Gemeinschaft, auch wenn sie permanent auftritt, als füge sie künstlerischen

108 Isabell Lorey, „Gouvernementale Prekarisierung".

Gemeinschaften Wert hinzu. Sorge kann nur dann reziprok werden, wenn sie einige der Sockel untergräbt, auf denen die Kunst ruht, wie etwa Unabhängigkeit, Autonomie, Freiheit und Absonderung von der Welt, und somit ein anderes Leben der Kunst fordert; oft rückt die Kunst dabei selbst in den Bereich des Unsichtbaren und Marginalen, an Rand und Schwelle.

Zugleich wird Sorge auch zu einer der Formen, in denen sich Kunst einem Engagement und einer Einbettung in die Verhältnisse dieser Welt sowie der Einbeziehung anderer Stimmen und Körper öffnet. Da sich die kritische und interventionistische Position der Kunst in den letzten Jahrzehnten ziemlich erschöpft hat, indem sie zum Teil globaler Spektakel wurde und ihre Taktiken und Strategien auch auf der autoritären Seite des politischen Spektrums zu finden sind, kann Sorge eine andere Orientierung bieten: Die Kunst gibt sich als eingebunden, achtsam, aufmerksam zu erkennen. Aber diese Neuorientierung heilt die Wunden oft nur oberflächlich, beruhigt das Schuldgefühl und vermittelt ein Gefühl des Verflochtenseins, während sie zugleich die asymmetrischen institutionellen und geopolitischen Allianzen und Ökonomien aufrechtzuerhalten hilft, die mit historischen Privilegien und einer Reihe von Ungleichheiten und Ausschlüssen assoziiert sind. Obwohl es verständlich ist, dass die Krisen der gegenwärtigen Welt die Kunst nicht unberührt lassen, dass sie sich, einfach gesagt, um den Zustand der Welt sorgt, bedeutet dies doch nicht eine tatsächliche Veränderung ihrer eigenen Existenzweise, der Anhäufung und Beschleunigung von Projekten, der Rückführung von Wert auf individuelle Biografien, der Ökonomie makropolitischer Zirkulation, der Beschleunigung von Zeitlichkeit und projektbasierten Produktionsweisen usw. Sorge wird zu einem Mehrwert der Kunst als einer emotionalen, eingebundenen und engagierten Kraft, verschärft dabei aber weiter die Asymmetrien innerhalb und außerhalb der Kunst. Für die Kunst gilt, wie auch für andere Sorgeprojekte, feministische mit eingeschlossen, dass sie, wie Michelle Murphy schreibt, „voll von romantischen Versuchungen ist, durch die Handlungen, die sich gut anfühlen, von ihren geopolitischen Implikationen abgetrennt werden“[109].

Aber die Tatsache, dass Sorge sich als Begriff, Geste oder Praxis in vielen künstlerischen Kontexten, Ereignissen, Festivals, Ausstellungen sowie in vielen Werken von Künstler:innen artikuliert, lässt sich nicht ignorieren, auch wenn die Häufigkeit, mit der das Wort „Sorge“ im Kunstfeld ausgesprochen wird, besonders zur Zeit der Abfassung des vorliegenden Textes, in mir ein gewisses Angstgefühl und Unbehagen erweckt. Wie über Sorge schreiben, wenn der Begriff völlig ausgehöhlt, durchgekaut und mit vorgefertigten Intentionen aufgeblasen zu sein scheint, wie über Sorge in der Kunst nachdenken, wenn sie vielen Kunstakteur:innen auf der Zungenspitze liegt? Und warum hat ausgerechnet Sorge in der Kunst eine solche Inflation an Verwendungen und Absichten erlebt, was liegt dem zugrunde? Sorge ist ein Begriff, in den sich vieles eingeprägt hat, ein Begriff voller Gefühle und apriorischer Bedeutungen, weshalb etwa Justin Hogg einen Brief an die Sorge schreibt, um seinen Rückzug von ihr mitzuteilen. Wir müssen ihr abschwören, aufgrund einer Übersättigung einerseits, die mit

109 Michelle Murphy, „Unsettling Care: Troubling Transnational Itineraries of Care in Feminist Health Practices“, *Social Studies of Science* 1/21, 2015, S. 9.

dem Zusammenbruch von Sorgesystemen andererseits einhergeht.[110] Darja Zaviršek hat ein Buch mit dem Titel *Skrb kot nasilje* („Sorge als Gewalt") verfasst, in dem sie aus einer soziologischen Perspektive die Sorgediskurse ebenso analysiert wie ihre Einbettung in eine Gewalt gegen die Schwächsten sowie ihren Zusammenhang mit semilegalen Räumen, in denen Körper kontrolliert, diszipliniert und ausgeschlossen werden.[111] Und wenn dem so ist, wie lässt sich eine solche Analyse mit dem in Verbindung bringen, was in der Kunst geschieht? Geht es um eine Frage künstlerischer Naivität oder ist es notwendig, diese Nachfrage der Kunst, diese Neuorientierung ernst zu nehmen? Dieses Problem ist auch in der feministischen Geschichte und der Weise, wie in ihr der Sorgebegriff gedacht wird, ständig präsent, muss sie sich doch stets mit den bestehenden Wertungen und Entwertungen von Sorge sowie mit dem permanenten Unbehagen an den eigenen Belebungen des Sorgebegriffs auseinandersetzen. Diese sind, so Michelle Murphy, „nicht einfach nur politisch, ökonomisch und komplizitär, und zugleich auch nicht einfach nur reparativ, oppositionell oder besser"[112]. Zugleich sind wir, wenn wir über Sorge nachdenken, nie unschuldig, sondern immer schon in Verhältnisse eingebunden. Sorge ist kein neutraler Begriff, und eben damit befassen sich feministische und queere Analysen rassistischer Ausbeutung und sozialer Ungleichheit; aber trotz aller Schwierigkeiten mit ihr kann Sorge schlicht nicht vorenthalten werden. Wie also über das Verhältnis zwischen Kunst und Leben

---

110 Justin Hogg, „Resignation Letter to Care", in: Rebecca Jagoe & Sharon Kivland (Hg.), *On Care*, London: Ma Bibliothèque, 2020.

111 Darja Zaviršek, *Skrb kot nasilje*, Ljubljana: Založba /*cf., 2018.

112 Murphy, „Unsettling care", S. 8.

nachdenken mithilfe dieses Begriffs, der so ambivalent, so widersprüchlich, emotional so aufgeladen ist? Dieses Problem verschärft sich noch weiter durch den Umstand, dass wir, wie Michael Marder schreibt, in einer Welt unendlicher Sorgemöglichkeiten leben, aber auch in einer Welt, der es an Wirklichkeit der Sorge fehlt. Anders gesagt, wir leben in einer Welt, die sich in einer Krise der Nachhaltigkeit des Lebens befindet, welcher andererseits eine Sorgekrise gegenübersteht: daher auch die Notwendigkeit, auf die eine oder andere Weise, auch emotional und durch Einbindung, andere Formen des Zusammenlebens zu erfinden.[113]

Aber was ist Sorge eigentlich? Das Wort Sorge hat unterschiedliche historische Genealogien, die auch seine zahlreichen emotionalen, moralischen und sozialen Bedeutungen geprägt haben. Das lateinische Wort *cura*, von dem sich auch viele deutsche Begriffe ableiten, verweist uns etymologisch auf eine etwas engere Bedeutung, die sich mit Aufmerksamkeit, Verantwortlichkeit verbindet, aber auch mit Heilung, mit einem Verhältnis zu einer Person oder einer Sache, die in Not ist oder unter Schmerzen leidet. Erst später gesellte sich die Bedeutung von Sorge als Angst und Unruhe hinzu, also als ein inneres Gefühl – wodurch die moralischen Bedeutungen von Sorge, speziell in der westlichen kulturellen Tradition, ebenso stark geprägt werden wie deren Verhältnis zu Seelenzuständen wie Trauer und Melancholie. Zugleich wurde dieser Begriff aber von allem Anfang an auch mit sozialen, geschlechtlichen und körperlichen Beziehungen verbunden, wovon in der antiken Kulturtradition die alte Geschichte von Xanthippe das schönste

113 Michael Marder, „We Couldn't Care More".

Zeugnis ablegt. Xanthippe konnte bekanntermaßen die Entscheidung ihres Mannes Sokrates, in Ruhe zu sterben, nicht hinnehmen; sie lamentiert und schimpft, beklagt sich über ihren Mann und dessen Entscheidung, und sie tut dies auch aus tiefer Sorge. Im Slowenischen haben wir ein interessantes Wort, das als Ausdruck für eine müßige Sorge dient, nämlich *jamranje* (engl. *to whine* und dem deutschen „jammern" verwandt); es ist oft geschlechtlich gefärbt und wird vor allem feminisierten Stimmen zugeschrieben, im Sinne einer stereotyp gegenderten Unterscheidung zwischen dem Ausdruck femininer Affekte und einer beherrschteren maskulinen Rationalität. Xanthippe ist mit ihrer Sorge unfähig, die alltägliche Existenz zu transzendieren, im Gegensatz zu ihrem Mann, der von den Kräften des Geistes, der Politik und der Ewigkeit geleitet wird, was natürlich auch auf die Misogynie verweist, die in der Herausbildung dieser Begriffe und ihrer affektiven Geschichte am Werk ist. Aber diese Geschichte kann, wie die Autorinnen des Sammelbandes *Ökologien der Sorge* schreiben, auch anders gelesen werden, besonders wenn wir die pejorativen Konnotationen entfernen.[114] Auch wenn sich Xanthippes Sorge ins Private zurückzieht, in den häuslichen *oikos*, weigert sie sich doch zugleich, eine solche Trennung zwischen Politik und Hausgemeinschaft, zwischen Sokrates' Schweigen und ihrer Stimme, zwischen Licht und Dunkelheit zuzulassen. Tatsächlich soll Xanthippes Jammern nämlich von solcher Heftigkeit gewesen sein, dass es Regen herbeiführte.[115] Ihr Jammern

114 Tobias Bärtsch et al. (Hg.), *Ökologien der Sorge.*

115 Diogenes Laertius, *Leben und Meinungen berühmter Philosophen*, Hamburg: Felix Meiner Verlag, 1967.

hat somit weitreichendere, kosmopolitische Implikationen, die sich in atmosphärischen Veränderungen ausdrücken und somit in Wahrheit über die politische Entscheidung ihres Mannes hinausreichen.

Die zweite historische Genealogie verläuft über die doppelte Bedeutung von Sorge, die sich als Unterschied zwischen *besorgt sein* und *für jemand oder etwas sorgen* beschreiben lässt, dem zufolge Sorge ein inneres Gefühl oder aber das Ergebnis sorgender Handlungen sein kann, in die wir verwickelt sind.[116] Einerseits sind da die Sorgen, die uns niederdrücken, quälende Sorgen, Sorgen als Teil von Gram und Ängsten, die sich mit Trauer, Leiden und Schmerz verbinden; die Sorgen, die uns buchstäblich auf der Brust liegen und die mit den Gefühlen und Dämonen der Angst verknüpft sind. Das Motiv dieser schweren, finsteren Sorge ist in der europäischen Kulturgeschichte sehr präsent, auch in Verbindung mit den ersten Beschreibungen melancholischer Zustände (*acedia*); es gehört zur Innerlichkeit menschlichen Daseins und nimmt zugleich breitere existenzielle Dimensionen an. Das englische Wort *care* hat ursprünglich dieses ängstliche Gefühl beschrieben und diese Bedeutung von Sorge findet sich auch im Wörterbuch an erster Stelle, als „suffering of mind“.[117] Andererseits gibt es auch eine weniger metaphysische Geschichte der Sorge, die mit harter Arbeit und einem schwierigen Leben verknüpft ist, insbesondere mit dem Leben und Überleben in der Landwirtschaft. Sorge durchläuft hier sehr unterschiedliche Bedeutungen – von der Quälerei bis zur Tugend – und wird erneut

116 Siehe dazu auch: „Ökologien der Sorge: Vorwort“, S. 11.

117 Merriam-Webster Online Dictionary, https://www.merriam-webster.com/dictionary/care.

mit metaphysischen und moralischen Bewertungen verbunden, die sich im Deutschen etwa in der semantischen Nähe zwischen „Fleiß" und „Sorgfalt" ausdrückt.

Vor allem in der spätgriechischen und in der römischen Geschichte lässt sich in Diskussionen über Ethik noch ein weiterer Begriff von Sorge verfolgen, der gegenwärtigen Artikulationen und Debatten über Sorge sehr viel näher ist, besonders hinsichtlich der Prekarität des künstlerischen Lebens. Sorge ist in dieser Tradition eng mit intellektuellen Eigenschaften verbunden, mit Verstand, Gedächtnis, gutem Urteilsvermögen und ethischer Lebensführung. Über diesen Sorgebegriff reflektiert Michel Foucault, wenn er über die antike philosophische Praxis der „Sorge um sich" *(souci de soi)* schreibt. Die Sorge wird Teil der Praxis einer Subjektwerdung, des Vermögens des Subjekts, für sich zu sorgen und Selbsttechnologien zu entwickeln, durch die es sich als politisches und ethisches Wesen formen und etablieren kann. Foucault definiert Selbstsorge also als Teil von Technologien des Selbst, „die es dem Einzelnen ermöglichen, aus eigener Kraft oder mit Hilfe anderer eine Reihe von Operationen an seinem Körper oder seiner Seele, seinem Denken, seinem Verhalten und seiner Existenzweise vorzunehmen, mit dem Ziel, sich so zu verändern, dass er einen gewissen Zustand des Glücks, der Reinheit, der Weisheit, der Vollkommenheit oder der Unsterblichkeit erlangt."[118] Die Sorge

118 Technologien des Selbst werden als Teil der Art und Weise definiert, wie wir uns selbst verstehen; diese inkludiert auch Technologien der Produktion, Technologien von Zeichensystemen und Technologien der Macht. Siehe Michel Foucault, „Technologien des Selbst", übers. v. Michael Bischoff, in: *Schriften. Dits et Ecrits*, Bd. 4, Frankfurt am Main: Suhrkamp, 2005, S. 968.

um sich beschreibt mithin die absichtsvollen und freiwilligen Handlungen, mit denen sich Menschen nicht nur Verhaltensregeln auferlegen, sondern auch Veränderung erstreben, sowohl in ihrem singulären Dasein als auch in der Hervorbringung ihres eigenen Lebens als Werk (*œuvre*). Es handelt sich um Sorgepraxen, die allgemein verbreitet und Teil des öffentlichen Lebens sind und durch die wir durch Anwendung der entsprechenden Technologien und Strategien uns selbst und unsere öffentliche Rolle gestalten können. Mit der Sorge um sich entwirft Foucault eine alternative Theorie der Subjektivität, die den Akzent auf aktive und technologische Dimensionen der Selbstkonstituierung wie auch auf deren soziale und diskursive Aspekte legt. Er zeigt auf, wie das Individuum nicht nur durch unbewusste ideologische Muster und das Zusammenspiel von Symbolen geformt wird, sondern diese alltäglichen Praktiken und Handlungen vielmehr ein integraler Bestandteil dessen sind, was wir denken und fühlen. Foucault untersucht die Sorge um sich in einem spezifischen historischen Zeitraum, der Zeit des Übergangs zwischen spätantiker Subjektivität und dem frühen Christentum, und zeigt, wie sich Subjektivitäten durch Selbsttechnologien konstituieren, die über symbolische Systeme hinausgehen, sich ihrer zugleich aber auch bedienen. Des Weiteren stellt er Zusammenhänge her zwischen den Technologien des Selbst, die in vorchristlicher Zeit am Werk waren, und den Subjekten der Spätmoderne, besonders hinsichtlich der Frage, wie die Lockerung strenger Regeln bezüglich Sexualität, Moral und Alltagsleben in der Spätmoderne die Möglichkeit von Freiheit eröffnet sowie andere Herausforderungen der Formierung von Subjekten und ihrer Kultur. Die Sorge um sich ist Teil der außerordentlich wichtigen Unterscheidung zwischen Befreiungspraxen und Freiheitspraxen, die Foucault mit Blick auf die Dekolonisationsprozesse und die gesellschaftlichen Revolutionen im Westen herausstreicht. Es genügt laut Foucault nicht, uns zu befreien, wir müssen auch Freiheitspraxen entwickeln. Gewaltförmige Systeme hinter uns zu lassen funktioniert nicht, wenn wir nicht – durch Freiheitspraxen – kontinuierlich die neuen Formen der Macht in Frage stellen, die sich aus Befreiungsbewegungen entwickelt haben.[119] Es geht nicht nur um eine Verherrlichung der Befreiungspraxen (die seitens der weitverbreiteten Kommerzialisierung von Befreiungsbewegungen Ende der 1960er-Jahre sehr schnell vereinnahmt wurden), sondern um eine permanente Politisierung, eine Radikalisierung von Lust und Sorge.

Im Mittelpunkt des Begriffs der Sorge um sich steht bei Foucault das souveräne Subjekt, das durch die Technologien des Selbst in die ethischen Verhältnisse der Welt eingebettet ist. Die Sorge um sich ist Teil seiner Souveränität, der Art und Weise, wie es sich durch die Technologien des Selbst konstituiert. „Sich als Subjekt zu konstituieren, das regiert, impliziert, dass man sich als ein Subjekt konstituiert hat, das sich um sich selbst sorgt."[120] Aber ein Subjekt kann nur souverän sein, weil es bereits als freies Subjekt vorausgesetzt wird. Foucault schreibt über Technologien, die überwiegend von freien männlichen Denkern, Politikern und Intellektuellen in der Antike verwendet wurden. Im Hintergrund dieser

---

119 Michel Foucault, „Die Ethik der Sorge um sich als Praxis der Freiheit" (Gespräch mit H. Becker, R. Fornet-Betancourt, A. Gómez-Müller), übers. v. Hermann Kocyba, in: *Schriften. Dits et Ecrits*, Bd. 4, S. 877.

120 Ebd., S. 892.

sichtbaren Sorge um sich existiert eine beständige Arbeit und ein Rauschen der Sorge, eine unsichtbare Sorgedimension, die irgendwo zwischen Herd und Garten situiert ist, in der Arbeit von Frauen und auch in antiker Sklavenarbeit; mithin eine Sorge als Rauschen im Hintergrund, die laut Puig de la Bellacasa „mit der materiellen Fortführung des Lebens untrennbar verbunden" ist.[121] Zugleich erfuhr die Praxis der Sorge um sich in den letzten Jahrzehnten einige wichtige Veränderungen, nicht zuletzt eine, die von entscheidender Bedeutung ist: Wie Ahmed schreibt, ist Selbstsorge zu einem Teil der Techniken geworden, durch die Subjekte heute regiert werden; es geht dabei nicht bloß um eine Kommodifizierung der Sorge, sondern darum, dass diese Technologie der Selbstformung den Kern des Regierens durch Unsicherheit, Verletzlichkeit und existenzielle Instabilität bildet.[122] Strukturelle Ungleichheiten, Asymmetrien und Missverhältnisse können auf diese Weise Teil der Verantwortlichkeit von Individuen werden, und indem wir für uns selbst sorgen, können wir an jenem allgemeinen Schuldgefühl einer Subjektivität partizipieren, die nie gut genug ist. Indem wir für uns selbst sorgen, erhalten wir die Folgen eines Regierens durch Unsicherheit aufrecht und bestärken uns darin, noch produktiver sein zu müssen (treiben mehr Sport, meditieren mehr, laden uns mehr Stress auf), wobei wir die Schuld an unserem schlechten psychischen und körperlichen Zustand oft dem Subjekt zuschreiben, während die strukturellen Gründe ausgeblendet werden, die sich eng mit

121 Maria Puig de la Bellacasa, *Matters of Care. Speculative Ethics in More Than Human Worlds*, Minneapolis, London: University of Minnesota Press, 2017, S. 155.

122 Ahmed, „Selfcare as Warfare".

den Beschleunigungen, die der Wert von Arbeit erfährt, mit der Zerstörung von Gemeinschaftsformen sowie mit finanzieller Verschuldung verbinden. Selbstsorge ist so zu einer kommerziellen Technik geworden und ein Widerstand dagegen ist nur möglich, wenn wir die Sorge wieder dort verorten, wo sie hingehört, nämlich in einer ununterbrochenen Sorgelinie, die viel mehr impliziert als die Technologien des Selbst, auch wenn sie diese mit einschließt. Abgelöst vom Selbst gehört sie zu kollektiven Handlungsweisen und Kämpfen um ein Überleben, auf menschlicher und mehr-als-menschlicher Ebene. In diesem Sinne wird Selbstsorge zu einem enorm wichtigen politischen und ethischen Angelpunkt, der sich, besonders wenn wir ihn auf die Erhaltung des Lebens beziehen (und ungeachtet aller kommerziellen und neoliberalen Vereinnahmungen), in eine spezifische Form des Kampfes verwandelt. Das ist es genau, worauf Audre Lorde in ihren Schriften und ihrem Aktivismus hinweist, wenn sie einen Zusammenhang herstellt zwischen der Erfahrung ihres Kampfes gegen den Krebs und der Erfahrung mit Rassismus, der wie eine Krankheit einen Angriff auf den Körper und auf Formen des Lebens darstellt. Selbstsorge verbindet sich in dieser Perspektive mit ganz anderen Einsätzen, sie konstituiert sich auch als Forderung nach einer Problematisierung und einem Bruch mit der asymmetrischen Verteilung körperlicher Verletzlichkeiten, die Teil des rassistischen Kapitalismus und seiner kolonialen Geschichte sind – und auch Teil moderner Kämpfe um die Befreiung von Sexualität, Geschlecht und Körper. In dieser Perspektive wird die Sorge um sich zu einer Notwendigkeit des Kampfes, und nicht der Selbstverhätschelung oder Selbstoptimierung, Selbstsorge ist notwendig, weil niemand für dich sorgt; man muss für sich sorgen, schreibt Sara Ahmed, weil „das eigene Dasein nicht Gegenstand von Sorge ist, nicht unterstützt, geschützt wird“[123]. Durch die Sorge um sich können sich andere Gemeinschaften herausbilden, in denen Sorge stets sichtbar gemacht und politisiert wird. Diese Politisierung lässt die Sorge um sich in einem anderen Licht erscheinen, insofern die Ethik des Praktizierens von Freiheit die Sorge für andere mit einschließt – oder mit anderen Worten: Die Ethik der Sorge schließt Verhältnisse zu anderen mit ein, und nur so kann sie eine öffentliche und politische Dimension annehmen. Puig de la Bellacasa erweitert in ihrem Buch zur Ethik der Sorge, die den Kern ihrer Forderung nach einer alternativen Biopolitik bildet, Foucaults Ansatz bezüglich der Sorge um sich und unterzieht diesen einer ökofeministischen Lektüre, wenn sie von Ethik als sozialer Praxis, als einer lebendigen Technologie mit materiellen Implikationen in menschlichen und mehr-als-menschlichen Ontologien schreibt. Sorgetechnologien stehen somit nicht nur in einem Verhältnis zu Selbst und Selbstformung, sondern müssen als Technologien des Lebens mit Konsequenzen für andere Lebewesen und Umwelten verstanden werden. In diesem Sinne unterhalten feministische Herangehensweisen an Sorge ein Näheverhältnis zu indigenen Sorgekonzepten, insbesondere hinsichtlich der Selbstverpflichtung gegenüber dem Menschlichen und Mehr-als-Menschlichen.

123 Ebd.

3. Feministische Kämpfe: Sorge ist kein Wesensmerkmal

In der europäischen Geschichte wurde Sorge als etwas Schweres aufgefasst. Sorge ist eine Bürde, sie ist mit Depression und Schmerz assoziiert, verbindet sich mit einem inneren Angstgefühl oder auch mit Angst bezüglich des Schmerzes und Leids anderer. Sie verknüpft sich auch mit beschwerlicher und gegenderter Arbeit, was in der Entwertung und Wahrnehmung von Sorgearbeit noch heute eine Rolle spielt. Andererseits stellt die Sorge ein ethisches und politisches Problem dar, das sich durch das Aufkommen von Kapitalismus und Neoliberalismus, durch die Enteignungen, mit denen sie operieren, weiter verschärft, weil es zu einem Kampf zwischen individualisierten, normativen Sorgekonzeptionen und der Öffnung von Sorge im Sinne einer tagtäglichen, kontinuierlichen Praxis kommt, welche Teil der Relationalität des Lebens ist. Oder wie Puig de la Bellacasa schreibt: „In der Sorge erschafft ein Ethos seine Ethik, und nicht umgekehrt."[124] Gerade durch feministische politische, theoretische und künstlerische Interventionen wurden Begriff und Praxis der Sorge über die traditionellen Motive von Gram, Bedrücktheit und Schmerz sowie auch über einen Begriff von Sorge als Tugend und disziplinierte Arbeit hinaus ausgeweitet, gegenläufig zu den in der europäischen Kulturgeschichte vorherrschenden Motiven. So findet sich der Sorgebegriff von einer Reihe moralischer Bedeutungen und Bestimmungen gelöst, die vor allem vor dem Hintergrund theologischer und

124 Das Ethos der Sorge wird also nicht durch Ethik bestimmt, es gibt keine vorbestimmten Normen und Regeln. Siehe: Puig de la Bellacasa, *Matters of Care*, S. 156.

metaphysischer Auffassungen des menschlichen Lebens entstanden sind, und die Sorge rückt in den Mittelpunkt des sozialen Lebens. Zugleich wird der Sorgebegriff auch von den Verkoppelungen zwischen Sorge und Subjekt gelöst (wie sie sich etwa bei Foucault finden, wenn er die Sorge um sich als eine der Artikulationen von Selbsttechnologien bestimmt). Der Fokus liegt auf dem tagtäglichen Geschehen und seiner Korrelation mit Formen der Existenz (nicht nur zwischen Menschen, sondern auch zwischen Mensch und Umwelt, Tieren, Pflanzen usw.). Die Herausgeber:innen des Sammelbandes *Ökologien der Sorge* beschreiben einen solchen Bereich der Mitte, in dem Sorge eine entscheidende Schicht bildet, folgendermaßen: „In der Mitte des Sozialen rumort es stetig, eine Unruhe, die uns tagtäglich trägt. Fortwährend wird da gekocht, was die Umgebung ernährt; unbeirrt und nachhaltig erarbeitet, was hindurchtanzt; im Dunkeln erschaffen, was hier und da leuchtet und sorglos sich regt."[125] Die Sorge findet unsichtbar und im Hintergrund immerzu statt, wird aber augenblicklich sichtbar, wenn sie verschwindet. „[D]ie Sorge ist nicht leicht zu finden, aber sie ist auch eine ununterbrochene Linie, deren Unterbrechung unvorstellbar ist."[126] Sorge ist hier Teil der grundlegenden Relationalität des Lebens, zugleich aber auch Teil der Arbeit, der Praxis, der Prozeduren, innerhalb deren die Lebens- und Daseinsprozesse stattfinden, sie ist eine kontinuierliche, wenn auch oft unsichtbare materielle Praxis. Es ist dieses Rauschen inmitten des Sozialen, das bei den feministischen Aktivistinnen und Autorinnen der frühen 1970er-Jahre ein

125 „Ökologien der Sorge: Vorwort", S. 10.
126 Ebd.

lautes Echo fand, begleitet von Forderungen nach einer Abkehr vom Häuslichen und der Rolle als Hausfrau, Forderungen, die etwa in der Bewegung „Lohn für Hausarbeit" erklangen und Sorge mit Streik in Verbindung brachten, also mit der unmöglichen Unterbrechung von Sorge.[127] Diese Forderungen läuteten nicht nur Kämpfe im Bereich der sozialen Reproduktion ein, sondern auch den Eintritt der sozialen Reproduktion und ihres Wertes in Analysen und Reflexionen, die der Funktionsweise des Kapitalismus galten. Die frühen 1970er-Jahre leiteten dergestalt im feministischen Denken eine wichtige kritische Reflexion über die Produktion von Wert im Kapitalismus ein, die Karl Marx in seiner politisch-ökonomischen Analyse außer Acht gelassen hatte. Feministisch-marxistische Theoretikerinnen wie Mariarosa Dalla Costa, Silvia Federici und Maria Mies zeigen, wie die von Frauen geleistete Reproduktionsarbeit (Hausarbeit, Liebe, Sexualität, Sorge, Erziehung) einer der Schlüsselfaktoren in der kapitalistischen Wertproduktion ist, jedoch in kapitalistischen Formen der Arbeitsorganisation ebenso übersehen wurden wie in kritischen Analysen dieser Formen. Die Art von Arbeit, die soziale Reproduktion darstellt, bleibt ohne Sichtbarkeit und Wert und ist folglich zutiefst in patriarchale Macht- und

---

127 Die Internationale Kampagne für Lohn für Hausarbeit (The International Wages for Housework Campaign – IWFHC) ist eine feministische Bewegung und Kampagne des Internationalen Feministischen Kollektivs, das sich Anfang der 1970er-Jahre um die Forderung nach Anerkennung der unterschiedlichen Formen von Arbeit organisierte, die von Frauen geleistet wird, insbesondere im Haushalt. Zu seinen bekannteren Mitgliedern zählten Silvia Federici und Mariarosa Dalla Costa. Siehe dazu: Louise Toupin, *Le Salaire au travail ménager. Chronique d'une lutte féministe internationale (1972–1977)*, Montréal: Éditions du remue-ménage, 2014.

Herrschaftsverhältnisse eingebettet; ihre Unsichtbarkeit selbst ist eng mit der Entwicklung kapitalistischer Akkumulation verbunden. Darüber hinaus sind, wie Silvia Federici zeigt, ihre Unsichtbarkeit sowie ihr Mangel an Wert und Würde teils auch eine Folge sozialer und politischer Verschiebungen, die der Entstehung des modernen Kapitalismus vorausgingen: Verschiebungen wie die Enteignung und Privatisierung der Allmenden, des Wissens und Könnens von Frauen, die parallel zur Verfolgung von Frauen in den Hexenprozessen in Europa und in der Frühphase der modernen Kolonisation stattfanden.[128] Dies ist einer der Gründe, warum der Kampf um Kontrolle über die soziale Reproduktion, durch den der Körper ins Zentrum gerückt wird, eine Möglichkeit bietet, sich zu kapitalistischen Formen der Aneignung und Enteignung zu verhalten. Im Vorwort zu *Ökologien der Sorge* argumentieren die Autor:innen, dass wir eine neues, erweitertes Verständnis der Beziehung zwischen Ökologie und Sorge brauchen, in dessen Zentrum

> Konzepte und Praxen [stehen], die instituierend, poetisch, anarchisch, streikend, invasiv, queer, transversal nach anderen Formen eines nachhaltigen Zusammenlebens suchen. Statt dies aber in jenseitigen Gefilden oder Utopien zu tun, verweisen Ökologien der Sorge ins Hier und Jetzt. Sie betreffen eine ausgedehnte Gegenwart, ein Werden, das fraglos weder der Träume noch der Wünsche ermangeln soll. Diese werden tagtäglich (re) produziert – nicht zuletzt durch Sorgearbeit.[129]

---

128 Silvia Federici, *Caliban und die Hexe*, Wien: Mandelbaum, 2012. Siehe auch: Silvia Federici, *Revolution at Point Zero. Housework, Reproduction, and Feminist Struggle*, Oakland, Brooklyn NY: PM Press, 2012.

129 „Ökologien der Sorge: Vorwort", S. 10.

Im Zusammenhang mit diesem Rauschen lässt sich auch an eine Verknüpfung von Sorge und Kunst denken, zumal sich Letztere nicht nur mit der existenziellen Erfahrung von Verletzlichkeit verbindet, die uns eint, sondern auch aus komplexen sozialen Verhältnissen sowie aus asymmetrischen und doch gemeinsamen Existenzbedingungen hervorgeht; Kunst ist somit eine jener Erfindungskräfte, durch welche die Sichtbarkeit und Politisierung der Sorge gestärkt werden, zugleich aber auch ihre eigene Existenzweise fundamentale Veränderungen erfährt.

Die ökofeministische Philosophin Chris Cuomo beschäftigt sich mit der Ethik der Sorge insbesondere im Zusammenhang gesteigerter Interessen an Fragen der Umwelt, der Welt um uns herum. Wenn wir Sorge aus einer feministischen Perspektive denken, dann sollten wir nicht vergessen, dass feministische Analysen gerade auf die Infragestellung der automatischen Verknüpfung von Sorge und Frauen zielen. Sorge a priori der Tätigkeit von Frauen zuzuschreiben ist auch eine Ursache von Herrschaft und somit Teil von Gewaltsystemen, die Sorge vernachlässigen.[130] Aus diesem Grund erweist sich Sorge paradoxerweise als ein kontinuierliches Rauschen im Hintergrund, und dieses Rauschen wird vernehmbar nur durch eine scharfe Kritik jener allzu simplistischen und essenzialistischen Rahmungen von Sorge, die Unterschiede zwischen Körpern untermauern, Geschlechterdifferenzen und mit diesen verknüpfte Formen von Arbeit verfestigen sowie geopolitisch und ökonomisch situierte Netzwerke von Abhängigkeit und Co-Abhängigkeit errichten. Deshalb

130 Siehe dazu: Zaviršek, *Skrb kot nasilje.*

kann eine unkritische Idealisierung von Sorge im Rahmen des erhöhten gegenwärtigen Interesses an ihr rasch eine unkritische Vorstellung von feminisierten Qualitäten verstärken und Sorge zugleich in eine Frage von Optimierung und Verbesserung verwandeln, sie allein als mit Verpflichtungen einhergehende individuelle Qualität darstellen (was durch die heutige Selbstsorge als neue Form des Regierens über Subjekte besonders akzentuiert wird). Dadurch werden die politischen, körperlichen und gegenderten Unterschiede und Situierungen ausradiert, die von entscheidender Bedeutung sind, wenn wir über Sorge diskutieren wollen. „Die Bedeutung und ethische Relevanz von Handlungen der Sorge und des Mitgefühls werden durch ihre Kontexte und ihre Objekte bestimmt"[131]; die Sorge ist eine relationale Aktivität, aber ihre Aktualisierung ist stets spezifisch. Aus dieser Perspektive, so führt Cuomo weiter aus, gilt es anzuerkennen, dass es auch Situationen gibt, in denen wir Sorgetätigkeiten vorsätzlich aufgeben müssen, nicht nur weil es gut ist, andere sein zu lassen (beispielsweise ist es für viele ökologische Relationen notwendig, dass sie sich ohne Menschen entwickeln können), sondern auch deswegen, weil dadurch die Verbindungen mit den Formen gelöst werden, in denen Sorge den immergleichen Gemeinschaften zugemessen wird.[132]

Auf diese Schwierigkeit stießen bereits marxistisch-feministische Theoretikerinnen, als sie die soziale Reproduktion analytisch und politisch im Zentrum kapitalistischer Produktionsweisen verorteten und damit die

131 Chris Cuomo, *Feminism and Ecological Communities: An Ethics of Flourishing*, New York: Routledge, 1997, S. 130.

132 Ebd.

Unsichtbarkeit der Sorgearbeit aufzeigten. Es geht hier eigentlich um zwei Probleme, die aber miteinander verknüpft sind und die heute in besonders starkem Maße die geopolitischen Ordnungen des Lebens zwischen globalem Norden und globalem Süden prägen. Ungeachtet der äußerst wichtigen Verschiebung, die durch marxistisch-feministische Analysen erreicht wurde, wies Angela Davis in ihrer Arbeit über die Haus- und Reproduktionsarbeit schwarzer Frauen bereits Mitte der 1980er-Jahre auf die Asymmetrien und Situierungsdifferenzen hin, die an den Tag treten, wenn die „Lohn für Hausarbeit"-Bewegung aus der Position schwarzer Frauen und vor dem Hintergrund der Geschichte der Sklaverei erörtert wird.[133] Davis schreibt von den erheblichen Unterschieden zwischen weißen und schwarzen Frauen im Bereich der Reproduktion. Weil Sklaverei ein System ist, das die soziale Reproduktion anders konfiguriert, wurde es schwarzen Sklavinnen oft nicht einmal erlaubt, zu reproduzieren, ihnen wurde das Recht auf Mutterschaft, Leben und Fortpflanzung verweigert, während sie zugleich zu Reproduktionsarbeit gezwungen wurden. In der Geschichte schwarzer Frauen begegnen wir daher einer langen Geschichte der Hausarbeit, einer Geschichte der sichtbaren, jedoch vollkommen entwerteten Reproduktionsarbeit als Arbeit in Versklavung oder äußerst schlecht bezahlte Lohnarbeit (mit Zügen von Sklaverei), die sich heute in der Arbeit zahlreicher Migrantinnen aus dem globalen Süden fortsetzt. Davis lenkt die Aufmerksamkeit damit auf die beträchtlichen

---

133 Angela Davis, „Women, Race and Class. The Approaching Obsolescence of Housework: A Working-Class Perspective", in: *The Women Press*, 1982, https://www.marxists.org/subject/women/authors/davis-angela/housework.htm.

Differenzen, die im Reproduktionsbereich zwischen schwarzen und weißen Frauen existieren, auf den Umstand, dass Reproduktion im Kapitalismus für weiße und schwarze Frauen unterschiedlich organisiert ist. Es ist in diesem Zusammenhang auch interessant, dass sich diese Debatte über soziale Reproduktion, Frauenemanzipation und Privatsphäre, die Teil der feministischen Bewegung in den 1970er- und 1980er-Jahren war, mit den Veränderungen in der kapitalistischen Produktionsweise überschneidet, die durch die Beschäftigung von Frauen neue Formen kognitiver, emotionaler und affektiver Arbeit hervorbrachten und somit den Sorgebegriff in die Formen der kapitalistischen Arbeit einführten. Diese Verschiebungen führen zugleich auch zu einer zunehmenden Professionalisierung der Sorge, aber auch zu ihrer Vernachlässigung, wird sie doch zusehends zu einer Arbeit, die sozial niedrig eingestuft wird, schlecht bezahlt und entwertet ist. Noch heute ist das gemeine Image von Sorge, besonders in der Mittel- und Oberschicht, das einer schlechten, schmutzigen und beschwerlichen Arbeit, und dieses Image wird vorrangig durch Idealisierungen dieser Arbeit abgemildert oder aber durch die Unsichtbarkeit, in die sie verbannt wird. Das ist nicht die Art von Arbeit, die emanzipierte Frauen auf sich nehmen werden, und dennoch ist es eine Tatsache, dass wir Sorge brauchen, so schwierig es ist, sich das einzugestehen im Leben eines modernen Menschen (in unserem Wunsch nach Unabhängigkeit und Selbstständigkeit). Die Ströme der Sorge haben heute ihren Ort im Kern geopolitischer Verhältnisse, sie strukturieren die globalen Verkettungen gesundheitsbezogener und humanitärer Hilfsleistungen, die ökonomischen Interdependenzen zwischen Menschenleben und auch ihre politische und soziale Ordnung. In einem Essay, der vor zwei Jahrzehnten entstand, als die Mitglieder des Kollektivs Precarias a la deriva die prekären Leben von Migrantinnen und Arbeiterinnen in Spanien untersuchten, wird die Sorgekrise beschrieben, die der globale Norden als Folge der Entwicklung des Neoliberalismus, emotionaler und affektiver kapitalistischer Arbeitsweisen sowie der Privatisierung öffentlicher Dienste erlebte, eine Entwicklung, die Hand in Hand geht mit feministischen Bewegungen in der weißen Mittelklasse und der zunehmenden Beschäftigung von Frauen, mit demografischen Veränderungen im Westen usw.[134] Zur selben Zeit erlebten zwei Drittel des Planeten bzw., wie die Precarias a la deriva sagen, der globale Süden eine Krise bezüglich der Möglichkeiten, das Leben aufrechtzuerhalten, eine Krise, die sich als Krise der sozialen Reproduktion beschreiben lässt, der Weiterführung und Erhaltung des Lebens und seiner Umwelten. Globaler Norden und globaler Süden sind, wie bereits bemerkt, keine geografischen Bezeichnungen, denn man kann den globalen Süden auch im Norden und den globalen Norden auch im Süden finden. Dennoch ist die Verwendung einer solchen Unterscheidung hilfreich, weil sie die unterschiedlichen Ströme von Handlungsmacht im modernen kolonialen Kapitalismus herausstreicht, der ein sowohl räumliches als auch zeitliches Regime ist.[135] Im globalen Norden dauern also die Prozesse der

---

134 Precarias a la deriva, „Globalisierte Sorge", übers. v. Michael Grieder, in: *Ökologien der Sorge*, S. 96–125.

135 Mignolo, *The Darker Side of Western Modernity*, 2011. Siehe dazu auch die folgende Studie in slowenischer Sprache, die sich auf die von Anibal Quijano entwickelte und von Mignolo weiterentwickelte Analyse der kolonialen Machtmatrix stützt: Jovita Pristovšek, *Strukturni rasizem, teorija in oblast*, Ljubljana: Sophia, 2019.

Kapitalisierung und Professionalisierung von Sorge an, während zugleich Arbeitskräfte aus dem globalen Süden benötigt werden, sofern die Prozesse des Lebens weitergehen sollen. Der globale Süden stellt dem globalen Norden Sorgearbeit zur Verfügung, doch dies geschieht vor allem auch auf Kosten eines Zerfallens eigener Lebensformen (wenn etwa Migrantinnen ihre eigenen Kinder zurücklassen, um im Norden Hausarbeit zu verrichten und auf Kinder aufzupassen, wenn ausbeuterische und schlecht bezahlte Formen von Sorgearbeit arme Menschen größtenteils migrantischer Herkunft treffen, die oft kriminalisiert werden, usw.). Es entsteht eine neue Hierarchie zwischen Frauen, die globale affektive Verkettungen hervorbringt und sich als eine Spaltung zwischen emanzipierten weißen Frauen und prekären Sorgearbeiterinnen beschreiben lässt, zwischen verschiedenen Formen der Sorgearbeit, die auf ganz und gar unterschiedliche Weise bewertet und strukturiert werden. Daran lässt sich erneut ersehen, wie Sorge in Wirklichkeit nicht isoliert von ihrer Situiertheit und von den Verhältnissen, in denen Sorge stattfindet, betrachtet werden kann. Insbesondere ihre Assoziierung mit Moral und (guten) Gefühlen sowie ihre Verallgemeinerung (wir sind alle verletzlich) und ein flexibler metaphorischer Begriffsgebrauch (etwa die Beschreibung jeglicher Relationalität als Sorge) führen zu einer Verdunkelung von Ungleichheits-, Hierarchie- und Machtverhältnissen. Feministische Analysen – insbesondere im Westen – waren nicht unempfänglich dafür, Unterschiede in der Situiertheit von Sorge zu übersehen, besonders dort, wo Sorge allzu rasch an Affekte geknüpft wird, die sich mit guten Gefühlen, der Sorge um sich selbst und dem Aufbau der eigenen

Subjektivität verbinden, oder auch dort, wo es zu allzu starken metaphorischen Verallgemeinerungen kommt und darüber die Notwendigkeit außer Acht gelassen wird, Sorge quer zu den Spaltungen zu verstehen, die auf ökonomischen, sozialen und klassenbasierten Unterschieden beruhen. Michelle Murphy beispielsweise stellt solche Unterschiede in der Art und Weise fest, wie feministische Aktivistinnen im Westen sich mit reproduktiver Gesundheit auseinandergesetzt haben, wie sie subversive Sorgepraktiken entdeckten, durch die andere klinische Räume geschaffen werden konnten, welche eine Neufassung von Wahrnehmungen bezüglich der eigenen Geschlechtlichkeit sowie reproduktiver Gesundheit erlaubten. Sie beschreibt die Geschichte von Selbsthilfegruppen (zur Durchführung von Selbstuntersuchungen, Pap-Testen usw.) und den Beitrag zur reproduktiven Gesundheit, den diese Praxen im Westen geleistet haben, indem sie Wege zu einer engagierteren Teilnahme von Frauen an medizinischen und wissenschaftlichen Prozeduren öffneten. Dies ist eine reiche und signifikante Geschichte der feministischen Bewegung, um eine Selbsthilfe herum organisiert, die, wie Murphy schreibt, „vermittels des epistemischen Werts verkörperter Wissensproduktion eine gemeinsame Ausrichtung der Mitwirkenden innerhalb eines kollektiven Projekts der freudvollen Knüpfung von Beziehungen bewirkte, dabei aber die strukturellen historischen Elemente überging, die verschiedene Machtordnungen in diese Praxis einbrachten“[136]. Murphy beschreibt aber auch, wie die Generalisierung dieser Kämpfe zugleich eine bevormundende und hierarchische Einstellung

136 Murphy, „Unsettling care“, S. 4.

gegenüber Frauen in anderen Kontexten hervorbrachte und es verabsäumte, sich mit den infrastrukturellen Unterschieden in ärmeren Ländern auseinanderzusetzen, die ungleiche und hierarchische Verhältnisse zu Reproduktionsrechten und dem Leben von Frauen schufen. Zugleich wurde Sorge als Form des Empowerments von Frauen aus ärmeren Ländern bestimmt, in dem das globale humanitäre Kapital eine wichtige Rolle spielt, dessen Interventionen zugunsten einer Ermächtigung von Frauen die Ursachen für die Krise der Nachhaltigkeit des Lebens oft überdecken.[137] Während Sorge also einen Beitrag zu stärkerer Verkörperung und Inklusion leisten kann, gilt es doch andererseits auch, sie zu erschüttern und aus den Angeln zu heben. Dies ist Teil des materialistisch-feministischen Zugangs zur Frage der Sorge: Er macht das Rauschen der Sorge vernehmbar, aber so, dass diese vorgefasster Definitionen entledigt wird, die oft geschlechtlich und körperlich geprägt sind. Diese Erschütterung des Sorgebegriffs, die den schwierigen Charakter der Sorge, als Gewalt, als eine Form von Macht, offenlegt, und diese Arbeit am Unbehagen im Verhältnis zur Sorge sind es, die im Zentrum ihrer Erfindung stehen. Ärgernisse mit der Sorge stehen im Zentrum der poetischen, anarchischen und rebellischen Suchen nach anderen Formen von nachhaltigem Leben und Gemeinschaft.

Letztlich lässt sich dies auch innerhalb der geopolitischen Sorgeverhältnisse beobachten. Obwohl etwa die Precarias a la deriva über die Spaltung zwischen emanzipierten Frauen und prekären Arbeiterinnen geschrieben haben, trifft es doch auch zu, dass die geopolitische

137 Ebd.

Sorgekrise und die Krise bezüglich des Weiterbestands des Lebens im letzten Jahrzehnt eine neue Dimension angenommen haben, die auch den Boden für neue Formen der Solidarität bildet. Mit der konservativen Konterrevolution wird die Sorgekrise in vielen Zusammenhängen auf dem Rücken von Frauen gelöst, die in ihre traditionellen Rollen zurückgedrängt werden, deren reproduktive Arbeit kontrolliert und unsichtbar gemacht wird (und andererseits glorifiziert wird durch Bevölkerungspolitiken, die auf Geschlechterdifferenz usw. basieren).[138] Durch Bevölkerungspolitiken, populistische Nationalismen, Kampagnen gegen Abtreibung sowie die Disziplinierung des Frauenkörpers wie auch des transsexuellen und queeren Körpers wird der feminisierte Körper mithin als der Stoff in den Vordergrund gerückt, der eine Wiederherstellung stabilerer und normativerer gesellschaftlicher Umgebungen möglich mache, wodurch die aktuelle Sorgekrise überwunden werden könne. Durch eben diesen Druck aber werden Differenzen zwischen Frauen weiter kriminalisiert, rassisiert und verstärkt, und es kommt zu einer weiteren Verschärfung geopolitischer Unterschiede zwischen Körpern und Milieus. Neue Solidaritätsformen sind in eben jenen Erfindungen von Sorgetätigkeiten am Werk, die aufweisen, dass die aktuelle Krise an ihrer Wurzel zu packen ist: nämlich mit Blick auf die brutalen Formen von Enteignung, Akkumulation und einer Zerstörung von Lebensformen, die in der Aussicht auf Gewinnmaximierung und die Bereicherung eines Prozents der Weltbevölkerung unaufhörlich und sogar gewaltsam

138 Siehe Gago, *Für eine feministische Internationale*, besonders das Kapitel „Gegenangriff: Das Gespenst des Feminismus“, S. 245–269.

die Interdependenznetze auslöschen, die zwischen Menschen ebenso bestehen wie zwischen Mensch und Umwelt. Während diese Krise feminisierte Körper auf sehr unterschiedliche Weise affiziert, verbindet sie diese doch zugleich aufgrund der Notwendigkeit einer Artikulierung von politischen Lebens- und Überlebenspraxen; sie verbindet sie durch kosmopolitische Dimensionen hindurch, die einen Widerhall der Sorge erzeugen und die Relationalität des Lebens sichtbar machen – Regen bringend, die Erde aufweichend und vielleicht andere Möglichkeiten des Überlebens eröffnend, wie es Xanthippes lautstarke Sorge tat.

4. Rauschen im Hintergrund: Ökologien der Sorge

In jüngeren Jahrzehnten wurden viele philosophische, theoretische und künstlerische Versuche unternommen, den Begriff des Lebens zu denken, ohne das menschliche Leben ins Zentrum zu stellen, Versuche, die Aufmerksamkeit auf die Materie des Lebens und dessen multiple Dimensionen zu lenken. Wir finden Formen einer solchen Transzendierung der Zentralität menschlichen Lebens in posthumanistischen Theorien und in Theorien des Neuen Materialismus, in der Objektorientierten Ontologie, in einer neuen Hermeneutik der Umwelt und in der Phänomenologie, und diese Strömungen haben auf viele Entwicklungen in der Kunst Einfluss genommen – von Erkundungen der Performativität von Materie im Theater und im Tanz über Untersuchungen zum Status des Objekts in der bildenden Kunst und in der Performance bis hin zur Ausdehnung künstlerischer Experimente in neue Formen von Biosphären und Atmosphären hinein. Ansätze des Neuen Materialismus finden sich auch in der feministischen Philosophie, doch – und das ist entscheidend – bedeutet diese Verschiebung keineswegs einen Verlust des Interesses an den Fragen von Geschlechterdifferenz, von sexueller und rassistischer Gewalt, von Ungleichheit und unterschiedlichen materiellen Lebensbedingungen, sondern vielmehr eine weitere Intensivierung dieser Fragestellungen. So zeigen ökofeministische Philosophinnen (Haraway, Lowenhaupt Tsing, Puig de la Bellacasa, Myers, Kirby, Alaimo und andere) auf, wie patriarchale, rassistische Gewalt gegen das Leben im Zusammenhang mit der Zerstörung und Ausbeutung der Umwelt gedacht werden muss. Dieses Ineinandergreifen einer feministischen Praxis der Dezentrierung des Menschen, die sich aus feministischen ontologischen Herangehensweisen an das Leben als interdependent, verflochten, prekär und verletzlich (Butler) ableitet, mit einer Intensivierung der Analyse von Ausbeutung, Enteignung und Erschöpfung der Lebenskraft (Gago) ist ein markantes Schlüsselcharakteristikum und eine Besonderheit gegenwärtiger feministischer Analysen. Darin liegt die Kraft zu einer Überwindung der epistemologischen und ethischen Kategorien der Moderne sowie (mitunter in Manier einer Science Fiction, die nichts anderes als eine neue Epistemologie ist) eines Zusammendenkens von möglichen Lebensformen mit den Problemen dieser Welt in Überschreitung bestehender Kategorien. Auf diese Weise gewinnen wir einen neuen und anderen Einblick in toxische, technonaturale, interdependente Atmosphären und Umwelten und entwickeln gemeinsam zugleich politisch-ethische Werkzeuge, mit deren Hilfe ein anderes Leben und ein anderes Imaginieren der Koexistenz unserer komplizierten und interdependenten Leben möglich wird. Feministischer Praxis ist es um das Praktische, Politische und Poetische ebenso zu tun wie um das Klinische und Theoretische. Aber all dies geschieht in situierter Weise, ohne Ausnahme. „Wissen und Denken sind unvorstellbar ohne die Vielzahl von Relationen, welche die Welten möglich machen, mit denen wir denken“[139], schreibt Puig de la Bellacasa. Um diesen Gedanken auf das Leben der Kunst anzuwenden: Es gibt kein Leben der Kunst ohne die Vielzahl von Relationen, welche die Welten möglich machen, mit denen

139 Puig de la Bellacasa, *Matters of Care*, S. 69.

wir schöpferisch tätig sind. Und diese Relationen sind nicht abstrakt, sondern körperlich, materiell und tief in die Verhältnisse der gegenwärtigen Welt eingebettet.

Es ist genau diese Verschiebung, die auch den Weisen zugrunde liegt, wie die Kunst auf die Sphäre der Sorge zugleitet, die im letzten Jahrzehnt als einer der zentralen Begriffe aufgetreten ist, um den sich das politische Interesse der Kunst und ihre Haltung zum Leben konstituierte. Die Nähe von Kunst und Sorge kann als eine Folge der zahlreichen Krisen gelesen werden, die sowohl auf der globalen, makropolitischen Ebene als auch auf der Ebene des tagtäglichen, ja intimen Lebens stattfinden, wobei all diese Ebenen zugleich von der Krise des Körpers und der Materie durchzogen werden. Ökologische Krisen, das Verschwinden von Spezies und ganzen Habitaten, Migration, struktureller Rassismus sowie die Verschärfung patriarchaler Gewalt sind untrennbare Teile der Akkumulation des modernen Kapitalismus. Puig de la Bellacasa schreibt von der kolonialen, ökosuizidalen, kapitalozentrischen Herrschaftslogik der Moderne, in der patriarchale, rassistische Gewalt mit Umweltausbeutung Hand in Hand geht und in deren Zentrum die Materie des Lebens selbst steht. Zugleich verbinden sich diese Krisen mit den vielerorts anzutreffenden populistischen und autoritären politischen Verschiebungen, dem Liebäugeln mit verschiedenen Formen des Faschismus und Nationalismus, aber auch der effektiven Auslöschung von Solidaritäten und Formen des sozialen Zusammenlebens (und selbst von Erinnerungen an diese), vermittels deren autoritär orientierte Allianzen zwischen kapitalistischer Akkumulation und populistischen Kräften etabliert werden. Diese Allianzen sind genau deswegen auf dem Vormarsch, weil sie die patriarchale, koloniale und ökosuizidale Ordnung stärken und die Machtverhältnisse neu einrichten will, die angesichts der gegenwärtigen Krisen des Lebens erodiert sind.

Aber die weitreichenden Folgen dieser Krisen müssen auch auf der mikropolitischen Ebene beachtet werden, die hier zentral ist, wenn wir über Sorge und ihre Rolle in der Kunst nachdenken wollen: also darüber, wie sich Leben und Kunst durch die Linien der Sorge verflechten. Es geht dabei nicht um eine Berücksichtigung der Art und Weise, wie sich jede makropolitische Krise in der Mikroumwelt abbildet oder umgekehrt, es geht also nicht um eine Frage des Maßstabs, wie ich bereits im ersten Teil dieses Buches festgestellt habe. Es geht vielmehr um ein entscheidendes Geschehen, das im Körper wie auch in der Materie, in singulären Formen des Lebens und Materie-Werdens am Werk ist und das viele politische und soziale Verschiebungen transversal durchzieht. Wir können dieses Geschehen verstehen, wenn wir uns eingehender mit der Frage beschäftigen, wovon heute wirkliche Bedrohungen für autoritäre, populistische und kapitalozentrische Bewegungen ausgehen. Feministische Bewegungen sind sicherlich Teil solcher Bedrohungen, und indem wir verstehen, wie sie heute zu einer Bedrohung werden, können wir auch über die Stärkung ihrer politischen Kraft nachdenken. Feministische Bewegungen sind hier in einem breiteren Sinn zu verstehen, als Bewegungen, die sich um feminisierte Körper herum organisieren, als queere und Transbewegungen, als Bewegungen um die Unbestimmtheit und Unabgeschlossenheit des Körpers herum, die sich auf Eingebettetsein und Vielfalt gründen. Es ist eine der wichtigsten Veränderungen im Verständnis des Feminismus, die in jüngeren Jahrzehnten stattgefunden hat, indem der Körper und die mit ihm verbundenen Kämpfe über binäre Auffassungen von Geschlechtlichkeit hinaus ausgeweitet und die Zusammenhänge zwischen Geschlecht, Patriarchat und moderner Kolonialgeschichte offengelegt wurden. Verónica Gago schreibt vom Gegenangriff reaktionärer Kräfte, der heute als eine Reaktion auf feministische Bewegungen vor sich geht, von einem Ordnungsruf, dessen „Aggressivität [...] sich in Relation zur Wahrnehmung der Bedrohung messen [lässt], auf die er reagiert“[140]. Der Feminismus ist für Gago eine konstituierende, grundlegende Bewegung, und Angriffe auf ihn sind eine Gegenreaktion, durch die der Feminismus zu einem neuen „inneren Feind“ wird, „der die familiäre, geschlechtliche, moralische und politische Ordnung gefährdet“[141]. Aber was bildet wirklich den Kern dieser Bedrohung durch den Feminismus, was an ihm ist so gefährlich? Im Zentrum steht das Leben des Körpers, oder genauer: die Verflechtung des Körpers mit der Welt, die sowohl spirituell als auch materiell ist. Der Feminismus, schreibt Gago, entzieht „Körper nicht ihrer Unbestimmtheit, ihres Nichtwissens, ihrer verkörperten Träume, ihrer dunklen Handlungsmacht“[142]. Der Körper mobilisiert demnach auch spirituelle Kräfte, und er tut dies durch sein Begehren, seine erotischen Schwärme, seine Sehnsüchte, die über die autorisierten Grenzen hinausgehen; und mit dieser spirituellen Kraft untergräbt er die Allianz zwischen patriarchalen und kolonialen Ordnungen. Zugleich wird das Leben des Körpers aber auch in seiner materiellen, stofflichen

---

140 Gago, *Für eine feministische Internationale*, S. 245.
141 Ebd.
142 Ebd., S. 258.

Verflechtung angegriffen, was sich als Verschärfung der Krise sozialer Reproduktion beschreiben lässt oder, wie die Precarias a la deriva schreiben, als Verschärfung der Krise der Nachhaltigkeit des Lebens. Soziale Reproduktion ist durch die Enteignung von Grund und Boden, die Ausbeutung natürlicher Ressourcen, den Klimawandel, politische und kapitalistische Gewalt, Kriege usw. für viele Körper außerordentlich schwierig geworden, und viele Leben, besonders die Leben feminisierter Körper, sind mit der Vertiefung der Krise sozialer Reproduktion untrennbar verbunden. Eines der fundamentalen Merkmale des gegenwärtigen Neoliberalismus bildet laut Gago

> die Verschärfung der Krise der gesellschaftlichen Reproduktion, die durch eine Ausweitung feminisierter Arbeit aufrechterhalten wird, die die öffentliche Infrastruktur ersetzt und in Dynamiken der Superausbeutung verwickelt ist. Die Privatisierung öffentlicher Dienstleistungen bzw. die Beschränkung ihres Umfangs führt dazu, dass solche Aufgaben (ob in Verbindung mit Gesundheit, Sorge, Nahrungsmitteln oder anderem) durch Frauen und feminisierte Körper als nichtentlohnte und obligatorische Aufgaben aufgefüllt werden müssen.[143]

Dies bedeutet andererseits auch, dass konservative Kräfte die gesellschaftliche Reproduktionskrise ausnutzen, um über bestimmte Körper und ihr Verhalten zu moralisieren (etwa im Zusammenhang mit dem Verbot von Abtreibung, Bevölkerungspolitiken, die sich um geschlechtliche Arbeitsteilung und die Rückkehr zur Rolle der Frau in der Familie organisieren,

143 Ebd., S. 263.

Reproduktionsbiotechnologien, Frauengesundheit, Kriminalisierung von Migrantinnen usw.). Neue ökonomische Ausbeutungsformen sind eng mit dem Konservatismus und solchen moralisierenden Gegenangriffen verschmolzen. Womit wir es also zu tun haben, ist eine hochexplosive Koppelung von normativen Moralvorstellungen und hierarchisch-patriarchalen Machtmodellen. Diese sind mit bestimmten Wirtschaftspolitiken und der Förderung von kapitalistischer Produktion und Profit verknüpft, wobei sie ihre Kraft eben aus der Zerstörung der Nachhaltigkeit des Lebens und einem Vorantreiben der Krise sozialer Reproduktion ziehen. Es geht also um einen Kampf um politische Legitimität, um den Versuch, Macht über Frauen und andere feminisierte Körper zu erlangen, indem eine ökonomische, profitorientierte Zerstörung eben jener grundlegenden Verbindungen zwischen Körpern und Umwelt, Wissen und Organisationsformen verfolgt wird, die Formen der Nachhaltigkeit sowie Verflechtungen mit anderen Lebensformen zu unterstützen versuchen. Dieser Kampf um die politische Legitimität des Kapitalismus wird im tagtäglichen Leben ausgetragen, in jenem Raum, der, wie Gago sagt, seitens feministischer Bewegungen stets hinterfragt wurde, weil jeglicher politische Gehorsam gerade auf mikropolitischer Ebene geformt wird. Feminismus wird also zur Bedrohung eben deshalb, weil er es uns erlaubt, nichtfaschistische soziale Reproduktionsprozesse freizulegen, während er sich zugleich der politischen Legitimität des Neoliberalismus und der kapitalistischen Produktion widersetzt, deren Kern die Krise der Nachhaltigkeit des Lebens bildet. Ich spreche von nichtfaschistischen Diagnosen deswegen, weil der Feminismus in seiner Auseinandersetzung mit der Krise nicht versucht, Leben auszuschließen oder die Unabgeschlossenheit von Körpern zu beeinträchtigen, weil er die Zukunft in Interdependenz und Verflechtung denkt. Aus eben diesem Grund tritt ins Zentrum gegenwärtiger Kulturkämpfe der andere Körper – feminisiert, queer, monströs, im Zwischen verortet, krank, unangepasst, müde, depressiv, aber auch partial, schwer zu fassen, erotisch und magisch –, wie wir heute an den zahlreichen Kriminalisierungen von Kunstwerken und Künstler:innen beobachten können, in denen politische Mobilisierungen und Kräfte oft ihren Ausgangspunkt finden. Konflikt findet eigentlich auf der Ebene der Existenz von körperlichen und materiellen Singularitäten statt: in der Berührung, dem Kontakt, der Nähe zwischen Körpern, als Konflikt zwischen den Positionen und Rollen von Körpern, im Fleisch und Stoff der Körper. Deshalb ist es kein Zufall, dass die Formen politischer Herrschaft sich gerade über neue Verteilungen und Bewertungen des Körperschutzes reorganisieren, durch die Etablierung einer Unterscheidung zwischen schutzwürdigen und schutzunwürdigen Körpern (in dieser Perspektive werden gegenwärtig etwa die politischen Verhältnisse in Europa eingerichtet).

Aber wie die Geschichte des Feminismus zeigt, ist es auch möglich, die Krise der Nachhaltigkeit des Lebens nichtfaschistisch zu leben und aus dieser Krise heraus neue Verbindungen und Weiterführungsformen des Lebens zu erfinden. Der Feminismus zielt zugleich auf einen Bruch mit dominanten Formen eines modernen, patriarchalen und kolonialen Verständnisses von Wert und einer Hierarchie zwischen verschiedenen Leben, und auch auf einen Bruch mit der modernen Fortschrittsillusion, in deren Namen viele Körper ausgeschlossen und ausgelöscht wurden. Nur so lassen sich Solidaritäten zwischen den vielfältigen, sehr unterschiedlich affizierten Körpern und Umwelten herstellen, denn der Feminismus macht, wie Gago sagt, etwas sichtbar, was nicht immer klar ist: Kein Körper existiert ohne Territorium. Alle Körper sind situiert, es gibt keine isolierten Territorien, und jeder Körper ist ein Körper-Territorium und existiert folglich in Koexistenz mit anderen.[144]

Das ist nicht nur eine Frage der nachhaltigen Abhängigkeit von menschlichen Körpern, sondern es geht um eine komplett andere Art und Weise, über die Netze des Lebens nachzudenken, die sowohl menschliche als auch mehr-als-menschliche Körper und Materialitäten mit einschließen. Die Krise der Nachhaltigkeit des Lebens gibt auch Anlass zu einer alternativen Biopolitik, die sich Maria Puig de la Bellacasa zufolge auf ein anderes Verständnis von Biomacht bezieht. „Der Fokus liegt hier nicht so sehr auf den Subjekten von sogenanntem ethischem Handeln und entsprechenden Entscheidungsfindungen, sondern darauf, wie ein Ethos durch Beziehungen und Tätigkeitsweisen gehegt und gefördert wird."[145] Puig de la Bellacasas Zugang zu einer Analyse der Biopolitik verdankt sich der Perspektive der Permakulturethik, was es ihr ermöglicht, den sturen Fokus der Biopolitik auf den humanistisch geprägten und individualisierten Körper zu problematisieren, dem zufolge die Selbsterhaltung unseres individuellen Lebens in vorderster Reihe steht. Im Zentrum dieser Art von Konzeptualisierung steht Foucaults Begriff der Sorge um sich, der – obwohl die Sorge hier auch einen öffentlichen

---

144 Ebd., S. 97–100.

145 Puig de la Bellacasa, *Matters of Care*, S. 166.

Charakter besitzt – doch auf das Selbst als Mittelpunkt eines ethischen Lebens konzentriert bleibt, was in gegenwärtigen Anwendungen von Selbstsorge in einen gegen das Gemeinschaftliche gewendeten Imperativ umgewandelt wird. Der alternative Begriff der Biopolitik leitet sich Puig de la Bellacasa zufolge nicht aus der Sorge um sich ab, stellt aber auch nicht die Sorge um andere der Selbstsorge voran; er situiert Sorge vielmehr in Praxen, durch die Netze von Relationalität aufrechterhalten werden, wobei die Sorge immer irgendwo dazwischen stattfindet. Auf diese Weise wird auch die Bedeutung des Ethischen auf die Gesamtheit der Situation ausgeweitet, „auf die Handlungsweisen sowie die materiellen und praktischen Dimensionen, die sich mit den Prozessen des Sorgens verbinden“[146]. In dieser alterbiopolitischen Perspektive öffnet eine nichtfaschistische Ermittlung der sozialen Reproduktionskrise den Weg zu anderen Erfindungen des Lebens, die jedoch weniger originell sind als vielmehr in Wirklichkeit eng verbunden mit bereits existierendem verkörpertem Wissen. Diese Formen des Wissens verknüpfen sich ihrerseits eng mit den Leben, die in Kontexten der kolonialen Moderne ausgelöscht wurden, mit den Lebensformen, die der Siegeszug des Kapitalismus zerschlagen hat; und tatsächlich ist es manchmal nur notwendig, erst einmal zuhören zu lernen. Auf diese Weise befreit auch Kunst die Krise von den negativen Bedeutungen, die oft den Kern autoritärer und konservativer Bewegungen bilden, und ebenso von den apokalyptischen Fantasien vom Ende der Welt und traditioneller Werte, die es in solchen Krisen zu schützen gelte. Zahlreiche

146 Ebd.

Forschungsarbeiten und Interventionen innerhalb der feministischen Epistemologie und Soziologie ebenso wie Studien über Mutterschaft, Familie, Medizin und Kulturgeschichte zeigen, wie komplex die Ethik der Sorge ist, wobei die Reflexion über den Wert und ontologischen Status der Sorge stets mit der Untersuchung verschiedener Formen der Sorgearbeit sowie ihrer politischen und ökonomischen Organisation verwoben wird. Sorge wird daher von negativen Definitionen, die sie häufig mit Leid in Verbindung bringen, ebenso abgelöst wie von dem Trugschluss, wonach Sorge schon in sich von guten Gefühlen erfüllt und mithin eine angenehme Emotion sei. Puig de la Bellacasa stellt in den Mittelpunkt der feministischen Ethik eine Sorgedefinition, die sie für allgemein gültig erachtet, die aber zugleich auch die politischen, sozialen und kulturellen Implikationen unseres Handelns erfasst. Es handelt sich um die Definition, mit der Joan Tronto und Berenice Fisher die Rolle der Sorge in der feministischen Ethik und Politik bestimmen. Diese Definition lässt sich auch als zentrale Achse ansonsten stark divergierender Debatten über Sorge verstehen. Tronto und Fisher zufolge „schließt Sorge alles mit ein, was wir tun, um unsere ‚Welt' zu erhalten, weiterzuführen und zu reparieren, sodass wir in ihr so *gut* wie möglich leben können. Diese Welt beinhaltet unsere Körper, uns selbst und unsere Umwelt, die wir alle in einem komplexen, lebenserhaltenden Netz miteinander zu verweben suchen."[147] Diese Definition, die Tronto in ihrem Buch *Moral Boundaries* weiter ausarbeitet, unterscheidet sich stark von den

147 Joan C. Tronto u. Berenice Fisher „Toward a Feminist Theory of Caring", in: E. Abel u. M. Nelson, *Circles of Care*, SUNY Press, 1990, S. 36–54.

Bedeutungen, die sich in der europäischen Kulturgeschichte der Sorge finden, und flieht doch nicht die Schwierigkeiten, die wir mit der Sorge haben.[148] Vor allem wirft sie Licht auf eine andere politische, materielle und körperliche Geschichte, die von einer tiefreichenden Interdependenz mit der Welt geprägt ist, unter Einschluss eines tiefen Affiziertseins angesichts der Gewalt und der Unhaltbarkeit der Verhältnisse dieser Welt, wodurch – und das ist entscheidend – es möglich wird, immer sehr unterschiedliche Modalitäten von Sorge (Denken, Handeln, Gefühl, Körper, Praxis, Arbeit) zu erfassen und in ihrem Zusammenhang zu betrachten. In diesem Sinne, schreibt Puig de la Bellacasa, „bezieht eine Politik der Sorge viel mehr als eine moralische Einstellung mit ein; sie beinhaltet affektive, ethische und handfeste Handlungsweisen, die materielle und praktische Konsequenzen haben“[149]. Im Mittelpunkt eines solchen Handelns steht die Interdependenz, in der sowohl Menschen als auch viele andere Lebewesen und Dinge existieren. Und Interdependenz ist auch die Grundlage für die Arbeit gesellschaftlicher Reproduktion, die durch die Geschichte hindurch geleistet wurde, oft unsichtbar und vor allem von Frauen. Sorge ist nicht bloß ein existenzieller Zustand, sondern eine Praxis des Lebens und Arbeitens, und diese Sorgepraxis wird nur umso dringlicher in der Welt, in der wir heute leben und in der ökologische Interdependenzsysteme buchstäblich vor unseren Augen zerstört werden – zuallermeist im Namen des modernen Strebens nach

---

148 Joan C. Tronto, *Moral Boundaries: A Political Argument for an Ethic of Care*, New York: Routledge, 1993, S. 103.

149 Puig de la Bellacasa, *Matters of Care*, S. 4.

Fortschritt und Unabhängigkeit. Es geht hier nicht um eine Glorifizierung von Abhängigkeit als moralische Kategorie und absoluter Wert, denn Abhängigkeit kann, wenn sie zum Teil einer Ideologie der Sorge wird, auch gewaltvoll oder jedenfalls zutiefst problematisch sein, wie im Bereich der Critical Disability Studies, durch politische Forderungen nach Autonomie und Emanzipation sowie nicht zuletzt auch durch feministische Forderungen nach Kontrolle über soziale Reproduktion deutlich aufgezeigt wird. Feministische Interventionen und Analysen zeigen, dass Abhängigkeit und Autonomie in der Praxis der Sorge keine Gegensätze sind, dass sich ihr Verhältnis zueinander vielmehr dynamisch verändert und reartikuliert, und zwar je nach Zeit und Raum, Körper, Situiertheit und den materiellen Existenzbedingungen, wobei die Interdependenz, die unserem Sein zugrunde liegt, auch Trennung und Distanz bedeuten kann, wenn das erforderlich ist. „In der Sorge geht es nicht um Verschmelzung; es kann in ihr um die richtige Distanz gehen."[150] Als Beispiel für ein solches Verständnis von Interdependenz, in dem Autonomie und Abhängigkeit keine apriorischen Werte an sich sind, beschreibt Puig de la Bellacasa den sorgenden Umgang mit Boden und Erde, der sich in verschiedenen permakulturellen Modellen der Gartenpflege und in permakulturellen Nahrungsketten findet. Die Qualität der Sorge besteht gerade in einer asymmetrischen Reziprozität, auch wenn populäre Auffassungen von Sorge eine Beziehung von einem Pol zum anderen in den Vordergrund stellen, ein Bild des Austausches zwischen der Person, die sorgt, und der Person, die Gegenstand der

---

150 Ebd., S. 5.

Sorge ist (insbesondere verbreitet im Bild der Beziehung zwischen Eltern und Kindern). Puig de la Bellacasa argumentiert, dass die Situation sich oft anders darstellt: Diejenigen, die sorgen, werden oft von anderen umsorgt, die Reziprozität der Sorge ist mithin asymmetrisch und multilateral, kollektiv geteilt. Es geht um dieses Eingebettetsein in Situationen der Interdependenz; der gemeinschaftlich-sorgende Umgang mit Boden und Erde beispielsweise „impliziert eine spekulative Bemühung darum, anzuerkennen, dass die (menschliche) Sorgetätigkeit auch vom Vermögen der Erde abhängig ist, für eine Reihe von Prozessen ‚zu sorgen', die für mehr als ihre eigene Existenz von vitaler Bedeutung sind"[151]. Es geht daher um eine lebendige Ethik in Netzen von Interdependenz, die zugleich nichtsubjektiv ist, die also nicht allein von unserer Dienstbarkeit abhängt, sondern vom Vermögen und der Ethik der Sorge all dieser Handlungen, füreinander Sorge zu tragen in einer Weise, die durch menschliche Handlungen hindurchläuft. Die Sorge ist die Linie, die nie unterbrochen wird, der Teil des Rauschens, der nie verstummt, weil Sorge in der Mitte von Beziehungen ihr Werk tut, die mehr als menschlich sind.

Die Precarias a la deriva weisen darauf hin, dass die Krise Teil des Fließens des Lebens ist und als solcher auch die Möglichkeit für eine Neubewertung bisheriger Lebensweisen eröffnet; das Unbewegliche, Essenzielle, Feste sind nicht notwendig die Quellen, die Frieden und Glück mit sich bringen.[152] Eben diese nichtfaschistische

151 Ebd., S. 200.

152 Precarias a la deriva, „Globalisierte Sorge", in: *Ökologien der Sorge*, S. 82.

Ermittlung bezüglich der Krise gesellschaftlicher Reproduktion macht es möglich, Sorge in der Mitte des sozialen Lebens zu situieren, aber nur im Sinne einer Erschütterung und Entmystifizierung der Illusionen von Sorge. Dass sich Leben und Kunst durch die Linien der Sorge verflechten, ist also nur ein weiterer Ausdruck dafür, wie sich diese Krise des Lebens auf andere, dynamische und imaginative Weise thematisieren lässt, wie Raum für die sinnlichen, sensorischen, affektiven Atmosphären und Umwelten geschaffen werden kann, die ihren Teil daran haben, dieser Welt zu entfliehen. Es geht um die Notwendigkeit, Kunst zu öffnen für Visionen von Mitgefühl sowie einer grundlegenden Verpflichtung gegenüber einer Welt, die über moderne ethische Kategorien, in denen menschliches Leben im Mittelpunkt steht, hinausgeht; und die zugleich die Formen der Koexistenz (auf institutioneller und sozialer wie auch auf ökonomischer Ebene) und einer Bewertung der Moderne radikal erschüttert, die eng an den kolonialen Kapitalismus und seine Zukunftsvisionen geknüpft ist.

Was bedeutet das in der Kunst? Zuallererst, Sorge ist keine Metapher, auch wenn Metaphern, wie Bonaventure Soh Bejeng Ndikung sagt, Kunstwerke ästhetisch und textuell bereichern können und die Verwendung von Metaphern so manche komplexe Inhalte und Konzepte zugänglicher machen kann.[153] Weit mehr aber ist Sorge Teil einer praktischen und tagtäglichen Aufmerksamkeit, die sich auf die Artikulation von politischen Praxen des Lebens und Überlebens richtet, um zugleich „sedimentierte Anordnungen von Wert und

---

153 Bonaventure Soh Bejeng Ndikung, *The Delusions of Care*, Berlin: Archive Books, 2021, S. 46.

Entwertung“[154] zu durchbrechen und in Bewegung zu versetzen, und im Falle von Kunstmilieus verbindet sich diese (Ent-)Wertung auch eng mit den Systemen der Zirkulation, Ökonomie, Unterstützung, Sichtbarkeit und Beständigkeit von Kunstwerken und ihren Umgebungen. Sorge stellt auch etablierte emotionale Formen von Zugehörigkeit, Inklusion, Hilfe und Solidarität in Kunst und Feminismus in Frage, die, so gut die mit ihnen verknüpften Absichten auch sein mögen, oft Teil der Geschichte der kolonialen Moderne, von ökonomischen Differenzregimen und Siedlerkolonialismus sind. Zugleich aber richtet Sorge ein anderes Verhältnis zwischen Kunst und Leben ein, innerhalb dessen es nicht länger möglich ist, ein apriorisches Alibi für die Kunst zu finden, sie auszunehmen von den Lebensprozessen, denen sie sich annähert, selbst wenn dadurch ihr Dasein, ihr Schutz und ihre Weiterführung radikal ins Wanken geraten. Sorge als materielle Praxis, als Erfindung, führt eine andere Zeitlichkeit in die Kunst ein, sie kann vorbestimmte und strukturierte geopolitische Verhältnisse, Eigentumsverhältnisse und ökonomische Verhältnisse erschüttern (Rückgabe von Kunstwerken, Anerkennung der Enteignung, Widerstand gegen Finanzialisierung, Rebellion gegen das Kapital) und tief in das Management von Kunst sowie in die völlig unhaltbaren Modalitäten der Organisation von Leben und Arbeit in der Kunstwelt eindringen. Das alles ist jedoch nur möglich, wenn sie sich von dehnbaren Metaphern und emotionalen Moralvorstellungen löst, wenn sie an jeglicher Sorge rüttelt, die schon im Voraus als gut verstanden wird, und wenn sie sich emotionalen und

154 Murphy, „Unsettling Care“, S. 6.

körperlichen, institutionellen und sozialen Experimenten öffnet in der Weise, wie sie Leben als Koexistenz imaginiert und poetisch erfindet.

Obwohl Sorge in der feministischen Geschichte oft als eine Quelle möglicher Emanzipation und alternativer Lebensorganisation dargestellt wird, ist diese Art von Bewertung, wie wir gesehen haben, nicht frei von Problemen. Widersprüchliche Beziehungen und auch Belebungen von Sorge, die Unbehagen erzeugen, können oft das Gegenteil der gewünschten Effekte haben und verkehren sich mithin in eine Art von Sorge, die sich mit Formen von Gewalt verknüpft und unterschiedliche Dynamiken von Relationalität außer Acht lässt. Sorge wird in den Mittelpunkt feministischer Technowissenschaften gestellt, sie findet sich im Kern diverser Einstellungen zur reproduktiven Medizin und zur Frage von Heilung im Allgemeinen, und ebenso in marxistischen Analysen der reproduktiven Arbeit von Frauen; es ist indes wichtig, uns daran zu erinnern, dass Sorge nicht eine neue, von feministischen Autorinnen entdeckte Dimension ist, sondern, wie Michelle Murphy schreibt, „eine immer schon zirkulierende, hegemonische Kraft in unseren Welten“[155]. Wenn wir also über Sorge situiert nachdenken, finden wir uns zugleich in ein Netz von Bewertungen und Entwertungen von Sorge eingebunden. Das gilt auch für mich als Verfasserin dieses Buches, und tatsächlich kämpfe ich ständig mit einem Unbehagen, damit, das Abgleiten in eine apriorisch positive Bewertung von Sorge zu vermeiden, vor allem, weil ich Sorge – politisch und ethisch – als eine der wichtigsten Verbindungen zwischen Kunst und Leben affirmieren

155 Ebd., S. 15.

möchte. Wenn wir über Sorge nachdenken, müssen wir daher immer ihre unterschiedlichen Artikulationen im Blick behalten und die Spannung zwischen ihnen aufrechterhalten, die Spannungen zwischen der Arbeit von Wartung und Erhaltung (als Formen von Sorgearbeit), affektivem Engagement und ethisch-politischer Inklusion. Die Freilegung und Bewahrung dieser Spannungen ist auch ein entscheidendes Element feministischer und künstlerischer Herangehensweisen an Sorge, in denen Sorge ein Territorium bildet, das es permanent diversen Idealisierungen, Mystifizierungen und Vereinnahmungen zu entreißen gilt, besonders wenn diese aus unseren eigenen Reihen kommen.[156]

156 Als Beispiele seien genannt: die Assoziierung von Sorge mit Liebe, erfolgreicher Arbeit und den idealisierten Karrieren moderner Frauen, die Verknüpfung von Kunst mit a priori als gut verstandener Sorge oder auch das Übersehen von Unterschieden zwischen uns, wenn wir Sorge bereitstellen (können).

5. Krise der Sorge: Das Aufkommen vermittelnder Tätigkeiten

Der geopolitische Kontext der Beziehung zwischen der Sorgekrise und der Krise der Nachhaltigkeit des Lebens ist nicht nur ein Kontext globaler Verschiebungen in der Sorgearbeit, sondern er bestimmt auch globale Dynamiken in der Kunst. So ließe sich der Umstand, dass Sorge in den letzten Jahrzehnten in Kunstkontexten mit solcher Intensität verhandelt wurde, mit dem Sachverhalt in Zusammenhang bringen, dass der allergrößte Teil der Kunst im globalen Norden genau als Teil der Sorgekrise abläuft. Globale affektive Netze wirken und spiegeln sich darin auf einzigartige Art und Weise, was Einfluss auf das zunehmende Interesse der Kunst an ethischen Problemen hat, daran, sich für ein Verbesserung der Welt zu engagieren, auf Wachsamkeit hinzuwirken sowie auf die Entwicklung von Antworten, die von einem *We actually care!* („Wir sorgen [uns] wirklich!") begleitet sind. Der Umstand, dass Kunst sich solchen Sorgeorientierungen annähert, muss im Zusammenhang der Sorgekrise und der Krise der Nachhaltigkeit des Lebens diskutiert werden. Nur so können wir über die guten emotionalen Bedeutungen und die Moralvorstellungen der Kunst hinausgehen, um die Bedingungen und Modalitäten künstlerischer Arbeit zu analysieren und zugleich die Möglichkeit einer anderen Verflechtung von Kunst und Leben zu schaffen. Auch Kunst organisiert sich in ihrer Produktion, Verbreitung und Zirkulation um affektive Sorgeketten herum, die ihrer ökonomischen Zirkulation zugrunde liegen und ihre Werte konstituieren. Es geht nicht nur darum, dass viele Kunstwerke die Sorge um Welt, Umwelt und andere Menschen analysieren, darstellen und sich mit ihr auseinandersetzen, dass sie sich also durch diese neue Ausrichtung auf das Leben artikulieren. Zugleich ist es nämlich paradoxerweise gerade die Krise der Nachhaltigkeit des Lebens, die das Florieren einer solchen sorgenden Kunst möglich macht: Diese bezieht ihre Dynamik und Resonanz aus den vielen prekären, extrem instabilen und flexiblen Formen, in denen Künstler:innen und Kunstmilieus existieren. Das Leben der Kunst ist nicht nur von Asymmetrien durchzogen, sondern lässt sich auch als Teil der mobilen, engagierten, emotionalen, verstrickten, prekären, verletzlichen Existenzen betrachten, die die lebendige Kraft der Kunst bilden, ihren stets zugänglichen, dauerhaften, mobilen, bereiten und dynamischen (körperlichen) Stoff. In einem solchen geopolitischen Kontext verdeckt Sorge oft die tatsächlichen Asymmetrien, die sehr konkreten räumlichen und zeitlichen Verhältnisse, die geopolitisch situiert sind und künstlerische Milieus durchziehen. Es trifft zu, dass Sorge einerseits eine stärkere affektive Involvierung in den Beziehungen zwischen Künstler:innen, Institutionen, Publikum und Umgebung bewirkt, doch sind es andererseits eben die Affektivität dieser Beziehungen und die Moral, die sich mit guten und engagierten Kunstwerken verbindet, durch die strukturelle Unterschiede verschleiert werden können, welche der Distribution und Ökonomie von Kunst tief eingeschrieben sind, ob es sich dabei um Unterschiede zwischen verschiedenen Kunstumgebungen, Kunstgeschichten und geopolitischen Privilegien oder auch um Unterschiede zwischen den Leben der Künstler:innen selbst handelt. Schon die schiere Tatsache, dass die Rolle der Kunst jener der Sorge so nahesteht, zeigt, dass sich in der Kunst tatsächlich die Sorgekrise im globalen Norden widerspiegelt: den Zusammenbruch von Relationalität, von Interdependenzen zwischen Menschen und auch zwischen dem Menschlichen und Mehr-als-Menschlichen. Aber zugleich wird dies in der Kunst ambivalent erlebt, ihre Produktionssysteme bleiben unverändert und versinken stattdessen gerade aufgrund des emotionalen Engagements in einer beschleunigten Projektzeitlichkeit und Prekarität. Das hat mit der widersprüchlichen Rolle der Kunst zu tun, besonders in den Gesellschaften des globalen Nordens, die auch mit den Geschichten der kolonialen Moderne eng verbunden sind. Kreative und institutionelle Milieus in der Kunst übernehmen die Rolle eines Puffers in dieser Krise, für die Kunstmilieus selbst und für das kunstliebende Publikum, sie erlauben die Wiederentdeckung von verkörpertem Wissen, der Freude an Partizipation und zwischenmenschlichen Beziehungen sowie des unbestimmten Gefühls, Teil von etwas Gutem zu sein. Aber das geschieht oft so, dass im Hintergrund solcher affektiven Verkettungen die Unterschiede zwischen Künstler:innen mit verschiedenen Bewegungsmöglichkeiten (mit und ohne Visa), die unterschiedliche Prekarität in einzelnen Kunstmilieus, Geschlechterunterschiede (bspw. Mutterschaft und Prekarität betreffend), geopolitische Unterschiede wie auch die untragbaren Verhältnisse, in denen Kreativität stattfindet (ständige Anhäufung von Projekten, Macht- und Wettbewerbsdynamiken) allesamt aufrechterhalten werden. Sorge konstituiert sich somit als ein Mehrwert der Kunst, doch dies beruht paradoxerweise auf einer Vielzahl von prekären Beziehungen und gesteigerten Arbeits- und Forschungsintensitäten: In Bezug auf diese wirkt Sorge heilend, aber ebenso sehr macht sie mit ihnen weiter – oder mit den Worten eines (antifeministisch gefärbten) Spruchs: *Was mich nicht umbringt, macht mich nur stärker.*

Hierin sehe ich das Kernmoment der Mystifizierung von Sorge: Die Relationalität der Kunst ist von emotionalem Wert erfüllt und öffnet sich durch die emotionale Dimension der Sorge neuen Möglichkeiten, das Politische zu imaginieren. Dies wird noch weiter verstärkt durch die vielfältigen Bedeutungen des Sorgebegriffs, das Oszillieren zwischen *besorgt sein* und *sorgen für*, wobei sich Sorge metaphorisch auf viele Verhältnisse ausdehnen lässt – emotionale, arbeitsbezogene, politische, persönliche, soziale –, ohne dass man sich auch nur im Geringsten *die eigenen Hände schmutzig machen* müsste. Diese Dehnung der Rhetorik der Sorge dank eines poetischen Überflusses an Bedeutungen reflektiert die zentrale Rolle der Sorge im Gewebe des Lebens, trennt diese aber zugleich, sofern sie auf sprachlich-metaphorische Dynamiken begrenzt bleibt, von den materiellen Prozessen, Praktiken und Arbeiten der Sorge ab; sie trennt Sorge von konkreten materiellen, körperlichen und greifbaren Verhältnissen ab und umarmt sie vor allem als Wert. Die rhetorische Macht der Sorge spiegelt in Wirklichkeit die Sorgekrise im globalen Norden wider, innerhalb deren Sorge durch Professionalisierung und Privatisierung zum Wert wird, während sie sich in der Kunst in eine Fülle von vermittelnden Arbeiten wandelt: Wie sich kümmern und Sorge tragen für das Publikum, die Künstler:innen, die Beziehungen, in denen Kunst steht, die Öffentlichkeit; wie beständig auf das *We actually care!* zuarbeiten und sich als eine engagierte und aktive Kraft in dieser Welt ausdehnen? Es ist kein Zufall, dass in den letzten Jahrzehnten, während die geopolitischen Kontexte der Sorgekrise anwuchsen, jene Akteur:innen im Kunstfeld immer mehr an Bedeutung gewannen und immer stärker professionalisiert wurden, die Sorge bereitstellen: Kurator:innen, Dramaturg:innen, Manager:innen, Verbindungsbeauftragte, Berater:innen, künstlerische Leiter:innen, die mit der Kunst durch komplexe Sorgenetze verflochten sind, welche paradoxerweise die Netzwerke durchkreuzen, die sich mit wohldefinierten ökonomischen Beziehungen, mit Management- und Organisationsprozeduren sowie mit der Zirkulation künstlerischer Werte verbinden. Es reicht nicht aus, diese Rollen nur innerhalb des Rahmens von Kunstsystemen und einer sich wandelnden Kunstöffentlichkeit zu betrachten, etwa als eine Befragung der Weisen, wie Kunst ausgestellt wird, als Verschiebung der Grenzen zwischen Kunstfeldern und Umgestaltung der Öffentlichkeit (in den darstellenden ebenso wie in den bildenden Künsten). Ich lese die Ausweitung vermittelnder Tätigkeiten in enger Verknüpfung mit dem Wandel von Arbeitsformen – insbesondere im Bereich von Dienstleistungen sowie affektiver und kognitiver Arbeit –, der sich stark mit den Formen überschneidet, wie in neoliberalen Gesellschaften Beziehungen zwischen sozialen Feldern, affektiven Ökonomien und Formen der Kunstwahrnehmung hergestellt werden.

Besonders interessant unter diesen vermittelnden Arbeiten ist das Phänomen kuratorischer Arbeit, das sich in den letzten zwanzig Jahren auf alle Bereiche der Kunst ausbreitete – von den bildenden Künsten bis hin zu Theater, Tanz und Literatur. Die Kurator:in, oder in den darstellenden Künsten auch: Dramaturg:in-Kurator:in bzw. Produzent:in-Kurator:in, wird zu einer

Grundkategorie der Ausrichtung von Kunst, in deren Arbeit kreativer Wert mit ökonomischem, sozialem und politischem Wert zusammenläuft. Kate Fowle schreibt in einem Essay aus dem Jahr 2007 über das Kuratieren aus dem Blickwinkel verschiedener Bedeutungen von Sorge, beginnend mit Harald Szeemanns Ratschlag an jüngere Generationen von Kurator:innen, sie mögen ihren Blick auf die Kernbedeutung des Wortes *curare* richten, das „sorgen für" heißt.[157] Aber bereits die Unterscheidung zwischen verschiedenen Bedeutungen des Wortes *care* im Englischen kompliziert die Vorstellung, dass sich dieses Wort von vornherein mit einem *guten* Wert verbinde, denn curator kann im Englischen, wie Fowle schreibt, auch *guardian* („Wächter", auch „Vormund") und *overseer* („Aufseher") bedeuten. So lassen sich seit 1362 Aufzeichnungen über Kuratoren von Minderjährigen und Wahnsinnigen finden, und einige Jahrhunderte später dann, seit 1661, auch Belege für Kuratoren, die für ein Museum, eine Bibliothek, einen Tiergarten oder andere Arten von Ausstellungsorten verantwortlich zeichnen. Diese Genealogie der Sorge steht auch im Zentrum von Foucaults Erforschung moderner Institutionen, die aufweist, dass Räume der Sorge (Irrenhäuser, Krankenhäuser) semilegale Strukturen sind, in denen sich Sorge- und Schutzprozeduren mit Administration, rechtlichen Entscheidungsfindungen und Formen des Regierens verschränken. Wir können hier eine außerordentlich wichtige Verbindung zwischen Sorge und Regierung beobachten, durch die institutionelle

157 Kate Fowle, „Who Cares? Understanding the Role of the Curator Today", in: Sara Arrhenius, Steven Rand, Heather Kouris, Apex Art C.P., *Cautionary Tales: Critical Curating, Shared Item from Curating and Ethics*, New York: apexart, 2007, S. 10–19.

Territorien der Semilegalität geschaffen werden und die zur Entwicklung von Sorge als spezifischer Form von Gewalt und Disziplinarregimen beiträgt. In ähnlicher Weise, so Fowle weiter, verbindet sich auch die moderne Geschichte von Museen und Galerien „ebenso sehr mit Administration und einem Regieren über Kultur wie mit Bewahrung und Präsentation“[158]. Dieser Geschichte lässt sich eine weitere Wendung hinzufügen, wenn wir Fowles Befunde unter Gesichtspunkten der kolonialen Moderne sowie der gewaltsamen Aneignung von Kunstwerken im Namen der Sorge lesen. Noch heute existieren viele Museen recht unverblümt und öffentlich in einem Bereich der Semilegalität, sind sie doch voll mit Objekten, die beschlagnahmt wurden.[159] Die Ausweitung der vermittelnden Rolle, wie wir sie heute etwa als weit über die bildende Kunst hinausreichendes Feld kuratorischer Tätigkeiten kennen, ist zugleich eine Folge dessen, was Fowle – speziell in ihrer kurzen Darstellung der Arbeit von Harald Szeemann und Walter Hopps – als Verschiebung beschreibt „von einer herrschenden Position, aus der über Geschmack und Ideen präsidiert wird, hin zu einer Position, die *zwischen* Kunst (oder Objekt), Raum und Publikum liegt“[160]. Diese Zwischenposition fand sich von Beginn an auch mit neuen ökonomischen und kulturellen Verhältnissen verbunden sowie mit der wachsenden Rolle von Kunst

158 Ebd., S. 10.

159 Dieses Problem steht heute im Zentrum der Diskussionen um die Rückgabe von Kunstwerken, die seitens kolonialer Staaten geplündert wurden. Siehe auch: Bénédicte Savoy, Felicity Bodenstein, Merten Lagatz (Hg.), *Translocations: Histories of Dislocated Cultural Assets*, Bielefeld: Transcript, 2021.

160 Fowle, „Who Cares?“, S. 16.

in der Schaffung kapitalistischer Werte bzw. der Auffassung immaterieller, relationaler Werte als Teil der Zirkulation von Kapital innerhalb der postfordistischen Produktion. Eine Seite dieser Verschiebung bilden sicherlich die Öffnung von Künstler:innen für experimentelle Arbeitsweisen und die Ausweitung von Plattformen für künstlerische Ideen, die auf soziale, politische und kulturelle Situationen antworten. Die andere Seite aber wird durch die Einbettung von Relationalität in neue Formen kapitalistischer Produktion und Ökonomie gebildet, welche Hand in Hand geht mit der Entdeckung neuer künstlerischer Werte. Den vielfältigen Rollen von Kurator:innen lässt sich weiterhin die Rolle von „Vermittler:innen, Koordinator:innen, Mittelspersonen, Produzent:innen“[161] hinzufügen, die selbstverständlich Teil der veritablen Industrie sind, welche sich um die Produktion von Ausstellungen sowie anderer kultureller Ereignisse entwickelt hat. Gerade durch diese Ausweitung wird auch die Inklusion unterschiedlicher künstlerischer Praxen und sozialer Wirklichkeiten möglich.

Was mich an dieser Diskussion interessiert, die in den letzten Jahrzehnten so viele Dimensionen angenommen hat und die Teil des Selbstverständnisses und der Ausbreitung der Kulturindustrie und ihres Widerhalls ist, ist die Ausdehnung der Rolle der Kurator:in auf vermittelnde Arbeiten, die ich nicht allein mit der Ausweitung des Kunstbegriffs und experimenteller Offenheit in Verbindung bringe, sondern auch mit grundlegenden gesellschaftlichen und ökonomischen Verschiebungen, innerhalb deren Relationalität zu einem Teil der Wertproduktion wird. In dieser Perspektive

161 Ebd.

füllt die Kurator:in das *Zwischen* aus, indem sie nämlich zusehends das Management über die Relationalität von Kunst – die Verschränkungen und Verflechtungen zwischen Kunst und Leben – übernimmt, weil es erforderlich ist, die Zirkulation von Wert ständig durch Managementtätigkeiten zu organisieren und zu fördern und mit ihr zu experimentieren; an einem bestimmten Punkt aber muss sich dieses Management, so emanzipatorisch und progressiv es auch sein mag, mit ökonomischem Wert und Marktwert verflechten. Aus diesem Grund lässt sich das Phänomen kuratorischer Arbeit mit Sorge in Zusammenhang bringen, und zwar nicht aufgrund der mit diesem Namen verbundenen rhetorischen bzw. etymologischen Werte oder aufgrund einer gesteigerten emotionalen Aufmerksamkeit und Moralität von Kurator:innen, sondern weil wir es hier mit einer deutlichen Spiegelung der gesellschaftlichen und politischen Prozesse zu tun haben, die sich um die Privatisierung, Ökonomisierung und Professionalisierung von Sorge herum abspielen, parallel zur Sorgekrise im globalen Norden. Wir beobachten mithin eine Verklebung zwischen kustodialen sozialen Prozessen und den managerialen Vermittlungsprozessen in der Kunst; die Werte von Hilfe, Zuneigung, Sorge, Bewahrung, Anstrengung und Verantwortlichkeit finden sich mit einer Kette von affektiven, politisch-sozial engagierten Ökonomien zusammengeschmolzen, durch die die Werte der Kunst, so provokativ und progressiv diese auch sein mag, global zirkulieren. Das lässt Kunstzusammenhänge extrem widersprüchlich werden, können sie doch mit zwielichtigem, ökologisch schmutzigem Kapital, mit aktuellen politischen Interessenlagen und Parteieninteressen, mit einem Vorantreiben logistischer Effizienz und Produktion verbunden sein, während sie zugleich zur Produktion kritischer, umweltbewusster, engagierter und erfindungsreicher alternativer Werke ermutigen.

Bonaventure Soh Bejeng Ndikung schreibt kritisch über den sogenannten kuratorischen Komplex, der Sorge auf eine Metapher reduziert und nur an der Auswahl von Werken und ihrer Ausstellung beteiligt ist. In diesem Zusammenhang erwähnt er die einflussreiche Unterscheidung zwischen Kuratieren und dem Kuratorischen, deren Bedeutung 2013 von Jean-Paul Martinon und Irit Rogoff hervorgehoben wurde. Ersterer Ausdruck bezieht sich auf die Gestaltung von Ausstellungen, während das Kuratorische auf einer anderen Ebene operiert; es geht also um „eine Verschiebung von der Gestaltung des Events zur Wirklichkeit dieses Events selbst: seine Inkraftsetzung, Dramatisierung und Performance"[162]. Das Kuratorische verflicht sich auf diese Weise, wie Ndikung argumentiert, mit den verschiedenen epistemischen, moralischen und rechtlichen Prozessen, die an der Präsentation, Erhaltung, Kultivierung, am Schutz und der Verbreitung von Kunst beteiligt sind, und Sorge wird, zumindest im kuratorischen Aufgabenbereich, zu einem Begriff, der viel mehr umfasst als das eigentliche Auswahlverfahren.[163] Diese epistemischen, moralischen und rechtlichen Prozeduren stehen aber zugleich jenen sehr nahe, die wir auch in der geopolitischen Sorgekrise im globalen Norden finden können, wo Sorge professionalisiert und dem rhetorischen Dispositiv einer *grünen* Produktion integriert wird, welcher die relationalen

---

162 Irit Rogoff, „Preface: The Expanded Field", in: Jean-Paul Martinon (Hg.), *The Curatorial: A Philosophy of Curating*, London: Bloomsbury, 2013, S. IX.

163 Ndikung, *The Delusions of Care*, S. 47.

Werte von Produkten abändern muss, um die Akkumulation aufrechtzuerhalten. Die Professionalisierung der Sorge steht zudem in einem Abhängigkeitsverhältnis zur Krise der Nachhaltigkeit des Lebens, sie verschränkt sich mit der Asymmetrie und der Ausnahmestellung der Kunst, mit den unaufgelösten Eigentumsverhältnissen, problematischen Kapital- und Grundbesitzverhältnissen, in denen Kunstinstitutionen stehen, mit der Abhängigkeit von prekärer und instabiler Arbeitskraft, die sich mit der Akkumulation künstlerischer Produktivität und der Hervorbringung guter politischer Werte unter ungleichen Ausgangsbedingungen verbinden. Der Aufstieg vermittelnder Rollen in der Kunst lässt sich folglich durch die Krise der Sorge, die Ökonomisierung und Finanzialisierung ihres permanenten Rauschens im Hintergrund lesen, die ihren Anteil am Verschwinden von Interdependenz und den Wechselbeziehungen zwischen verschiedenen Leben haben.

Vielleicht ist die Rhetorik der Sorge unter künstlerischen Akteur:innen heute auch deshalb so stark verbreitet, weil sie die einzige Möglichkeit bildet, die zahlreichen Widersprüche der Kulturindustrie im neoliberalen Kapitalismus auszuhalten. Ein beträchtlicher Teil der Kunst lässt sich heute in einem Kontext von Sorge als Vermittlung und Hilfeleistung verorten, in dem Kunst sich der Arbeit in humanitären Organisationen, Kulturstiftungen, geopolitisch privilegierten kulturellen Zentren und wohlhabenden Städten, internationalen Programmen und Kunstschulen annähert, innerhalb deren Kunstwerke auch zirkulieren, indem mit der eigenen Position verknüpftes Unbehagen und Widersprüchlichkeiten beseitigt werden und das Schuldgefühl abgemildert wird, vor allem durch die Erzeugung guter Gefühle. Sorge dient hier als Verstärkung, als Verstärkung der Stimme, mit der wir *We actually care!* rufen können, aber leider hat diese Stimme nicht genug Kraft, um kosmopolitischen Verhältnissen wirklich den Weg zu öffnen, um Zusammenhänge mit der Krise der Nachhaltigkeit des Lebens herzustellen, anstatt die Sorgekrise zu überbrücken, um eine Öffnung der Kunst für neue Erfindungen und poetische Imaginationen von existenzieller Interdependenz hervorzubringen, um sich selbst dem Rauschen einer kontinuierlichen Sorge im Hintergrund zu öffnen. Das Problem ist, dass diese kosmopolitische Kraft im Schwinden begriffen ist, weil der Wert der guten Sorge von Kunst zur Kunst selbst zurückkehren muss: Er muss sich abrunden als kulturelles Privileg, politischer Überschuss, künstlerische Wiedererkennbarkeit und Mehrwert politisch-radikaler Kunst – und nicht zuletzt auch als ökonomischer Wert künstlerischer Arbeit und künstlerischen Lebens. Diese Rückkehr wird beschleunigt durch eine, und sei's rhetorische, sorgfältige Erfindungstätigkeit, denn sie vermittelt uns das Gefühl, dass die Kunst aktiv am Weltgeschehen teilnimmt, dass sie sich mit dessen Misslichkeiten auseinandersetzt und aktiv in die Welt eingreift. Zugleich wirft dieser Wert nur Ertrag ab, wenn die Kunst im Bereich guter Gefühle gehalten wird, und berührt uns nur selten als Unbehagen, Widrigkeit, Schwierigkeit, Angst, obgleich sie auch diese mit den Bedeutungen von Sorge eng verknüpfen. Sorge in der Kunst ist daher Teil einer breiteren Kette emotionaler Ökonomien, eines Prozesses, der Sara Ahmed zufolge mit der Marx'schen Analyse der Warenzirkulation in Zusammenhang steht.[164] Genau wie

---

164 Sara Ahmed, „Affective Economies", *Social Text* 79/22 (2), 2004, S. 117–139.

Marx aufweist, dass die Ware gesellschaftliche Verhältnisse und die Arbeit, die diese Verhältnisse ermöglichte, in sich verdeckt, müssen auch Emotionen – Emotionen der Sorge mit eingeschlossen – verstanden werden als in spezifischen geschichtlichen Situationen geschaffene, als Manifestation der Art und Weise, wie in diesen Situationen Körper auf unterschiedliche Weisen verbunden und aufgeteilt werden. Ahmed zufolge ist der Wert von Emotionen wie Glück, Zufriedenheit, Herzlichkeit, aber auch Unbehagen, Ekel und Hass das Ergebnis einer disproportionalen Zirkulation unter Subjekten in einer ungleichen Welt, weshalb durch diese Emotionen auch gesellschaftliche Verhältnisse auf spezifische Weise organisiert werden. Jeder emotionale Wert verbindet sich mit hegemonialen Orientierungen, die auf rassisierten Privilegien, Kolonialismus, Nationalismus, Kapitalismus, Religion, Patriarchat usw. aufruhen.[165] Dasselbe gilt auch für den guten Wert der Sorge; seine positive Orientierung ist, besonders im globalen Norden, oft Teil eines Privilegs, das sich gute Gefühle zunutze macht, um problematische Beziehungen im Hintergrund zu verschleiern. Nur so entwickelt sich auch ein Management von Werten, die zu ihrem Ausgangspunkt zurückkehren können, ohne die Welt um uns herum wirklich zu berühren, ohne das Leben der Kunst auf kosmopolitische Art und Weise wirklich zu verändern, indem die Probleme dieser Welt angegangen werden.

Vor diesem Hintergrund müssen wir uns aber auch daran erinnern, dass es sich mit der Sorge so wie mit der Liebe verhält: Wir sind auch hier oft versucht, klare Unterscheidungen zwischen wahrer und falscher Sorge

165 Ebd.

zu treffen, wie in der Liebe; und der Versuch einer solchen Unterscheidung, oder vielmehr Reinigung der Liebe, führt oft dazu, dass sie zerstört wird. So gerät auch die Kritik der Mystifizierung der Sorge, von der die vorangegangenen Absätze handeln, schnell in die Versuchung, sich in der vorgefassten Annahme zu verfangen, es gäbe jenseits der Mystifizierung etwas Besseres, eine wahrere Sorge. Die sprachliche Dehnbarkeit des Sorgebegriffs ist hier einmal mehr Teil seiner Ungreifbarkeit sowie der permanenten Veränderung materieller Sorgepraxen, und das ist auch der Grund, warum Sorge so sehr eine transversale Kraft mit vielen unterschiedlichen Geschichten ist. Die feministische Analyse ist sich dieser Widersprüche ganz und gar bewusst und nicht so sehr an der Auffindung *einer besseren Weise* zu sorgen interessiert (welche heute Teil der Kommodifizierung des Feminismus ist, was nur umso mehr zur Ausbeutung feminisierter Körper beiträgt). Sie interessiert sich vor allem dafür, die beständigen Spannungen zwischen der rhetorischen, der performativen und der konkret greifbaren Macht der Sorge anzuerkennen, und mehr noch für ein Erkennen und praktisches Erkunden der Art und Weise, wie diese Spannungen aus den materiellen, geschichtlichen und konkreten Lebensbedingungen herrühren, und nicht aus apriorischen moralischen Werten. Es sind eben diese disproportionalen Bedingungen des Lebens, die den Kern von Sorgeverhältnissen und der in ihnen wirksamen Machtdynamiken bilden.[166] Daher existiert die Krise der Sorge, die zur Anhäufung von Sorge in der Kunst und zur Professionalisierung vermittelnder

---

166 Auch Maria Puig de la Bellacasa schreibt über diese unterschiedlichen Ebenen der Sorge. Siehe: Puig de la Bellacasa, *Matters of Care.*

Sorgerollen führt – dergestalt die makropolitische Bewertung von Kunst befördernd und den politisch-ökonomischen Mehrwert einfahrend –, nicht ohne ihren realen Hintergrund: Diese Krise konnte nämlich nur vor dem Hintergrund der Krise der Nachhaltigkeit des Lebens entstehen, oder mit anderen Worten, vor dem Hintergrund der Krise gesellschaftlicher Reproduktion. Sie ist Teil der Auslöschung und Verdunkelung mikropolitischer Potenzialitäten, die in die globale Zirkulation von Kunst als entkörperte, von der Welt abgesonderte und ausgenommene mit eingeschlossen werden. Diese Krise repräsentiert auch die wirkliche Kraft einer Reartikulation der Rolle der Kunst und ihres politisch-ethischen Engagements, jedoch nur, wenn dabei die etablierten emotionalen und ethischen Verhältnisse sowie vor allem strukturelle und historische Ungleichheitsverhältnisse unterminiert werden. Selbstverständlich hat die Kunst ein Problem mit der Sorge, aber bei aller Enttäuschung über deren Vereinnahmung können wir doch nicht an der Mannigfaltigkeit von Orten vorbeigehen, aus denen Sorge mikropolitisch in Kunst einfließt: In eben diesen Kontexten können sich uns die zahlreichen und unterschiedlichen Artikulationen von Sorge zu erkennen geben, durch die sich auch verändert, wie Kunst existiert. Die Angst angesichts der Akkumulation von Sorge in der Kunst darf uns weder in einen Idealismus guter Gefühle noch auch in einen Zynismus drängen, sondern muss uns Mut machen, die mikropolitischen Zusammenhänge der Sorge freizulegen, uns mit ihnen auseinanderzusetzen und sie – vor allem – zu affirmieren. Dass wir heute in der Kunst so viel über Sorge sprechen, ist auch eine Spiegelung der dringenden Notwendigkeit, dass Körper, Lebensformen und Umwelten ihr Leben, ihre Intimität, die sozialen und Arbeitsverhältnisse, in denen sie stehen, neu orientieren, und diese Notwendigkeit müssen wir sehr ernst nehmen. Nur so nämlich können wir mit der kapitalistischen Verzweiflung[167] brechen und neue Wege erfinden, zu sein und in wechselseitigen Beziehungen zu stehen; das sind die mikropolitischen Praxen und Begehrensweisen, die mein Interesse an einer Annäherung von Kunst und Leben durch Sorge speziell auf sich ziehen.

Mich interessiert die Verstärkung dieser lautstarken Stimmen im Hintergrund, in den Tiefen der Krise der Nachhaltigkeit des Lebens, die sich eng mit der Krise der Sorge verbindet; die beiden können nicht getrennt voneinander gedacht werden, weil sie beide in die emotionalen Sorgeketten der Gegenwart verwickelt sind.[168] Wie bereits kurz erwähnt, bezieht sich die Krise der Nachhaltigkeit des Lebens, wenn ich sie mit den Dimensionen der Kunst in Zusammenhang bringe, insbesondere auf die prekäre Arbeitskraft und die Materie der Kreativität, worunter ich die zahlreichen künstlerischen Milieus, Netzwerke, Gelegenheiten zu sporadischer Mobilität (dank Kunstschulen, Residencies, der Suche nach einem besseren Umfeld) ebenso verstehe wie die vielen Affinitäten zwischen künstlerischen und anderweitig prekären sozialen Umfeldern, die Verhältnisse zwischen

---

167 Bayo Akomolafe spricht von kapitalistischer Verzweiflung in: „Cancel Culture and the Limits of Identity Politics". Siehe auch: Bayo Akomolafe, „We are coming down to Earth: We will not arrive intact".

168 Den Begriff der emotionalen Sorgekette entwickelte Arlie Russell Hochschild. Siehe: Arlie Russell Hochschild, *The Managed Heart: Commercialization of Human Feeling*, Berkeley: University of California Press, 2012. Der Begriff wurde von den Precarias a la deriva weiterentwickelt.

Kunst und Aktivismus sowie die verschiedenen Strukturen der Vermittlung, innerhalb deren Leben auf sehr unterschiedliche Weise organisiert und aufrechterhalten wird. Wir können auch von der Materie der Kunst sprechen, von Körpern und Körpergesten, von mikropolitischen Erfindungen und Imaginationsweisen, die von lautstarker Affirmation bis zu extremer Erschöpfung reichen und Teil des permanenten Rauschens im Hintergrund der Kunst sind, indem sie nicht nur ihre Programme füllen, sondern ihre eigentlichen – mikropolitischen wie globalen – Umgebungen konstituieren. Ich habe das im letzten Jahrzehnt selbst erlebt, vor allem durch meine Lehrtätigkeit und meine Arbeit an einer Kunstschule, an der ich die zahlreichen Widersprüche und Asymmetrien beobachten konnte, die in offenem künstlerischem Experimentieren, Erfindungen, Imaginationen und Freiheitspraxen mit am Werk sind. Mein Schreiben steht in einem Dialog mit den Stimmen, Ängsten, Hoffnungen, Kräften und Verlusten vieler junger Künstler:innen, die in meinem Interesse an Sorgepraxen einen starken Widerhall erzeugen, zugleich aber auch meine eigene Position immer wieder erschüttern und untergraben; dieser Dialog lehrte mich vor allem zuzuhören – und viele meiner eigenen Privilegien zu erkennen, die es mir ermöglichen, meine eigenen Ängste und Lebensterritorien wenigstens einigermaßen unter Kontrolle zu halten. Es geht um die grundlegenden Asymmetrien zwischen Körpern und Handlungen (fremdenrechtlicher Status, Möglichkeiten prolongierten Aufenthalts, unterschiedliche Lebenserfahrungen je nach Hautfarbe, Geschlecht, mikropolitischer Situierung, ökonomischer Prekarität, Situiertheit im Zusammenhang mit Migration, Vertreibung), die sich mit den affektiven Verkettungen experimenteller und forschungsorientierter Produktionsweisen, mit der Offenheit für Kollaboration und der Suche nach künstlerischer Ausdrucksvielfalt sowie mit den endlosen Vermittlungs- und Zirkulationsketten künstlerischer Werte im transnationalen Raum verflechten.

Die Krise der Nachhaltigkeit des Lebens mit der Sorgekrise kontrastierend, entwickeln die Precarias a la deriva eine pointierte geopolitische Beschreibung der Widersprüche, die sich mit Sorgearbeit vor allem im Zusammenhang der Arbeit von Migrantinnen verknüpfen; sie schreiben über die Frau, die bleibt, und die Frau, die migriert, wobei die Differenz zwischen beiden gerade aus ihrer Interdependenz entsteht. „Die mobile Migrantin reist dank einer anderen, die an ihrem Ort bleibt, und die Arbeitgeberin im Norden kann arbeiten gehen, dank der bezahlten Sorgearbeiterin, die in ihrem Haus bleibt.“[169] Selbstverständlich gibt es unterschiedliche Grade der Mobilität und unterschiedliche Überschneidungen, aber diese Abhängigkeit zeigt augenblicklich, wie die Sorge verschiedene Lebens- und Arbeitsformen auf interdependente Art und Weise durchzieht. Die migrantische Arbeiterin, schreiben die Precarias a la deriva, ist die Verkörperung der Paradoxe des neoliberalen Kapitalismus, zumal „die Frau, die geht, gleichzeitig die ist, die kommt, was eine doppelte Identität mit entgegengesetzten, scheinbar unvereinbaren Eigenschaften verursacht“[170]. Diese Eigenschaften sind eng mit ihrer widersprüchlichen Rolle bezüglich der Nachhaltigkeit

169 Precarias a la deriva, „Globalisierte Sorge“, in: *Ökologien der Sorge*, S. 69f. (Übers. mod.).

170 Ebd., S. 70 (Übers. mod.).

des Lebens bzw. der sozialen Reproduktion verbunden: „Diese Frau befindet sich in der Mitte zwischen fast immer verinnerlichten Beschuldigungen und der sozialen Anerkennung ihrer willkommenen Überweisungen. Sie ist der Sündenbock, sie soll als Erklärung für die Verschlechterung des Zusammenlebens und die steigende Kriminalität in dem Land, aus dem die Arbeitskraft kommt, herhalten, verwandelt sich im Land der Ankunft dank affektiver Übertragung aber wiederum in einen ‚Engel' als Schlüsselfigur in der Sorgearbeit."[171]

Die Precarias a la deriva schufen diese Beschreibung als Teil ihrer Forschungsarbeit zur prekären Beschäftigung von Migrantinnen, aber ich erlaube mir hier, diese Verhältnisse auf das Kunstfeld auszudehnen, auch wenn eine solche Ausdehnung einige Risiken mit sich bringt. Es geht mir dabei nicht um eine Beschreibung von Ähnlichkeiten zwischen Existenzen, die in neoliberalen Arbeitsverhältnissen stehen. Die prekäre Existenz künstlerischer Subjektivität trägt ebenfalls die widersprüchlichen Verhältnisse des neoliberalen Kapitalismus in sich, und der Fokus vieler Debatten der letzten Jahrzehnte galt dem Studium der Prekarität und Flexibilität künstlerischer Existenz, wobei die künstlerische Subjektivität aufgrund der Verwischung von Grenzen zwischen privater Zeit und Arbeitszeit, aufgrund ihrer endlosen Flexibilität und Mobilität sowie aufgrund der mit ihr verbundenen Lebensinstabilität zum Modell für neoliberale Subjektivität wurde.[172] Im Kern dieser Diskussionen stehen aber nach wie vor die (wenn auch

171 Ebd., S. 70f. (Übers. mod.).

172 Siehe dazu: Pascal Gielen, *The Murmuring of Artistic Multitude: Global Art, Memory and Post-Fordism*, Amsterdam: Valiz, 2015.

problematische) Professionalisierung künstlerischer Arbeit sowie existenzielle Verfasstheiten, die, wie schwierig und herausfordernd sie auch sein mögen, ganz anders gestaltet sind als die Krise der Nachhaltigkeit des Lebens, die im Zentrum der Lebensparadoxe und der widersprüchlichen Identität einer Migrantin steht, in denen die Professionalisierung von Reproduktions- und Pflegearbeit parallel verläuft zu einem Kontrollverlust und einem Entzug von Möglichkeiten, die Nachhaltigkeit des Lebens weiterzuführen. Wir müssen vorsichtig sein, um zu vermeiden, dass die Diskussion über die Arbeit von Künstler:innen, wenn sie im Rahmen neoliberaler Paradoxe betrachtet wird, allzu schnell in Entpolitisierungen und Verallgemeinerungen abgleitet und zu einem Bestandteil professioneller Prozesse des Austausches über eine freundlichere, mehr Unterstützung bietende und emotional reichere Arbeitsumgebung wird; an genau diesem Punkt nämlich hält Sorge als grundlegende (emotionale), moralisch wertvolle Relationalität oft in die Diskussionen Einzug. Im Gegensatz dazu ist die Migrantin eine der Figuren von im Feld der gesellschaftlichen Reproduktion arbeitenden Frauen, die Angela Davis herausstellt und deren Lebensorganisation in Versklavung oder in extrem schlecht bezahlter, oft kriminalisierter Arbeit abläuft, wobei jegliche Professionalisierung ihrer Arbeit zugleich von Abwertungen ihres Lebens und einem Entzug von Kontrolle über Reproduktion begleitet wird. Nichtsdestotrotz lassen sich einige Verbindungen zwischen diesen Leben denken. Die Krise der Nachhaltigkeit des Lebens, wie sie sich in der paradoxen Identität der migrantischen Arbeiterin zeigt, tritt in die Kunstwelt ein durch die Entwertung, Kriminalisierung, Akkumulation von Lebensprekarität, wenn sich das Leben von Künstler:innen mit der Krise gesellschaftlicher Reproduktion bzw. der Krise der Nachhaltigkeit des Lebens verflicht, also mit buchstäblichen Untergrabungen sowie der immer häufiger auftretenden Entwertung und Zerstörung des Lebens dieser Künstlerinnen.

Auch aus diesem Grund muss der geopolitische Kontext der Sorge in der Kunst mit besonderer Sensibilität analysiert werden. Denn einerseits spiegelt die Kunst tatsächlich die allgemeine neoliberale Kommodifizierung von Sorge und ihrer Rolle innerhalb globaler emotionaler Ketten, wie sie für die Sorgekrise typisch sind; andererseits aber bietet sie in mikropolitischen Verhältnissen und Praxen zugleich eine wichtige Orientierung und zeigt die Notwendigkeit alternativer Sorgepraktiken auf, welche die Krise der Nachhaltigkeit des Lebens in Kunstzusammenhängen dynamisch und erfinderisch angehen und auf diese Weise auch die Formen der Organisation, Produktion und ökonomischen Bewertung von Kunst erschüttern. Dieses Verhältnis der Interdependenz zwischen der Sorgekrise und der Krise der Nachhaltigkeit des Lebens verlangt daher nach einer Erfindung von Solidarität, Gemeinschaft und Koexistenz, die sich oft schwieriger gestaltet, als es auf den ersten Blick erscheint: Oft bleiben mutige und solidarische Praxen der politischen und gemeinschaftlichen Erfindung aus, wenn es zu einer implosiven Berührung zwischen den Welten der Sorge kommt.

6. Brutstätten der Kunst

Ich kann dieses Ausbleiben solidarischer Praxen angesichts der Wechselbeziehung zwischen der Sorgekrise und der Krise der Nachhaltigkeit des Lebens konkret an einem Beispiel aus dem slowenischen Kontext beschreiben. Der Dramaturgie nach handelt es sich um ein Beispiel, das vielen anderen Beispielen in Kunsträumen, ihrem Management, ihrer Sichtbarkeit und ihren Überlebensstrategien ähnelt. Wenn wir es unter dem Gesichtspunkt der Spannungen zwischen der rhetorischen, der performativen und der materiellen Macht der Sorge betrachten, dann lässt es sich als Beispiel für den implosiven Kontakt zwischen affektiven Verkettungen im Kunstfeld interpretieren, aber zugleich zeigt es auch auf, wie schwierig es ist, zwischen prekären Subjekten eine andere Art von Solidarität zu praktizieren, die von größerer politischer Sensibilität und Erfindungskraft getragen ist, anstatt Solidaritäten allein auf einer emotionalen, rhetorischen Ähnlichkeit zwischen prekären Existenzen aufzubauen. Anfang 2021 wurde die Autonome Zone Rog, eine ehemalige Fahrradfabrik im Zentrum von Ljubljana, die über Jahre hinweg zahlreiche künstlerische Kollektive und soziale Projekte beherbergte, gewaltsam geräumt und anschließend abgerissen. Diese autonome Zone hatte Raum für Treffen zwischen Künstler:innen, sozial Benachteiligten, Obdachlosen, Migrant:innen, Student:innen usw. geboten. Im Auftrag der Stadtbehörden führten die Sicherheitsdienste in dem Zentrum eine Razzia durch, in den frühen Morgenstunden, am Höhepunkt der Pandemie und inmitten eines kalten Winters, und ermöglichten so den Beginn der Abrissarbeiten sowie der Zerstörung der in diesen Räumlichkeiten befindlichen Kunstwerke. Die Gewaltsamkeit des Eingriffs war für viele Nutzer:innen und Unterstützer:innen der Autonomen Zone Rog traumatisch, umso mehr, als er während eines harten, von der Pandemie geprägten Winters stattfand. Es spricht auch Bände, dass die Stadtbehörden sich des Arguments bedienten, der Abriss sei erforderlich gewesen, damit Künstler:innen und in anderen Bereichen der Kulturindustrie tätige Personen sich in dem wiedererrichteten, neuen Rog-Zentrum zusammenfinden könnten. Die Stadtbehörden rechtfertigten die Notwendigkeit der Räumung auf Basis einer Kriminalisierung der Nutzerinnen und eines Bedarfs an mehr Sicherheit. Die Autonome Zone wurde öffentlich häufig als ein Hort von Müll dargestellt, woraus sich die Notwendigkeit und das Anliegen ergeben habe, aufzuräumen. Das ist eine Art von Sorge, die in ihrem Innersten von Asymmetrie geprägt ist, einem Handeln aus einer Position der Macht seitens jener, die das Privileg besitzen, für andere sorgen zu können, während sie zugleich eine gewaltsame und semilegale Zerstörung der Räume herbeiführen, die der Erfindung alternativer Sorgepraxen bzw. autonomer Praktiken von Hilfestellung und Unterstützung gewidmet sind – womit das Hintergrundrauschen ausgelöscht wurde, das in diesen Räumen kontinuierlich stattgefunden hatte. Prekäre soziale Subjekte (nicht nur Künstler:innen) bilden heute eine zentrale Zielscheibe der Kriminalisierung und Aburteilung aus den Reihen populistischer und autoritärer politischer Kräfte sowie korrupter, autoritär geführter Kapitalismusmodelle, aber sie stehen auch im Zentrum der Extraktion von Wert, die sich in den Glanz neoliberaler Fassaden von Kreativität und Progressivität einspeist. Auf der einen Seite haben wir also die Verkoppelung von aufkommendem Nationalismus, religiösem Fanatismus und dem Ausschluss nicht-normativer Existenzen, auf der anderen Seite einen sozialen Ausschluss auf Basis ökonomischer Berechnung: Beide erweisen sich im Falle der Autonomen Zone Rog als eng miteinander verschränkte Formen der gewaltförmigen Sorge.

Obwohl sich innerhalb dieser Prozesse alle in der gleichen Position zu befinden scheinen, ist Prekarität nichts, was eine Gleichsetzung von Kunstarbeiter:innen erlaubt, sondern sie artikuliert sich durch die tiefreichenden Unterschiede zwischen prekären Subjekten. Genau das können wir am Beispiel des Rog-Zentrums beobachten, besonders wenn wir die Geschehnisse dort mit einem anderen Ereignis vergleichen, das einige Monate später nur einige hundert Meter entfernt stattfand, nämlich auf der Fassade von Cukrarna (Zuckerfabrik), einem anderen neuen Zentrum für Kunstproduktion in Ljubljana, das in einem herausgeputzten neuen Haus untergebracht ist. Im Mai desselben Jahres wurde dort die Ausstellung *Ko gesta postane dogodek* („Wenn die Geste zum Ereignis wird") mit Arbeiten von feministischen Künstlerinnen aus Slowenien und Österreich eröffnet. Auf der zu diesem Zeitpunkt noch nicht fertiggestellten Fassade des Gebäudes wurde auch das Werk von Katharina Cibulka gezeigt, einer Künstlerin, die seit etlichen Jahren eine ganze Reihe von feministischen Aufschriften geschaffen hatte, durch welche die Aufmerksamkeit auf ein weites Feld von Geschlechterungleichheiten gelenkt wird. Auf der Fassade der Cukrarna-Galerie wurde eine große Leinwand mit der folgenden handgestickten Aufschrift ausgebreitet: „*Solange die Hoffnung, die wir verbreiten, größer ist als die Angst, der wir uns gegenübersehen, bin ich*

Feministin.“[173] In der Nacht wurde das Werk von unbekannten Personen angezündet, was zu zahlreichen Reaktionen und Verurteilungen der Tat führte, aber auch zur Entscheidung, das abgefackelte Werk an der Fassade hängen zu lassen – als Mahnung und Erinnerung daran, dass die Kraft der Kunst unzerstörbar ist.

Diese beiden Ereignisse liegen zeitlich und räumlich nahe beieinander, fanden aber in ganz unterschiedlichen Konstellationen statt. In welchem Zusammenhang können sie also gelesen werden? An dieser Stelle möchte ich zunächst einen Umweg über die Arbeit des feministischen Aktivismus nehmen, der in den 1980er-Jahren als Bewegung selbst eine wichtige Kritik seitens schwarzer Feministinnen durchlief und heute integraler Bestandteil vieler dekolonialer Ansätze ist. Die feministische Aktivistin bell hooks setzte sich in ihrem Essay „Sisterhood“ mit der Frage feministischer Solidarität auseinander.[174] Sie machte in diesem Text auf die Probleme aufmerksam, die sich beim Aufbau von Beziehungen zwischen Frauen stellen, welche um das kreisen, was wir gemeinsam haben, um die Frau als Opfer. Diese Art des Eintretens für eine Schwesternschaft ist besonders präsent in der Geschichte bürgerlicher, größtenteils weißer und privilegierter Befreierinnen, innerhalb deren die Grundlage für Zusammenschlüsse zwischen Frauen durch die Gewalt gegen sie gebildet wurde sowie durch die Charakteristiken, die an der Weise, wie eine Frau Opfer wurde, in

---

173 Siehe Vesti iz življenja slovenske narodne skupnosti, „Moči umetniškega dela ‘ni mogoče uničiti’“, *ORF*, 6.5.2021, https://volksgruppen.orf.at/slovenci/stories/3102589.

174 bell hooks, „Sisterhood: Political Solidarity Among Women“, in: *Feminist Theory: From Margin to Center*, Boston: South End Press, 1984, S. 43–65. bell hooks ist das Pseudonym von Gloria Jean Watkins, die diesen Namen von ihrer Urgroßmutter mütterlicherseits, Bell Blair Hooks, übernahm.

geteilten Erfahrungen wiedererkennbar waren. Wie hooks überzeugend feststellt, affirmiert eine solche Solidarität aber direkt die sexistische Ideologie der Gewalt gegen Frauen, weil Frauen hier im Wesentlichen auf dieselbe Art und Weise wahrgenommen werden wie in der Einstellung derer, von denen die Gewalt ausgeht: als Opfer. Diese Form der Solidarität wird also zu einem Teil der ideologischen Operationen der Ungleichheit. Die Unterstützung und Nähe unter Verwandten wird zu einer Form des Ausschlusses und der Auslöschung von Unterschieden. In solchen Formen von Solidarität sind wir nicht in der Lage, uns mit unseren eigenen Positionen und Privilegien auseinanderzusetzen sowie mit Unterschieden und Ungleichheiten zwischen Frauen. Wie hooks schreibt, können sich daher gerade im Rahmen einer solchen bedingungslosen Solidarität und Liebe, darin, einander schwesterlich zugetan zu sein, die Prozesse von Sexismus, Rassismus und Klassenunterschieden fortschreiben. Es ist folglich notwendig, die schwierige Arbeit politischer Organisierung zu leisten und Strategien für die Auseinandersetzung mit „Unterschieden, Vorurteilen, Wetteifer, Übelnehmerei“[175] zu entwickeln. Nur so kann Solidarität die Unterdrückung abwenden, die uns als Person nicht direkt treffen mag – was allerdings nicht bedeutet, dass wir nicht durch Praxis vereint und solidarisch sein könnten. Wie viele andere Solidaritätsbewegungen kann auch die feministische Bewegung nur gestärkt werden, „wenn individuelle Anliegen und Prioritäten [nicht] den einzigen Grund dafür bilden, sich an ihnen zu beteiligen“[176]. Solidarität hat nichts mit Unterstützung zu tun, mit dem Sinn für ein geteiltes Problem und mit Nähe, sie ist ein „anhaltender,

175 Ebd., S. 63.
176 Ebd., S. 62.

kontinuierlicher Einsatz“[177], der in seinem Innersten von Unterschieden und Verschiedenheiten durchzogen ist. Solidarität als anhaltender und kontinuierlicher Einsatz ist eine gute Beschreibung für die möglichen und wünschenswerten Formen von Solidarität zwischen prekären Subjekten, und die Methode, mit der hooks sich mit der Solidarität unter Frauen auseinandersetzt, ließe sich auch auf den Kunstbereich übertragen. In der Kunst werden häufig Unterstützungsgemeinschaften gebildet, insbesondere in schwierigen ökonomischen und politischen Situationen, etwa wenn es zu kulturpolitischen Umbrüchen oder radikalen ökonomischen Kürzungen kommt, oder auch zu Kriminalisierungen und Angriffen auf die Kunst, durch die bestehende prekäre Verhältnisse weiter verschärft werden. Obwohl es den Anschein hat, dass das Kunstfeld oft solidarisch reagiert, ist Auslöser dieser Solidarität häufig die Anerkennung, dass alle gleichermaßen Opfer der Veränderungen sind (angesichts der politischen oder ökonomischen Umbrüche sitzen wir alle im selben Boot usw.), und zwar ungeachtet des Umstands, dass es zwischen den einzelnen Initiativen, institutionellen Umfeldern und Leben, die von diesen Veränderungen betroffen sind, erhebliche Unterschiede gibt. Es sind genau diese Unterschiede, die bestimmen, wie Akteur:innen im Feld affiziert werden und mit welchen Konsequenzen sie zu rechnen haben, und diese Unterschiede verbinden sich in aller Regel eng mit Geschlechterverhältnissen, rassisierten Verhältnissen und Klassenverhältnissen, was genau der Grund dafür ist, warum sie uns auf unterschiedliche Weise betreffen. Diejenigen, die die Veränderungen irgendwie zu

177 Ebd., S. 64.

überstehen in der Lage sind, haben oft enge Verbindungen zu den vorherrschenden ökonomischen oder ästhetischen Machtverhältnissen, verfügen über einen stärkeren institutionellen Hintergrund und verbleiben somit in einem Bereich der Sichtbarkeit, während die ohnehin schon extrem prekären und marginalisierten Organisationen oder Individuen diese Veränderungen häufig nicht überdauern. Es kann auch vorkommen, dass Prozesse der Vereinigung um des Kulturkampfs willen ein (temporäres, indes oft definitives) Vergessen von Besonderheiten und unterschiedlichen Ausgangspunkten fordern, dass wir also beispielsweise aufgrund der allgemeinen Bedrohungslage die sogenannten progressiven Institutionen weiterhin unterstützen, selbst wenn diese, wie das für einen Gutteil des Kunstbereichs zutrifft, hierarchisch funktionieren und organisiert sind. Dergestalt überleben am Ende gerade diejenigen nicht, die sich in ihrem Handeln der Opferrolle verweigern, die stattdessen beharrlich als fremdartige und stets unangepasste Subjekte fortbestehen, die fordern, dass Kunst ein dynamisches Feld von Differenz und Pluralität bilde, durch das verschiedene Formen der Erfindung und Imagination der Welt (die existierenden mit eingeschlossen) permanent geprüft und in Frage gestellt werden. Letztere stellen aber eben jene Bereiche der Kunst dar, welche sich eng mit der Erfindung anderer Lebensformen verflechten, mit einer Erfindungskraft, die ein anderes Verhältnis zur Wertschätzung und zum Verständnis von Kunst aufrechterhält als das einer Hierarchie, die sich auf der Grundlage von Wiedererkennbarkeit und dem Wert einzelner Kunstwerke und ihrer Schöpfer:innen errichtet. Wir können von Kunstzusammenhängen, künstlerischen Milieus oder sogar Ökosystemen sprechen, die jenseits institutioneller Grenzen ineinanderfließen und durch die (in urbanen Zentren wie auch außerhalb ihrer) eine poetische und schöpferische Vielfalt erzeugt wird.

In diesem Sinne lässt sich auch das Verhältnis denken, das im Zusammenhang der Zerstörung des Autonomen Zentrums Rog sowie des Kunstwerkes, das als Teil der feministischen Ausstellung an der Fassade von Cukrarna angebracht war, am Werk gewesen ist. Die Parallelität und räumliche Nähe zwischen den beiden unterschiedlichen Akten der Zerstörung utopischer Botschaften und Praxen mag ein Zufall sein, sie zeugt aber auch beredt von den Schwierigkeiten, Verbindungen zwischen diesen Kunstkontexten herzustellen, die gleichwohl beide emanzipatorisch, politisch und feministisch orientiert sind. Der erste Zerstörungsakt wurde seitens der Stadtbehörden ungeachtet der Proteste mit ihren kulturpolitischen Plänen gerechtfertigt und als Zerstörung wertloser Eigentumsobjekte maskiert, als Sorgetragen für eine marginalisierte und gefährliche Gegend, deren Bewohner:innen geschützt werden müssen – weshalb nichts von diesen Praktiken übrig bleiben darf bzw. zuerst aufgeräumt werden muss, bevor diese Umgebung in etwas Wertvolles umgewandelt werden kann. Der zweite Zerstörungsakt hingegen wird intoleranten Individuen zugeschrieben, die sich sehr wahrscheinlich an der feministischen Haltung störten, die ihnen an der Fassade des Gebäudes begegnete – weshalb den Organisator:innen der Ausstellung zufolge das zerstörte Kunstwerk auf dem Gebäude bleiben musste als symbolische und faktische Mahnung und Erinnerung daran, dass die Kraft eines Kunstwerks unzerstörbar ist. Es scheint, dass Sorge und die sie begleitenden Spannungen zwischen dem

Rhetorischen, dem Performativen und dem Materiellen uns dabei helfen können, solche schwierigen Beziehungen innerhalb der Welten der Kunst in den Blick zu nehmen und zu analysieren, besonders angesichts der Tatsache, dass sie auf ähnliche Weise ins Leben einzufließen scheinen. Auf der einen Seite werden durch die rhetorische Macht der Sorge (Räume sind gefährlich) konkret und tatsächlich die Räume zerstört, in denen die Erfindung alternativer Sorgepraxen kontinuierlich stattfinden konnte, und diese Maßnahme verdankt ihren Erfolg einer Kriminalisierung der Subjekte dieser Praxen, der Schwächsten in der Gesellschaft. Auf der anderen Seite legt die symbolische Kraft der Kunst, selbst wenn diese engagiert und feministisch ist, ein performatives Zeugnis von ihrer politischen Kraft ab und glorifiziert die Hoffnung der Schwachen; sie kann auf diese Weise auch ihre eigene Zerstörung sichtbar halten und sie rhetorisch in einen symbolischen Wert verwandeln. Eigentlich aber sind die beiden Ereignisse zugleich Folge von Intoleranz und der Auslöschung utopischer Leben – nur dass die Unterschiede zwischen ihnen bezüglich ökonomischer Stellung und Wert klar ausgeprägt bleiben. Aus diesem Grund unterhalten Kunst und Leben ein äußerst angespanntes Verhältnis zueinander, wenn wir über sie unter dem Gesichtspunkt der Sorge nachdenken. Obwohl Sorge Ausdruck eines wirklichen, dringenden Bedürfnisses von Körpern, Leben und Umwelten nach einer Neuorientierung von Lebens- und Arbeitsverhältnissen sowie von intimen und sozialen Verhältnissen ist, sind Systeme und Entwicklungen in der Kunst in ihrem Verhältnis zur Sorge nicht unschuldig und neutral, sondern tief in die eigenen Asymmetrien und Formen von Machtausübung eingebettet.

Wenn also Anerkennung und Umgang mit Differenzen im Zentrum von Solidarität stehen sollen, was die Vorbedingung für einen Sinn für Gemeinsamkeiten ist, dann dürfen solidarische Entscheidungsträger:innen und jene, die in der Kunstsphäre mit Macht ausgestattet sind, es nicht akzeptieren, dass Prekarität, Veränderungen in der Kulturpolitik und in Formen der Finanzierung so radikal unterschiedliche Effekte im Leben von Kulturarbeiter:innen zeitigen. Prekarität betrifft uns alle, aber mit sehr unterschiedlichen Folgen, und Solidarität als anhaltende und kontinuierliche politische Praxis ist in der Lage, diese Tatsache zu erkennen. Dadurch wird es möglich, mutiger zu denken und die aus eigenen Privilegien erwachsende Verantwortung ohne unnötige Ausschmückungen und ohne den Schutz, den allgemeine, distanzierte Kategorien bieten, zu problematisieren. Eine der wesentlichen Voraussetzungen dafür, dass wir Prekarität als Gemengelage unterschiedlicher existenzieller Verfasstheiten von Interdependenz erfassen können, liegt in dem Wagnis, bestehende Formen der Bewertung und Sichtbarmachung künstlerischen Lebens in unserem Umfeld radikal in Frage zu stellen. Wie können wir die Ungleichheiten im Kunstfeld sichtbar machen und mit ihnen umgehen? Eben durch eine Ethik der Asymmetrie, die jede Voraннahme bezüglich Nichtinvolvierung bzw. der Unschuld des eigenen Engagements und der eigenen Verantwortung tief erschüttert. Auf ähnliche Weise können wir auch von einer Dekolonisation unserer eigenen institutionellen Praxen sprechen: Denn einerseits widersetzen wir uns den Prozessen, durch die koloniale Praxen und Bedeutungen (Geschlechterdifferenzen, Einstellungen zu Eigentum, hierarchische Beziehungen zwischen Institutionen usw.) reproduziert werden; andererseits aber öffnen wir die Kunst einem Begriff radikaler Vielfalt als Grundlage für jegliche Imagination des Sozialen.

Vermittelnde Rollen (kuratorische, dramaturgische, produktionsbezogene usw.) sind diejenigen Rollen, die im Zentrum des Managements von Relationalitäten in der Kunst stehen. Sie sind beständig damit beschäftigt, die Implosion verflochtener affektiver Ketten zu verhindern und zu managen, und die Darstellung der Rolle der Vermittlung als einer guten Sorge, die Kunstinstitutionen emotionale und gemeinschaftliche Werte hinzufügt, trägt eine Menge dazu bei. Aber die Krise der Nachhaltigkeit des Lebens, in ihrem Zusammenhang mit der Sorgekrise, erzeugt die Notwendigkeit, andere mikropolitische Allianzen zu schaffen und folglich auch ein Verständnis von Vermittlung, Verbreitung und der Hervorbringung der Öffentlichkeit von Kunst. Ndikung schreibt über eine andere Perspektive auf das Vermitteln – in Bezug auf die kuratorische Tätigkeit – und bringt es erneut mit Sorge in Verbindung. Für ihn ist die Tätigkeit des Kuratierens etwas, das in einem permanenten Wandel begriffen ist, den er als *Kuratorialisierung* beschreibt. Er bezieht sich dabei auf den Prozess der *Kreolisierung*, wie er bei Édouard Glissant entwickelt wird, als Prozess eines permanenten Wandels, der sich nicht auf eine Identität (im gegebenen Fall: eine kreolische) fixieren und in dieser einschließen lässt. Kuratorische Praxis ist für Ndikung veränderlich hinsichtlich ihrer Zeiten, Räume und Formen sowie durch eine Mannigfaltigkeit von Existenzen geprägt.[178] Aber gilt das nicht für alle gegenwärtigen Praxen des Vermittelns? Ist die

178 Ndikung, *The Delusions of Care*, S. 51.

Ökonomie des Vermittelns im Rahmen von Kapitalzirkulation und Finanzialisierung nicht ebenfalls ein solch facettenreicher Prozess, der permanent im Fluss ist? Wie können wir also eine Linie ziehen zwischen metaphorischen Übertragungen von Wörtern zur Beschreibung von Kunstpraxen, innerhalb deren Kreolisierung Formen des Lebens beschreibt, Kuratorialisierung aber vor allem mit den Prozessen der Produktion und Organisation von Systemen und mit Kunstproduktion assoziiert ist? Ndikung schreibt, dass wir Kuratorialisierung breiter denken müssen, um „Risse und Vorbehalte bezüglich der Sorge“ freizulegen, „die wir bisher vielleicht noch nicht erforscht haben und die sich ständig den Bedürfnissen der Künstler:innen, der Kunst und des Publikums anpassen, auch über Zeiten und Räume hinweg – und am allermeisten über die ausgedehnten Zeiträume vor und nach der Ausstellung“[179]. Aber was bedeutet das wirklich? An dieser Stelle greift Ndikung erneut auf eine Metapher zurück und schreibt nun über *marronage* und Maroon-Gemeinschaften entflohener ehemaliger Sklav:innen, die in der Karibik und tatsächlich in ganz Lateinamerika eine lange Geschichte haben. Maroon-Gemeinschaften waren Gemeinschaften an den Rändern, parallele Gemeinschaften, die teils temporär, andernteils von Dauer waren, sich oft in einem endlosen Kriegszustand befanden, aber auch komplexe Beziehungen zu den Kolonialmächten unterhielten. Diese Gemeinschaften forderten das Plantagensystem heraus, indem sie diesem ihre Arbeitskraft entzogen und sich Freiheit oder Autonomie erkämpften. Ndikung schreibt über Kuratorialisierung als *marronage*, in der

179 Ebd.

künstlerische Gemeinschaften sich beschreiben lassen „als Räume eines Rückzugs – nicht als Metapher –, die der Organisierung und Versammlung von Menschen, Wissensformen, Dingen gewidmet sind, denen unsere Sorge gilt und für die wir Sorge zu tragen beabsichtigen“[180]. Aber was bedeutet diese Metapher, wenn wir sie beim Wort nehmen? Welche körperlichen, greifbaren Folgen verbinden sich mit ihr, welche Sinnlichkeit und welche Welten bezieht sie mit ein? Ndikung sagt, dass es in diesem Akt auch die Möglichkeit des Rückzugs gibt, um für sich selbst und Angehörige Sorge zu tragen. Durch diese Räume könne auch ein sozio-epistemischer Wandel herbeigeführt werden, nicht nur in den Verhältnissen der Kunst, sondern auch im Sinne einer grundlegenden Verschiebung von Sorge zu Heilung, die im Wort *cura* ebenso anklingt. Kunsträume und -umgebungen könnten auf diese Weise zu einer Zufluchtsstätte werden, oder wie Ndikung sagt: „[K]unsträume könnten Räume eines radikalen Denkens werden. Einer radikalen Liebe. Protesträume. Auf dem Spiel steht also die Frage: Wie schaffen wir Räume, wo Menschen und die Gesellschaft ihre Wunden zeigen können?“[181] Diese Verletzlichkeit ist in seinem Schreiben auch eng mit traumatischen Geschichten von Ungleichheit, Rassismus, Prekarität und Unsicherheit verknüpft. Es geht um eine Affirmation der Relationalität künstlerischer Umgebungen, die nicht nur professionelle Umgebungen sind, sondern Ökosysteme einer anderen Erfindung des Lebens, die für poetische, existenzielle und auch spirituelle Suchen nach Wegen des

---

180 Ebd.

181 Ebd., S. 68.

Erschaffens offen sind; in vielen ihrer Aspekte stehen diese aber meines Erachtens auch in einem zutiefst widersprüchlichen Verhältnis zur Akkumulation von Kunstwerken und der Zirkulation von Werten, suchen sie doch zugleich den bestehenden geopolitischen Weltverhältnissen zu entfliehen. Diese Sinnlichkeit und Körperlichkeit vermischt sich demzufolge auch mit Unbehagen und keineswegs nur mit guten Gefühlen, denn auch durch *marronage* bildeten sich, historisch betrachtet, Gemeinschaften, die sich oftmals in einem Zustand des permanenten Kampfes befanden, weil es nur so möglich war, sie und eine Form der Gemeinschaft flüchtiger Existenzen zu schützen. Wenn wir Kunsträume wirklich als Orte der Zuflucht, als Orte einer gemeinsamen Heilung, einer sinnlichen und materiellen Neuorientierung von Körpern denken, dann sind die Orte der Kunst in Wirklichkeit weniger Zufluchtsstätten als vielmehr eine Art von Brutstätten, in denen sich Menschen treffen, für die nicht gesorgt wird, sodass die Besorgnis um sich selbst zu einem Teil der Sorge wird. Das slowenische Wort für Brutstätte, *leglo*, ist verwandt mit dem Wort für „liegen", „untätig sein", „nachlässig sein", also nicht für sich zu sorgen. Das beinhaltet auch die Fähigkeit, nicht zu arbeiten, die Mladen Stilinović in seinem berühmten Werk *Umetnik na delu* („Künstler am Werk", 1973–1983) thematisierte, welches ihn dabei zeigt, wie er in seinem unordentlichen Bett liegt, inmitten eines Durcheinanders von Dingen. Aber das Wort hat auch Bedeutungen, die die Reproduktion betreffen, wie etwa in Ausdrücken für herumliegende Spreu, Unkraut, Brutstätten von Tieren und menschlichen Abfall; in seiner pejorativen Bedeutung kann es diejenigen bezeichnen, die es nicht wert sind, weiterzumachen oder fortzubestehen, und die deshalb mit den Wurzeln ausgerissen, ausgerottet, vertrieben werden müssen, und zwar von allem Anfang an und bevor sie sich entfalten können. Es ist kein Zufall, dass das Autonome Zentrum Rog in der Öffentlichkeit oft als Abfall und Brutstätte dargestellt wurde, denn dadurch ließen sich jene abstempeln, die in ihm Zuflucht gefunden hatten, und Bedürfnisse nach ihrer Beseitigung wecken, nach ihrer Unterbringung in legalisierten Sorgesystemen, die sie des Rechts auf ihre eigenen Erfindungen berauben würden. Aber Brutstätten können – so wie *marronages* – über ein starkes Potenzial verfügen, selbst wenn es sich um extrem prekäre Formen des Lebens handelt. Kontrolle über Reproduktion zu haben, wie Federici es fordert, lässt sich demnach auch dahingehend verstehen, dass es Kontrolle über Brutstätten zu haben gilt, um Zugehörigkeit, Lebensführung, Gemeinschaft und Dauer fordern, erfinden, imaginieren, erproben zu können. Und das ist Teil der Transformation, die Sorge mit sich bringen kann, wenn wir sie als Spannung zwischen ihren verschiedenen Umsetzungsformen denken, was auch die Kunst und ihre guten politischen Erfindungen herausfordert. Können wir Kunsträume in körperlichen Begriffen denken, als Orte der Zuflucht und Brutstätten, in denen sich viele traumatisierte, kranke und auch erschöpfte Körper, aber auch Körper voller Hoffnung und Stärke einfinden, die Modelle für die Nachhaltigkeit des Lebens neu denken und erfinden wollen? Was sind dabei die Risiken für vermittelnde Berufe, und wie lässt sich diese relationale Kraft und Fähigkeit in andere Formen der Korrelation wenden, die Wert nicht länger in Individuen und einzelne Institutionen rückeinspeisen, sondern in ganze Ökosysteme der Koexistenz?

Haben Künstler:innen in den 1960er-Jahren das Verhältnis zwischen Kunst und Leben thematisiert, um einen radikalen Wandel im Begriff des Kunstwerks (als Objekt) herbeizuführen, so hält dieses Verhältnis zwischen Kunst und Leben heute durch die Komplexität einer Sorgeökologie Einzug in die Kunst, eben weil es notwendig ist, eine Reihe von kollektiven Verantwortlichkeiten zu entfalten und mit ihnen zu leben – für die Entscheidungen, die wir getroffen haben und die eine Gefährdung der Welt darstellen, in der wir leben. Sorge tritt in der Kunst mithin paradoxerweise auch deswegen auf den Plan, weil sich mit ihr eine Verschiebung in Richtung der poetischen Erfindungen und Imaginationsweisen der Sorgearbeit im breitesten Sinne verbindet: „um die Gesundheit und um die Freude sorgen, die Einsamkeit kurieren, verwöhnen, begleiten, zuhören, teilen, lieben“[182]. Gerade im Herzen der Brutstätten finden wir, wovon diese bemerkenswert optimistische Beschreibung der Sorge spricht, und dabei geht es nicht um ihre Mystifizierung und den ökonomischen Mehrwert, der durch die Professionalisierung der Sorge erzeugt wird, sondern um eine Spiegelung der Notwendigkeit poetischer Imaginationsweisen und Erfindungen, die auf Unterstützung und Bewahrung der Nachhaltigkeit des Lebens ausgerichtet sind.

182 Precarias a la deriva, „Globalisierte Sorge“, in: *Ökologien der Sorge*, S. 81.

SORGEVERWANDTSCHAFTEN

„Diese alten Tränen in der Hackschale."
(Adrienne Rich, *Peeling Onions*)

1. Das Leben der Künstler:innen

Die Sorge ist eine Lebenspraxis, die für verschiedene Naturalisierungen anfällig ist, und darin liegt ihre hegemonische Kraft, denn genau so wird sie wieder unsichtbar gemacht, ihre Relationalität entpolitisiert und sie beispielsweise zu einer allein menschlichen (oder weiblichen) Eigenschaft gemacht, um die herum sich hierarchische Trennungen und Herrschaftspraxen aufs Neue organisieren. Es gilt also an der Sorge zu rütteln, die optimistischen Blicke auf ihre Praxis ins Wanken zu bringen; zugleich kann sie aber auch nicht einfach ignoriert werden. Die Sorge ist zu entscheidend für das Gewebe des Lebens, wie Puig de la Bellacasa sagt.[183] Vielleicht ist es also am besten, sich der Sorge wie einer Zwiebel zu nähern, durch die klebrigen Schichten ihrer vielen Bedeutungen und Praxen hindurch, wobei wir mit jeder tieferen Schicht, zu der wir vordringen, immer stärker durch ihre Materialität im Rohzustand berührt werden. Das ist der Grund, warum wir beim Häuten einer Zwiebel oft den Raum lüften müssen, weil ihre Materialität sich als scharf und beißend erweist, und Ähnliches gilt für den Umgang mit der Sorge, wenn wir die Kraft ihrer mikropolitischen Gesten erkennen und die Sorge der Kunst annähern wollen.

Eine solche Beunruhigung bildet auch die Grundlage für meine Reflexionen darüber, wie Sorge, wenn sie als situierte gedacht wird, einen anderen Einblick in die Integration von Kunst und Leben eröffnen und somit auch das Leben der Kunst selbst durchdringen oder aufrütteln kann. In der Folge möchte ich über die Modalitäten der

183 Puig de la Bellacasa, *Matters of Care*, S. 8.

Sorge, über ihre Farben und Tonalitäten, über die Schwierigkeiten der großen Nähe und komplizierten Verantwortlichkeit von Sorgeberührungen anhand konkreter Kunstwerke und künstlerischer Prozesse nachdenken, um auch auf diesem Wege eine andere Möglichkeit des Denkens und der Situierung engagierter, eingebundener und erfinderischer Kunstprozesse aufzuzeigen. Ich werde daher die nachfolgenden Kapitel durch die Netze und Geflechte von Beziehungen der Sorgeverwandtschaft in der Arbeit von Künstler:innen und in Kunstwerken weben, was uns dabei helfen kann, deren Eingebettetsein in die Wirklichkeit zu verstehen – oder um mit Marina Garcés zu sprechen: ihre Ehrlichkeit im Umgang mit der Wirklichkeit. Auf diese Weise werde ich versuchen, unser Verständnis mikropolitischer Kunstpraxen sowie jener transversalen Lebenskräfte zu vertiefen, die mit einer von Problemen belasteten Welt stärker vermischt sein können und zugleich versuchen, sich mit dem Leben auf erfinderische, schöpferische und konkret greifbare Art zu verflechten.

Helke Sander schuf 1978 den Film *Die allseitig reduzierte Persönlichkeit – Redupers*, den ich bereits im ersten Teil dieses Buches erwähnt habe. Der Film zeigt das (feministische) Leben der Künstlerin und Mutter Edda, die, obgleich emanzipiert und selbstorganisiert, einfach nicht zurechtkommt. An ihrem Alltag erkennen wir, dass das Problem nicht im Leben selbst besteht, sondern in der Störung begründet liegt, die sich in der Reproduktion des Lebens zeigt. Lauren Berlant beschreibt das folgendermaßen: „Eine Panne ist aufgetaucht in der Reproduktion des Lebens.“[184] Die

184 Lauren Berlant, „The Commons: Infrastructures for Troubling Times“, *Society and Space* 34/3, 2016, S. 393.

mikropolitischen Handlungen von Frauen in Helke Sanders anderen Filmen aus den späten 1970er-Jahren bringen einen unausweichlichen Zusammenstoß zwischen den unterschiedlichen Sphären von Produktion und Arbeit, zwischen reproduktiver und produktiver Arbeit ans Licht. Emanzipationsprozesse, die sich – besonders im globalen Norden – mit einer Reihe von anderweitig wichtigen Befreiungen von Körpern und Arbeit verbinden, bringen nicht notwendig ein besseres Leben mit sich, sondern können auch mit der Etablierung einer Reihe von neuen Interdependenzen einhergehen, die letztlich in verstärkte Prekarität und Erschöpfung münden. So beschreibt etwa Marion von Osten in ihrem Essay über *Redupers*, wie entsprechende Lebensstile ihre Protagonistinnen in eine noch größere Abhängigkeit stoßen. Das Aufkommen emotionaler Arbeit, das Verschwinden der Grenze zwischen Leben und Arbeit, das selbstorganisierte und unabhängige Leben – sind allesamt nicht nur Teil der Emanzipationsprozesse, sondern auch Auslöser für neue politische und ökonomische Probleme von emanzipierten Frauen. „Der Film reflektiert die Tatsache, dass der Wunsch nach feministischer, beruflicher und kulturpolitischer Selbstständigkeit – die persönliche Verantwortung, Geld zu verdienen und in der Gegenkultur zu arbeiten – sich in das Gegenteil verkehrt hat. Nicht nur sind sie nicht in der Lage, die gesellschaftlichen Widersprüche aufzulösen, zu deren Überwindung sie angetreten sind, sondern sie verstricken sich auch in sie.“[185] Berufliche – und mit

---

185 Marion von Osten, „Irene ist Viele! Or What We Call Productive Forces“, *e-flux Journal* 08, 2009, S. 9. Ich befasse mich damit eingehender in: *Artist at Work*, Winchester und Washington: Zero Books, 2015.

ihr künstlerische – Emanzipation bedeutet nicht notwendig auch eine Emanzipation von traditionellen Stereotypen, Trennungen und Erwartungshaltungen, noch auch garantiert sie einen besseren ökonomischen Status, sondern führt oft zum Gegenteil: Die Aufgabe der Aufrechterhaltung des Lebens sieht sich mit Ohnmacht konfrontiert und gleitet den Protagonistinnen durch die Hände. Diese scharfsinnige Analyse eines feministischen Films aus den späten 1970er-Jahren bringt ein sehr aktuelles Problem ans Licht. Es zeigen sich nicht nur starke Ähnlichkeiten mit dem prekären Leben vieler Künstler:innen heute, sondern es werden auch die Gründe für die Unmöglichkeit eines (guten) Lebens wirklich analysiert. Es geht nicht um das Leben, das selber nicht zurechtkommt; das Leben ist dazu nicht in der Lage, weil es in seiner Fähigkeit zu Unabhängigkeit, Autonomie und Selbstorganisation ökonomisiert und kapitalisiert wird. Das Leben zu managen wird zur zentralen Art und Weise, es zu organisieren und zu reproduzieren, aber zugleich werden die Netze und Infrastrukturen, die das Leben stützen, abgebaut und zerstört. An die Stelle einer gemeinschaftlichen, kollektiven, erfinderischen, poetischen Aufrechterhaltung der Nachhaltigkeit des Lebens tritt die Zerstückelung des Lebens emanzipierter Protagonistinnen in individuelle emanzipierte Schicksale, die sich der Prekarität und ökonomischen Marginalität ihrer eigenen isolierten Existenzen gegenübersehen. Nichtsdestotrotz handelt es sich, wie Sander zeigt, um eigensinnige und kämpferische Existenzen, die nie aufgeben, auch wenn die Situation hoffnungslos scheint, und die gerade dadurch, obgleich an den Rändern von Sichtbarkeit und Marginalität, auch weiterhin keine Zugeständnisse an die bestehenden

Werte machen. So schwer das Leben auch wird, die Reorganisation des tagtäglichen Lebens muss immer neu erfunden werden.

Eine Auseinandersetzung mit Sanders feministischem Frühwerk, das Künstlerinnen, unabhängige und emanzipierte Frauen und ihre Überlebensschwierigkeiten in den Mittelpunkt stellt, ist auch mit Blick auf die Gegenwart von Arbeit in der Kunstwelt lohnend und von großer Relevanz. In diesen Filmen vermeidet Sander jeglichen Vorentwurf einer emotionalen Färbung von Existenzen und insbesondere jegliche apriorische Verknüpfung zwischen Frauen und Sorge im Sinne eines zentralen Reproduktionszusammenhangs. Im Gegenteil: Sorge tritt hier als extrem widersprüchliche Kraft in Erscheinung, als eine Kraft der Abhängigkeit, der Verflechtung, der Verantwortung gegenüber Kindern, Familie, Kolleg:innen, Freund:innen, aber auch als ein störendes, lästiges, klebriges, gewaltsames Band: Wenn die Sorge erscheint, muss sie weitergegeben, fast weggeknetet werden. Davon zeugt etwa die Szene, in der Edda und ihre Tochter sich an der Wohnungstür voneinander verabschieden und die Tochter sich weigert, sie zur Abendschicht gehen zu lassen. Eddas Mitbewohnerin hält die Tochter umarmt und schiebt sie in die Wohnung zurück, während die Tochter unter lautstarkem Protest am Schal um Eddas Hals zieht, bis er weggerissen ist und Edda das Haus verlassen kann. Oder auch die fast ironische Szene, in der ein feministisches Kollektiv an einem Sonntag probt, wie sich große Fotografien an einem öffentlichen Ort ausstellen lassen, wobei sich ein Gespräch darüber entspinnt, warum eine der Frauen immer ihr Kind anschleppen muss, wenn sie arbeiten, und ob sie es nicht beim Vater lassen könne (es ist kein Zufall, dass das Kind Tarzan heißt). All diese Szenen sind durch eine fast stoische Abwesenheit emotionaler Tonalitäten gekennzeichnet, durch die Sander die Dimensionen sozialer Reproduktion kritisch und auch ironisch analysiert, ohne sie mit vorentworfenen Wertakzenten zu versehen. Auf diese Weise wird jegliche Etablierung von weiblichen Wesenseigenschaften vermieden. Die Schwierigkeiten treten eben deswegen auf, weil Formen der Solidarität und eines öffentlich-gemeinschaftlichen Lebens auseinanderfallen, weil Werte auf Kommerzialisierung und individuelles Leben ausgerichtet werden, weil den Protagonistinnen der Boden unter den Füßen weggezogen wird und weil der Rhythmus der Arbeit die Netze eines möglichen gemeinschaftlichen Lebens zerstört. Das Problem mit der Sorge ist mithin gesellschaftlicher, materieller Art; es geht nicht um ein emotionales Problem, denn wenn es als solches verstanden würde, dann wäre es schon im Voraus mit den moralischen Bedeutungen versehen, die dem Leben von Frauen zugeschrieben werden. Wenn schon, dann geht es vor allem um ein anderes sinnliches Verhältnis zur Welt, das auf ganz grundsätzlicher Ebene die Erfindung einer sozialen Reproduktion und einer Reorganisierung von Alltag und Gemeinschaft erfordert, durch welche eine andere, solidarischere, besser aufgeteilte und angemessenere Aufrechterhaltung gesellschaftlicher Reproduktion und Produktion möglich wäre.

Dieser Forderung begegnen wir auch in einem Text von Mary Jirmanus Saba, die eine der Künstlerinnen und Kulturarbeiterinnen ist, die in dem Sammelband *Why Call It Labor? On Motherhood and Art Work* die Erfahrung von Mutterschaft in der Kunstwelt, im globalen Kunstzusammenhang und seinen mikropolitischen prekären Milieus beschreiben.[186] Mir geht es hier weniger um eine Analogie, darum, Ähnlichkeiten zwischen den Leben von Frauen und insbesondere Künstlerinnen (damals und heute) festzustellen, sondern vor allem um ein Erkennen der Probleme, die sich mit den Krisen der Nachhaltigkeit des Lebens verbinden und die – wie Sander zeigt – oft von den Protagonistinnen trotz ihres Emanzipationswillens und ihrer Entschlossenheit zur Selbstorganisation nicht gelöst werden können. In dem erwähnten Sammelband finden wir Arbeiten von Künstlerinnen, die von ihren eigenen Erfahrungen mit Mutterschaft und künstlerischer Arbeit erzählen und diese Erfahrungen einerseits in globalen Kunstverhältnissen situieren, um andererseits mikropolitische Überlebensstrategien zu beschreiben. Die Sammlung enthält auch Ausschnitte aus Mary Jirmanus Sabas Blog *M(art)xist Mom*, den sie im Untertitel als Blog über Mutterschaft, Gegenwartskunst und Ausbeutung beschreibt.[187] Die Sichtbarkeit von Mutterschaft verknüpft sich eng mit der Geschichte von Kapitalismus, Reproduktion und Frauenkörpern, wobei die Geschichte des Kapitalismus sehr unterschiedliche Folgen für verschiedene Frauenkörper hat. Jimanus Saba schreibt darüber, wie Frauen in der heutigen Kunstwelt in überwältigendem Ausmaß mit Reproduktionsarbeit und dem Sorgen für andere beschäftigt sind, in Bildungsarbeit und Rahmenprogrammen sowie in vielen Vermittlungs- und Sorgearbeiten, die in der Mehrzahl schlecht bezahlt und mit

186 Mai Abu ElDahab (Hg.), *Why Call it Labor? On Motherhood and Art Work*, Berlin: Mophradat and Archive Books, 2021.

187 Mary Jirmanus Saba, „Boston, June 2019 (Or ‚Artistic Genius is a Myth of the Colonial Patriarchy: Part One')", in: Mai Abu ElDahab (Hg.), *Why Call It Labor*?, S. 25–40.

prekären Beschäftigungsverhältnissen verbunden sind. Ähnlich verhält es sich auch mit dem NGO-Sektor in der Kultur, der sich auf die Arbeit von Frauen stützt, die größtenteils nicht angestellt und stattdessen als Projektarbeiterinnen mit befristeten Teilzeitverträgen beschäftigt werden. Die Arbeit von Künstlerinnen ist zum Großteil unsichtbar, Teil der sogenannten dunklen Materie, von der Gregory Sholette schreibt. Er spricht davon, dass sich der Großteil der künstlerischen Produktivität im postindustriellen Kapitalismus aus dunkler Materie zusammensetzt, die zugleich unsichtbar für diejenigen bleibt, die über die Macht zur Verwaltung und Auslegung von Kultur verfügen (Kunstkritiker:innen, Manager:innen, Sammler:innen, Administrator:innen usw.). Sholette findet diese dunkle Materie in den selbstorganisierten, aktivistischen, informellen, nichtinstitutionellen Praxen, von denen die Kunstwelt letztlich abhängig ist. Der von Jirmanus Saba beschriebene Zustand lässt sich allerdings nicht einfach durch eine größere Sichtbarkeit von Arbeit, durch zusätzliche soziale Rechte oder eine längere Mutterschaftskarenz verbessern, denn es handelt sich um mehr als eine Frage von besserer Sichtbarkeit und Repräsentation. Jirmanus Saba zufolge reicht repräsentative Arbeit allein nicht aus: Die repräsentative Inklusion von anderen Körpern, Frauenkörpern, feminisierten Körpern, nichtmütterlichen Körpern, schwangeren Künstlerinnen, aber auch von nichtbinären, nichtweißen, queeren Körpern interveniert nicht genug in die strukturellen Unmöglichkeiten des Kunstmarkts. Dieser nämlich basiert auf unaufhaltsamem Wachstum, aber auch auf der Unfähigkeit, radikaler Kritik Rechnung zu tragen, weshalb sein Substrat unberührt bleibt. „Und doch erfordert eine Unterbrechung der Strukturen, durch die Künstlerinnen, die Leben schenken, marginalisiert werden, mehr als nur Maßnahmen zur Mutterschaftskarenz und die Forderung danach, dass Schwangerschaft sichtbar gemacht wird. Sie erfordert eher eine Demontage der Rollen, die Reproduktion und reproduktive Arbeit in der Produktion von Kunstwerten spielen."[188] Wenn wir also, wie Jirmanus Saba schreibt, die Frage der menschlichen Reproduktion ins Zentrum der Kritik von Kunst und Kunstwelten stellen, „dann erfordert dies, dass wir die Arbeit der Kunst ganz machen, in ihrer Ganzheit bewerten und wertschätzen. Reproduktion in der Kunst neuzudenken bedeutet, Schwangerschaft, das Aufziehen von Kindern und andere Formen der Sorgearbeit nicht als periphere Momente im Leben einer Künstlerin zu verstehen, sondern als etwas, das in sich selbst einen integralen Bestandteil künstlerischer und kultureller Produktion bildet."[189] Das bedeutet eine Ausdehnung der Sorge auf die Kunst und den gesamten Vorgang ihrer Produktion, anstatt einer bloßen Präsenz von Sorge als Thema von Kunst (die Sorge der Kunst um die Welt demonstrierend); und das ist genau, was ich als eine Nähe von Kunst und Leben verstehe, welche die Arbeits- und Hervorbringungsbedingungen von Kunst radikal verändert und auch in die Organisationsformen von Kunstsystemen interveniert. Nur auf diese Weise erschließt Sorge Ökosysteme und Biosphären der Kunst, die nicht vom Management der Kunst als Produkt (und mag dieses noch so sehr experimentell sein) zerpflückt werden. In diesem Sinne macht die Thematisierung von

188 Ebd., S. 34.
189 Ebd., S. 35.

Mutterschaft diese nicht sichtbarer, sondern sie lässt die Reproduktionsverhältnisse präsent werden. Die Leben der Künstlerinnen werden Teil dessen, wie Arbeit und Werk sowie die mit diesen verbundenen Ereignisse und Zeitlichkeiten verstanden werden, es verändert sich der gesamte *oikos* der Institution.[190]

Es geht daher um eine Zurückweisung von Formen des Kunstverständnisses, die schon definitionshalber

---

190 Es ist interessant, diese Ausführungen in einen Zusammenhang mit den Berichten über die Kontroversen im Berliner Maxim-Gorki-Theater zu stellen, die zur Zeit der Abfassung dieses Kapitels aufgetreten sind. Dieses Theater hatte sich im letzten Jahrzehnt stark mit Vorkehrungen beschäftigt, durch die migrantische Gemeinschaften Teil eines institutionellen Theaters werden können, und es entwickelten sich zahlreiche Diskussionen um das Repertoire dieses Theaters, die das sogenannte postmigrantische Theater zum Thema hatten. Die Intendantin des Theaters, Shermin Langhoff, deren Leitungsvision in vielerlei Hinsicht prägend war für ein neues Selbstverständnis des Theaters als Ort, an dem Zugehörigkeit und Identität permanent umstritten sind, sah sich aufgrund der Art und Weise, wie sie das Theater geleitet hatte, mit Anschuldigungen wegen toxischer Verhältnisse und Machtmissbrauch konfrontiert. Wir sprechen hier von einem Konflikt, zu dem es in Institutionen deswegen kommt, weil sie allen Veränderungen des Repertoires zum Trotz ihr eigenes Substrat unberührt lassen. Das Theater hatte sich als Ort der Repräsentation anderer Körper und Gemeinschaften geöffnet, war aber nichtsdestotrotz geleitet und bestimmt durch ein äußerst erfolgreiches und beschleunigtes Management sowie die entsprechenden Formen von Projektproduktionen und erfolgreichen öffentlichen Auftritten. Es handelt sich also um eine erfolgreich gemanagte Kulturinstitution, die auf dem Kulturmarkt gerade durch ihr „Anderssein" und eine ausgewogene Repräsentation agieren muss. Das institutionelle Substrat bleibt trotz der Veränderungen bezüglich der Repräsentation von Körpern selbst unverändert, woraus sich zahlreiche affektive und sinnliche Widersprüche ergeben, die auf die Formen der Leitung und die Verhältnisse in der Institution überschwappen, zumal deren *oikos* so gut wie unberührt bleibt. Das führt dazu, dass die affektiven Ströme noch widersprüchlicher und konfliktreicher werden. Siehe, als Beispiel für die Medienberichte: https://www.sueddeutsche.de/kultur/maxim-gorki-theater-shermin-langhoff-johanna-hoehmann-1.5286590 (*Süddeutsche Zeitung*, 6.5.2021).

Ungleichheit hervorbringen, denn nur so kann Kunst Jirmanus Saba zufolge andere Wege imaginieren, in der Welt zu sein. Wenn wir uns also wirklich mit der Krise der Nachhaltigkeit des Lebens auseinandersetzen wollen, dann müssen wir es zulassen, dass sie in die Felder der Kunst einfließt und diese effektiv verändert, dass sich die Bewertungen, Organisationsweisen und Kollaborationen wandeln, um gemeinschaftlicher, interdependenter und offener für unterschiedliche Lebenspositionen zu werden. Für Jirmanus Saba bedeutet das eine Anerkennung der Sorgearbeit von Künstlerinnen (und zwar selbstverständlich nicht nur in Bezug auf Kinder), welche diese nicht bloß als marginalen Teil des Lebens dieser Künstlerinnen betrachtet, sondern als einen zentralen Teil der Kunst, woraus sich Implikationen ergeben bezüglich des Verständnisses und der Organisation von künstlerischer Arbeit – ebenso wie bezüglich der Welten der Kunst im Allgemeinen .[191] Das bedeutet, dass sich die Werte der Kunst verändern, dahingehend, dass es nicht um das Vorantreiben des Wertes von Künstler:innen und ihrer Arbeit auf individueller Ebene geht, sondern um die Förderung der Verflechtung und Korrelation zwischen schöpferischen, poetischen Kräften und Artikulationen des Lebens. Ich bin fest davon überzeugt, dass es keine poetische Arbeit gibt ohne eine gleichzeitige materielle Konfiguration der Welt (und folglich auch der eigenen Kunstwelt) und dass die Welt durch poetische Ausdruckskraft anders zusammengesetzt werden muss. Dem ist so aufgrund der komplexen Naheverhältnisse zwischen Kunst und Leben, einer Konfrontation, die unsere sinnliche Wahrnehmung

191 Jirmanus Saba, „Boston, June 2019“, S. 35.

der Welt tief affiziert und die greifbare Folgen bezüglich unserer sinnlichen Orientierung zeitigt. Eine solche Thematisierung reproduktiver Arbeit erschließt eine Potenzialität hinsichtlich der Krise der Nachhaltigkeit des Lebens, die sich unterscheidet von der Potenzialität vieler schöpferischer und erfinderischer Körper, die – gerade aufgrund von Prekarität – Interdependenz als etwas Unausweichliches kultivieren. Die Filme von Helke Sander aus den späten 1970er-Jahren geben Einblicke in die Bedürfnisse nach solidarischeren und gemeinschaftlicheren Formen feministischer Existenz und zeigen, welche politischen und ökonomischen Probleme die zusehends individuelleren Bedingungen aufwerfen, unter denen Selbstorganisation stattfindet – was sich im Kunstfeld heute vor allem in der Prekarität künstlerischer Arbeit manifestiert. Diese Bedürfnisse organisieren sich nicht um individuelle Initiativen, sondern vielmehr um reale materielle Forderungen und Interdependenzen, und sie können neue, auf radikalere Weise politische und erfinderische Verbindungen und Engagements zwischen der Sorgekrise und der Krise der Nachhaltigkeit des Lebens hervorbringen, mit feminisierten Körpern in ihrer Mitte. Das mag auf den ersten Blick als utopischer Vorschlag erscheinen, aber auf mikropolitischer Ebene geschehen diese Dinge immer schon, durch Räume und Formen des Zusammentreffens, durch Proteste, durch die Bildung von Gemeinschaften und durch Solidarität. Aber in der Kunst klingt dieser utopische Vorschlag oft wie ein Wunsch nach emotionaler und moralischer Neuorientierung, und nicht so sehr wie eine wirkliche Neustrukturierung ihrer Ökonomien und sinnlichen Organisation. Die rhetorische Kraft der Sorge wird heute in der Kunst vielleicht auch deswegen wiederbelebt, weil viele Sorgepraxen, wenn wir sie einer wirklich mutigen und erfinderischen politischen Betrachtung unterziehen, genau den Verlust an eigener Macht und Sichtbarkeit nach sich ziehen können. Das ist die schwierigste, mutigste Erfindung, die sich in der hochindividualisierten und hochkompetitiven Welt der Kunst machen lässt. Das ist auch der Grund, warum wir viel lieber über Sorge sprechen, als eigentliche Sorgearbeit zu verrichten und sie unter allen Beteiligten aufzuteilen. Und das ist schließlich auch der Grund, warum sich – über all die letzten Jahrzehnte hinweg – nicht viel wirklich verändert zu haben scheint im Leben der heutigen Edda: der flexiblen und prekären Künstlerin, die viele Rollen zu spielen hat und nicht in der Lage ist, die gesellschaftlichen Widersprüche aufzulösen, die sie in ihrem selbstorganisierten Leben überwinden will.

2. Sorge als Schatten der Enteignung

In einem Film von Helke Sander mit dem Titel *Nr. 1 – Aus Berichten der Wach- und Patrouillendienste* (1985), Teil einer Reihe von Kurzfilmen, können wir eine andere Erschwernis von Sorge betrachten, die sich als Folge der Krise der Nachhaltigkeit des Lebens darstellt. Der Film entstand auf der Grundlage eines Berichts über eine Frau, die in Hamburg mit ihren beiden kleinen Kindern an die Spitze des Auslegers eines Baukrans kletterte und drohte hinunterzuspringen, wenn ihr nicht bis zum Abend eine bezahlbare Wohnung zugesichert werde. Der Film beginnt mit einem großen Werbespruch auf der Glasstruktur des Hauptbahnhofs, bevor die Kamera zu einer Frau schwenkt, die mit ihren Kindern einen Schutzzaun überwindet und auf den neben dem Bahnhof stehenden Kran zu klettern beginnt. Als sie an die Spitze gelangt, beginnt sie Flugblätter mit der Forderung nach einer bezahlbaren Wohnung hinunterzuwerfen, und der Film endet mit einer Einstellung, welche die in der Luft schwebenden Blätter zeigt. Es handelt sich um einen zehn Minuten langen Kurzfilm, dem nur die Geräusche der Schritte auf den eisernen Treppen seinen Rhythmus verleihen. Der Film berührt uns tief durch die schwindelerregende Höhe und die fragile, aber sture Virtuosität, mit der die Frau mit ihren beiden Kindern den Kran hochklettert. Es gibt kein Zögern darin, sie klettern beharrlich und die Frau hilft sorgsam einem ihrer Kinder, das teils selber klettert, stützt es, stellt sicher, dass die Schritte richtig gesetzt sind; aber ihre Sorge vermischt sich mit Hartnäckigkeit und Unnachgiebigkeit, gerade angesichts des Gefühls für die Gefährlichkeit, das immer stärker wird, je weiter sie klettern. Mit jedem neuen

Schritt wird es schwieriger, den Film anzuschauen, zumal sich das Gefühl von Instabilität, Zerbrechlichkeit und Ungleichgewicht zusehends verstärkt, während die Trittflächen, auf denen in schwindelerregenden Höhen noch Halt zu finden ist, zugleich immer kleiner werden. Diese sorgsame Geste des Kletterns unterscheidet sich ganz wesentlich von jener des *Man on Wire*[192]; die Virtuosin hier ist eine Mutter mit ihren beiden Kindern, die protestiert, weil sie in der Stadt nicht menschenwürdig leben kann, und der Anfang des Films lässt darauf schließen, dass der Grund dafür der Mangel an bezahlbaren Wohnungen ist, auch aufgrund der Kommerzialisierung und Privatisierung der Stadt. Sie klettern auf den Kran, als zentrales Produktionsmittel der schnellen und immer stärker automatisierten Expansion der Stadt, mit dessen Hilfe die Gebäude schneller und höher in den Himmel wachsen können, während das Leben in der Stadt – insbesondere für emanzipierte und selbstorganisierte Lebensformen – immer teurer und unerreichbarer wird. Aber dieser Aufstieg einer Frau, die mit ihren Kindern einen Kran emporklettert, lässt sich auch unter dem Gesichtspunkt einer Genealogie lesen, die die Rolle von Sorge in der Geschichte von Frauen und in den Archetypen der Sorge in Zusammenhang bringt mit einer Art von Enteignung bezüglich der Verbindung zwischen Müttern und Kindern, mit einem direkten Eingriff in die Sorgelinien, der die normativen Strukturen aufbricht, die sich um die Sorge für die Nachhaltigkeit des Lebens ranken. Der Kurzfilm aus der Reihe *Aus Berichten* ist daher Gesten gewidmet,

---

192 Siehe: *Man on Wire – Der Drahtseilakt* (2008), ein Dokumentarfilm von James Marsh über den gefeierten Hochseilartisten Philipp Petit.

die sich mit vorsichtigen Schritten und einer sorgsamen Lenkung in Richtung schwindelerregender Höhen verbinden, wo Sorge auf paradoxe Weise zwischen Gewalt und Wachsamkeit verortet wird: Denn es ist Sorge, die die Protagonistin dazu treibt, ihre Kinder in die gefährlichen physischen Höhen des Krans mitzunehmen.

Wer den Film von Helke Sander ansieht, mag sich schnell an die antike Gestalt von Medea erinnert fühlen, in der sich Sorge mit Unterbrechung verknüpft. Medea stellt nämlich ein Eingreifen in die Linien der Sorge dar, durch das die archetypische Kette der Sorge vermittels Gewalt gegen den eigenen Körper und die Körper der eigenen Kinder zerschlagen wird: Die Mutter und ihre Kinder sind auch hier ein zentrales Thema. Es handelt sich um eine gegenderte Art von Sorge, die im Fall von Medea keiner höheren Absicht dient (sie unterwirft sich nicht den Befehlen der Götter wie etwa Abraham, der als Vater bereit ist, seinen Sohn Isaak zu opfern), sondern weltlichen, irdischen Interessen: in Medeas Fall der Rache einer betrogenen und verlassenen Frau, mit der Jason zwei Kinder hatte, um später doch Glauke heiraten zu wollen, die Tochter des korinthischen Königs Kreon. Medea tötet König Kreon und Glauke, indem sie Letzterer über ihre Söhne die vergiftete Krone schickt. Als sie sich der Konsequenzen für ihre Söhne bewusst wird, tötet sie auch diese und macht sich anschließend mit ihren Leichen auf den Weg ins Jenseits – mit einem Drachen, den der Sonnengott Helios geschickt hatte, damit sie ihre Söhne begraben kann. Ihre Tat hat Implikationen, die viel weiter reichen, denn sie stellt eine Brechung der Sorgelinie dar, einen mutigen Bruch mit der Aufrechterhaltung von Reproduktion, der zugleich ein Bruch mit jeglicher Vorannahme bezüglich einer ontologischen Verbindung zwischen Frau und Sorge ist, bzw. ein Bruch damit, dass Sorge überhaupt vergeschlechtlicht wird. Es handelt sich also auch um einen mutigen Bruch mit Geschlechterrollen. So wie Xanthippes klagende Sorge eine kosmische Dimension hat, überschreitet auch Medeas Rache den Bereich des Menschlichen. Judith Butler stellt fest, dass griechische Tragödien voll von Figuren sind, die – enteignet aus Trauer, Liebe oder Leidenschaft – „sich selbst nicht finden können"[193]; oder, wie gerne gesagt wird, diese Figuren sind außer sich. Griechische Tragödien stellen die Konstitution des Ich als etwas, das sich selbst genügt, das seine Quelle in sich selbst hat, in Frage und zeigen, dass es keineswegs gewiss ist, dass wir selbst Ursprung unserer Selbsterfahrung sind. Medea steht mithin in einer Reihe von Figuren, die aufzeigen können, dass wir in unserem Sein immer schon enteignet sind, dass wir nur existieren und uns bewegen können, indem wir bewegt werden durch die Alterität, die Teil unserer Verfasstheit ist; und, wie Butler schreibt, ist dies nicht nur eine episodische Erfahrung, sondern bildet den Kern unserer Relationalität.[194] Zugleich aber hat Enteignung noch eine andere Bedeutung, die sich mit dieser ersten Bedeutung eng verknüpft. „Denn wenn wir Wesen sind, die des Ortes, der Lebensgrundlagen, des Obdachs, der Mittel und Geborgenheit beraubt werden können, wenn wir Staatsbürgerschaft, Heimat und Rechte verlieren können, so zeigt sich darin eine grundlegende Abhängigkeit von Mächten, die uns fallweise Sicherheit geben

193 Judith Butler, Athena Athanasiou, *Die Macht der Enteigneten: Das Performative im Politischen*, übers. v. Thomas Atzert, Zürich und Berlin: Diaphanes, 2014, S. 16f.

194 Ebd., S. 16.

und sie uns entziehen, denen eine gewisse Macht über unser Leben und Überleben zukommt."[195] Diese zwei Bedeutungen von Enteignung zeigen Butler zufolge, dass wir als Lebewesen immer schon außer uns sind, vor jeder Möglichkeit der Enteignung als Entzug von Rechten, Land und Formen der Zugehörigkeit; „[w]ir sind, mit anderen Worten, in Freud und Leid immer schon voneinander und von einer gesellschaftlichen Welt, die uns trägt, abhängige Wesen, auf eine uns unterstützende Umwelt angewiesen. Das bedeutet nicht, dass alle in eine sie unterstützende Welt hineingeboren würden, ganz und gar nicht."[196] Es ist dieses Un-vermögen, die Abhängigkeit des Daseins von einer Reihe von Enteignungen, das den Kern der Protestaktion der Frau in Sanders Kurzfilm *Aus Berichten* bildet. Die treibende Kraft hinter ihrem Aufstieg (während dessen sie nicht außer sich zu sein scheint) ist das Un-vermögen, ein passables Leben zu führen, ist ihre Prekarität und die ihrer Kinder. Selbst wenn sie mit Medea eine Brechung mit der vergeschlechtlichten Sorgelinie verbindet, erklimmt sie den Kran aus anderen Gründen bzw. aufgrund der Konsequenzen von Enteignung in ihrem Leben – Konsequenzen, die mehr im sozialen als im privaten Feld angesiedelt sind. Die Frau in *Aus Berichten* protestiert gegen soziale Ungerechtigkeit.

Butler schreibt, dass wir nur deswegen enteignet werden können, weil wir immer schon enteignet sind, dass es unsere Verletzlichkeit ist, aufgrund deren wir auch für soziale Formen von Beraubung und Unterstützung empfänglich sind. Aber wie Athena Athanasiou ihr in dem

195 Ebd., S. 16f.

196 Ebd., S. 17.

gemeinsam verfassten Buch im Fortgang des Dialogs immer wieder antwortet, müssen wir zwei Formen bzw. Prozesse der Enteignung entwirren: enteignet zu sein und enteignet zu werden. Beide sind miteinander verbunden, aber sie fallen keineswegs in eins und leiten sich aus ganz unterschiedlichen Konstellationen ab. Für Athanasiou gilt es daher, „das ‚Immer-schon-enteignet-Sein' zu denaturalisieren und zu repolitisieren, um politische Verantwortlichkeiten für gesellschaftliche Formen des Entzugs und der Enteignung zu benennen."[197]. In ganz ähnlicher Weise verdeckt die Moralisierung der Bedeutungen von Sorge die sozialen und politischen Differenzen im Hintergrund. Genau aus diesem Grund wandelt sich Sorge oft in Gewalt gegen andere und verschleiert tatsächlich den Mangel und Entzug von Sorge (der in der Geschichte der Moderne seine institutionellen Abstützungen findet). Gewiss, Sorge ist eine ethische Relationalität, die sich als Teil menschlichen Prekärseins beschreiben lässt, also der Tatsache, dass Leben nicht autonom existiert, sondern nur durch Unterstützung – weil wir Körper sind. Oder wie Butler andernorts schreibt:

> Diese Disponiertheit unserer selbst außerhalb unserer selbst ergibt sich offenbar aus dem körperlichen Leben, aus seiner Verwundbarkeit und seinem Ausgesetztsein [...]. Der Körper impliziert Sterblichkeit, Verwundbarkeit, Handlungsfähigkeit: Die Haut und das Fleisch setzen uns dem Blick anderer aus, aber auch der Berührung und der Gewalt; und Körper bergen die Möglichkeit, dass auch wir selbst zur Handlungsinstanz und zum Instrument alles dessen werden.[198]

---

197 Ebd., S. 18.

198 Butler, *Gefährdetes Leben*, S. 42f.

Aber Sorge lässt sich auch als stets anwesender Schatten der Verletzlichkeit lesen, die uns entmächtigt und von anderen abhängig macht, ungeachtet unserer Entscheidungen, mithin als etwas, das ontologisch notwendig und unwiderlegbar ist. Sorge ist zugleich auch ein stets anwesender Schatten von Enteignungsprozessen, denn als eine relationale Praxis richtet sie die Verhältnisse zwischen Sorgenden und Umsorgten ein und setzt sie um; sie ist eine performative Geste, die materielle Folgen für deren Lebensweise und den Umgang mit den Differenzen zwischen ihnen hat, ein grundlegender Teil der Herstellung von Differenzen und Zusammenhängen zwischen verschiedenen Formen des Lebens. Es ist eben diese Sorge – als Schatten von Enteignungen –, die durch die Geste der Frau, die den Kran hochklettert, durchdrungen wird. Indem sie in die Linien der Sorge interveniert, protestiert sie gegen das Management gesellschaftlicher Prekarität und exponiert es, was sie jedoch nur tun kann, indem sie die Reihe von archetypischen Bedeutungen ins Wanken bringt, die um ihren Körper und die Mutterschaft geflochten wurden und die Sorge mit Liebe, Erhaltung des Lebens und Sicherung seiner Fortsetzung verknüpfen.

Wie Athanasiou schreibt, müssen wir zuallererst erforschen, wie diese doppelte Bedeutung von Enteignung (enteignet sein und enteignet werden) Geschlecht und Sexualität mit anderen, überlappenden Problemen unserer Zeit verbindet – wie etwa Rassismus, Fremdenfeindlichkeit, Armut oder Staatenlosigkeit. Die den Kran hochkletternde Frau, die Sander in ihrem Film porträtierte, blieb ohne Namen, ganz so, wie Personen in Chronikberichten über Verbrechen üblicherweise ungenannt bleiben. Zwar beinahe vergessen, aber nicht ohne

Namen ist Fadwa Laroui, von der man in diversen Medien lesen konnte, nachdem sie sich 2011 vor dem Rathaus im zentralmarokkanischen Souk Sebt angezündet und verbrannt hatte – aus Verzweiflung und als Akt des Protestes, weil die Stadtbehörden die von ihr und ihren Kindern bewohnte Hütte zerstört hatten und ihr aufgrund ihres Status als alleinerziehende Mutter keine Sozialwohnung als Ersatz zuteilen wollten. Ihre Geschichte wird von Athanasiou im Dialog mit Butler als eine der Geschichten und möglichen Formen erwähnt, „wie Muster der Enteignung in etlichen Fällen zum Ausgangspunkt individuellen oder gemeinsamen performativen Handelns werden, in dem sich politische Opposition oder Verzweiflung äußern“[199]. Sie stellt Fadwa Larouis Tat in den Zusammenhang einer Reihe von körperlichen Formen politischen Handelns auf der Straße, die aus einer sozial bestimmten Verfügbarkeit hervorgehen; „mein Interesse in diesem Zusammenhang gilt dem Problem, wie Enteignung in den zeitgenössischen Kämpfen gegen Autokratie spukhaft widerhallt, in Kämpfen also, die sich in den allermeisten Fällen in körperlichem Handeln manifestieren“[200]. Bojana Cvejić denkt über die Kraft solcher Proteste nach und bringt sie mit einer transindividuellen Form des Widerstands gegen gesellschaftlich und politisch produzierte Notlagen in Verbindung, die sich folglich nicht durch Bezugnahmen auf Sorge und Lebenserhaltung moralisieren lasse; vielmehr zeige sich, wie im Diskurs über Sorge als Selbsterhaltung die Komplexität solcher Handlungen

---

199 Butler, Athanasiou, *Die Macht der Enteigneten*, S. 197.
200 Ebd., S. 199.

verfehlt werde.[201] Aber diese performative Resonanz hat noch eine weitere Dimension: Kurz bevor sich Fadwa Laroui mit Benzin übergoss, protestierte sie lautstark gegen Ungerechtigkeit und stellte die Frage, wer nun für die Kinder sorgen wird, die sie zurücklässt, was mit ihnen geschehen wird. Ihre verzweifelte, aber starke Stimme, eine extime Stimme, die außer sich ist, sprach direkt die Enteignungsverfahren der Sorge an, die Verflechtung ihres Lebens mit einer Reihe von Disponibilitäten gegenüber verschiedenen Mechanismen der Enteignung auf gesellschaftlicher, ökonomischer, moralischer, geschlechtlicher usw. Ebene. Aber zugleich verkündete ihre Stimme auch, dass sich diese Ketten nie zerschlagen lassen. Fadwa Laroui verkündet das genau durch den Akt des Todes, den Abbruch des Lebens, und doch affirmiert ihre Stimme die Fortsetzung von Sorge, wenn auch in ihrer gespenstischen, spektralen Form. Die Sorge erscheint hier als Geist, als ein relationales Spektrum, das generationenübergreifende, außerfamiliäre, geteilte und außerzeitliche Verhältnisse von Trauer, Erinnerung und Totenwache miteinander verbindet. Die Sorge lässt sich also nie wirklich unterbrechen, sie ist eine Linie, die über das Dasein hinausgeht, und verortet uns in einer Bindung an die vielen Körper, die in ihrer Prekarität die Welt ausmachen, die wir auf sehr asymmetrische Weise verlassen. Sorge ist auch eine performative Kraft, die durch ihre Spektralität, ihre flüchtige Existenz, die Fortdauer von Sorge ausdrückt, jenseits des Seins. Sorge ist hier nicht länger bloß eine Funktion der Fortsetzung des Lebens, sondern sie steht auch in

201 Bojana Cvejić, „Če me ne vidiš, se sežgem: nekromoč ognjenih protestov“, *Maska* 35, 2020, S. 132–143.

generationenübergreifenden, außerzeitlichen Verhältnissen von Trauer und Erinnerung und dehnt sich mithin auf die vielen Körper aus, die durch ihre Prekarität die Welt schaffen und entwerfen, in der wir leben. Die performative Kraft der Sorge wird auf diese Weise kosmopolitisch; es handelt sich um eine zutiefst schmerzliche, tragische und tatsächlich auch unbegreifliche Flüchtigkeit der Sorge, welche die Interdependenzen zwischen verschiedenen Leben in kosmische Verhältnisse rückt. Aus diesem Grund ist auch jegliches Begreifen solcher Handlungen als heroisch, wagemutig und machtvoll sowie jegliche Analyse ihres exemplarischen Charakters nur eine weitere gewaltsame Enteignung dieser Körper, die in einer Reihe von vielen Enteignungen steht; denn es geht um etwas ganz anderes, um eine Verschiebung in den kosmopolitischen Verhältnissen von Gerechtigkeit, Koexistenz und Abhängigkeit. Dass wir von diesen prekären Leben überhaupt erfahren, hat oft mit bestimmten Fügungen zu tun, so wie es eine Frage von Zufällen und Gelegenheiten ist, was durch ihr Ende ausgelöst wird: ob es tatsächlich eine Revolte entfacht oder ob die Tat anonym, vergessen, ausgelöscht bleibt.

Deshalb müssen wir auch darüber nachdenken, wie sich Sorge wie eine Erscheinung phantomhaft in künstlerischen und poetischen Zeugnissen ansiedelt, wie sie die Kunst mit ihrer flüchtigen Existenz heimsucht: Ein poetisches Imaginieren von Welt ist nicht möglich, ohne die Geister der Sorge zu beschwören. Die slowenische Sprache kennt den Ausdruck *bedenje* („Wache"), mit dem wir diese besondere, nächtliche, spektrale, mit dem Jenseits verbundene Form der Sorge beschreiben, in der sich Sorge mit einer besonderen Form von Wachen verknüpft, mit der Anwesenheit bei Kranken, Sterbenden und Verstorbenen. In ihrem Buch über Schwarzsein und die Geschichte der Sklaverei schreibt Christina Sharpe darüber, wie Kunst diese Arbeit eines Wachens *(wake work)* für die Toten leisten kann, was im Englischen eine doppelte Bedeutung hat: eine Wache halten, aber auch Auferstehung, Erweckung von den Toten.[202] Wir haben es hier mit einer geschärften Sinneswahrnehmung zu tun, die sich in ihrer Ausrichtung auf die Welt unausweichlich mit den Verhältnissen zwischen den Prekaritäten verschiedener Leben verflicht. Dabei geht es nicht um Einfühlung, Emotionalität, Humanität, die Teil von Sorge als weißem Privileg sind[203], sondern um eine tiefgreifende sinnliche (Neu-)Orientierung, die Raum und Zeit ebenso hinter sich lässt wie die Verständniskategorien, die auf Körper angewandt werden – die vorherrschenden kritischen und legalisierten Kategorien mit eingeschlossen.[204] Sharpe beginnt ihr Buch *In the Wake*, in dem sie über Möglichkeiten nachdenkt,

202 Christina Sharpe: *In the Wake: On Blackness and Being*, Durham, London: Duke University Press, 2018.

203 Das weiße Privileg ist ein Ausdruck, den Cotten Seiler in einem Artikel verwendet, in dem er über die Geschichte des Privilegs der Einfühlung bzw. Empathie ebenso reflektiert wie über die Auswirkungen dieses Privilegs im Verhältnis zu schwarzen Frauen in den USA. Er zeigt dabei auf, wie sich dergleichen emphatische Beziehungen, Empfindungen und Formen des Mitgefühls mit der Idee verknüpfen, dass weiße Frauen barmherzig und einfühlsam seien – und folglich mit der Darstellung von Unterschieden innerhalb des Menschlichen. Er verortet diese Verschiebung historisch am Ende des 19. Jahrhunderts, aber sie nahm Einfluss auf viele Konzepte von Sozialarbeit, Ausbildung und Integration im 20. Jahrhundert. Siehe: Cotten Seiler, „The Origins of White Care“, *Social Text* 142/38 (1/3), 2020.

204 Diese Sinnlichkeit ist körperlich, materiell und außerzeitlich. Sie kennzeichnet beispielsweise Lauren Olamina, Heldin eines Science-Fiction-Romans von Octavia E. Butler, die über die Fähigkeit verfügt, sich in die Brutalität anderer einzufühlen. Siehe: Octavia E. Butler, *Parable of the Sower*, New York: Four Walls Eight Windows, 1993.

die Welt durch eine Arbeit des Wachens an der Seite schwarzer Körper zu imaginieren, die von der Geschichte der Versklavung und von der ontologischen, strukturellen Gewalt der Ungleichheit geprägt sind, mit einem anderen Bild. Es ist das Bild einer schwarzen Mutter, Aereile Jackson, auf das sie in *Forgotten Space*, einem Film von Allan Sekula und Noël Burch stößt.[205] Sekula und Burch erzählen in diesem Film die Geschichte des Containers als Schlüsselobjekt der globalen Logistik des Kapitalismus. Der Film analysiert den Transport von Containern im geschichtlichen Zusammenhang und zeigt zahlreiche Verbindungen mit der Mikropolitik tagtäglicher Leben und mit Migrationsbewegungen auf; die Containerwege verbinden sich mit den Trümmern, die während des Transports im Kielwasser zurückgelassen werden, welches im Englischen so wie die Totenwache als *wake* bezeichnet wird (*wake* als Verwirbelung des Wassers im Heck eines Schiffes). Aereile Jackson erscheint nur ein einziges Mal, in der ersten Hälfte des Films, sie erzählt von sich selbst und hält Puppen in ihren Händen. Christina Sharpes Schreiben konzentriert sich auf diese Szene, die Teil einer Abfolge von Szenen ist, in denen die Filmemacher verschiedene Ruinen und mikropolitische Auslöschungen zeigen, die sich mit den Räumen der kapitalistischen Bewegung von Menschen und Dingen vermischen. Aereile Jackson ist eine der Bewohner:innen einer Zeltsiedlung zwischen zwei Containern in der Nähe des Hafens von Los Angeles. Viele von denen, die rechtlos und prekär leben, die ihre Arbeit verloren oder aus verschiedenen anderen Gründen an den Rändern der Gesellschaft existieren, sind an diesen

205 Sharpe, *In the Wake.*

Ort gezogen. Wie Sharpe schreibt, ist Jackson auch die einzige schwarze Person in diesem Film, dessen kritische Kapitalismusanalyse Körper von zentraler Bedeutung auslässt, die tatsächlich im Mittelpunkt der logistischen Operationen des Kapitalismus stehen: versklavte Körper, schwarze Körper. Sharpe argumentiert, dass Jackson in dem Film aus der Position einer Totenwache spricht: aus einem tiefen Schmerz und zugleich tiefen Wissen, Zeugnis ablegend von dem, was nicht da ist. Es ist verstörend, sie zu betrachten und ihr zuzuhören, schreibt Sharpe, weil sie so viel Leid und Schmerz in sich trägt; sie spricht über sich selbst, darüber, warum sie die Puppen bei sich hat, dass sie nicht psychisch krank sei, sondern die Puppen umklammere, weil ihre eigenen Kinder ihr weggenommen wurden, sie erzählt davon, wie sie sie verloren hat und wie lange sie sie schon nicht gesehen hat. Sie spricht auch über ihren Körper, ihr Gewicht, die Perücke, die sie trägt, weil ihr die Haare ausfallen. Im Nachspann wird ihr Name genannt und sie als *ehemalige Mutter* beschrieben. Sharpe beschreibt, wie diese Szene von entscheidender Bedeutung für ihr Verständnis dessen ist, was in dem Film wirklich abwesend ist und im Allgemeinen als ein Defizit in der Kritik des Kapitalismus erscheint; diese Szene ist der blinde Fleck, um den herum das gesamte kritische Narrativ aufgebaut wird. Aereile Jackson tritt in diesem Film nur auf, so Sharpe, um so schnell wie möglich wieder zu verschwinden, und zwar weil sie bloß als Container für eine ganze „unkommentierte Geschichte" benutzt wird.[206] Ihr Erscheinen im Film ist ein Zusatz, ein Asterisk, der jedoch nicht ohne Risiko auftauche, weil er im Grunde das Versagen

206 Ebd., S. 28.

der Kritik des Films bloßlege, dessen Scheitern daran, die Geschichte kapitalistischer Akkumulation zu erzählen, und zugleich dessen Unvermögen, Jacksons Leiden, aber auch ihr Wissen zu verstehen. Ihr Erscheinen in dem Film, so Sharpe, ist eine Art Anhaltung und Haltepunkt, die sich auch als der Laderaum des Films lesen lassen (*hold* bezeichnet im Englischen auch den Lade- bzw. Frachtraum eines Schiffs): Ihre Rolle setzt jenes konstitutive Außen in Szene, das zum versklavten Körper des Kapitalismus gehört. Wie Sharpe sagt, ist völlig offenkundig, dass der Film ihr Leiden ebenso wenig begreifen kann wie Möglichkeiten, sie wirklich zu inkludieren: Der Film vermag die Inszenierung seiner eigenen Gewalt gegen das Schwarzsein nicht zu erfassen. Aereile Jackson ist der Geist, das Gespenst dieses Films, aber gerade durch ihren Körper wird das Kapital in seinen geschichtlichen Zusammenhang gestellt, auf materielle und verkörperte Art und Weise.[207]

Wir begegnen hier also einer Asymmetrie in der Kunst, die sich aus der Perspektive des vorliegenden Buches auch als ein Verhältnis zwischen den Geistern der Sorge beschreiben lässt. Kritische Kunst, besonders jene Kunst, die sich heute mit der Kritik der kapitalistischen Ökonomie sowie kapitalistischer Ströme und Akkumulation auseinandersetzt, hat Schwierigkeiten damit, das ganze Ausmaß des Leidens von Aereile Jackson zu begreifen, nicht zuletzt deshalb, weil sie deren Erscheinung und Existenz Sharpe zufolge als eine *opportunity*, als Gelegenheit betrachtet. Sharpe stützt sich hier auf die lateinische Etymologie des Wortes *opportunus* und die Wendung *ob portum veniens*, „in den

207 Ebd., S. 28f.

Hafen (ob + portus) kommend“[208], wodurch das Erscheinen Jacksons wieder in einen Zusammenhang mit der Geschichte von Bedeutungen gerückt wird, die sich um den Sklavenhandel organisieren. Diese Gelegenheit, *opportunity*, durch die die Ruinen des Kapitalismus dargestellt werden, zeigt, wie Kapitalismuskritik oft daran scheitert, die tiefgreifenden Unterschiede zwischen Körpern und ihren Plätzen in den Ruinen zu erkennen und anzuerkennen. Oder wie Sharpe sagt: „Jackson wurde nicht aus dem System geworfen: Sie ist der Auswurf, das Abjekt, durch das, auf dessen Grundlage, vermittels dessen sich das System neu imaginiert und rekonstituiert.“[209] Und weiter: „Das Leiden schwarzer Menschen lässt sich nicht analogisieren; ‚wir‘ werden nicht alle auf die gleiche Weise vom Leben in Anspruch genommen; ‚wir‘ erfahren Leid nicht auf derselben Konfliktebene, denn Schwarzsein trägt den Stempel unabgegoltener Gewalt.“[210] Sharpe schreibt, Aereile Jackson sei „die Versicherung des Films – insofern sie ihm sein Vokabular leiht und ihre Abjektion die Unterfertigung seiner Zirkulation bildet“[211]. Sharpe stellt die Analysen und Begriffe, die sie verwendet, um das Sprechen und den Platz von Aereile Jackson zu verstehen, kontinuierlich in den Zusammenhang einer Beschreibung der materiellen und geschichtlichen Bedeutungen der Wendung *in the wake*, die auf die Kräuselungen des Wassers Bezug nimmt, welche sich hinter den Sklavenschiffen bildeten, mit ihren Frachträumen und den in diesen

208 Ebd., S. 29.

209 Ebd.

210 Ebd.

211 Ebd., S. 30.

zusammengepferchten Körpern, die oft über Bord geworfen wurden, um Versicherungsgelder ausbezahlt zu bekommen. Sie schreibt darüber, wie die Geschichte des modernen Versicherungswesens (einer besonderen Form ökonomisch kalkulierter Sorge) genau mit dem Sklavenhandel begann. Diese materiellen, konkreten Bedeutungen durchziehen die Erscheinung schwarzer Existenzen im Sinne derer, die als eine Erfahrung des Nachlebens der Sklaverei wahrgenommen werden und die einen Riss im Begriff des Prekärseins menschlichen Lebens freilegen – all die (kritischen) Darstellungen von Geschichte mit einem Aste*risk*, einer riskanten Hinzufügung versehend. Sharpes Schreiben öffnet einen außerordentlich wichtigen Weg, der auf eine Arbeit des Wachens, Trauerns, der spektralen Macht der Sorge hinführt, die die gängigen dyslektischen, von Auslassungen geprägten Geschichtsnarrative kompliziert. Schwarze Körper werden zu einer *opportunity*, ja zu einer Rückversicherung gemacht, was sich heute oft auch innerhalb des kritischen und politischen Kunstfeldes und seinen emanzipatorischen Wertschöpfungen bemerken lässt. Wie können also jene, die nicht länger existieren, die tatsächlich nie existieren konnten und in der Geschichte der kolonialen Moderne nicht existierten, jenseits einer Versicherungsmathematik zur Erscheinung kommen?

In der Kunst von Sorge zu sprechen ist auch deshalb einigermaßen ambivalent, weil – wenn der Antrieb ein humanistisches, universelles Interesse ist, das sich in einem Sinn für Pluralität, einem Gefühl für das Leiden anderer Ausdruck verschafft – die Kunst ebenfalls durch eine Unterbrechung der Sorgelinie charakterisiert ist. Ihre Prägungen führen dazu, dass in zahlreichen politisch engagierten Werken, die von den Schwierigkeiten und Existenzen anderer erzählen, diese anderen nicht nur als Beispiel und Thema fungieren, sondern paradoxerweise auch als eine Rückversicherung und als *opportunus*, über den eine Rückeinspeisung von Werten in die Kunst erfolgt und der als Grundlage für eine Zirkulation von Kunst im Namen besserer Gefühle und eines stärkeren emanzipatorischeren Verhältnisses zur Welt dient. Ist Kunst Teil eines solchen humanistischen Verhältnisses, dann übersieht sie jene spektrale Dimension des Lebens, mithin eben jene Geister und Gespenster, die nach einem tiefgreifenden Wandel der Art und Weise verlangen, wie sie in der Gesellschaft existiert. Daher ist es notwendig, Wege zu finden, die gleichsam einen poetischen Neigungswinkel zur Welt haben, Wege, die unsere Aufmerksamkeit auf das Nachleben von Sklaverei, Eigentumsverhältnissen, Enteignungen lenken, um auf diese Weise ein Naheverhältnis zu Trauer, Klage, Erinnerungen, Beschwörungen, Archivierungs- und Bewahrungspraxen zu entwickeln. Gerade durch diese sinnliche Trauerarbeit werden vielleicht auch die ökonomischen und institutionellen Asymmetrien ins Wanken gebracht, begleitet von Veränderungen bezüglich der Fragen von Sichtbarkeit und Wissen in der Kunst und einer Ausweitung von poetischen Erfindungen; und nicht zuletzt könnten dadurch auch die institutionellen und rechtlichen Schutzmechanismen erschüttert werden, die sich die Kunst angeeignet hat und die Teil der kolonialen Moderne sind.

3. Das Geschlecht der Sorge: Wandlung oder Abschaffung

Im vorangehenden Kapitel habe ich über spektrale Sorge in der Perspektive von Frauen geschrieben, die sich allesamt in den Schattenzonen von Sorge und ihren Gespenstern wiederfanden: In einem gewissen Sinn sind sie alle *ehemalige* Mütter, deren Sorgegeschichten mit naturalisierten, gewaltförmigen Mutter-Kind-Verhältnissen kollidierten. Aber anstatt die Sorgelinien zu brechen, erschüttern sie diese und rücken sie in eine kosmopolitische Dimension ein. Diese Ehemaligkeit des Mutterseins weist präzise darauf hin, dass die Sorgelinien nicht gebrochen, sondern nur durchquert werden können – in einen transdimensionalen Bereich verlagert, in Konstellationen hinein, die mehr-als-menschlich sind. Ich verstehe ihre Erscheinungen im Zusammenhang mit der Krise der Nachhaltigkeit des Lebens, die in der Geschichte von Enteignungen wurzelt und eine Reihe von Folgen bezüglich der Wahrnehmung und Bewahrung von Leben hat. Die Prekarität und das Prekärsein dieser Leben verlangen auch nach einem geschärften Blick auf die Krise der Nachhaltigkeit des Lebens und die Frage einer möglichen Kontrolle über Reproduktion, die diesen Frauen auf sehr unterschiedliche Weise erschwert, untergraben und sogar gänzlich entzogen wird, sodass ihre Existenzen bereits zu den Geistern der Vergangenheit zählen.

Um zu verstehen, wie dieses Spektrum von ehemaligen Müttern auf andere feminisierte, queere, transsexuelle, asexuelle Körper ausgeweitet werden kann, müssen wir auf den Begriff der von Sorgeketten umflochtenen sozialen Reproduktion zurückkommen, und insbesondere auf das problematische Verhältnis zwischen Reproduktion und Geschlecht. Im abschließenden Kapitel ihres Buches *Toward a Global Idea of Race* diskutiert Denise Ferreira da Silva, wie sich im Status der schwarzen alleinerziehenden Mutter – der stereotypen *welfare queen* – rassisierte und vergeschlechtlichte Differenzen in großer Deutlichkeit miteinander verflechten.[212] *Welfare queen* ist ein äußerst pejorativer Ausdruck zur Bezeichnung von armen, alleinstehenden und meist schwarzen Müttern, die von Sozialhilfen leben und der betrügerischen Inanspruchnahme dieser Unterstützung beschuldigt werden. Es handelt sich also um eine weitere Figur der schwarzen Frau, die, wie Dorothy Roberts schreibt, einmal mehr darauf hinweist, dass die Haltungen gegenüber der Entscheidung schwarzer Frauen für Reproduktion einen der Hauptaspekte der Gewalt gegen rassisierte Subjekte darstellt.[213] Diese Figur ist Teil der langen Geschichte einer Rhetorik und Politik, durch die die reproduktiven Entscheidungen schwarzer Frauen herabgewürdigt werden und schwarze Mutterschaft verunglimpft wird. *Welfare queen* ersetzt heute andere, traditionellere Ausdrücke, durch die sich die Idee von einer Art Degeneriertheit der Reproduktion schwarzer Frauen entwickelt hat, wie beispielsweise *Jezebel*, die unmoralische Mutter, *mammy*, die schmutzige Mutter, oder *matriarch*, die unverheiratete Mutter. Roberts schreibt, dass die *welfare queen* als eine unmoralische, deviante, hinterlistige und betrügerische

212 Ferreira da Silva, *Toward a Global Idea of Race.*

213 Dorothy Roberts, *Killing the Black Body: Race, Reproduction, and the Meaning of Liberty*, New York: Pantheon, 1997.

Mutter begriffen wird, als „eine faule Mutter, die von öffentlicher Unterstützung lebt und auf Kosten von Steuerzahler:innen vorsätzlich Kinder in die Welt setzt, um ihr monatliches Einkommen aufzufetten“[214]. Hinter dieser politischen und sozialen Einstellung, die der *welfare queen* zugeschrieben wird, verbergen sich all die anderen historischen Bilder von unmoralischen, schlampigen und tyrannischen schwarzen Frauen – nur dass dieses Bild mit einer zusätzlichen Dimension versehen wurde: der eines parasitären Anzapfens öffentlicher Gelder.[215] Ferreira da Silva beschreibt, wie der gesellschaftliche Umgang mit diesen Frauen einen Angriff auf ihre Reproduktionsfreiheit konstituiert, zumal sie ihrer legalen und sozialen Rechte beraubt werden. Sie sind also Subjekte, die keine Möglichkeit zur Selbstbestimmung haben, obgleich diese doch ein Prinzip darstellt, das im Kern des modernen politischen Subjekts verankert ist. „Die Kriminalisierung von Reproduktion findet vor jeglicher Einwilligung statt, weil die kulturellen und ökonomischen Bedingungen, in denen diese Frauen leben, zum einzigen Bestimmungsgrund dafür werden, wie die Gesetze auf sie Anwendung finden.“[216] Aus diesem Grund, so Ferreira da Silva, ist der Begriff des Subjekts in kritischen Studien zu Geschlechterverhältnissen und Patriarchat unzureichend, weil er doch nach wie vor eine

214 Ebd., S. 17.

215 Roberts erwähnt auch, dass die feministischen Bewegungen der 1970er- und 1980er-Jahre, die die Kritik der Privatsphäre ins Zentrum ihres Kampfes stellten, es oft verabsäumten, den Status armer *women of color* zu begreifen, für die die Privatsphäre noch immer ein geringeres Übel darstellte als staatliche Interventionen.

216 Ferreira da Silva, *Toward a Global Idea of Race*, S. 266.

Frau vorausgesetzt, die auf Basis ihrer eigenen Wünsche selbstbestimmt entscheiden und handeln kann. Er setzt ein „transparentes weibliches Subjekt" voraus, „das erscheinen wird, sobald der Schleier des Patriarchats gelüftet wird".[217] Aber solche Positionen kann eine ökonomisch enteignete Mutter nicht einnehmen, schreibt Ferreira da Silva, denn „in den unterschiedlichen Versionen der Rassisierung ist sie immer schon ein Subjekt, das von außen bestimmt wird"[218]. Oder wie Ferreira da Silva in einem späteren Vortrag noch schärfer formuliert: Als Subjekt existiert sie nicht, sie steht außerhalb aller Verhältnisse.

Angela Davis schreibt, dass schwarze Frauen bezüglich der Reproduktion eine Anomalie darstellen, und dies lässt sich – wenn auch die Konsequenzen verschieden sind – auf viele andere Frauen ausdehnen: auf Mütter, die mit ihren Kindern über das Mittelmeer nach Europa fliehen oder auf die Reise über Staatsgrenzen hinweg geschickt werden, auf migrantische weibliche Arbeitskräfte, die im globalen Norden hauptsächlich Sorgearbeit leisten, auf arme Frauen, die auf der Suche nach Arbeit ihr Zuhause verlassen und dabei ihre Kinder zurücklassen. Wir können diesen Frauen (unter Berücksichtigung unterschiedlicher Selbstbestimmungsmöglichkeiten) auch feminisierte, queere und Transkörper hinzufügen, in deren Leben sich die Frage reproduktiver Freiheit und rassisierte Gewalt überschneiden, sowie all jene Körper, die in ihrem Verhältnis zu Öffentlichkeit, Staat und Ökonomie kriminalisiert und heute oft durch das Verhältnis

---

217 Ebd.

218 Ebd.

von Verschuldung und Enteignung verstanden werden. Körper, die Anomalien bezüglich der Reproduktion darstellen, sind für Verónica Gago ein wichtiges Merkmal gegenwärtiger Bestimmungen des Kapitalismus und der Finanzialisierung des Lebens, in deren Rahmen jedes unangepasste, von außen bestimmte Leben in ein Verhältnis zu Schuld und Verschuldung gesetzt wird, die sich heute zu anderen, traditionellen Kategorien der Kriminalisierung und Enteignung gesellen. Auf diese Weise werden Subjekte immer schon von außen definiert und an der Seite all der anderen Kategorien erscheint noch der Umstand, dass sie uns etwas schulden. Diese von außen konstituierten Subjekte, mit denen sich Ferreira da Silva vor allem in Bezug auf die Körper schwarzer Frauen auseinandersetzt, lassen sich auch im Umfeld anderer nichtweißer Körper finden, deren „sozialer Werdegang ein Effekt der Art und Weise ist, wie der produktive *nomos* ihre biologische, kulturelle und gesellschaftliche Position instituiert“[219]. Diese Position wird durch die Enteignung von Körpern und natürlichen Ressourcen bestimmt (durch Sklavereigeschichte, Zerstörung von Lebenswelten, Kolonisation), die heute in einer unverminderten Akkumulation durch Enteignungen die

219 Ebd., S. 265. – Produktiver *nomos* ist eine andere Beschreibung für den universellen Verstand, der im 18. Jahrhundert die Grundlage der Lebenswissenschaften und ihrer Formulierung des Unterschieds zwischen Körpern bildete. Denise Ferreira da Silva interessiert sich dafür, wie die moderne Wissenschaft die Wahrheit des Menschen entdeckte, und argumentiert, dass das durch die Unterscheidung zwischen zwei Seinsweisen geschah. Auf der einen Seite stehen transparente Subjekte, für die das universale Gesetz ein innerer Leitfaden ist, auf der anderen Seite jene, die der Beeinflussung unterworfen sind, für die das universale Gesetz einen äußeren Zwang darstellt.

Möglichkeiten des Lebens zerstört. Aus diesem Grund können wir heute an vielen Leben beobachten, wie das gewaltsame Zerschlagen der Sorgelinien – unter Menschen wie auch zwischen Menschen und Umwelt – nicht nur eine Folge von Kriegssituationen ist, sondern auch ein Ergebnis ökonomischer Extraktionen, extremer Ausbeutung und Armut, rassisierter Verhältnisse, geschlechtlicher und körperlicher Ungleichheiten, des asymmetrischen Zugangs zu Land und natürlichen Ressourcen sowie der Zerstörung der Bänder zwischen Gemeinschaften und Umwelt. Es handelt sich um eine äußerst akute und asymmetrische Situation von Körpern, die sich auch mit der geopolitischen Teilung in Zusammenhang bringen lässt, von der die Precarias a la deriva schreiben: Im globalen Süden werden die Körper aus gemeinschaftlichen und nachhaltigen Verhältnissen gerissen, während diese Körper im globalen Norden allein von außen definiert werden, als eine numerische Quote des Schutzes, der gewaltsamen Sorge, die sich je nach Skala und Bemessung hin- und herbewegt: Von welchem Alter an ist etwa ein Kind ein ehemaliges Kind, ab welchem Zeitpunkt ist eine Mutter eine ehemalige Mutter, welcher Körper ist schützenswerter in Anbetracht sexueller Orientierung, von Krankheit usw.? Ferreira da Silva zufolge werden auf diese Weise „weite Gebiete des sozialen und globalen Raums – jene Gebiete, die von den Anderen Europas bewohnt werden – gänzlich außerhalb des Bereichs gestellt, in dem Gesetze gelten; mit dem Ergebnis, dass *people of colour* nunmehr in einer Art ‚Naturzustand' existieren, in dem die juristischen Dispositive außer Geltung sind, welche in der klassischen liberalen Theorie als notwendig für den Schutz von Leben und Freiheit angesehen wurden“[220]. Diese rechtliche Situation erzählt uns auch, dass das Band zwischen Reproduktion und Geschlecht verschiedene Frauen in ganz unterschiedlicher Weise betrifft, und ein Teil der feministischen Bewegung und der feministischen Theorie thematisiert genau diese Unterschiede sowie Wege zu einer Organisierung, die ontologische Bestimmungen transzendieren und außer Kraft setzen muss; nur so kann man sich selbst einen Körper machen.[221] Auf diese Weise wird die Sorgekrise, die Frauen in liberalen Zusammenhängen bzw. in ökonomisch mehr oder weniger prosperierenden Gesellschaften erleben und die sich vor allem mit der produktiven Emanzipation dieser Frauen verknüpft, auf ganz andere Grundlagen gestellt (auch auf rechtlicher und ökonomischer Ebene), denn ungeachtet der Prekarität existiert eine Möglichkeit der Selbstbestimmung im Hintergrund. Das bedeutet nicht, dass keine Bänder von Solidarität entwickelt werden können, aber das setzt eine Durchdringung der rechtlichen Grundlagen solcher Unterscheidungen voraus und führt oft in die Grauzonen von Legalität.

---

220 Ebd., S. 267. – Ferreira da Silva zufolge hat das globale sozialwissenschaftliche Dispositiv der Moderne die Anderen als Bewusstsein konstituiert, das affizierbar ist und dessen Subjektwerdung nur durch Beeinflussung und Bestimmung erfolgen kann. Demnach setzen diese Subjekte, die immer schon von außen bestimmt werden, unweigerlich das in die Praxis um, was außerhalb der Rechtssphäre steht. Genau davon erzählen Aereile Jacksons tiefes Wissen und tiefe Trauer. Andererseits verbirgt die Art, wie diese Trauer im Film episodisch in eine *opportunity* für die Zirkulation seines kritischen Werts umgewandelt wird, den Kern selbst des Problems, das analysiert wird.

221 Davon spricht Suely Rolnik im Gespräch mit Marie Bardet. Siehe: Rolnik, „Wie machen wir uns einen Körper?“, S. 129–152.

Wie also können wir Sorge als eine transversale, auch solidarische Kraft denken, die diese unterschiedlichen Existenzen von Frauen, aber auch von anderen, ähnlich bestimmten Körpern miteinander verbindet? Wir können den Linien der Sorge folgen und genau beobachten, wie sie sich um Reproduktion herum organisieren. Da die kapitalistische Stratifizierung von Arbeit gerade innerhalb der Reproduktion beginnt und sich stark an Geschlechtlichkeit bindet, muss die gesellschaftliche Reproduktionskrise politisiert werden. Silvia Federici hat als Autorin einen großen Einfluss auf das feministische Verständnis des Verhältnisses zwischen sozialer Reproduktion und Geschlecht ausgeübt, insbesondere durch ihre Erforschung der Art und Weise, wie die Familie am Anfang des Kapitalismus, in der Periode primitiver Akkumulation, „die wichtigste Institution für die Aneignung und Verschleierung der Frauenarbeit“[222] wurde. Sie argumentiert, dass „‚Weiblichkeit‘ in der kapitalistischen Gesellschaft als Arbeitsfunktion konstituiert worden ist, die die Produktion der Arbeiterschaft unter dem Deckmantel eines vermeintlichen biologischen Schicksals verschwinden lässt“[223]. Auch ich stütze mich stark auf diese marxistisch-feministische Reflexion, der zufolge gesellschaftliche Emanzipationskämpfe genau über die Problematisierung und Sichtbarmachung der Rolle von Reproduktion im Kapitalismus ausgetragen werden und dabei eine Reihe von Naturalisierungen in der Verknüpfung von weiblichem Geschlecht und Reproduktion ans Licht bringen, die sowohl der Schöpfung von Wert als auch der Differenzierung zwischen den Geschlechtern

222 Federici, *Caliban und die Hexe*, S. 120.
223 Ebd., S. 17.

zugrunde liegen. Diese Geschlechterdifferenz spielt auch eine fundamentale Rolle in der Geschichte des Kolonialismus, wie María Lugones in ihrer Arbeit über die Kolonialität des Geschlechts und die Auswirkungen dieser Machtform auf Unterdrückung und Gewalt gegen kolonialisierte Frauen gezeigt hat.[224] Lugones beschreibt, wie die Geschlechterdifferenz als Teil kolonialer Macht in Gegenden eingeführt wurde, in denen sie davor nicht existierte bzw. die Wahrnehmung von Geschlechtlichkeit sehr viel facettenreicher war. Das dichotome Verständnis von Geschlechtlichkeit wird daher beschrieben als „eine koloniale Last, nicht nur insofern es einem Leben aufgezwungen wurde, das im Einklang mit Kosmologien gelebt wurde, die mit der modernen Logik von Dichotomien unvereinbar waren, sondern auch in dem Sinne, dass die Weisen, wie Welten bewohnt wurden, mit einem Verständnis, einer Konstruktion und, in Übereinstimmung mit solchen Kosmologien, einer Beseelung des Selbst-unter-anderen im Widerstand einhergingen, die eine extreme Spannung zur kolonialen Differenz unterhielten“[225]. Lugones setzt sich in ihrem Werk ausführlich mit dem Geschlechterbegriff und seiner Rolle in der kolonialen Machtmatrix auseinander, wie sie Aníbal Quijano in einem klassischen Text ausgearbeitet hatte[226], und reflektiert über die Kolonialität von Geschlecht, um auf diese Weise die intersektionalen Verbindungen zwischen Geschlecht, Rassismus und

224 María Lugones, „Toward a Decolonial Feminism“, *Hypatia* 25/4, Hoboken: Wiley, 2010, S. 742–759.

225 Ebd., S. 748.

226 Aníbal Quijano, „Coloniality of Power, Eurocentrism, and Latin America“, in: *Nepantla: Views from South* 1/3, Durham, London: Duke University Press, 2000, S. 533–580.

kapitalistischer Ausbeutung besser zu verstehen. Die eurozentrische Geschlechterbinarität, in ihrer Prägung durch die westliche christliche Kultur, reicht Lugones zufolge nicht aus, um die Rolle der Geschlechterdifferenz in Prozessen der Kolonialität zu verstehen, und gibt keinen Einblick in die Gesamtheit der Dimensionen von Unterwerfung und Gewalt gegen kolonisierte Frauen. Die Kolonialität des Geschlechts offenbart dessen Verknüpfungen mit Arbeit, die ebenso rassisiert und vergeschlechtlicht wird; für Maria Lugones gibt es einen engen Zusammenhang zwischen Arbeit, Geschlechtlichkeit und der Kolonialität von Macht. Durch diesen Zusammenhang wird eine Reihe von extremen Erschwerungen und Unterschieden zwischen Körpern etabliert; geschlechtliche Gewalt trifft Frauen nicht auf die gleiche Weise. Wo geschlechtliche Bestimmung mit rassisierter und arbeitsbezogener Ausbeutung verschmilzt, werden Frauen enteignet, auf auspressbare Arbeitskraft reduziert und oft wie Tiere behandelt; es zeigt sich ein vielschichtiger Komplex von Gewalt, der von *women of color* erfahren wird. Wir können über Geschlecht nicht nachdenken, ohne über seinen Zusammenhang mit Arbeit (Ausbeutung) und Rassismus nachzudenken, über eine Verknüpfung von kolonialer Macht und geschlechtlicher Differenz, die unter dem Gesichtspunkt kapitalistischer Produktion und der Rolle von Arbeit verstanden werden muss. Aus diesem Grund wurde, wie Lugones schreibt, dieser dichotome Geschlechterbegriff auf kolonialisierte Gebiete übertragen, in denen es ein anderes Verständnis von Identität und Körper gab. Geschlecht ist daher für Lugones „ein kolonialer Begriff und ein Modus der Organisation von Produktions- und Eigentumsverhältnissen [...] sowie von Weisen zu wissen"[227]. Erneut zeigt sich, wie schon in den Arbeiten von schwarzen Feministinnen, dass diese Geschichten nicht für alle Frauen gleich sind und dass der Weg zur Emanzipation von einer Öffnung des Privaten hin zum Öffentlichen nicht alle Frauen in die gleiche Richtung führt – wir können diese Situationen nicht einfach in einer Geschichte des Widerstands gegen das Patriarchat zusammenfassen.

Durch den Zusammenhang zwischen gesellschaftlicher Reproduktion und Geschlecht wird auch der Begriff des Geschlechts selbst problematisiert und die Frage aufgeworfen, ob das Geschlecht wirklich ein Feld ist, um das sich politische Kämpfe und Identitäten heute noch organisieren lassen. Wie Federici schreibt, „wurde der weibliche Körper [...] in ein Mittel zur Reproduktion der Arbeitskraft und Vergrößerung der Arbeiterschaft verwandelt und als natürliche Gebärmaschine behandelt, deren Arbeitsrhythmus sich der Kontrolle der Frauen entzog"[228]. Somit ist der menschliche Körper eine der ersten Maschinen, die der Kapitalismus entwickelt hat, und nicht die Dampfmaschine. Aber wenn der Körper die erste Maschine ist, welche Rolle spielt dann das Geschlecht? Wenn wir der feministischen Kritik der Rolle von Reproduktion im Kapitalismus folgen, dann ist das Geschlecht nichts anderes als ein Produktionsmittel bzw., wie Helen Hester schreibt, eine „Technologie der Arbeitsstätte"[229]. Heute wird das Geschlecht als Technologie der Arbeitsstätte oft im Rahmen der performativen Dimension des Kapitalismus analysiert,

227 Lugones, „Toward a Decolonial Feminism", S. 186.

228 Federici, *Caliban und die Hexe*, S. 109.

229 Helen Hester, „Gender Is a Workplace Technology", in: Rebecca Jagoe & Sharon Kivland (Hg.), *On Care*, S. 87.

werden die Verbindungen zwischen Feminität und der Ausführung dienstbarer, sorgender Berufe erkundet, die der Arbeit gesellschaftlicher Reproduktion nahestehen. Geschlecht wird mit der Professionalisierung von Arbeit in Zusammenhang gebracht, besonders in den Künsten und in kreativen Berufen, mit der Flexibilisierung von Arbeit und dem Verschwinden der Differenz zwischen Arbeit und Freizeit. Aber diese Art von Analyse erhält ein anderes Gesicht, wenn sie wirklich am Rohmaterial des Körpers, am lebendigen Fleisch des Kapitals durchgeführt wird, und das ist ohne Einbeziehung der Koppelungen zwischen den gesellschaftlich etablierten Kategorien von „Rasse", Arbeit und Geschlecht nicht möglich. Die ungleiche Aufteilung geschlechtlicher Charakteristiken entstammt der ungleichen Aufteilung, die im Begriff des Menschlichen am Werk ist, darin, wer als Mensch betrachtet wird. Frauen haben seit jeher Reproduktionsarbeit geleistet, werden aber zugleich auch oft als diejenigen konstituiert, die, obwohl sie diese leisten, keine Existenz haben, keinen Anteil an der Nachhaltigkeit des Lebens; und was ihr eigenes Leben betrifft, werden sie immer von außen konstituiert, als außerhalb der Verhältnisse stehend, weil die Aufteilung in Begriff und Betrachtung des Menschlichen sie nicht erfasst, sie als bloßes Kapitalgut in der Organisation von Arbeit sieht. Dem lässt sich die Beobachtung von María Lugones hinzufügen, die sagt, dass „die semantische Konsequenz der Kolonialität des Geschlechts in der Leere der Kategorie ‚kolonisierte Frau' besteht: Es gibt keine kolonisierten Frauen; und keine weiblichen Wesen, die kolonisiert werden, sind Frauen."[230] Hester zufolge sind

230 Lugones, „Toward a Decolonial Feminism", S. 745.

kolonisierte Subjekte vom Menschlichen in einer Weise abgetrennt, dass diese Kategorie immer schon ein Irrtum ist. Wenn wir sagen, dass das Geschlecht nicht existiert, so Hester, dann bedeutet das nicht, dass wir es jetzt wählen können, weil es hier nicht um eine Eröffnung der unendlichen Möglichkeiten geht, die sich in der gegenwärtigen Kommerzialisierung von Geschlecht bzw. einer performativen Praxis von Geschlechtlichkeit zusammenfasst. Es bedeutet nur, dass das Geschlecht sich unter dem Gesichtspunkt der Verwebung von Arbeit und Rassismus und unter dem Gesichtspunkt der rohen Materialität des Körpers als ein Mittel, eine Technologie des Kapitalismus erweist. „Es kommt in einem Netz von mehr oder weniger bindenden Konventionen, Arbeitspraktiken und verkörperten Arbeiten zum Vorschein, die, obgleich nicht gänzlich unverrückbar, tief eingewurzelt sind.“[231]

Helen Hesters Schlussfolgerungen unterscheiden sich etwas von Silvia Federicis Analyse des Geschlechts als Arbeitstechnologie, die einen wichtigen Teil des feministischen Verständnisses von gesellschaftlicher Reproduktion bildet. Es geht nicht nur um einen Protest gegen vergeschlechtlichte Kulturen der Arbeit (gegen die Rollen, die vergeschlechtlichte Körper in der Arbeit übernehmen), sondern auch darum, die Bedingungen einer solchen Arbeit freizulegen – und folglich um eine Zurückweisung von Geschlecht überhaupt. Hesters Ansatz liest Silvia Federicis Reflexionen über gesellschaftliche Reproduktion in Opposition zu deren zentralem Argument: Die Konsequenz einer Kritik der gesellschaftlichen Reproduktion kann nicht in einer Reformulierung des

231 Hester, „Gender Is a Workplace Technology“, S. 92.

Geschlechts bestehen, sondern nur in seiner Aufhebung, seiner Abschaffung. Das bedeutet nicht die kommerzialisierte Produktion von Geschlecht, das Spiel mit Geschlechtsidentitäten im Namen der Freiheit, sondern die Auslöschung von Geschlecht als Arbeitstechnologie und mithin eine Öffnung auf andere Formen reproduktiven, produktiven und nachhaltigen Lebens. Federici hingegen argumentiert, dass nicht jegliche Spezifizierung von Geschlecht notwendig Ausbeutung impliziert; für sie ist Geschlechtlichkeit zwar historisch mit der Arbeitsfunktion verbunden, aber das bedeutet nicht, dass das Geschlecht für immer ein Mittel der Ausbeutung bleiben wird. Wir müssen Geschlechtlichkeit, so Federici, jenseits der Differenz zwischen Körpern denken und Möglichkeiten für Solidarität und einen gemeinsamen Kampf gegen Ausbeutung schaffen. Hester wiederum argumentiert, dass Federici eine „monolithische Geschlechtsidentität" voraussetze, „wo dergleichen nicht existiert"[232]. Für Helen Hester sind lebendige Erfahrungen von Geschlechtlichkeit immer schon zu facettenreich, um sich in einer einzigen Kategorie zusammenfassen zu lassen. Von noch größerer Bedeutung ist, dass – wenn wir Federicis Hypothesen konsequent lesen und reproduktive Arbeit als einen Arbeitstyp des Kapitalismus begreifen – wir auch zugestehen müssen, dass, so Hester, „das naturalisierte Reproduktionsvermögen nicht vorbestimmt, wer und was jemand ist"[233]. Hesters Schritt in Richtung einer Abschaffung des Geschlechts zielt also nicht auf die neoliberale Kommodifizierung der Geschlechtswahl ab, sondern auf eine Entwirrung

232 Ebd., S. 94.
233 Ebd., S. 92.

der sozialen, gemeinschaftlichen, geteilten, relationalen Rolle der Reproduktion in der Gesellschaft. „Angemessener ist es, zu sagen, dass bestimmte Körper und soziale Subjekte dazu neigen, bestimmte Tätigkeiten auszuführen und für sie Verantwortung zu übernehmen, und es mag hilfreich sein, darüber nachzudenken, wie sich die Interessen der Nichtschwängerbaren, der Sorgetragenden usw. organisieren lassen, anstatt der Interessen von ‚Männern' und ‚Frauen'."[234] Solidarität organisiert sich um Relationalität, nicht Identitäten, weshalb feministische Ansätze so angelegt sein müssen, dass sie einen „politisch nicht hilfreichen Dimorphismus"[235] nicht reproduzieren.

Angesichts dieser Diskussion zwischen einer Reformulierung von Geschlechtlichkeit und ihrer Abschaffung, die auch unterschiedliche Positionierungen bezüglich der Frage der Arbeit erlaubt (Hesters Position zielt auf die Abschaffung von Arbeit), möchte ich die beiden Ansätze in ihrem Zusammenhang betrachten, und zwar genau unter dem Gesichtspunkt der Sorge. Wir müssen also in Richtung einer relationaleren Rolle der Reproduktion in der Gesellschaft denken, die nicht nur auf eine Reformulierung der Geschlechterrolle abzielt, sondern auch auf die Beseitigung der binären Unterscheidung bzw. jeglicher geschlechtlich bestimmten Unterscheidung, die festlegt, wie Positionen in der Reproduktion verteilt sind; zudem gilt es, die Differenz zwischen Reproduktion und Produktion aufzuheben. Auf diese Weise ist es möglich, sehr viel transversalere Sorgemodelle zu entwickeln, die erfinderisch sind und

---

234 Ebd., S. 95.

235 Ebd.

die bisherigen Kategorien (Familie-Gemeinschaft, Individuum-Staat, Eltern-Kinder, Künstler:in-Kurator:in) transzendieren, worüber bereits Angela Davis in ihrer Analyse der *Wages for Housework*-Bewegung aus der Sicht schwarzer Frauen schreibt. Aber diese Modelle implizieren auch eine Stärkung feministischen Denkens und feministischer Praxis, die sich um Körper und weniger um deren vergeschlechtlichte Bestimmungen herum organisieren muss. Wie Verónica Gago schreibt, ist niemand ein isoliertes Individuum, sondern jeder Körper ist immer schon ein Körper-Territorium.[236] Wenn wir an diesen Linien entlang denken, dann ist Reproduktion nicht nur eine Arbeitstechnologie, sie ist auch nicht im Voraus mit geschlechtlicher Identität verbunden, sondern verknüpft sich vielmehr eng mit der Bewahrung eines nachhaltigen Lebens, das nicht vergeschlechtlicht ist. Es geht dabei nicht um Arbeits- und Geschlechterrollen, sondern darum, was uns zugehört und was wir im Kern unseres Prekärseins und unserer Verletzlichkeit mit anderen (nicht nur Menschen) teilen.

Durch diese Erfahrung hindurch können wir auch die performativen Sorgegesten der Frauenbewegung im öffentlichen Raum denken, die einmal mehr die spektrale und doch sehr materielle Kraft der Sorge bezeugen, welche eine Linie mit jenseitigen Welten flicht und Sorge als Empfindungsfähigkeit realisiert, in einem Handeln, das dem nahesteht, was Sharpe als Arbeit des Wachens beschreibt. Athena Athanasiou schreibt in ihrem Dialog mit Judith Butler über die Bewegung Žene u crnom („Frauen in Schwarz"), eine feministische und antimilitaristische Bewegung von Frauen im ehemaligen

---

236 Gago, *Für eine feministische Internationale.*

Jugoslawien, deren Protestaktionen sie anthropologisch erforscht hat. Es handelt sich um eine breite antimilitaristische Bewegung, die sich 1991, inmitten des Kriegsgeschehens im zerfallenden Jugoslawien, formierte, um durch zahlreiche Aktionen und Tätigkeiten (unter denen die von schwarz gekleideten Frauen durchgeführten Mahnwachen am bekanntesten sind) gegen die Gewalt des Krieges wie auch gegen politische Gewalt zu protestieren. Athanasiou beschreibt, wie die Form des Protests dieser Bewegung in normative und naturalisierte Verbindungen zwischen Frauen und Trauer interveniert und „das normative Beschweigen der verletzenden Gewalt nationaler Geschichte und verleugneter Verluste“[237] untergräbt. Die *Frauen in Schwarz* treten in eine Verantwortlichkeit gegenüber jenen ein, die nicht länger sprechen, die doppelt zum Schweigen gebracht wurden – und zwar so, dass ihre Stimme, ihr schweigender, schwarz bekleideter Körper zu einer performativen Katachrese, einer paradoxen Körperfigur im öffentlichen Raum wird. Diese Figur schneidet direkt in die Intelligibilität politischer Diskurse und Geschlechterbestimmungen ein – im gegebenen Fall in den nationalistischen Diskurs –, durch welche Frauen, als Müttern der Nation, die Rolle von Trauernden zugeschrieben wird; Trauernde sind sie in diesen Aktionen, aber die trauernden Mütter betrauern jetzt alle Mitglieder der Gemeinschaft ebenso wie all jene, die keiner Gemeinschaft angehören, die nicht ins Bild des eigenen passen – die Anderen. Butler fügt an einer späteren Stelle des Dialogs hinzu, dass dies auch deswegen geschehe, weil ihre Bande über Familie und Verwandtschaft hinausreichen, sodass die Frauen

237 Butler, Athanasiou, *Die Macht der Enteigneten*, S. 195.

sogar um jene trauern, „die sie nicht kannten und noch nicht einmal kennen hätten können“[238]. In diesem Sinne überschreiten diese Frauen auch Geschlechtsidentität als Erkenntniskategorie, aber sie tun dies genau kraft eines performativen Sprechens als Frauen: Sie öffnen einen Horizont der Sorge, der weiter ist, einen Horizont von Relationalität und Interdependenz. Hier geht es um nichts anderes als darum, in die Nachhaltigkeitskrisen des Lebens involviert zu sein, auch durch ein Betrauern und Erinnern derer, die wir nicht kannten. Reproduktion findet sich folglich mit der Bewahrung und der Sorge um die Nachhaltigkeit des Lebens verknüpft, die wir im Kern unserer Existenz und unserer Prekarität miteinander teilen. Zugleich geht es auch darum, wie entscheidend diese Stimmen, Praxen, Organisierungen und Interventionen sind, die sich trotz zahlreicher gewaltsamer Auslöschungen als beharrlich erweisen und deren Gesten alle Bestimmungen von Identität in Frage stellen; weshalb Wege gefunden werden müssen, um ihnen zuzuhören und die Welt gemeinsam mit ihnen zu imaginieren. Es handelt sich um wichtige transversale Linien der Sorge, die zwischen Geschichten und Seinsunterschieden verlaufen und in denen jedes Wesen in einem besonderen Herrschaftsverhältnis verortet ist, das nur durch die Spannungen zwischen der rhetorischen, performativen und materiellen (konkreten) Dimension der Sorge sichtbar wird.

Der weitere Horizont der Sorge, der sich durch die Erschütterung der Koppelung zwischen Geschlecht und Sorge öffnet, ist auch in den Performances und Arbeiten von Lukas Avendaño am Werk. Avendaño ist

238 Ebd., S. 196.

muxe, Künstler:in und Anthropolog:in aus Tehuantepec im mexikanischen Bundesstaat Oaxaca.[239] Muxe (das Wort leitet sich von der zapotekischen Aussprache des spanischen Wortes *mujer*, „Frau", her[240]) ist die unter Zapotek:innen gebräuchliche Bezeichnung für Personen, die als Männer geboren werden, aber aus verschiedenen Gründen die Rollen von Frauen annehmen. Obwohl es auf den ersten Blick so scheinen mag, als ließen sich rasch Äquivalenzen zwischen *gay* oder schwul und *muxe*, oder auch zwischen trans und *muxe*, finden, verbindet Avendaño die Stellung der *muxeidad* mit dem Konzept eines dritten Geschlechts, das für die indigene zapotekische Bevölkerung – die sich selbst als *Be'ena'a* („Wolkenvolk") bezeichnet – spezifisch ist und wenig mit dem kolonialen Konzept des binären Geschlechts und seinen Transgressionen zu tun hat. Avendaños Werk beschäftigt sich mit der Reflexion und den Verkörperungen der *muxeidad* sowie mit den verschiedenen Spannungen, die sich um die Sexualität, Erotik, Ritualität und Körperlichkeit dieses komplexen, indes auch sehr alten und traditionellen Verständnisses von Geschlecht und seiner Rolle in der Gemeinschaft ranken. *Muxeidad* ist, wie wir in einem von Avendaños Texten lesen, eine ganz und gar gesellschaftliche Tatsache,

239 Ich danke Giulia Palladini für ihr Gespräch mit Lukas Avendaño im Rahmen eines Workshops, den sie an der University of Roehampton organisiert hat. Siehe: Giulia Palladini, *La utopía de la mariposa: Giulia Palladini in conversation with Lukas Avendaño*, Feminismos Antipatriarcales and Poetic Disobedience, Techne Conflux, Queer Feminist Currents, London: University of Roehampton, 28.6.2021, https://youtu.be/2nEq2Ixxras. Siehe auch den Dokumentarfilm des Regisseurs Miguel J. Crespo *La utopía de la mariposa* aus dem Jahr 2019.

240 Carlos Pascual, „Živeti v rokadi", *LUD Literatura*, 19.12.2018, https://www.ludliteratura.si/esej-kolumna/ospoljene-reci/ziveti-v-rokadi.

deren Erscheinungen, Operationen und Funktionen im zapotekischen Kontext im Mittelpunkt gemeinschaftlicher Rituale sowie der Wahrnehmung von Körperlichkeit und gemeinschaftlichen Bindungen stehen und keineswegs nur mit Sexualität verbunden sind.[241] „*Muxe* sein bedeutet eine Berufung dazu, der Gemeinschaft zu dienen."[242] Die *Muxe*-Existenz ist somit ambivalent, denn außerhalb der Gemeinschaft verbindet sie sich mit der Gefahr, bloß als eine weitere Spielart von Perversion wahrgenommen zu werden. „Aber wird durch die dekontextualisierte Manifestation der *Muxe*-Kultur wirklich Gemeinschaft und Kollektivität geschaffen? Stärkt sie die gesellschaftliche Konstellation, der sie ihren Ursprung und ihre Gestaltung verdankt? Oder geht es um eine queere Strategie, die in die hegemonischen Subjektivitäten in jeweiligen Kontexten einzubrechen erlaubt? Oder handelt es sich um einen virtuellen Karneval?"[243] Diese Fragen durchziehen und beschäftigen Avendaños künstlerisches Werk und zeigen, wie ein:e *muxe* außerhalb des eigenen Kontexts sich auf all diese Fragen einlassen kann, ohne dass aber darin das Ziel des Werkes bestünde. Das entscheidende Charakteristikum eine:r *muxe* ist der Dienst an der Gemeinschaft; dass sich *muxes* dazu anbieten, der Gemeinschaft zu dienen, gibt ihnen Anerkennung und eine Rolle in der Gemeinschaft, es ist daher für ihr Sein *(guenda)* von entscheidender Bedeutung. Avendaños Kunstwerke thematisieren also die Stellung der *muxeidad* in ihren

---

241 Lukas Avendaño, *Queer: no. Queer-po muxe: yes*, Goethe-Institut Mexiko, 2019, https://www.goethe.de/ins/us/en/kul/wir/swl/qpe/21586998.html.

242 Ebd.

243 Ebd.

vielfältigen Manifestationen (je nach Kontext) und skizzieren zugleich, wie es stets die Kollektivität der Gemeinschaft ist, die jede:n *muxe* sichtbar macht, benennt, ernst nimmt in der entsprechenden symbolischen Existenz. In den Werken *Buscando a Bruno* („Auf der Suche nach Bruno") und *Llamado a la autoridad* („Aufruf an die Obrigkeit") unterstützt Avendaño als *muxe* eine Gemeinschaft, die für die Sichtbarkeit von mehr als 60.000 Menschen kämpft, die im Laufe des letzten Jahrzehnts verschwunden sind und zu denen auch Avendaños Bruder Bruno gehört, der 2018 unter ungeklärten Umständen in Tehuantepec verschwand (sein Körper wurde im November 2020 gefunden). *Buscando a Bruno*, in dem eine andere Person dazu eingeladen wird, sich neben Avendaño (ein Foto von Bruno haltend) zu setzen, bezieht sich auch auf Frida Kahlos *Las dos Fridas* (1939). Mit diesen – in Mexiko und weltweit in unterschiedlicher Form aufgeführten – Werken protestiert Avendaño nicht nur gegen das Verschwindenlassen von Menschen und die Ignoranz des Staates, sondern es wird auch ein Raum geschaffen für die Erscheinung, Sichtbarkeit und Transfiguration spektraler Körper und Geister, um die sich niemand sorgt. Mit Avendaños Körper und Sein als *muxe* werden Möglichkeiten für Trauer, spektrale Sorge sowie ein Wachen für die Verschwundenen geschaffen, eine besondere Art der Wachsamkeit, die Körper, Geschlechtlichkeit, Familie überschreitet, Horizonte von Interdependenz und Eingebundenheit erschließt und kosmopolitische Linien der Sorge zeichnet.

Der Umstand, dass die Stimmen von Frauen und anderen feminisierten Körpern heute in der Krise der Nachhaltigkeit des Lebens besonders laut erklingen, ist nicht ihrer Geschlechtsidentität geschuldet, sondern ihrer Geschichte und ihren materiellen Lebenserfahrungen. Angesichts der kolonialen Prägungen kapitalistischer, rassistischer und nationalistischer Gewalt wird Feminismus zu einer Praxis, die Möglichkeiten zu überleben und zu erhalten erprobt, zu einer Praxis fliehend-flüchtiger Existenz und der Sorge um Nachleben, zu einer Praxis des grundlegenden Widerstands gegen die Macht der Kolonialität und die Gewalt der Enteignung. Der Feminismus kann die Erfahrungen unterschiedlicher Körper einbeziehen und miteinander verbinden, deren Komplexität über Geschlechterdefinitionen und identitäre Kategorien von Geschlechtlichkeit hinausgeht, die aber auch von der Erfahrung der Enteignung geprägt sind, die sich um die Geschlechtskategorie organisiert, sowie von den zahlreichen asymmetrischen Konsequenzen, die daraus erwachsen. Es geht also nicht darum, um das Geschlecht herum zu organisieren, sondern um eine Zugehörigkeit zur Mannigfaltigkeit, um die Ungreifbarkeit des Geschlechts, die auch aus der Komplexität seiner unterschiedlichen Geschichten rührt. Oder mit Lukas Avendaños Worten: *Muxeidad* ist eine Poetik des Lebens, „der Weg einer Kollektivität zur Erkenntnis und Anerkennung von Werten, Formen und Rhythmen“[244], wodurch sie sich der kosmopolitischen Dimension zu öffnen vermag.

244 Ebd.

4. Ökofeminismus und Verwandtwerden

Überlegungen zur Rolle der gesellschaftlichen Reproduktion bzw. zur Krise der Nachhaltigkeit des Lebens sowie Überlegungen darüber, wie sich Sorge identitären Geschlechtsbestimmungen durch Transversalität entwinden kann, sind noch aus einer weiteren Perspektive von Bedeutung, und diese kann uns dabei helfen, das Verhältnis zwischen sozialer Reproduktion und Zukunft zu denken. Im letzten Jahrzehnt hat sich in der Kunst ein Interesse an ökologischen Praxen und Reflexionen ausgebildet, an einer sinnlich-imaginativen Auseinandersetzung mit den Beziehungen zwischen menschlichen und mehr-als-menschlichen Biosphären, und in eben diesem Zusammenhang hat sich oft auch der Diskurs über Sorge artikuliert. Von besonderem Interesse in dieser Perspektive ist es, zu betrachten, wie sich ökofeministische Praxen mit Kunst verweben und welche Probleme sich damit verbinden – und zwar eben aufgrund der schwer zu fassenden Gefahr einer Naturalisierung vergeschlechtlichter Verhältnisse zwischen Körpern und Umwelt, die häufig auch in diverse identitäre Konstruktionen und eine Glorifizierung der reproduktiven Rolle von Frauen abgleiten kann, um identitätsbasierte reproduktive Rollenbilder im Kern neuer ökologischer Perspektiven zu etablieren. Ich möchte mich hier auf das Werk der polnischen Künstlerin Cecylia Malik beziehen bzw. auf ihre künstlerischen und ökologisch-feministischen Aktionen, die sie teils allein, teils in Zusammenarbeit mit ähnlich gesinnten Frauen durchführte. Ihr Werk *365 Bäume*, für das Malik jeden Tag auf einen Baum kletterte, von denen viele gefällt werden sollten, sowie eine Reihe von surrealistischen

Fotos schuf, fand sich später von einer Gruppenarbeit mit dem Titel *Polnische Mütter auf Baumstümpfen* (2010) begleitet. Letztgenannte Kampagne bezog seine Inspiration aus einer Arbeit von Cecylia Malik, die in Kraków auf einer Reihe von gefällten Bäumen ihr Kind stillte und Fotos davon auf sozialen Netzwerken postete. Es sollten sich ihr bald weitere Aktivistinnen anschließen, die gegen das neue Forstgesetz protestierten und ihre Kinder zu Baumstümpfen in ganz Polen mitnahmen.[245] Sie produzierten sinnträchtige Bilder, die vor einem erkennbar die sozialistische Vergangenheit beschwörenden Hintergrund tote, gefällte Bäume zeigen, auf denen Frauen ihre Kinder stillen. Diese Bilder haben sich deswegen in mein Gedächtnis eingebrannt, weil auch ich ein Foto habe, das am Tag vor der Entbindung entstand, als ich auf dem Rückweg von einer Kontrolluntersuchung in der Gebärklinik einen kurzen Spaziergang entlang des Cerknica-Sees unternahm und, vor einem Haufen Holzscheite stehend und meine Hände in die Hüften stemmend, ein letztes Bild von mir mit vorspringendem Bauch machte. Dieses Foto entstand als ein Zeichen der Kraft, der Hartnäckigkeit, des Gewichts und des Willens, die ich damals in mir trug; aber wenn ich heute einen Blick darauf werfe, denke ich oft an die toten, gefällten Bäume hinter mir. Ich wünschte, ich hätte mich dem See zugewandt! Wahrscheinlich identifizierte ich mich in jenem Moment, am Vortag der Entbindung, mehr mit der Kraft, die sie zu Fall gebracht hatte, weshalb ich die trotzige Haltung einnahm, die

---

245 *Polnische Mütter auf Baumstümpfen* (*Matki Polki na wyrębie*) ist eine informelle soziale Bewegung, die in Reaktion auf die massenhafte Abholzung entstand, welche als Folge des 2017 beschlossenen Szyszko-Gesetzes begonnen wurde.

ich brauchte, um mit der Erwartung, Spannung, Aufregung umgehen zu können. Das Szenario auf meinem Foto ist sehr verschieden von dem des Protests stillender Frauen, deren Handlungen Einblicke in die problematische Zerstörung der Umwelt und das Verhältnis zur gesellschaftlichen Reproduktion geben; aber ich weiß nicht, welches Bild wirklich normativer ist, die Arbeit der gesellschaftlichen Reproduktion enger mit Frauen verknüpft und den Zusammenhang zwischen ihnen und der Umwelt stärker naturalisiert, insofern ausgedrückt wird, dass Frauen der Umwelt näher stehen und für sie Sorge tragen aufgrund ihres Geschlechts bzw. aufgrund der Besonderheit ihres Geschlechts, Kinder zur Welt zu bringen. Keines dieser Bilder ist dem Ökofeminismus zugehörig. Mein Foto verrückte geschlechtliche Machtverhältnisse auf Kosten einer passiven Szenerie von toten Bäumen; man könnte sagen, dass es in der Tradition feministischer Emanzipationspraktiken gemacht wurde, die auf eine Verschiebung von Geschlechterrollen ausschließlich zwischen Menschenkörpern (Blick, Begehren, Macht) fokussiert sind und dabei alles auslassen, was über diese hinausgeht. Die Bilder und Aktionen von stillenden Müttern auf Baumstümpfen implizieren dagegen eine Wiederherstellung der Gleichsetzungen zwischen Mutterschaft, Überleben, Nation und Natur. Diese Gleichsetzungen können auch in problematische ökologische Praktiken umschlagen, in Auffassungen von Ökologie, die sich um identitäre, nationale Eigenschaften herum organisieren. Es geht um die Herstellung von Beziehungen, darum, für die Umwelt Sorge zu tragen, was aber nicht ohne Schwierigkeiten abläuft; denn im Kern verbergen sich Konstruktionen vergeschlechtlichter Identität, die reproduktive Rolle von Frauen wird verfestigt, eine problematische Koppelung zwischen Ökologie und der Fortschreibung der Gemeinschaft (der Nation, der Glaubensgemeinschaft, der Familie usw.) etabliert und Natur mit Identität und Zugehörigkeit verknüpft. Womit wir es hier also zu tun haben, sind Naturalisierungen von Sorge und gesellschaftlicher Reproduktion, die über eine Reihe von problematischen Verknüpfungen zwischen Frauen, Natur, Müttern, Nation, Zukunft usw. erfolgen. Im Zentrum eines ökologischen Bewusstseins dieser Art steht eine problematische Konzeption von Zukunft, die, wenn auch in anderer Perspektive, der Queer-Theoretiker Lee Edelman im Zusammenhang seiner Kritik des reproduktiven Futurismus diskutiert.[246] Im Mittelpunkt dieses reproduktiven Futurismus steht die Figur eines Kindes, eines unschuldigen Wesens, das geschützt werden muss, zumal eben dieses unschuldige Wesen das Bild der Zukunft darstellt. Daneben, so Edelman, steht der queere Körper, der kinderlose Körper, der mit einem antisozialen, narzisstischen und die Zukunft negierenden Instinkt in Zusammenhang gebracht wird. Aber die Frage ist nicht nur, wie das reproduktive Vermögen innerhalb dieser Art von Beziehung zur Natur als Herzstück der Zukunft angesetzt wird; das Bündnis zwischen Mutter und Natur ist auch eine Naturalisierung bestimmter Verhältnisse nach Art anderer Naturalisierungen, sodass die ökologische Sorge schnell zu einer identitär organisierten Art von Sorge werden kann, zu einer exkludierenden Sorge. Oder anders gesagt: Während wir für die reproduktive Zukunft von Wäldern und

---

246 Lee Edelman, *No Future: Queer Theory and the Death Drive*, Durham und London: Duke University Press, 2004.

Völkern sorgen, wandeln sich die Wälder zugleich in Zufluchtsorte und Verstecke für viele, die gegenwärtig nach Europa oder zwischen europäischen Staaten fliehen – unter ihnen auch viele Jugendliche und Kinder. Ihre Schicksale finden sich auch im Protagonisten des Romans *Únava materiálu* (*Materialermüdung*) des tschechischen Autors Marek Šindelka dargestellt. Wir folgen in diesem Roman einem Jugendlichen, ja eigentlich noch Kind, der mitten im Winter durch eine unbekannte europäische Landschaft reist und dabei ständig von Menschen verfolgt wird und sich mit Tieren, den Wetterverhältnissen, den Temperaturen und der dichten Vegetation auseinandersetzen muss; allein die Widerstandskraft des Materials seines mitgenommenen, wiewohl jungen Körpers ist es, die ihn weiter antreibt.[247] Um die Frauen, die auf den Fotos der Mütter auf den Baumstümpfen zu sehen sind, verdichten sich ungewollt etliche Bedeutungen, die vorentworfene normative Bestimmungen bezüglich ihrer Arbeit und Rolle massiv verfestigen können, und die Beziehung zwischen Natur und Frau affirmiert diese ebenfalls, statt dass die nationalen, reproduktiven und nicht zuletzt arbeitsbezogenen Bestimmungen vergeschlechtlichter Körper performativ ins Wanken gebracht würden.

Diese Beziehungen zwischen Frauen, Natur, Umwelt und Reproduktionsrolle erfahren eine andere Anordnung in Marwa Arsanios' Filmen *Who's Afraid of Ideology?* („Wer hat Angst vor Ideologie?"). Die Filme wurden, in drei Teilen und etlichen Ausstellungsversionen, während der vergangenen drei Jahre geschaffen und zeigen die selbstorganisierten Leben von Frauen, die am Rande

---

247 Marek Šindelka, *Utrujenost materiala*, Ljubljana: Beletrina, 2021.

oder inmitten von Kriegssituationen leben.[248] Arsanios schuf diese Filme als eine Forschungsarbeit, die sich mit den Leben kurdischer Guerillakämpferinnen im irakischen Bergland, einem autonomen Frauendorf in der syrischen Provinz Rojava sowie autonomen Landwirtschaftsgemeinden in Kolumbien auseinandersetzt. Im Mittelpunkt ihres Interesses steht eine feministische Haltung zu Fragen der Ökologie und eines Ökofeminismus, der sich im besonderen Kontext des Krieges, aber auch im Kontext äußerst gewaltsamer Formen der Extraktion und Ressourcenzerstörung entwickelt: Zugang zu Land steht hier im Mittelpunkt des feministischen Kampfes. So spricht Arsanios in einem ihrer Vorträge über die Notwendigkeit eines alternativen Lebens, das indes ohne Kämpfe um eine Wiederaneignung von Land nicht vorstellbar sei, zumal Letztere die Voraussetzung dafür bilde, dass an einen Ökofeminismus überhaupt gedacht werden kann. Ihre Forschungen und Darstellungen des Lebens von Frauen in ländlichen Gebieten versuchen sich auch Formen dessen zu widersetzen, was sie als nichtideologischen Feminismus bezeichnet, worunter sie einen Feminismus versteht, der sich – gekoppelt mit einer neoliberalen Fetischisierung der Freiheit des Ichs – aus den Diskursen über Ungleichheit herauszuwinden versucht. Arsanios' Filme zeigen Frauengemeinschaften, die eine starke marxistische, feministische Position vertreten und zugleich, durch diese Positionierung, ein anderes Verhältnis zu Land und Umwelt entwickeln; das ökologische Paradigma ist also Resultat eines Guerillalebens in den Bergen, aber auch von Haltungen zur Umwelt, wie sie etwa

248 Filme und Ausstellung waren 2018 auch im Rahmen des Festivals Mesto žensk („Stadt der Frauen") in Ljubljana zu sehen.

in dem traditionellen botanischen, landwirtschaftlichen und medizinischen Wissen anzutreffen sind, welches den Frauen zu überleben hilft. Im Mittelpunkt aller drei Filme stehen die Kämpfe um Land und die aus diesen Kämpfen hervorgehenden gemeinschaftlichen Organisationsweisen, welche die Kontrolle über soziale Reproduktion ins Zentrum der Lebensgestaltung rücken. Zugleich aber handelt es sich um ausnehmend prekäre Zonen und Leben, um Kriegszonen oder Gebiete am Rande eines Krieges, in denen alle Erfindungen permanent einem instabilen Verhältnis zu geopolitischen Verschiebungen und Machtdynamiken unterworfen sind; es handelt sich also um zeitlich wie räumlich verdichtete mikropolitische Artikulationen sehr besonderer Art. Die Erfindungen sind Teil der Verletzlichkeit des Lebens, einer Interdependenz durch Prekärsein, über die Butler nachdenkt: Sie sind Teil eines Gewahrseins des Umstands, dass unser Prekärsein in ontologischer Verletzlichkeit begründet ist, zumal das Leben nie autonom existiert, sondern immer nur in Interdependenz und durch Unterstützung. Es gibt auch Wege des Widerstands gegen Enteignungen, selbst unter höchst instabilen Umständen. Auch hier steht die Frage der Zugehörigkeit auf dem Spiel, sie wird aber völlig anders artikuliert: Es geht hier nicht um identitätsbasierte Zugehörigkeit, sondern um eine Zugehörigkeit zu einem gemeinsamen Leben, das sich eng mit der gesamten Ökosphäre verflicht, das aber auch stark politisiert ist, weil es sich dem zuwendet, was Lorey als „konstituierende Immunisierung“[249] bezeichnet. Diese Immunisierung stärkt die Formen des Lebens in ihren Verflechtungen, und nicht durch Isolation.

---

249 Isabell Lorey, „Constituent Immunisation“.

Arsanios schreibt, dass diese Filme auch als eine Antwort auf die Politiken von NGOs entstanden sind, die heute oft um Strategien und Taktiken der Ermächtigung von Gemeinschaften in Krisengebieten kreisen, ohne dabei aber bestehenden bzw. historischen Formen kollektiver Unterstützung sowie Frauennetzwerken – insbesondere in ländlichen Gebieten – Beachtung zu schenken. Durch diese Interventionen kommt es oft zu einem Auseinanderbrechen traditioneller Unterstützungsformen, während die Unterstützung bestimmter Individuen in den Vordergrund gestellt wird. „Diese NGO-Strukturen, die innerhalb der globalen kapitalistischen Ökonomie funktionieren, produzieren einen unpolitischen Managementdiskurs, der Gefahr läuft, die existierenden Kämpfe von Feministinnen auszuradieren."[250] Alle drei Filme sowie die Ausstellungen, die Arsanios um bestehendes botanisches Wissen und die ökofeministischen Praxen von Kämpferinnen, Bäuerinnen und Aktivistinnen herum organisiert, bieten ein eingehendes Narrativ bezüglich des Lebens dieser Frauen und zeigen das tiefe Interdependenzverhältnis mit geologischen Gegebenheiten, dem Land und den Pflanzen, die ihnen Versteck und Wohnstätte sind und die zugleich den Gegenstand ihrer Forderung bilden, der Einforderung ihres Rechts auf Leben. In diesen Filmen erweist sich Ökofeminismus als eine materielle Praxis, die aus der Notwendigkeit von Unterstützung und gemeinsamen Seinsweisen rührt; sie vermitteln zugleich aber auch eine ganz andere Einsicht in die Frage sozialer Reproduktion, indem sie

---

250 Marwa Arsanios, „Who's Afraid of Ideology? Ecofeminist Practices Between Internationalism and Globalism", *e-flux Journal* 93, 2018, https://www.e-flux.com/journal/93/215118/who-s-afraid-of-ideology-ecofeminist-practices-between-internationalism-and-globalism.

den Kampf um Gleichheit und den Widerstand gegen die Koppelung von Geschlecht, Arbeit und Ausbeutung in den Vordergrund stellen. Das Wissen und die Praxen dieser Frauen sind auf den Zugang zu Land und Existenzgrundlagen sowie auf die Organisation eines gemeinschaftlichen Lebens ausgerichtet. Reproduktion verknüpft sich eng mit dem Ringen um ein nachhaltiges Leben, wobei Arbeits- und Geschlechterrollen Teil des Kampfes um etwas sind, das uns gehört und das wir im Innersten unserer Verletzlichkeit und unseres Prekärseins auch mit anderen (nicht nur Menschen) teilen. In Gestalt der Handlungen, Praxen, Wissen und Leben von Frauen zeigen Arsanios' Filme, dass jeder Körper immer schon ein Körper-Territorium ist. Feminismus ist im Leben dieser Frauen ein Schlüssel zum Verständnis der verschiedenen Konflikte in dem Territorium, das sie bewohnen, Konflikte, die unaufhörlich ihre Leben kreuzen (ihr Zuhause, ihre Gefühle, ihre Arbeit, ihre Migrationen, ihre Gemeinschaft, ihr Land usw.); und er ist zugleich auch eine Praxis der Neuorganisierung sowie der Überwindung dieser Konflikte. Er ist ein Widerstand gegen eine Reihe von Enteignungen, in dem der Kampf um Land nicht Kampf um Eigentum ist, sondern ein Kampf um das Gemeinsame, das den Kern der Körper-Territorien bildet.

Viele feministische Künstlerinnen haben in den vergangenen Jahrzehnten in ihrer Arbeit die Flucht aus dem häuslichen Bereich sowie die dadurch bewirkte Neuordnung sozialer Verhältnisse thematisiert, insbesondere in Werken, die Sexualität, Mutterschaft, ein Körperdenken jenseits der Geschlechterbinarität sowie vergeschlechtlichte Formen von Sorge zum Gegenstand haben. Diese feministische Kritik der Krise der Nachhaltigkeit des

Lebens bewirkt eine Veränderung unserer Wahrnehmung der Biosphäre verschiedener Leben sowie auch eine Neubewertung von interdependenten und nichtnormativen Weisen des Zusammenlebens. Das kann sich mit weitreichenden kosmopolitischen Implikationen verbinden, aber nur dann, wenn wir in der Lage sind, komplexen Weltkonstellationen Raum zu gewähren. Und genau in dieser Imagination und Neuorientierung der Verhältnisse liegt die poetische Kraft der Kunst sowie der ihr innewohnenden Politik. Ich möchte an dieser Stelle noch ein weiteres Werk erwähnen, das die Koppelungen zwischen Reproduktion und der Zukunft von (menschlicher) Identität, zwischen Reproduktion und Natur erschütterte. Dabei handelt es sich um eine Arbeit von Maja Smrekar mit dem Titel *K-9_Topologija: Hibridna družina* („K-9_Topologie: Hybride Familie", 2015/16), die sich kurz als eine dreimonatige Isolation der Künstlerin gemeinsam mit ihren Hunden beschreiben lässt.[251] Während einer dreimonatigen Klausur im Freien Museum Berlin konditionierte Smrekar ihren Körper so, dass sie die Welpin Ada mit ihrer eigenen Kolostralmilch ernähren konnte. Besucher:innen waren während im Voraus bekanntgegebener Stillzeiten anwesend und diskutierten über Anthropozentrismus und reproduktive Freiheit in einer heteronormativen Gesellschaft. Gleichzeitig entstand ein Briefwechsel mit dem Ausstellungskurator Jens Hauser, in dem die Künstlerin über die Beziehungen zwischen Menschen, Tieren und Natur reflektiert. Ähnlich wie Simona Semenič sah sich auch Maja Smrekar Empörung und Anfeindungen

---

251 Siehe dazu: Maja Smrekar, *K-9_Topologija: Hibridna družina*, https://www.majasmrekar.org/k-9topology-hybrid-family.

ausgesetzt, als ihr in Slowenien der Preis der Prešeren-Stiftung verliehen wurde, und ihr Werk stand plötzlich im Zentrum von Konflikten um die Rolle von Reproduktion, den Körper der Frau, die Nation, Identität, Zugehörigkeit und mehr-als-menschliche Verhältnisse. Diese Konflikte sind das Ergebnis einer eindringlichen poetisch-politischen Geste des Körpers der Künstlerin, die in einem Akt der Sorge die Trennung zwischen menschlicher und tierischer Geschlechtlichkeit, Intimität, ja Liebe transversal durchkreuzt. Es handelt sich um eine Intervention in das Verbot, Leben durch Arten von Verwandtschaft zu denken, die über das Menschliche hinausgehen. Eben darüber schreibt auch Donna Haraway, die in diesem Werk von Maja Smrekar eine wichtige Referenz ist, und zwar insbesondere mit Bezug auf das Verhältnis zwischen Menschen und Hunden sowie die Rolle, die dieses Verhältnis in der Evolution menschlicher und tierischer Spezies spielt.[252]

In ihrem Buch *Unruhig bleiben* schreibt Donna Haraway die Devise des – als Chthuluzän bezeichneten – neuen Zeitalters nieder, in dem wir leben und innerhalb dessen wir diese Welt miteinander teilen: „Macht euch verwandt, nicht Babys! Sich verwandt zu machen – und die neuen Verwandten anzuerkennen – ist vielleicht die schwierigste und dringlichste Aufgabe."[253] Die Stelle ist aus dem Teil ihres Buches, der seit der Veröffentlichung die meisten Kontroversen ausgelöst hat, weil sich Haraway in diesem Kapitel auf die Seite einer Kritik

252 Donna Haraway, *Companion Species Manifesto: Dogs, People, and Significant Otherness*, Chicago: University of Chicago Press, 2003.

253 Donna Haraway, *Unruhig bleiben. Die Verwandtschaft der Arten im Chthuluzän*, übers. v. Karin Harrasser, Frankfurt am Main: Campus, 2018, S. 140.

der menschlichen Reproduktion sowie der mit dieser zusammenhängenden Überbevölkerung des Planeten mit menschlichen Kreaturen, Krittern *(critters)*, schlägt. Wie können wir diese Rolle des Menschen im Kontext der Verhältnisse der Welt, in der wir leben, denken? Wir leben auf einem Planeten, auf dem die Kontrolle über Reproduktion extrem asymmetrisch ist; und tatsächlich erleben viele Kritter, ja ganze Biosphären, Krisen der Nachhaltigkeit des Lebens, wobei zwischen diesen Krisen zugleich zahlreiche unüberbrückbare Unterschiede bestehen. Wie also darüber nachdenken in einer Zeit, die von gravierenden Ungleichheiten, Armut und Enteignungen geprägt ist, in einer Zeit der Ausbeutung von armen Frauen und der Ausreizung einer Ökonomie von Leihmutterschaften, in einer Zeit der Prekarität und der Enteignung, die in vielen Menschenleben erfahren wird? Haraway schreibt, dass gerade sich verwandt zu machen Teil einer feministischen Imagination und eines feministischen Handelns ist, die darauf abzielen, „die Verbindung von Genealogie und Verwandtschaft sowie von Verwandtschaft und Spezies auf[zu]lösen".[254] Aber wie lässt sich eine solche feministische Forderung nach einem Verwandtwerden im Zusammenhang mit einer äußerst delikaten Situation von Machtasymmetrien verstehen, innerhalb deren Akte des Verwandtwerdens sowie Familienverhältnisse geformt und oft auch zerstört werden? Die Frauen in den Filmen von Marwa Arsanios, mit ihrer in der Forderung nach Land gründenden Lebensorganisation, führen tatsächlich einen Kampf gegen eine solche asymmetrische und ungleiche Verteilung von Reproduktionsmöglichkeiten

254 Ebd., S. 141.

und gestalten mithin ihr eigenes Leben durch eine Verwandtschaft der Sorge. Es ist offensichtlich, dass dieser Kampf sich stark vom Handeln der Künstlerin mit der Welpin mitten in Europa unterscheidet, und doch sind sie durch eine spektrale kosmopolitische Verwandtschaft miteinander verbunden: In beiden Fällen geht es darum, Praktiken einer Erfindung von Leben zu imaginieren, die über die uns bekannte Welt hinausgehen. Es mag auch sein, dass die Imaginationsweisen verschieden sind und miteinander in Konflikt stehen, ganz so, wie Verwandtschaften eben nicht konfliktfrei sind; nichtsdestotrotz aber öffnen sie sich für Erfindungen der Sorge, welche die etablierten Kategorien von Relationalität und Gemeinschaft herausfordern. Obwohl gerade durch Sorge Hierarchien zwischen Menschen eingerichtet werden und sich Herrschafts- und Machtverhältnisse ausbilden, ist Sorge doch auch, was uns diese Verhältnisse zu überwinden und in andere Formen von Relationalität und gemeinschaftlichem Leben zu wenden erlaubt, sofern wir gemeinsam und transversal auf die Politik ihrer Erfindung und Imagination ausgerichtet sind. Worin könnte also die Arbeit des Verwandtwerdens bestehen und wie könnte sie eine andere Einstellung zu unserer Verflechtung mit der Umwelt, zu unserer Interdependenz und unserem *Zusammenleben mit jemandem oder etwas* zutage fördern? Haraway schreibt von der Notwendigkeit eines Abrückens von immer neuen Entitäten, die sich auf Genealogien und Herkunftslinien beziehen, weil es im Schaffen von Verwandtschaften nicht notwendig bloß um das Herstellen von Verbindungen zwischen Menschen geht; wir brauchen einen sehr viel breiteren Begriff davon, was es heißt, uns verwandt zu machen, denn es geht um ein Verwandtwerden zwischen verschiedenen Wesen, egal ob diese menschlich, tierisch, pflanzlich usw. sind: „Verwandtschaft ist ein zusammenfugendes Wort. Alle Kritter teilen lateral, semiotisch und genealogisch gemeinsames ‚Fleisch'. Ahnen stellen sich dann als sehr interessante Fremde heraus; Verwandte werden unvertraut *(unfamiliar)*, jenseits dessen, was für uns zuvor Familie oder Gene bedeuteten, unheimlich, spukend, aktiv."[255] Wir können über diese Öffnung von Verwandtschaft eine Menge von indigenen Weisen zu sein und zu wissen lernen, in denen Wechselseitigkeit und Abundanz im Zentrum von Verwandtschaftsverhältnissen sowie der Zugehörigkeit zu den Krittern dieser Welt stehen; zugleich sind diese Verwandtschaften aber auch Teil der Anerkennung affektiver Sorgeketten, die ein anderes Verhältnis zur Zukunft eröffnen. Der Ökofeminismus interveniert also in den Begriff von Verwandtschaften, die auf Identität basieren oder sich um Macht herum organisieren, und wühlt die Verhältnisse zwischen Mensch und Umwelt auf – und mit ihnen den Begriff der Reproduktion. Er ist eine Weise, Welt zu imaginieren, die kosmopolitische Verbindungen zwischen unterschiedlichen Problemartikulationen zu finden versucht. Verwandtschaft bedeutet darin nicht etwas, das einige Leben aneinanderbindet auf Kosten der Leben anderer, sondern eine Anerkennung und Akzeptanz dessen, was uns zusammenführt, einander verpflichtet und in uns eine Öffnung für eine andere, kosmopolitische Weltorientierung sowie für die Möglichkeiten einer flüchtigen Existenz bewirken kann.

255 Ebd., S. 142.

5. Sorge als Aufmerksamkeit

Ich begann dieses Kapitel zu der Zeit zu schreiben, als auf der Insel Lesbos das Flüchtlingslager Moria abbrannte, das lediglich einer der Orte war, an denen sich Zehntausende Menschen in unerträglichen Verhältnissen wiederfanden.[256] Angesichts dieser Unerträglichkeit und des schamlosen nekropolitischen Regimes, Leute sterben zu lassen, ist Moria zum Inbegriff der Kriminalität und Inkompetenz europäischer Flüchtlingspolitik geworden, obwohl diese Art von Gewalt in vielen europäischen Grenzgebieten anzutreffen ist – entlang der Migrationswege, in europäischen Ämtern, in Asylverfahren, polizeilichen und bürokratischen Vorgangsweisen usw. Ich kann die Angst nicht abschütteln ob der Berichte über humanitäre Katastrophen und die unerträgliche Fortschreibung einer gewaltförmigen Differenzierung zwischen meinem Leben und ihrem, der zufolge die Körper mancher Menschen die Wahl zwischen einer Fülle von Optionen haben, während andere es noch nicht einmal wert sind, zu überleben. Oft wird behauptet, Europa werde in dieser Krise all seine politischen und gesellschaftlichen Humanitätsprinzipien einbüßen; aber durch die neuzeitliche Geschichte hindurch waren die meisten politischen und gesellschaftlichen Prinzipien Europas, die einigen ein offenes und freies Leben ermöglichten, in dem ihr Körper in einem bestimmten Ausmaß geschützt wurde, stets vom Ausschluss anderer begleitet. Auslöschung, Ausbeutung und Tötung anderer Leben gingen Hand in Hand mit den aufklärerischen Idealen der Selbstbestimmung.

256 Ich spreche hier von dem großen Brand am 9. September 2020.

Europa baute seine Ideale um den Begriff des Menschen herum auf, dessen Wissenssysteme Sylvia Wynter zufolge auf ein koloniales und rassisiertes westliches Modell des Humanismus gegründet sind, dem zufolge sich die Welt in asymmetrische Kategorien wie „Selegierte und Dysselegierte", „Rand/Zentrum", „Kolonisatoren und Kolonisierte" aufteilt.[257] Zu den Charakteristiken dieser Geschichte gehört, dass das sichere Leben vieler Körper eine ihrer Folgen ist, auch wenn diese Körper nicht unmittelbar Teil von ihr sind. So sehr dieses eine Folge der Geschichte der Aufklärung und des Vernunftglaubens, der emanzipatorischen und feministischen Kämpfe um Gleichheit und freie Selbstbestimmung ist, so sehr ist es auch eine Folge der Entmenschlichung, die stets unausbleiblicher Teil des europäischen Strebens nach Freiheit, Emanzipation und Schönheit war. Umso wichtiger scheint es mir, Aufmerksamkeit auf das Problem zu lenken, das sich in der Privilegierung einer normativen Ästhetik, Schönheit und Wahrheit verbirgt, welche durch die Ideologien autoritärer Regierungsweisen in die Kunstdiskussion eingebracht werden – so als wären diese Ideale vollkommen abstrakt und frei von problematischen Hintergründen, so als wären sie immer dieselben, stünden

257 Wynter geht es darum, dass wir uns diesen Kategorien widersetzen; was es heißt, Mensch zu sein, muss neu gedacht werden, es gilt, ein anderes Narrativ anzubieten (das sich vom evolutionären, biblischen und auch aufklärerischen unterscheidet). Sie schlägt eine neue Art von Humanismus (einen *Gegenhumanismus*) vor, der sich den westlichen Denkweisen widersetzt und in dem menschliche Wesen als hybrid begriffen werden, in einer Weise, die sich von der Klassifikation entlang statischer, asymmetrischer Kategorien löst. Siehe: Katherine McKittrick (Hg.), *Sylvia Wynter: On Being Human as Praxis*, Durham und London: Duke University Press, 2015.

außer Frage und wären für alle gültig.[258] Der Punkt ist, dass diese Ideale genau den befrachteten Begriff des Menschen ins Zentrum stellen und sich mit der Austreibung jeglicher Hybridität verbinden, was an den heutigen Zusammenstößen zwischen Kunst und Körper häufig erkennbar wird. Zugleich gilt es auch, die im Feld der Gegenwartskunst existierenden Machtasymmetrien und Ungleichheiten zu sehen und aufzuzeigen, dass gute Absichten nicht ausreichen, um Sorge oder andere Eingriffe ins Leben akzeptabel zu machen; diese sind vielmehr zutiefst verstrickt in Privilegien, die Aussagepositionen und Machtnetzwerke betreffen – und an denen auch die Gegenwartskunst partizipiert.

In den letzten Jahren sind zahlreiche Kunstwerke entstanden, die sich mit dem Leben von Geflüchteten auseinandersetzen, mit Elend und Tod von Menschen, die nach Europa kommen wollten, mit dem Leid und der Ausweglosigkeit, in die sie an Grenzen und Grenzübergängen, in administrativen Verfahren und Aufnahmeeinrichtungen, in halblegaler und Sklavenarbeit usw. gedrängt werden. Es geht dabei um eine Konfrontation mit beispiellosen Lebensverläufen, aber auch um eine kritische Auseinandersetzung mit der strukturellen Gewalt, die an den Außengrenzen wie auch den Grenzen innerhalb der Europäischen Union – mit ihrer eigenen Geschichte – ausgeübt wird. Worin kann überhaupt die Rolle der Kunst bestehen in diesem Konflikt um den Wert individueller Existenzen, außer dass sie ihn thematisiert, uns anspricht, vielleicht Mitgefühl erweckt, den Unsichtbaren eine Stimme verleiht? Und wie kann sich

258 Siehe Nell Irvin Painter, *The History of White People*, New York: WW Norton & Co., 2011.

Kunst in dieser unerträglichen Situation mit dem Leben poetisch verflechten?

Dieses Dilemma wurde vor einigen Jahren (2011) von einer Arbeit des Kollektivs *Chto delat* (Что делать, „Was tun") deutlich aufgezeigt. In Zusammenarbeit mit dem Van Abbemuseum in Eindhoven schuf das Kollektiv einen opernhaften Film mit dem Titel *Museum Songspiel, The Netherlands 20XX*, der ein fiktives Geschehen in einem niederländischen Museum darstellt, in dem (in einer damals unbekannten Zukunft, die heute nicht mehr so unbekannt ist) sehr strenge Gesetze in Kraft sind, welche die Wegweisung aller Fremden vorsehen.[259] Die Frage der Verwebung von Kunst und Leben wird hier in den Zusammenhang der Kunstinstitution gerückt bzw. der Rolle, die diese in der Mitgestaltung gesellschaftlichen und politischen Lebens spielt, speziell in verschärften politischen Verhältnissen. Der Film beginnt mit einem Museumswächter, der bei einem Kontrollgang auf eine Gruppe illegaler Migrant:innen stößt, die in den Räumlichkeiten der Institution Zuflucht gefunden hatten. Das Museum scheint die einzige Einrichtung zu sein, wo sich Menschen, die Zuflucht suchen, sicher fühlen. In dem Film können wir den aberwitzigen Dialogen zwischen dem Wächter, einer Kuratorin, einem Journalisten, einem Künstler und der Gruppe von Geflüchteten folgen, die in der museumseigenen Nachbildung von Kasimir Malewitschs Bühnenbild für die Oper *Sieg über die Sonne* Schutz suchen, mithin inmitten avantgardistischer Requisiten. Gegen Ende des Films erklärt der

259 Chto delat, *Museum Songspiel: The Netherlands 20XX*, Van Abbemuseum, Eindhoven, 2011. Das Video ist im Internet abrufbar unter https://vimeo.com/154307164.

Museumsdirektor dem populistischen, hysterischen Journalisten – einem Repräsentanten sensationsgieriger Medien, der sich über die Flüchtlinge, die Kriminellen im Museum entrüstet –, dass das Museum nie die Absicht gehabt habe, diese Menschen zu verstecken, sondern sie nur als Mitwirkende für eine Performance angeworben habe, eine Nachstellung von *Sieg über die Sonne*. Im Film, der sich nach Art eines deutschen Singspiels über gesungene, parodische Dialoge entfaltet und dabei – in der Tradition Kurt Weills und Bertolt Brechts – gesellschaftliche und politische Fragen anspricht, wird die Kunstinstitution, die sich als progressiver Ort der Verteidigung von Freiheit versteht, auf die Probe gestellt. Sehr rasch nämlich kommen viele der Widersprüche zum Vorschein, in denen politische, progressive und liberale Kunst heute großenteils operiert. Was ist eigentlich die Rolle der Kunst und ihrer Institutionen angesichts einer so radikal verschärften Lebenssituation? In diesem Filmdramolett wird eine zutiefst dystopische Zukunftsahnung besungen, die paradoxerweise zugleich in einer Zeit überholter Erinnerungen sowie der Zugehörigkeit zu künstlerischer Progressivität im Geist der Avantgarde verfangen ist, was die gesamte Situation nur umso mehr als historisches Debakel erscheinen lässt: Emanzipations- und Freiheitswerte sind jeglichen Inhalts verlustig gegangen. Die Dialektik der Zeit und des Fortschritts zerbirst in Bruchstücke, in historische Fragmente, und wird angesichts der abgrundtiefen Singularität, die sich mit dem (verbotenen und gefährlichen) Schutz von Körpern und Leben verbindet, zum Stillstand gebracht; tatsächlich gibt es so etwas wie eine Zukunft nicht länger. Die Dialoge vermitteln uns ein Gefühl dafür, wie schnell sich jegliche progressive Institution in einer solchen – totalitäre Politiken umrankenden – zeitlichen Monstrosität verfangen kann; wie schnell die Regeln verbreiteter emanzipatorischer und progressiver Gesten und Werte sich auflösen können, wenn wir direkt mit der Notwendigkeit konfrontiert sind, Leben zu schützen. Die Freiheit des Künstlers, der die Geflüchteten, wenn auch vielleicht aus strategischen Gründen (um sie für ein paar Tage zu retten), als Performer:innen im Museum engagiert hatte, erweist sich als privilegierte Geste eines Künstlers, der über die Möglichkeit verfügt, im Namen der Freiheit eine parallele Wirklichkeit zu erschaffen, und der folglich in einem Verhältnis der Asymmetrie zu ihren Leben steht. Asymmetrisch ist dieses Verhältnis deswegen, weil er durch den institutionellen und ästhetischen Hintergrund seines Handelns und seiner Statements geschützt ist, was ihn im Erfolgsfalle sogar zu einem heroischen Künstler erheben kann, der zu einer radikalen Durchquerung verschiedener Felder fähig ist; seine Arbeit mit live performenden Geflüchteten wird dann zu genuiner politischer Kunst. Chto delat haben mit diesem Film eine Reihe von aufrüttelnden Fragen aufgeworfen, die nicht allein auf die Grenzen von Kunst und ihrer progressiven politischen Rolle – insbesondere im Bund mit Kunstinstitutionen – verweisen. Sie zeigen auch den Zusammenhang dieser Fragen mit den Grenzen von Legalität auf, mithin mit einer Grauzone, hinsichtlich deren auch Kunstinstitutionen und ihre gesellschaftlichen Rollen überdacht werden müssen. Insbesondere aber nehmen sie das makropolitische Ideal der Künstler:in aufs Korn, von dem auch Suely Rolnik schreibt und das, als Folge der Geschichte der Avantgardekunst, nach wie vor die Wahrnehmung von

Kunst und Künstler:innen in der westlichen Welt dominiert.[260] Diese Position von Exponiertheit, Autonomie, Distanz sowie eines strategischen Spiels mit Wirklichkeiten ist unzureichend, denn sie entspricht nicht der neuen dystopischen Wirklichkeit, sondern erweist sich in letzter Instanz als eine Folge des eigenen Privilegs und der eigenen Ausnahmestellung in Bezug auf den Schmerz, den andere erleiden. Trotz aller Bekundungen von Humanismus und Mitgefühl kann ein solches Handeln die abgrundtiefen Unterschiede, die zwischen verschiedenen Körpern sowie hinsichtlich des Werts des Lebens selbst bestehen, noch weiter verschärfen. Heutige Kunstinstitutionen bewohnen oft die Ruinen der Vergangenheit. Sie werden vor allem dann zu Orten und Schauplätzen, die von Geistern heimgesucht werden, wenn sich ihre Progressivität mit kapitalistischen Werten verschränkt. Sorge wird dann zu jenem Mehrwert, der sie dem Leben näherbringt, ihre Geister zum Leben erweckt und diesen eine emotionale Dimension hinzufügt, jedoch oft nur um den Preis, dass das Privileg dieser Institutionen unberührt bleibt und dass sich – paradoxerweise – ihr rechtlicher Status absichern lässt.

Ein gutes Beispiel für diese zugespitzten Beziehungen zwischen Körpern bzw. hinsichtlich des Werts des Lebens lässt sich auch in der Arbeit des *Zentrums für politische Schönheit* finden, einer Gruppe von Kunstaktivist:innen aus Berlin, und mein Interesse hier gilt vor allem den Aktionen, in denen sie sich mit der europäischen Haltung gegenüber Geflüchteten auseinandersetzen. Die Gruppe baut ihre Identität um das Bild der progressiven Künstler:in herum auf, in ihrem Fall

260 Rolnik, *Archivmanie*.

eines Kollektivs, auch wenn die Namen der prominenteren Mitglieder dieses Kollektivs eine starke Wiedererkennbarkeit erzeugen. Der Übergang zwischen Kunst und Leben, der hier stattfindet, lässt sich auch mit Interventionen in politische und Medienwirklichkeiten in Verbindung bringen, mit der Erzeugung öffentlicher Aufmerksamkeit, die in den letzten Jahrzehnten zu einem wichtigen Merkmal politisch engagierter Kunst geworden ist, sowie mit einer Fortführung von Formen des Eingreifens in die Wirklichkeit, die wir aus der Geschichte der Avantgarden kennen.

Das *Zentrum für politische Schönheit* beschreibt sich selbst als „eine Sturmtruppe zur Errichtung moralischer Schönheit, politischer Poesie und menschlicher Großgesinntheit“[261] und versteht die eigenen Tätigkeiten als Operationen und organisierte Handlungsprozeduren, die in komplexe politische und gesellschaftliche Wirklichkeiten eingreifen. Eine dieser Operationen trägt den Titel *Die Toten kommen* und fand 2015 statt: Das Kollektiv organisierte den Transport der toten Körper von Menschen, die im Mittelmeer ertrunken waren, um diese in Deutschland (das zugleich das Zielland der Ertrunkenen war) zu bestatten. Im Zuge der Verwirklichung dieses Vorhabens wurden seitens des Kollektivs Familien und religiöse Gemeinschaften kontaktiert, um einzelne Bestattungen durchzuführen, während vor dem Deutschen Bundestag zugleich ein symbolischer Friedhof eingerichtet wurde. Mit dieser symbolischen Beisetzung wollte das Kollektiv die Aufmerksamkeit deutscher und internationaler Öffentlichkeiten auf das Leid der Geflüchteten sowie auf die Untätigkeit seitens

261 Siehe https://politicalbeauty.de.

europäischer politischer Strukturen lenken, und die Aktion selbst fand aufgrund des symbolischen Ortes und der Dimension einer Bestattung großen Widerhall in der deutschen Öffentlichkeit sowie speziell in den deutschen und europäischen Medien von Gewicht. „Menschen, die auf dem Weg in ein neues Leben vor der Europäischen Union ertrunken sind, haben es über den Tod hinaus ans Ziel ihrer Träume geschafft. Gemeinsam mit den Angehörigen haben wir menschenunwürdige Grabstätten geöffnet, die Toten identifiziert, exhumiert und nach Deutschland überführt.“[262] Der Umstand, dass die Aktion großen medialen Widerhall fand und ihrer Zielsetzung (Warnung und Mahnung durch Attacke, Intervention) diesbezüglich Erfolg beschieden war, lässt sich noch immer an der Website des Kollektivs ersehen, wo neben Meinungsäußerungen und Fotografien von den Bestattungen sowie den Protesten gegen die Flüchtlingspolitik auch Zitate aus Zeitungen und anderen Medien zu finden sind, die zum allergrößten Teil die Radikalität der Aktion, die ästhetische Bedeutung eines solchen Handelns sowie diverse andere Implikationen beschreiben, die sich aus dieser Aktion für das Kunstverständnis ergeben. Da die Mediatisierung selbst sowie die Inszenierung von Aktionen und Ereignissen im Mittelpunkt der Arbeit des Kollektivs stehen – in der sich ein vor allem auf die 1990er-Jahre zurückgehender Zugang zur Medienkunst fortsetzt –, werde ich dieser Linie konsequent folgen und versuchen zu erörtern, was mit den Interventionen und Fiktionalisierungen geschieht, welche Geschichten in den Medien hervorrufen, in die

262 Siehe die offizielle Seite zu der Aktion: https://politicalbeauty.com/dead.html.

politische und gesellschaftliche Wirklichkeit eingreifen und dabei gleichzeitig die Grenzen zwischen Kunst, Politik und Legalität überschreiten.

Andere Aktionen dieses Kollektivs betrafen Interventionen in die deutsche Parteipolitik und könnten als Teil der Inszenierung politischer Antagonismen im öffentlichen Raum bzw. als Eingriffe in die Erscheinungsformen von Öffentlichkeit analysiert werden.[263] Die Aktion *Die Toten kommen* kann ich indes nicht allein im Zusammenhang einer Inszenierung politischer Antagonismen begreifen, denn sie geht darüber hinaus und erfüllt mich mit Unbehagen. Und dies nicht nur im Sinne einer psychologisierenden Lesart, wonach mir die Arbeit einen Spiegel vorhält, der uns alle unsere tiefe Verstrickung in das Geschehen bzw. unsere eigene Schuld als Mitwirkende an der Gewalt erkennen lässt, sondern weil diese humanistische Adressierung bei mir ein instinktives Unwohlsein erzeugt. Betrachten wir diese Arbeit unter dem Gesichtspunkt der Sorge, so tritt vielleicht ein Problem zutage, das tiefer rührt als mein persönliches Missfallen und Unbehagen. Paradoxerweise handelt es sich bei dieser Aktion im Grunde um eine humanistische Erinnerung an einen Mangel an Sorge, um einen Versuch, Aufmerksamkeit auf den Mangel an Sorge im Verhältnis zu Geflüchteten in Europa zu lenken. Auf den Mangel an Sorge hinzuweisen ist aber zuallermeist Teil des Privilegs derer, von denen dieser mahnende Hinweis kommt, speziell wenn die Werte, einmal zusammengetragen, wieder in ein gewöhnliches, gutes und privilegiertes Leben zurückgeführt werden;

263 Siehe die Aktionen *Das Holocaust-Mahnmal vor Höckes Haus* (https://politicalbeauty.de/holocaust-mahnmal-bornhagen.html) und *Wo sind unsere Waffen?* (https://politicalbeauty.de/unsere-waffen.html).

während diejenigen, von denen wir sprechen, zu einer Art Rückversicherung werden.[264] Und genau das passiert in dieser Aktion.

Das Überschreiten der Grenzen zwischen Kunst und Leben ist stark von avantgardistischen Kunstideen geprägt, in denen Kunst mit Fortschrittlichkeit sowie mit einer zeitlichen Ausnahmestellung bezüglich der Welt verbunden ist.[265] Diese Zeitlichkeit führt heute oft zu einem Spiel mit Wirklichkeits- und Mediatisierungsebenen sowie zu diversen Formen widersprüchlicher Inszenierung (Medienadressierung, subversive Affirmation usw.), die den Spielen und strategischen Tricks sehr ähnlich sind, welche von sämtlichen politischen Parteien ausgespielt werden, unter Einschluss derjenigen, die allem Andersartigen am feindseligsten gegenüberstehen. Diese Interventionen mögen zwar für kurze Zeit tatsächlich in die eine oder andere politische Operation eingreifen und im Zuge dessen eine Mediengeschichte mehr hervorrufen, aber zugleich unterscheiden sie sich nicht besonders von den symbolischen Gesten der Politik, ja wenden vielmehr die gleichen (logistischen, administrativen) Methoden an. In diesem Sinn spricht das Kollektiv von seinen Aktionen als Operationen, was ich genau vor dem Hintergrund eines Primats von Management und Organisation lese, der Erschaffung von Prozeduren, durch die eine Handlung durchführbar wird.

---

264 Christina Sharpe schreibt über Rückversicherung in den Passagen, in denen sie das Erscheinen einer schwarzen Mutter in Allan Sekula und Noël Burchs Film *The Forgotten Space* diskutiert. Siehe: Sharpe, *In the Wake*.

265 Diese Ausnahmestellung des Projekts bezüglich der Welt wird von Boris Groys erörtert; siehe: Boris Groys, „The Loneliness of the Project", in: Julieta Aranda, Anton Vidokle, Brian Kuan Wood (Hg.), *Going Public*, Berlin: Sternberg Press, 2010.

Indes sind die Werte, die in dieser Operation zirkulieren, nicht nur humanitärer, menschlicher, sondern auch künstlerischer Art; somit kommt es zu einer Rückführung von Wert auf das Kollektiv und seine Aktion. Die Handlung erfreut sich einer künstlerischen Ausnahmestellung und wird erhöht, sie wird zur symbolischen Wertsteigerung dieser Art von Verwaltung der toten Körper von Menschen. Wie sonst ließe sich erklären, dass die Fotos von Beisetzungen neben Zitaten aus den Medien zu stehen kommen, in denen Journalist:innen die Radikalität von Kunst und die Originalität künstlerischen Handelns preisen? Was an der (westlichen) Konzeption von Kunst erlaubt es, dass diese beiden Dimensionen, diese zwei Formen des Handelns ohne jeglichen Vorbehalt zusammengestellt werden können?

Die Antwort hat mit der Geschichte von Kunst zu tun, mit der Herausbildung ihrer Autonomie auf der Grundlage eines spezifischen Begriffs des Menschen. Es handelt sich um einen Begriff des Menschen, der sich um eine spezifische Leugnung der Zugehörigkeit mancher Körper zum Begriff des Politischen, des Ökonomischen, des Ästhetischen herum formiert; wie Denise Ferreira da Silva in Anlehnung an Hortense Spillers schreibt, sind diese anderen Körper bloß Teil des Kapitals, Fleisch.[266] Diese Art von Leugnung ist auch in der Kunst am Werk; trotz ihrer Empathie und humanitären Haltung findet diese Entwertung von Leben hier ihre Fortsetzung, und zwar oft gerade dann, wenn die unverminderte Freiheit der Kunst unterstützt wird. Anstatt unruhig zu bleiben, anstatt mit den Unruhen und Problemen zu koexistieren, anstatt eine

---

266 Ferreira da Silva, „Towards a Black Feminist Poethics“, S. 81–93.

Geste der Relationalität zu sein, bewirkt diese Aktion eine Aufspaltung zwischen unterschiedlichen Artikulationen des Lebens, im gegebenen Fall zwischen uns, den Europäer:innen, und den Leben der Geflüchteten. Paradoxerweise gestaltet sich diese humanitäre Mahnung in einer Art und Weise, die den Unterschied nur noch unüberbrückbarer macht. Obwohl die Aktion in einem grundlegenden Humanitätsempfinden verankert ist – dass wir unsere Toten begraben müssen, dass die Toten nicht anonym bleiben dürfen (was auch Antigone in ihrem Handeln nicht loslässt) –, gibt es in ihr keinerlei körperliche Nähe, keine Verflechtung mit der Welt zwischen uns, keine Liebe. Im Gegenteil, das Kollektiv managt die Abläufe, organisiert den Transport der sterblichen Überreste, beschäftigt sich mit Medien und Dokumentation, mit der Inszenierung der Körper und mit Pressekonferenzen, wobei der Transfer der Körper und ihre erneute Bestattung im Zentrum der umfangreicheren Logistik dieser Operationen stehen, während die Körper den Verwandten, den religiösen Gemeinschaften und den Medien gehören. Woher nimmt Kunst diesen Willen, ja auch nur die Fähigkeit, in ihrem aktionsorientiertem Humanitarismus Knochen auszugraben und darin sogar noch einen Nachweis ihrer eigenen Radikalität zu sehen? Die Macht dazu entstammt ihrem Privileg zur Überschreitung der Grenzen zwischen Kunst und Leben, einem Privileg, das ihr als Teil des politischen und gesellschaftlichen Systems der westlichen Gegenwartskunst in die Wiege gelegt wurde; und hier, im Innersten der Freiheit, gibt es keine Möglichkeit, den Anderen anonym zu begegnen, in einer Weise, die es nicht erforderlich macht, dass mediale und politische Realitäten tun, was sie tun müssen. Die westliche Kunst, samt ihrem Humanitarismus, ist von den Strömen moderner Kolonialgeschichte nicht ausgenommen, selbst in ihren Interventionen in die Entwertung des Lebens findet diese eine perverse Fortsetzung. Dies ist Konsequenz eines allgemeinen Problems mit dem Humanitarismus, das Eve Tuck als Dokumentieren des Schadens beschreibt und das die Gefahr von Herangehensweisen mit sich bringt, die bestimmte Gemeinschaften pathologisieren; das Verständnis von Schaden oder Verletzung wird dabei immer schon vorab entworfen, denn nur so lässt sich Reparation denken und erlangen, Veränderungen und Sorge werden stets aus dem heraus entworfen, woran es fehlt.[267] Zugleich wurzelt dieses Verhältnis stets in einem Zusammenhang von Privileg, Ungleichheit und Macht, in dem sich die Spannung zwischen performativer, materieller und rhetorischer Sorgemacht der Seite der rhetorischen Geste „*We actually care!*" zuneigt, sodass materielle, intime und historische Verhältnisse nichtig gemacht werden. Gerade im Namen einer autonomen Kunst kommt es zur Scheidung von ethischer Relationalität, und Kunst bewegt sich gewaltförmig zwischen verschiedenen Lebensfeldern hin und her. Wenn wir diese Perspektive umkehren und unser Dasein in der Welt als interdependent und zutiefst dezentriert denken, dann heißt ethische Relationalität, dass wir in jedem Augenblick in einem Verhältnis tiefreichender Interdependenz stehen, und das Politische der Kunst ist Teil dieser Interdependenz. Wenn Kunst mit dem Leben und der Welt verflochten ist, die wir mit anderen teilen, dann bedeutet das auch eine Anerkennung der völligen

---

267 Eve Tuck, „Suspending Damage: A Letter to Communities", *Harvard Educational Review* 79/3, 2009, S. 409–428.

Ohnmacht angesichts des Leidens anderer; es bedeutet, unseren Sinn für diese unerträgliche Wirklichkeit wachsen zu lassen und sie auszuhalten, unruhig und mit den Unruhen zu bleiben sowie andere Formen des Trauerns zu erfinden. Wenn wir wirklich eingreifen wollen, dann führt uns dies in die Grauzone der Legalität, in das, was Valeria Graziano als piratische Sorge bezeichnet, in Formen zivilen Ungehorsams: „Migrantinnen dabei zu helfen, auf dem Meer und an Land zu überleben, für Möglichkeiten des Schwangerschaftsabbruchs zu sorgen, wo dies nicht legal ist, medizinische Hilfe anzubieten, wo die Institutionen versagen, Wissen zu befreien, wo der Zugang zu ihm verwehrt wird."[268] In diesen Fällen wird Kunst zum Teil einer poetischen Imagination und Praxis von Ungehorsam, die nicht von Empathie getragen ist, sondern in Verflechtungen von Kunst und Leben die bestehenden Kategorien des Selbstschutzes hinter sich lässt; und die eine durchdringende Berührung der Kunst durch die Wirklichkeit der Welt, in der sie existiert, zulassen.

An der Arbeit des *Zentrums für politische Schönheit* wird ersichtlich, wie Sorge gerade durch das Erwecken humanitärer Gefühle auch als gewaltförmige Sorge fungieren kann. Wir befinden uns natürlich stets in ungleichen Verhältnissen, aber wenn Ungleichheit im Kern der Planung und Verwaltung von Mitgefühl sowie der politischen Moral von Operationen besteht, dann handelt es sich um eine Differenz ohne Interdependenz. Das *Zentrum für politische Schönheit* verfügt über die Macht,

---

268 Valeria Graziano, Marcell Mars, Tomislav Medak, „Pirate Care", *Artforum International Magazine* 5/11, New York, 2020, https://www.artforum.com/slant/valeria-graziano-marcell-mars-and-tomislav-medak-on-the-care-crisis-83037.

das Wissen, die medialen und logistischen Verbindungen, die Intelligenz und die Fähigkeit sowie auch über das gesamte diskursive Räderwerk des westlichen Kunstdispositivs, um zu tun, was die Verwandten der Opfer selbst nicht tun können, und um Aufmerksamkeit zu schaffen. Aber wie jede Handelsorganisation hält es seine Protokolle ebenso verborgen wie die Rückversicherungen, die Absprachen in Hinterzimmern, die schmutzigen Details der Tauschgeschäfte im Hintergrund (wie kam das Kollektiv zu den Körpern, von wem und wie wurden sie ausgegraben, wie konnten die Körper Grenzen passieren, ist das alles real oder nicht, was ist Medienkonstruktion und was wirklich, usw.). Die Erträge sind symbolisch und sichtbar, und sie bringen nicht nur die problematische Ungleichheit in den Aktivitäten des Kollektivs an den Tag, sondern auch den Zynismus der Medien und der Öffentlichkeit selbst, die aus Anlass der Aktion mehr über die Radikalität der Kunst schreiben als über das Leben und Sterben von Menschen. Auch künstlerische Sorge kann entmenschlichend sein, auch wenn ihre kritische Absicht dem politischen Zynismus und dessen Leugnung von Menschlichkeit gilt. In dieser Operation/Aktion begegnen Menschen ihrem Ende zweimal, zunächst als anonyme Opfer der strukturellen Gewalt von Grenzen und der Verneinung ihres Rechts auf Leben und ein zweites Mal als Zombies in den Archiven des *Zentrums für politische Schönheit*. Entmenschlichung erfolgt mithin auch durch Mediatisierung, durch die Operation und Logistik des Ereignisses, dessen Durchführung die Einbeziehung verschiedener (intimer, medialer, politischer) Realitäten erfordert, damit gegen die unerträgliche Gewalt demonstriert werden kann.

Ähnlich wie die Menschen in dem Film *The Netherlands 20XX* nur gerettet werden können, indem sie in einer Performance auftreten, anstatt einfach verweilen zu können, können die Toten nur bestattet werden, indem sie die Rolle unseres Gewissens spielen und indem ihre kläglichen Friedhöfe in den Schrein der Kunst eingeschlossen werden. Auf diese Weise wird das Leben noch nach dem Tod entmenschlicht, denn es ist genau die Grenze zwischen Leben und Tod im Kern der Nekropolitik, die auch im Zentrum dieser Intervention steht. Diese Arbeit des *Zentrums für politische Schönheit* unterscheidet sich kaum von einem ähnlichen Werk des schweizerisch-isländischen Künstlers Christoph Büchel mit dem Titel *Barca Nostra* (*Unser Schiff*), das 2019 auf der Biennale in Venedig ausgestellt wurde.[269] An beiden Werken zeigt sich ein ähnliches Problem. Büchel schleppte ein Schiff, auf dem im Mittelmeer viele Menschen gestorben waren, in das Arsenale. Die Arbeit ließe sich als zeitgenössisches humanitäres Ready-made beschreiben, nur dass es dabei nicht länger um in den Kunstkontext transferierte Alltagsgegenstände geht, sondern um das kollektive Grab von Menschen – was erneut von der grimmigen und äußerst problematischen Nekromacht zeugt, über die die westliche Gegenwartskunst verfügt. Diese Macht ist natürlich nichts Neues, sie hat ihre eigene klare, historische Genealogie; wir müssen uns lediglich vergegenwärtigen, dass die moderne Geschichte westlicher Kunst auch eine Kunstgeschichte toter, in Museen

---

269 Siehe: Nathan Ma, „A supposedly poignant symbol of the migrant crisis, the Venice Biennale's big, bad boat says more about bureaucracy than anything else", *Prospect Magazine* 5/20, 2019, https://www.prospectmagazine.co.uk/arts-and-books/venice-biennale-barca-nostra-boat-ship-migrant-criticism.

aufbewahrter Objekte aus anderen Kulturen ist, von denen viele durch Raubzüge und Plünderungen, kraft militärischer und ökonomischer Übermacht, den überfallenen Kulturen und Gebieten entrissen wurden, um aus kolonisierten Territorien zurückgebracht und in den Depots riesiger musealer Lageranlagen verwahrt zu werden. Viele dieser Objekte wurden auch aus einem Glauben an die eigene kulturelle Überlegenheit gestohlen, in dem eine gewaltvolle Sorge für andere Kulturen ihre Grundlage fand. Hier sehen wir eine Sorge, die Enteignung, Umsiedlung und sogar Entmenschlichung zur Folge hat. Und es ist genau diese Genealogie, durch die es möglich wird, dass sich ein derartiges Schiff in einer Kunstausstellung wiederfindet, dass sich inmitten aller Offenheit, Politisierung und Multikulturalität die mikropolitische Gewalt fortsetzt, dass eine solche künstlerische Idee überhaupt entsteht.

Beide Beispiele unterstreichen eine humanitäre Geste, die sich um Aufmerksamkeit dreht, und legen einen Eid auf die tiefschürfende Kraft der Kunst ab, wobei indes die wirklichen Einzelheiten der Tauschbeziehungen verdeckt bleiben: Dies betrifft die Übertragung des Eigentums am Schiff sowie die Übertragung und den Transport der Leichen ebenso wie die Aushandlungsprozesse zwischen unterschiedlichen Interessen, die Logistik, die Vernetzungsarbeit zwischen Medien und Künstler:innen, die Organisation der Routen und Grenzübertritte – mithin eine ganze Reihe von Mechanismen, die sich direkt mit dem verbinden, was hinter diesen Schicksalen liegt: den Strömen des Kapitalismus. Ein Kunstwerk kann in solchen Fällen nur in das Problem eingreifen und Aufmerksamkeit darauf lenken, wenn es solche schmutzigen Details verdeckt hält, anstatt sie aufzudecken; wie in jedem anderen Fall eines wirklichen Handels mit Waren bleiben die Verkettungen der Übertragung von Eigentum und Rechten verborgen. Eine humanitäre Operation funktioniert auf die gleiche Art und Weise wie jede andere Operation des Kapitalismus, nämlich über die Berechnung, Produktion und Evaluation ihrer Effekte, aber auch über Formen der Wertsteigerung und Beschleunigungen der Wertzirkulation. Die besprochenen Arbeiten gehören daher der Nekromacht an, die heute ein fundamentales Charakteristikum von kapitalbezogenen Politiken bildet: Sie treiben Handel nicht nur mit dem Leben, sondern auch mit dem Wert des Todes; genau so operiert und zirkuliert auch das Kapital. Leben und Tod gehören zu diesem Organisationsmanagement dazu: zu einer avancierten Logistik von Networking, Transport, Ausgrabungen und Auftreibungen, Ortsverlegungen, Öffentlichkeitsarbeit, und auch zur Mediatisierung und Verbreitung von Information. Es ist genau dieses Organisationsdispositiv – oder vielmehr Managementdispositiv –, das heute den Mittelpunkt der Aufmerksamkeiten bildet. Es ist weniger die Aneignung und Spektakularisierung des Todes als vielmehr ein tatsächliches Management des Todes zur Schaffung von Mehrwert, welches das entscheidende Merkmal dieser Art von Intervention in die Realität bildet. Bei Kunstwerken, die sich auf das Prekärsein von Existenzen beziehen und sich mit den Grenzen von Existenz verschränken, ist immer zu beachten, wie diese Werke entstehen und produziert werden. Erst ihre Durchführung gibt uns Einblick in ihr Verhältnis zum Leben, finden sie doch immer innerhalb bestimmter gesellschaftlicher, institutioneller, medialer und auch technischer Dispositive statt.

Eine geläufige Verteidigung solcher Interventionen gründet sich auf ein Verständnis von Kunst als einer agonistischen Kraft, die in der Öffentlichkeit Anstöße gibt und auf diese Weise andere sinnliche und politische Verhältnisse etabliert. Beide Ereignisse riefen diverse Reaktionen hervor, in Venedig demonstrierten viele Menschen vor dem Schiff und forderten öffentlich, dass es entfernt werde. Wenn sich das Verständnis von Kunst als agonistischer Kraft nicht in der Körperlichkeit des Übergangs zwischen Kunst und Leben situiert, dann erfolgt ein solcher Übergang nur aufgrund der kontextuellen, nichtkörperlichen Freiheit der Kunst, die der Kunst eine Ausnahmestellung bezüglich der Wirklichkeit einräumt. Diejenigen, auf die sich das humanitäre Mitgefühl bezieht, verfügen gerade nicht über diese Freiheit einer Ausnahmestellung; ihre Existenz wird immer schon durch die Sprache der Gewalt konstituiert, im Leben wie auch nach dem Tod. Linderung der Unerträglichkeit bedeutet nicht, zu schweigen, sondern vor allem den mikropolitischen Mut zu Anonymität, Stille, Würde. Sie bedeutet nicht Indifferenz, sondern sich nicht der Überzeugung hinzugeben, dass wir recht haben; sie lässt unsere Beziehungen langsamer und weicher werden und bewirkt, dass wir unsere Aufmerksamkeit auf die Situation lenken, von der wir unausweichlich Teil sind. Vor allem aber findet sie Wege einer flüchtigen Existenz, die sich von der allenthalben anzutreffenden humanistischen Tradition entfernt, welche die Sorgetragenden privilegiert bzw. die Idee einer gerechten, richtigen Sorge, durch die die Sorgetragenden angetrieben werden. Puig de la Bellacasa diskutiert diese richtige Sorge, den Wunsch, gerecht zu sein und auf die richtige Weise zu sorgen, indem sie die Verhältnisse analysiert, die sich in den Operationen des

Wissens herstellen bzw. in der Art und Weise, wie wir wissen, dass etwas gut ist (was eine gute Sorge ist), und wie wir dies teilen. Wenn wir etwas wissen, haben wir mitunter das Gefühl, dass wir es anderen aufzwingen, sie überzeugen müssen. Puig de la Bellacasa beschreibt das Konzept einer richtigen Sorge als einen epistemologischen Moralismus, als Wunsch, auf der Seite von Wahrheit und Gerechtigkeit zu stehen und in korrekter Weise zu sorgen; und sie warnt: „Die verführerische Nähe zwischen diesen Begriffen bringt eine riskante Grundlage ans Licht: die Ambition, Kontrolle und Urteilsmacht darüber auszuüben, wofür / für wen / wie wir sorgen".[270] Selbstverständlich ist die Aktion des *Zentrums für politische Schönheit* von guten Absichten getragen, daran kann kein Zweifel bestehen; das Kollektiv begreift sich selbst als Teil der europäischen Verpflichtung zu politischem Engagement bzw. als Kollektiv, das das schlechte Gewissen der europäischen Politik anstachelt. Aber was befähigt seine Mitglieder dazu, als diejenigen aufzutreten, die auf die richtige Weise Sorge anbieten? Wir haben oft nur recht aufgrund des Machtprivilegs, das uns die Macht verleiht, recht zu haben. Sorge kompliziert also dieses schlichte Verhältnis zu unserer eigenen Wahrhaftigkeit, aber auch zur Gerechtigkeit, wenn wir nicht zugleich unsere eigenen Machtpositionen entwirren; wenn wir es nicht zulassen, dass uns die Wirklichkeit berührt und unsere Seinsweisen aufrüttelt, dann kann unsere Sorge schnell in Gewalt umschlagen.

Die Kunst des globalen Nordens, so sehr sie auch von humanitären Absichten begleitet sein mag, ist daher heute oft Teil des nekropolitischen Handels, weil sie

270 Puig de la Bellacasa, *Matters of Care*, S. 91.

sich, in ihrem Wunsch nach makropolitischen Effekten, der gleichen Prozeduren bedient wie die kapitalistische Aneignung des Lebens und am entsprechenden Dispositiv der Wertzirkulation teilnimmt. Aber zugleich gibt es auch autoritäre Forderungen nach einer Rückkehr der Kunst zu reinen ästhetischen Kategorien und poetischen Prinzipien, nach einer Auslöschung der Verflechtungen von Kunst und Leben, die die Kunst im 20. Jahrhundert der Ethik der Sorge angenähert haben. Wir stehen also in der Gefahr, dass aus der modernen Kunstgeschichte noch mehr Gleichgültigkeit und eine noch größere Konzentration auf die eigenen Gemeinschaften entsteht, speziell angesichts der ökologischen und sozialen Katastrophen, die uns umgeben und unsere Leben massiv verändern; der Raum der Kunst wird so noch mehr verschanzt, noch mehr zu einem Raum des Ausschlusses und der Ungleichheit. Wie also lässt sich das Problem der strukturellen Gewalt gegen prekäre Leben adressieren, das sich in den existenziellen Krisen von Menschen manifestiert, die aus verschiedenen Gründen nach Europa zu kommen versuchen? Ist es überhaupt möglich, daran durch Kunst zu rühren? Es ist möglich, aber nur, wenn die Kunst von Handel und Wertzirkulation ablässt, sich davon abwendet, Künstler:innen und ihren Wert als Verfeinerung der logistischen und managerialen Verfahren zu sehen, die der Kapitalismus in seiner Beziehung zum Leben bis ins letzte Detail entwickelt hat. Zugleich ist es vor allem notwendig, mehr zuzuhören und sich zuweilen zurückzuziehen, es zuzulassen, dass andere sprechen, ihre Formen der Bezeugung finden und mit der Welt, wie wir sie kennen, brechen können.

6. Forensische Arbeit: Sorge als Präsenz

Wie also über die spektralen Sorgefäden nachdenken, die uns mit dem Leiden der Anderen verbinden, über die Arbeit des Wachens, von der auch Christina Sharpe schreibt?[271] Wie kann Kunst, die im globalen Norden situiert ist, überhaupt wachsam bleiben für prekäre Schicksale, wie kann sie sich *mit* diesen Stimmen aussprechen, ohne sie als Rückversicherung zu benutzen, um zuletzt einmal mehr den eigenen Wert zusammenzutragen? Von welcher Art von Wache sprechen wir hier? Sharpe widmet ihr Buch den versklavten Leben, die während der Katastrophe der Sklaverei, ihrer Geschichte und Nachgeschichte, gelebt wurden und werden. Sie schreibt über die Ethik der Sorge, des Sehens und Seins, im Zusammenhang der Folgen der Versklavung als eines Ereignisses, das unabgeschlossen ist und sich noch immer zuträgt. Sie liest Werke der Gegenwartskunst, Artikulationen und Ereignisse unter dem Gesichtspunkt der Unabgeschlossenheit, der Fortdauer, der Neubelebung von Versklavung, im Sinne einer Mannigfaltigkeit von nach wie vor unaufgelösten Relevanzen, innerhalb deren die Einschließung von Leben bis heute fortbesteht.

Im vorigen Kapitel habe ich versucht, die Gewalt der Sorge zu verstehen, die mit einer besonderen Form der Aufmerksamkeit einhergeht, mit einer Form der Aktuierung und Sichtbarmachung des Problems, über die sich das „*We actually care!*" bekundet. Kunst stößt hier in die Öffentlichkeit vor, um Aufmerksamkeit zu wecken, Diskussionen zu entfachen, in die politische Wirklichkeit

---

271 Sharpe, *In the Wake.*

einzugreifen, politisches Interesse zu aktivieren. Würde sich etwas ändern, wenn wir der Aufmerksamkeit der Sorge eine körperliche Dimension hinzufügen und Aufmerksamkeit durch Präsenz denken? Sorge als Präsenz, in der jede Aufmerksamkeit nach körperlicher Nähe verlangt (die auch spektral, auf andere Welten bezogen sein kann), findet durch ein Zusammenziehen der Zeit zwischen Vergangenheit und Zukunft statt, das sinnlich, materiell und konkret ist. Indem sie Sorge als Präsenz und als Modi der Körperlichkeit untersuchten, haben feministische Epistemologinnen Einblick in das situierte Wissen von Laborarbeit durchführenden Wissenschaftlerinnen gegeben und ein wichtiges Feld feministischer Analysen von Sorge als Teil wissenschaftlicher Epistemologien und Relationalitäten erschlossen. Diese Situierheit unterminiert die Objektivität der Wissenschaftler:in und der Wissenschaft und rückt diese in eine Interdependenz und Verflechtung mit dem erforschten Gegenstand ein, was auch eine institutionelle und politische Repositionierung des Begriffs der wissenschaftlichen Wahrheit und vor allem der Hierarchien zwischen dem Menschlichem und dem Mehr-als-Menschlichem zur Folge hat.[272] Aber was würde Sorge als (körperliche) Präsenz in der Kunst bedeuten, und was wären ihre Folgen für die Konzeption und den Ort der Kunst? Könnte Kunst auf diese Weise ihre eigenen Grenzen neu denken? Die Erwägung von Sorge als Präsenz wird besonders interessant, wenn wir Sorge als eine Arbeit des Wachens denken, also im Sinne jener besonderen Form der Sorge, die einen nächtlichen

272 Siehe: Donna Haraway, „Situiertes Wissen", und Vinciane Despret, *Que diraient les animaux si… on leur posait les bonnes questions?*, Paris: La Découverte/Les Empêcheurs de penser en rond, 2012.

Charakter hat und in der sich Zeit in eigentümlicher Weise entfaltet. Es geht nicht nur darum, wach zu sein, wenn andere schlafen, am Rande einer Wiese oder eines Waldes, an der Küste usw., sondern auch um eine Präsenz an der Seite von Kranken, Leidenden, Sterbenden, an der Seite derer, die uns brauchen, sowie derer, die nicht länger unter uns sind. Saidiya Hartman erprobt eine solche Arbeit der Präsenz in ihren Versuchen, die Geschichte schwarzer Frauen zu schreiben und sich dabei mit der schwierigen Frage auseinanderzusetzen, wie sich mehr tun lässt, als nur von der Gewalt zu erzählen, deren Spuren in den Archiven der Sklaverei aufzufinden sind.[273] Sie folgt darin der Dichterin und Essayistin M. NourbeSe Philip und ihrem Gedicht *Zong!*. Dieses lange Gedicht ist zur Gänze aus Worten gebildet, die den Akten zur Gerichtsverhandlung *Gregson vs. Gilbert* entnommen sind, welche sich mit den Geschehnissen auf dem britischen Sklavenschiff Zong Ende 1781 auseinandersetzte. Nachdem eine Reihe von Navigationsfehlern, für die allein der Kapitän des Schiffes verantwortlich war, zu einer Verlängerung der Überfahrt von Westafrika nach Jamaika und folglich einer Verknappung der

---

273 Vor allem durch ihren Zugang zum Schreiben reartikuliert Hartman bestehende Formen des Schreibens über die Geschichte der Sklaverei. Siehe: Saidiya Hartman, *Lose Your Mother: A Journey Along the Atlantic Slave Route*, New York: Farrar, Straus and Giroux, 2008, und Saidiya Hartman, *Scenes of Subjection: Terror, Slavery, and Self-Making in Nineteenth-Century America*, Oxford: Oxford University Press, 1997. 2019 schrieb sie auch das Buch *Beautiful Experiments: Intimate Histories of Riotous Black Girls, Troublesome Women, and Queer Radicals* (New York: WW Norton & Co., 2019), in dem das Leben emanzipierter schwarzer Frauen am Anfang des 20. Jahrhunderts beschrieben wird (auf Deutsch: *Aufsässige Leben, schöne Experimente: Von rebellischen schwarzen Mädchen, schwierigen Frauen und radikalen Queers*, übers. v. Anna Jäger, Berlin: Claassen Verlag, 2022).

Trinkwasservorräte geführt hatten, erteilte der Kapitän den Befehl, einen Teil der versklavten Passagier:innen über Bord zu werfen, damit die Gregsons, Eigentümer des Schiffes und Sklavenhändler, Haftungszahlungen seitens des Versicherungsunternehmens von Gilbert in Anspruch nehmen konnten: für die Fracht – die toten Sklav:innen –, die in einer Notsituation verloren gegangen war bzw. zerstört wurde. Die Akten zur gerichtlichen Auseinandersetzung zwischen den Schiffseigentümern und der Versicherungsanstalt sind das einzige Dokument, das direktes Beweismaterial bezüglich des auf hoher See verübten Massakers bereitstellt. Das Gedicht versucht dieses Dokument in einer Weise zu verwenden, die in das Schweigen des historischen Texts interveniert – als Klagegesang über dieses tragische Ereignis, das nur als Versicherungsakt existiert, indes nach einer Artikulation als Ereignis verlangt.[274] Wenn nämlich die Geschichte der versklavten Menschen nur als ein Zeugnis der Gewalt existiert, die an ihnen verübt wurde, wie lässt sich dann „etwas Neues aus der Absenz von Afrikaner:innen als Menschen beschwören, welche das Herz des Textes bildet" – fragt Hartman unter Bezugnahme auf M. NourbeSe Philip.[275]

---

274 Das Buch war bereits mehrmals Gegenstand von Bühnenlesungen, die NourbeSe Philip in verschiedenen Ländern durchführte. Diese sind abrufbar unter: https://www.nourbese.com/poetry/zong-3. Siehe auch: M. NourbeSe Philip, *Zong!,* Middletown: Wesleyan University Press, 2008. Das Verbrechen auf der Zong ist auch Gegenstand des Gemäldes *The Slave Ship* von J. M. W. Turner aus dem Jahr 1840, das auf dem Gedicht *The Dying Slave* von Thomas Day basiert. Beide Werke können in den Zusammenhang der einsetzenden abolitionistischen Bewegung gestellt werden.

275 Saidiya Hartman, „Venus in zwei Akten", in: *Diese bittere Erde (ist womöglich nicht, was sie scheint),* übers. v. Yasemin Dinçer, Berlin: August Verlag, 2022, S. 85–116, hier: S. 89.

Hartman baut ihren Essay „Venus in zwei Akten" um einen ähnlichen Prozess herum auf. Der Name Venus erscheint in den Archiven der Sklaverei in der Verhandlung gegen einen Handelskapitän, der wegen Mordes an zwei schwarzen Mädchen angeklagt wurde; es handelt sich aber, wie an Dokumenten des Atlantikhandels ersichtlich wird, um einen Namen, mit dem versklavte schwarze Frauen häufig bezeichnet wurden und der sich auf Harriot, Phibba, Sara, Joanna, Rachel oder Linda beziehen konnte – wobei es zu keiner dieser Frauen Erinnerungen gibt, ihre Worte nicht aufgezeichnet wurden. Hartman beschreibt die Allgegenwart von Venus in den Archiven der transatlantischen Sklaverei und setzt sich mit der Unmöglichkeit auseinander, irgendetwas über sie zu sagen, das nicht bereits gesagt worden wäre. Wir wissen nicht, was sie über sich selbst enthüllte, sie trägt einen Namen, der nur eines unter vielen Zeichen aus der Reihe von Obszönitäten und Gewaltakten ist, die ihr widerfuhren, aber zugleich ist ihr Schicksal exemplarisch und verhilft uns zu Einblicken in die Welt der Versklavten. Die Geschichten über sie sind einzig und allein Geschichten der Gewalt und des Exzesses, aber Hartman will dennoch „darüber hinausgehen, nur die Gewalt nachzuerzählen, die diese Spuren im Archiv hinterlegt hat. Ich möchte eine Geschichte über *zwei Mädchen* erzählen, die in der Lage ist, wiederherzustellen, was verborgen liegt – der Zugriff oder Anspruch ihrer Leben auf die Gegenwart –, ohne mit meinem eigenen Akt des Erzählens weitere Gewalt zu verüben."[276] Wie also lässt sich die Geschichte der Menschen, die versklavt wurden, erzählen, ohne dass durch die Erzählung ein neuer

276 Ebd., S. 88.

Gewaltakt verübt wird; ist es überhaupt möglich, „den Schauplatz der Unterwerfung auf[zusuchen], ohne die Grammatik der Gewalt zu reproduzieren“[277]? Hartman sagt, dass es nicht ausreicht, einen Gerichtsskandal ans Licht zu bringen, um diese Geschichte zu erzählen, aber auch sich ihr Leben auszudenken, um es erzählen zu können, ist nicht ohne Probleme. „Der Verlust von Geschichten steigert den Hunger nach ihnen. Daher ist es verlockend, die Lücken zu füllen und einen Abschluss zu bieten, wo es keinen geben kann. Einen Raum für die Trauer zu schaffen, wo sie verboten ist. Eine Zeugin eines kaum beachteten Todes zu erfinden.“[278] Dieser Versuch, eine Geschichte zu erzählen, der unternommen werden muss und der zugleich scheitert, wirft „wichtige Fragen darüber auf, was es bedeutet, historisch über Angelegenheiten nachzudenken, die noch immer umstritten sind, und über Leben, das von den Protokollen intellektueller Disziplinen ausgelöscht wurde“[279] – womit sie sich auf Archivierung und Geschichtsschreibung bezieht. Hartman schlägt daher eine andere Form des Präsentseins mit diesen Leben vor, die sie als kritische Fabulation bezeichnet und beschreibt als „ein Ankämpfen gegen die Limitierungen des Archivs, um eine Kulturgeschichte der Gefangenen zu schreiben, bei einer gleichzeitigen Inszenierung der Unmöglichkeit einer Darstellung der Leben jener Gefangenen gerade durch den Prozess der Narration“[280]. In Bezug auf eine solche Narration als kritische Fabulation schreibt Hartman:

277 Ebd., S. 92.
278 Ebd., S. 101 f.
279 Ebd., S. 104.
280 Ebd., S. 108.

„Das Ziel dieser Praxis ist nicht, der Sklavin *eine Stimme zu geben,* sondern vielmehr, das Nicht-Verifizierbare zu imaginieren, einen Bereich der Erfahrung, der zwischen zwei Zonen des Todes steckt – dem sozialen und dem körperlichen Tod –, und sich mit jenen prekären Leben zu befassen, die nur im Augenblick ihres Verschwindens sichtbar werden."[281] Mit diesen Überlegungen unterminiert Hartman die Formen der Erinnerung, Erzählung und Historisierung prekärer Leben und öffnet mögliche Wege zu einem gemeinsamen Wachen neben diesen Körpern. Aber wenn, so Hartman, diese Formen der Narration irgendeinen Wert haben, dann aufgrund der Weisen, wie unsere Leben mit dem Leben von Venus verbunden sind. Für sie ist das nicht eine Frage von Melancholie, sondern eine Frage danach, wie im Nachleben des Eigentums oder, wie sie an anderer Stelle sagt, im Nachleben der Sklaverei gedacht und gelebt werden kann. Genau das meine ich mit Sorge als Präsenz. Sie bezieht sich auf „Leben [...], um die wir uns noch zu kümmern haben, eine Vergangenheit, die erst noch vergehen muss, und den fortwährenden Ausnahmezustand, in dem schwarzes Leben weiterhin gefährdet ist"[282]. Es ist eben die Notwendigkeit, darzustellen, was wir nicht darzustellen vermögen, die „unser Wissen über die Vergangenheit bedingt und unser Verlangen nach einer befreiten Zukunft belebt"[283].

Hartmans Werke setzen sich vor allem mit dem Verständnis afroamerikanischer Geschichte und den Archiven der Sklaverei auseinander, aber ihre Überlegungen

281 Ebd., S. 110.
282 Ebd., S. 112.
283 Ebd., S. 113.

überschneiden sich mit zahlreichen Fragen, die Sorge als eine Arbeit des Wachens sowie ihr Verhältnis zu Kunst und künstlerischen Eingriffen ins Leben betreffen. Erneut wird klar, wie schnell neue Formen der Gewalt gerade aus humanitären Gesten entstehen können, die Gewalt thematisieren, Bewusstsein schaffen und das Problem zu ihrem Fokus machen, weil nämlich durch diese Schicksale die bestehenden Formen des Wissens über sie tatsächlich unterminiert werden, weil bestimmte Zugänge zum Schreiben und zu Texten sowie die Möglichkeiten ästhetischer Imagination erschüttert werden. Besonders akut wird dieses Problem dann, wenn wir unsere Beziehungen von einer Position der Sicherheit und des ökonomischen Privilegs aus entwerfen, welche die strukturelle Grundlage des empathischen Privilegs unseres Engagements bildet. Ich bewege mich selbst auf diesem Glatteis, wenn ich schreibe, und kann ihm nicht entkommen, ich kann aber lernen zuzuhören, besser zu hören, mich mit dem Scheitern zu konfrontieren – und genau darum drehen sich meine Lektüren von verschiedenen Werken und meine Gedanken zu den Schwierigkeiten der Kunst mit der Sorge. Natürlich ist es uns nicht möglich, über all dies nicht länger zu sprechen, aber wir können darüber nur so sprechen, dass wir dabei scheitern, dass uns der Boden unter den Füßen wegrutscht. So wie der doppelte Modus der Narration in Saidiya Hartmans Denken das Archiv selbst bzw., weiter gefasst, die Produktion von (historischem) Wissen unterminiert, so bewirkt die Notwendigkeit einer Arbeit des Wachens als Präsenz auch eine Erschütterung der Systeme, in denen Kunst bewertet, organisiert, gemanagt und geteilt wird, mithin des Handels, der im Zeitalter des modernen Kapitalismus hinter der Zirkulation von Kunst steht. Der Wert einer Kunst, die präsent ist, kann nicht als Rendite zurückkehren, der Kreis schließt sich nicht, sondern die Kunst selbst verändert sich durch die Arbeit des Wachens, sie lässt sich nicht länger in der Idee der Autonomie eines Kunstwerks einfangen; will Kunst wahrhaft durch Sorge präsent sein, dann muss sie ihre historischen, modernen Arenen verlassen und etwas werden, dessen Seinsweisen noch zu erfinden bleiben, aber dies kann nicht ohne eine Vergangenheit geschehen, die eine andere sein hätte können. Das kann auf unterschiedliche Weisen geschehen, und keine von ihnen ist ideal oder ohne Makel, aber sie alle bilden Versuche, die Verflechtung von Kunst und Leben sowie die ethische Relationalität der Kunst zu entwerfen und zu realisieren.

Eine besondere Form der Arbeit des Wachens als Sorge ist auch in der forensischen Praxis gegenwärtig, die sich als akribisches, aufmerksames Sammeln und Zusammensetzen von Information über ein Verbrechen beschreiben lässt. Forensisches Wissen ist heute Teil von Beweispraktiken in Gerichtsverfahren, in gesetzlichen Ermittlungsprozeduren und in der Medizin, wo es durch die Einbeziehung diverser interdisziplinärer Ansätze institutionalisiert, aber auch durch hochproblematische Machtdynamiken sowie eine Geschichte multipler Hierarchien charakterisiert ist. Was aber, wenn wir das Forensische auch als eine sehr spezifische Form der Präsenz an der Seite der Vergangenheit verstehen, als eine Präsenz, die sich einer fortdauernden Vergangenheit verpflichtet (fortdauernd, weil das Verbrechen noch immer ungesühnt und unaufgeklärt ist), und wenn wir auf diese Weise Wissen und Praxis der Forensik über die Erfassung von Verbrechen seitens der Sieger hinaus ausweiten, in Richtung einer Notwendigkeit, darzustellen, was wir nicht darzustellen vermögen, um mit Hartman zu sprechen? Das Forensische ist dann tatsächlich eine Arbeit des Wachens, wie sie sich etwa in der kollektiven Arbeit von *Forensic Architecture* dokumentiert, einer am Londoner Goldsmiths College entstandenen Gruppe von Wissenschaftler:innen, Aktivist:innen, Künstler:innen und Architekt:innen, deren Arbeit der Erforschung von Gewalt und Formen der Enteignung prekärer Leben sowie von ökologischen Katastrophen und Migrationsprozessen gewidmet ist und die versucht, Beweismaterial für Akte der Gewalt und Enteignung aufzuspüren, um dieses an internationale Ermittler:innen, an politische Organisationen und NGOs, an die UNO usw. weiterzugeben.[284] Zahlreiche Forscher:innen sind an dieser Arbeit beteiligt, viele von ihnen kommen aus oder leben in Gebieten, in denen Enteignungen stattfinden; ihre Arbeit besteht in Analyse und Sammlung, aber auch in der Repräsentation und Darstellung von Prozessen der Enteignung menschlicher und mehr-als-menschlicher Leben. Die Forschungsarbeit reicht von makropolitischen bis hin zu mikropolitischen Verhältnissen, während sie zugleich von einem Bemühen geprägt ist, den Status forensischer Forschung in der Vergangenheit und in der Gegenwart kritisch zu reflektieren und sie zurückzubringen an den Ort, dem sie ihrer lateinischen Etymologie zufolge auch angehört: „Forensik" leitet sich nämlich vom lateinischen Wort *forum* ab, dem öffentlichen Raum, dem Marktplatz, dem Ort für Diskussionen, Argumente usw. Diese Art von forensischer

284 Siehe die Website von Forensic Architecture (FA), https://forensic-architecture.org.

Arbeit, die sich über Kartographierung und die Zeugnisse von Überlebenden vollzieht, erlaubt es *Forensic Architecture*, die Gewalt der Archive herauszufordern und Gegennarrative zu entwickeln, um, mit Christine Sharpe gesprochen, „dem Vergessen, der Auslöschung, der Monumentalität und den ewiggleichen Fortschreibungen der Archive“[285] entgegenzutreten. In den Arbeiten der Gruppe ist Autorschaft nicht infolge einer künstlerischen Idee kollektiv, sondern weil die Forschung und Öffentlichkeitsorientierung des Projekts, an dem sehr verschiedene Forscher:innen mitwirken, nach Kollektivität verlangt. Zugleich wird die historische Rolle der Forensik in Archiven vermieden, in denen prekäre Leben nur als Nebenprodukt der Beschreibung der Gewalt gegenwärtig sind, die gegen sie verübt wurde. Die Forschungsarbeit vollzieht sich auf vielen unterschiedlichen Ebenen – das Ausstellen von Forschungen, die Bereitstellung von Kartographien und die Entscheidung über Sichtbarkeit sind nur einige der Formen, in denen das Projekt präsent wird. Sharpe schreibt, dass die Arbeit oft in der Geschichte des schwarzen Mittelmeeres fundiert ist, das auch von den Strömen der Sklaverei geprägt ist.[286] Solche Arbeiten können in der Öffentlichkeit nur in enger Zusammenarbeit mit Organisationen und Aktivist:innen in Erscheinung treten, die in das Geschehen an den europäischen Grenzen involviert sind und die paradoxerweise in den öffentlichen Bereich nur

285 Sharpe, *In the Wake*, S. 59.

286 Sharpe: *In the Wake*. Sharpe bezieht sich auf: P. Khalil Saucier, Tryon P. Woods, „Ex Aqua: The Mediterranean Basin, Africans on the Move, and the Politics of Policing“, *Theoria* 61/141, 2014, S. 55–57. Die Autoren verstehen das schwarze Mittelmeer als konstitutiven Bestandteil einer Analyse, die auf ein besseres Verständnis der gegenwärtigen Formen von EU-Grenzraumüberwachung abzielt.

durch ihre Arbeit in der Grauzone der Legalität eingreifen. Immer mehr hat es den Anschein, dass Sorge als Arbeit des Wachens nur als eine ethische Entscheidung zur Umgehung der Barrieren möglich ist, die zum eigenen Schutz errichtet wurden, und gerade aufgrund der Verstärkung institutionalisierter Verwerfungen sowie eines Regierens durch Prekarität können wir von einer Piraterie der Sorge bzw. einer piratischen Sorge sprechen, die sich, um Leben zu beschützen, in die Grauzonen der Legalität ausdehnen muss.[287]

Eine ähnliche forensische Arbeit des Wachens fand in der Performance *Gejm* (2020) von Žiga Divjak am Mladinsko-Theater in Ljubljana statt. Die Performance verwendete die Zeugnisse von Menschen, die im Zuge ihrer wiederholten Versuche, in die Europäische Union zu gelangen, die Grenzen der Staaten im Gebiet des ehemaligen Jugoslawien überquerten. *Gejm* (von eng. *game*, „Spiel") ist der Name, mit dem diese Menschen selbst die durch Bosnien und Herzegowina, Kroatien und Slowenien führende Route beschrieben haben, die zum Asylaufnahmezentrum in Ljubljana führt, wo Asylanträge gestellt werden können und somit Aussicht auf einen möglichen Aufenthalt im Schengenraum der Europäischen Union besteht. Die Produktion konzentriert sich auf die Zeugnisse Minderjähriger, die nach dem Völkerrecht ein Anrecht auf Asyl haben. Die Zeugnisse wurden seitens verschiedener humanitärer Organisationen gesammelt und beschreiben die Grenzübertritte an der slowenischen Grenze, die Prozeduren der Polizeibehörden und die Rückschiebung über Kroatien nach Bosnien

287 Siehe dazu die Website des Forschungsprojekts *Pirate Care* von Valeria Graziano, Marcell Mars und Tomislav Medak, https://pirate.care/pages/concept.

und Herzegowina, wobei es wichtig ist, zu erwähnen, dass jede dieser Rückführungen erfolgt, nachdem der Antrag auf Asyl (legitim) zum Ausdruck gebracht wurde. In der Performance, die zwischen zwei Zuschauerreihen stattfindet, erzählen drei Schauspieler und zwei Schauspielerinnen, die zwischen den Zuschauer:innen sitzen, die Geschichten in der ersten Person und in umgangssprachlichem Slowenisch sowie mitunter auch auf Englisch, Letzteres vor allem dann, wenn es um die Kommunikation mit Polizeibeamt:innen bzw. die Wiederholung der Polizeisprache geht. Die Beschreibungen sind kurz und bündig, sie erfolgen, nachdem auf einer Seite der Bühne der Ausdruck eines Berichts über jeden der Fälle, manchmal begleitet von einem körperliche Verletzungen zeigenden Foto, an die Wand geheftet wurde. Die Schauspieler:innen bringen einige Gegenstände mit auf die Bühne, die möglicherweise den Menschen gehören könnten, deren Geschichten erzählt werden, bisweilen performen sie auch Szenen, die im Narrativ vorkommen, wie etwa eine körperliche Untersuchung oder die Ankunft beim Bett im Aufnahmezentrum. In der Performance folgt ein Zeugnis dem anderen, sie alle ähneln einander, indem etwa davon erzählt wird, wie die Abschiebungen nach Bosnien und Herzegowina verliefen, nachdem den Menschen ihr Recht auf Asyl in Slowenien durch Tricks und Geringschätzung, aber auch durch Gewalt und Drohungen vorenthalten wurde. Diese Wiederholungen unterstreichen die Strukturen der Gewalt, die an den Grenzen ehemaliger jugoslawischer Teilrepubliken stattfindet, von denen zwei mittlerweile EU-Mitgliedstaaten sind, wobei die Schengengrenze zwischen ihnen noch in Kraft war. Durch die Wiederholungen werden die Erzählungen fast unerträglich angesichts der organisierten Gewalt, der Entmenschlichung sowie der polizeilichen und behördlichen Rechtsverletzungen, die sie schildern. Die Dramaturgie ist ganz und gar unverschnörkelt, sachlich, so als würde ein Archiv durchstöbert und als würden dabei zahllose Dokumente durchblättert, die dieses Archiv als Archiv der Gewalt ausweisen. Die Performance endet mit den Zeugnissen derer, denen es gelang, in einem Aufnahmezentrum Platz zu finden, und die nun auf den Ausgang ihres Asylverfahrens warten.[288] Dergestalt finden sich die Zeugnisse von wiederholten Reisen und immer neuen Anläufen letztlich in einer Zeitschleife wieder, in der das Warten und die Ungewissheit prekärer Leben sowie das ständige Aufschieben der Schutzmechanismen, die für diese Leben vorgesehen sind, kein Ende nehmen.

Die Wiederholung von Zeugnissen bringt an den Tag, wie sehr es sich hier um eine strukturelle, auf Vereinbarungen gestützte Gewalt handelt, die Grenzen in Zonen der Exklusion verwandelt, wo wie in einem Ausnahmezustand alles erlaubt ist. Die Prozeduren der Einschüchterung und Folter gleichen einander, sie sind organisiert, entsprechen Protokollen und weiten sich aus: Auf der slowenischen Seite begegnen wir oft Gleichgültigkeit, Ausweichmanövern, Manipulation, Gewalt, Lügen, Täuschung, die allesamt den Zweck einer Verweigerung des Asylrechts verfolgen; und dann, auf der anderen Seite der slowenischen Grenze: Fahrten in geschlossenen kroatischen Kleintransportern, ohne Luft, begleitet von Schlägen und Drohungen, weiter über die

288 Die Performer:innen waren Primož Bezjak, Sara Dirnbek, Maruša Oblak, Matej Puc, Vito Weis, Hamza Aziz, Zaher Amini, Khalid Ali und Behnaz Aliesfahanipour.

Grenze zwischen Kroatien und Bosnien-Herzegowina, erneut begleitet von Schlägen, durch Korridore von Hieben hindurch, im Dunkeln und von Hunden bewacht. Einige der Zeug:innen haben sich schon unzählige Male wieder aufgerappelt und erneut auf den Weg gemacht, andere sind zusammengebrochen, und nur wenigen gelang es, ein Asylaufnahmezentrum zu erreichen, wo in den meisten Fällen ein neuerliches jahrelanges Warten beginnt, in einer Leere der Hoffnungslosigkeit und mit ebenfalls ungewissem Ausgang. Das ist einer der Gründe dafür, warum die Beteiligten selbst diese Reise über Grenzen hinweg als *gejm* bezeichnen, so als handle es sich um ein Computerspiel. *Gejm* ist ein Spiel um Leben und Tod; es führt über Feldwege, durch Wälder, über Berge, durch das, was von den Beteiligten Dschungel genannt wird, es verbindet sich mit der Gefahr, Wildtieren zu begegnen, zu ertrinken, vor Erschöpfung nicht mehr weiter zu können. Die Grenzlandschaft verwandelt sich in dieser Erzählung in etwas, das mit einer erholsamen Natur nichts gemein hat. Obwohl es flüchtige Momente der Sicherheit gibt, wird sie durch das gesamte System sowie die Leute, die an dem ganzen Gewaltprozess teilhaben, indem sie Migrant:innen anzeigen, zu etwas Finsterem und Bedrohlichem gemacht. Die Performance ist lang und von Beginn an ist klar, wie sie ablaufen wird, dass sie sich nicht verändern wird, dass sie diese Erzählungen übereinanderlegen wird; mit minimalen theatralen Mitteln und mit der Hingabe ans Erzählen seitens der Schauspieler:innen wird sie sich in dieser Manier bis zum Ende entfalten. Die Beziehungen zwischen Menschen, Grenzen, Territorien, Umwelt, Natur, Autoritäten, Bevölkerung, Landschaften, Flüssen und Wetter sind allesamt spezifisch in diesen

Zeugnissen, aber die Realität wird eigentlich wie ein Computerspiel empfunden, in dem die elementare Organisation von Raum und Begegnungen ein Survival-Game umspinnt, nur dass die Spieler:innen hier nur ein einziges Leben zur Verfügung haben. Die Entmenschlichung und Entwertung dieser Menschen bildet den Kern des Archivs, das uns nicht verschont, uns keine Atempausen gönnt, während wir der Performance zusehen. Es gibt keine Verstellung in der Performance, sie spielt nicht mit Rhythmus, Selbstreflexion, formalen Abläufen und Bühnenebenen, ihr elementares dramaturgisches Prinzip ist eine Akkumulation von Sprechakten, die immer wieder eine Dimension des Grauens annimmt, wenn die Schauspieler:innen über neutrales Erzählen hinausgehen und ihre Stimmen erheben, und zwar besonders dann, wenn sie Polizeibeamt:innen wiedergeben und die Art, wie diese in entstelltem Englisch die Menschen anschreien: *ran, ran, ran!* Die Logik der Akkumulation ist algorithmisch, die Protokolle werden erstellt, aber nicht niedergeschrieben, denn alles geschieht im Schatten der Legalität, an ihrer Grenze, in den Dunkelzonen, in denen die Macht die Ausübung ihrer Gewalt mit selbstorganisierten, ja illegalen operativen Einheiten teilt; und genau dieser algorithmische, systematische Zynismus und diese Gewalt graben sich nach einer Weile tief in uns hinein, das Stück fällt uns schwer auf die Schultern, sodass wir uns krümmen, nicht so sehr aus Schuld, sondern aufgrund der Unerträglichkeit dessen, was uns umgibt und was auch die Umgebung unseres Lebens bildet. Die schönen Flüsse und die Waldgebiete, in die wir uns gerne begeben, um Pilze zu sammeln oder Sonntagsspaziergänge zu machen, verschränken sich mit den Schicksalen, dem Leid, den Verletzungen und den extrem prekären Leben von Menschen, die möglicherweise in denselben Wäldern und Flüssen ihr Ende finden.

Wie können wir diese Performance im Zusammenhang von Sorge als Präsenz, als eine Arbeit des Wachens denken? Wer sind die Schauspieler:innen, die im Namen anderer sprechen? Im Dokumentartheater – speziell wenn es sich mit prekären Leben auseinandersetzt – begegnen wir oft Erzählungen, die von Gewaltprozeduren und den Schicksalen von Betroffenen handeln, und auch diese Erzählungen zielen oft auf das Erzeugen kritischer Aufmerksamkeit ab, sodass die Geschichte derer, die Gewalt erfahren, zu nichts anderem als der Geschichte der an ihnen verübten Gewalt gemacht wird. Die Performance *Gejm* strebt einen sorgfältigen Umgang mit diesem Problem an, indem sie zu verstehen sucht, wie Aufzeichnungen über Strafen und Straftaten Eingang in die Archive finden und nur durch die Vermittlung solcher Archive der Gewalt an uns gelangen. Dazu trägt auch der Umstand bei, dass es sich um Zitate von Menschen handelt, um eine Inszenierung ihrer Zeugnisse, die von humanitären Organisationen gesammelt wurden, und dass diese Zeugnisse in der Performance – außer ganz am Ende, wenn wir Aufnahmen von den Stimmen Geflüchteter hören –ausschließlich mit den Stimmen der Schauspieler:innen vorgetragen werden. Durch die Wiederholung eines Narrativs, das nicht mit den Bühnenebenen spielt, sondern realistisch den Dokumenten aus dem Archiv gewaltsamer Rückschiebungen zu folgen versucht, ist dieses Theater auch nicht mit sich selbst beschäftigt; es geht um Unmittelbarkeit, die auf der Ebene der Performance in eine Aufmerksamkeit für die Zeugnisse von Menschen, in eine

Präsenz der Wiederholung transformiert wird, wodurch es zu einer forensischen Offenlegung struktureller und systemischer Operationsweisen sowie von Formen des Machtmissbrauchs kommt. Entscheidend ist auch, dass das Scheitern der Performance zugleich die Art und Weise ist, wie sie bewertet werden muss: Es scheint paradox, von dieser Performance als guter, erfolgreicher Performance zu sprechen oder etwa vom ausgezeichneten oder schlechten Spiel der Darsteller:innen; jede derartige Aussage wäre zynisch, zumal es nicht möglich ist, die künstlerischen Werte dieser Performance, sofern sie wahrhaft konsequent ist, abschließend zu taxieren. Was meine ich damit? Erstens, diese Art von Theater ist nicht mit sich selbst befasst, sondern setzt seine Prozeduren ein, um die Struktur der Realität zu erschließen und dabei so wirklichkeitsgetreu wie möglich vorzugehen. Diese Treue aber ist nur unter strenger Beachtung der Möglichkeiten des Theaters erreichbar, also der Weise, wie es reagiert, wenn es von der Wirklichkeit berührt wird. Es kann nicht länger schweigen, aber es überlässt die Bühne nicht sich selbst, sondern jenen, mit denen es diese Welt teilt, mit denen es *gemeinsam* präsent ist. Es ist einfach notwendig, die Geschichte zu erzählen, und zugleich müssen die Schicksale der Menschen in Verhältnisse gesetzt werden – menschliche und mehr-als-menschliche, atmosphärische. Es ist notwendig, zu äußern, was wir nicht zu sagen vermögen, aber ohne dabei die Wichtigkeit unserer eigenen Arbeit herauszustellen. Die Performance selbst wird auf diese Weise lang, repetitiv, langweilig, mitunter unerträglich, ja vorhersehbar und eindimensional, aber eben das verstärkt die Stimmen und lässt sie laut werden, Stimmen, die in ihrer Hoffnung und ihrem hartnäckigen Mut und der materiellen Ermüdung zum Trotz immer neue Anläufe unternehmen, wenn sie überleben. Wiederholte Gewaltakte lassen strukturelle Gewalt zu etwas Gewöhnlichem werden – was menschlich unannehmbar ist.

Zugleich wird durch die forensische Kartografierung der Gewalt das Bild von Landschaften, Provinzen, Grenzgebieten vollkommen verändert, und darin besteht eine weitere Dimension der Performance. Es eröffnet sich eine dystopische Perspektive auf *unsere* Wälder, *unsere* Flüsse, die Gebiete, für die wir im Rahmen ökologischer EU-Programme (Natura 2000) Sorge tragen, die Tiere in den Wäldern, deren Anzahl erfasst wird – alles verbindet sich mit einer anderen Materialität und einer anderen Haltung gegenüber der Zukunft. Diese Materialität weitet die Grenzen des Archivs aus, lässt sichtbar werden, wie die Körper dieser Menschen dem Wetter, der Kälte, dem Schnee, der Dunkelheit, dem Wasser und der Feuchtigkeit, der Wildnis und den Gefahren des Waldes ausgesetzt sind; es sind Erzählungen von Gewalt und Atmosphäre. Sharpe schreibt im letzten Kapitel ihres Buches über das Wetter, über die atmosphärische Intensität des Wetters, die sich im Zentrum der transatlantischen Geschichte findet, in der „der Fluss, das Wetter und das Ertrinken zu Tod, Katastrophe und Möglichkeit werden“[289]. Das Wetter hat sein eigenes Klima, sagt Sharpe, das sie als *Antischwarzsein* beschreibt.[290] Dieses setzt sich in der Geschichte des schwarzen Mittelmeeres fort, in dem heute, wie Denise Ferreira da Silva schreibt, die Grenzen und Prinzipien des Schutzes von Körpern erneut aufgerichtet werden,

289 Sharpe, *In the Wake*, S. 105.

290 Ebd., S. 112.

eine Zone roher Natur entstehen lassend, die jenseits transparenter Gesetze und der Möglichkeit der Selbstbestimmung liegt.[291] Das Klima dieser Region verschärft sich in der Performance *Gejm* durch die in den Zeugnissen beschriebene Angst vor Anzeigen, das Vermeiden von Ansiedlungen, das Durchwaten eiskalten Wassers, die Kenntnisse, die es zu erwerben gilt, um sich durch diese Gegenden zu bewegen, eine Parallelökologie, die dem atmosphärischen Druck widersteht, der in ihnen herrscht.[292] Genau diese Atmosphäre ist es, in der das Wetter dieser Gebiete erfahren wird, Gebiete, in denen es noch vor wenigen Jahrzehnten keine Grenzen gab, die aber dann durch nationalistische Kriege verwüstet wurden, vor denen viele Menschen auf ähnliche Weise flüchteten. Für alle gilt, wie es Sharpe schreibt: „Die Schiffe brechen eines nach dem anderen auf. Und wenn die Migrant:innen die Küste erreichen, werden sie oftmals wieder in den Laderaum verfrachtet, in Gestalt des Lagers, des Anhaltezentrums usw., und möglicherweise auch zurück auf das Schiff. Ins Kielwasser geworfen, den Strömungen überlassen, erneut."[293] All dies geschieht in einem unvorhersehbaren Wetter, dessen Klima antischwarz bleibt.

Die forensische Atmosphäre der Wiederholung, die sowohl systemisch als auch historisch ist, und das Wachen neben den Verbrechen führen dazu, dass die Performance jede Möglichkeit einbüßt, ihren Wert abschließend zusammenzutragen; tatsächlich fand ich es schwierig, ja beinahe unmöglich, am Ende zu

291 Ferreira da Silva, „Towards a Black Feminist Poethics".

292 Ebd., S. 106 f.

293 Ebd., S. 108.

applaudieren. Die Unmöglichkeit eines Applauses am Ende (wenn applaudiert wird, dann gilt dies der *Leistung der Schauspieler:innen*) zeugt auch davon, dass das klassische Tauschverhältnis, der Austausch eines Geschenks gegen ein „Danke“, hier nicht wirklich stattfinden kann; wir finden uns vielmehr in einem unterbrochenen Kreislauf zurückgelassen, der Wert kehrt nicht zur Kunst zurück und es ist schlichtweg unmöglich, zu sagen, wie gut, wie engagiert die Kunst ist, denn was sollte das schon heißen angesichts all dessen, was wir gerade gesehen und erlebt haben? Am Anfang der Pandemie las ich auf der Internetplattform *Open Democracy* einen Artikel über Applaus, den Christian Juri verfasst hatte.[294] Juri zeigte sich kritisch gegenüber dem Applaus, mit dem Gesundheitspersonal damals massenweise von Balkonen rund um die Welt bedacht wurde. Dieser Applaus wurde oft als eine schöne Geste beschrieben, die Unterstützung für die aufopferungsvollen Bemühungen dieser Arbeiter:innen zum Ausdruck brachte und die insbesondere von Politiker:innen angefeuert wurde. Der Autor verfolgte in seinem Artikel die These, dass sich diese Art des Handelns am besten als eine weitere Form des Social Distancing verstehen ließe, und er bekräftigte seine These mit einem Verweis auf das Theater. Applaus, mit dem sich im Theater eine lange Geschichte verbindet, hat seinen Ursprung in Fiktion, in Bühneninszenierung, in der Welt des Spielens, aber das grundlegende Prinzip des Spielens ist, so Juri weiter, die freiwillige Teilnahme. Der Applaus für Arbeiter:innen im Gesundheitsbereich ist also schon deshalb problematisch, weil ihre Arbeit

294 Christian Juri, „Applause as a form of social distancing“, *Open Democracy* 1/5, 2020, https://www.opendemocracy.net/en/can-europe-make-it/applause-form-social-distancing.

keineswegs freiwillig erfolgt und weil die entsprechenden Tätigkeiten bekanntermaßen äußerst schlecht bezahlten, prekären, ausgebeuteten und oft migrantischen Arbeitskräften überlassen bleiben. Wahrscheinlicher ist es, so Juri, dass wir den Gesundheitsarbeiter:innen applaudieren, weil hier eine Analogie mit dem Krieg vorliegt; wir applaudieren ihnen, wie wir den Soldat:innen applaudierten, als sie in den Krieg zogen, um in unserem Namen zu kämpfen, wobei auch Soldat:innen Kriege nicht freiwillig führen, auch wenn diverse Ideologien uns davon ständig zu überzeugen versuchen. Der Autor setzt fort:

> Applaus markiert eine soziale Unterscheidung. Während wir mit der Erkenntnis ringen, dass wir in unserer Isolation für die Gesellschaft offenbar keinen Nutzen haben, vermittelt uns die institutionalisierte Trennung in aktive und passive Mitglieder, die sich im Applaus ausdrückt, plötzlich einen Sinn. Indem wir die Rolle des Publikums übernommen haben, haben wir einen Platz gefunden, der unsere Passivität erklärt und naturalisiert.[295]

Nur so können auch wir die Bühne betreten und innerhalb der Arbeitsteilung unseren Part übernehmen. Zugleich wird aber auch klar, dass der Applaus nicht den eigentlichen Menschen gilt, sondern sich darauf bezieht, wie gut sie ihre Rollen spielen bzw. dass sie sie überhaupt spielen (und dass wir sie nicht spielen müssen). Solidarität, schreibt Juri, ist Anerkenntnis menschlicher Gemeinsamkeit, während Applaus keine Anerkennung von Solidarität ist, sondern eine Geste der Unterscheidung: Gerade durch den Applaus

295 Ebd.

können wir uns unterscheiden und „unsere Ungleichheit naturalisieren“[296]. In der Realität, die die Performance *Gejm* vorführt, spielen Menschen das Spiel, weil sie anders nicht überleben können. *Gefickt vom Absoluten*[297] und von systemischer Gewalt, wählen sie unablässig neue Wege durch *unsere* Wälder, über *unsere* Felder und Wiesen. Wir betrachten ein Spiel über ein Spiel, aber kein Spiel in einem Spiel, die Performance ist nicht allein mit sich selbst und mit den Metaebenen befasst, sondern ordnet sich dieser Berührung durch die Wirklichkeit und dem Zusammentragen von Fakten ganz und gar unter, wodurch sie ihren Weg zu uns findet. Mit ihren Wiederholungen und der Akkumulation von Schicksalen, die sich im mondlosen Licht der balkanischen Wälder ereignen, wird diese Berührung so stark, dass sie die Kreisläufe des Austauschs unterbricht, uns nicht zu applaudieren, umzuschalten und eine theatrale Distanz einzurichten erlaubt; sie unterminiert unsere Rolle, weil Fiktion und Wirklichkeit in einer Katastrophe zusammenlaufen. Soziale Distanz lässt sich nicht flugs durch eine ästhetische Absonderung herstellen, denn die Geste des Applauses kann die tiefe Ungleichheit zwischen unseren Leben nicht überdecken. Wenn wir aber klatschen, dann fühlen wir uns ein wenig beschämt, und so klatschen wir, wenn schon, lieber leise, zurückhaltend, nur der Schauspieler:innen halber. Wie Alenka Zupančič schreibt, ist Scham der Effekt dessen,

---

296 Ebd.

297 *Gefickt vom Absoluten* (*Zjeban od Absolutnega*) ist der Eröffnungsvers von Tomaž Šalamuns Gedicht *Duma 64*, das der Heimat gewidmet ist und an das ich während der Performance vielfach denken musste. Dieses Gedicht von Šalamun wurde zuerst am 9. Mai 1964 in der Zeitschrift *Naši razgledi* veröffentlicht.

dass andere bemerken, dass ich mich schäme; der Applaus in dieser Performance ist also nicht affirmativ, konstitutiv, sondern drückt vor allem die Frage aus: Was tue ich hier?[298]

Scham verweist auf die Unmöglichkeit von Austausch und Transparenz, die in dieser Performance am Werk ist. Sie lässt aber auch verstehen, dass die Produktion an einem entscheidenden Punkt scheitern muss, sofern sich nach der Premiere nicht sämtliche Lebens- und Produktionsweisen ändern. Wenn sie keinen Applaus erhalten kann, dann sollte sie stattdessen in Formen investieren, in denen sie als Performance überhaupt existieren kann und die die Schuld begleichen könnten, die dem Kern der Sprechakte auf der Bühne zugrunde liegt. Es reicht nicht aus, an einem weiteren Festival teilzunehmen, vielleicht einen Preis zu gewinnen[299] und zum Gegenstand einer neuen akademischen Reflexion über die Rolle des Dokumentartheaters zu werden. Die Sorge und Präsenz der Performance bewirken eine Ausdehnung und Ausweitung des Wertes von Kunst, die über das Stück selbst hinausreicht, sie muss also nach Wegen suchen, wie eine solche Kunst bestehen und ihr Engagement aufrechterhalten kann. Eben weil sie so ist, wie sie ist, sollte diese Performance auf andere Weise existieren, überall aufgeführt werden und vielleicht die Schuld einlösen, die in ihrer Aneignung der Stimmen anderer besteht. Es könnten Kopien der Performance gestattet werden, anderen das Recht übertragen werden, sie nachzuahmen und zu replizieren, sodass sie über ihre institutionellen

298 Alenka Zupančič, „Lacan in sram“, *Problemi* 44, 7/8, 2006, S. 99.

299 Eben das geschah während meiner Arbeit am vorliegenden Text: Die Performance erhielt 2021 den Hauptpreis auf dem 56. Borštnik-Theaterfestival in Maribor.

Grenzen hinausquillt und Ausbreitung findet jenseits der Tatsache, dass es sich um ein theatrales Werk handelt, das Teil des Programms eines engagierten Theaters war. Sie sollte an jede einzelne der Grenzen reisen; wenn die einen sie nicht performen können, dann könnten andere es tun, bei jedem Wetter; sie sollte zur Schulaufführung werden und zum Sommertheater, sich aus einem Kunstwerk in ein Dokument der Barbarei und des menschlichen Mutes wandeln, das weite Verbreitung findet. Da sie eine forensische Arbeit der Sorge verrichtet, sollte sie auch dem *forum* angehören. Nur so würden jene, die sich in die Rolle von Repräsentant:innen der Stimmen aus dem Archiv begeben, diese Stimmen – zum Teil wenigstens – dem Ort zuführen, an den sie gehören: die Öffentlichkeit.

Zum Abschluss dieses Kapitels möchte ich einen anderen Zusammenhang diskutieren, in dem sich ähnliche Schicksale mit einer anderen Grenze verknüpfen, nämlich der Grenze zwischen den USA und Mexiko. Gloria Anzaldúa, Feministin, lesbische und queere Theoretikerin, Chicano-Aktivistin und Dichterin, beschreibt diese Grenze als eine offene Wunde, *una herida abierta*, wo sich die Dritte Welt an der Ersten aufreibt und blutet. „Und noch bevor sich eine Kruste bildet, fließt neuerlich Blut, das Lebensblut zweier Welten, die in einem dritten Land aufgehen – in einer Grenzkultur."[300] Anzaldúa gibt Einblick in die Figur des dritten Landes, der Kultur, der Umwelt, des Ökosystems, das sich um diese Grenzen herum ausbildet und Kulturen, Umgebungen und Leben der Menschen bestimmt. Gloria Anzaldúa

300 Gloria Anzaldúa, *Borderlands / La Frontera: The New Mestiza*, San Francisco: Aunt Lute Books, 1978, S. 3.

spricht auch von jener alternativen Form von Macht, die das Vermögen des Körpers bildet. Ihre Werke sind aus einer Perspektive der Verschiebung geschrieben, aus einer territorialen Perspektive des Lebens zwischen Grenzen, Kulturen, Geschichten und Territorien ebenso wie zwischen Körpern, Begehrensweisen und Sexualitäten. Das Territorium ihres Körpers ist ein neuralgischer Ort, den sie als *Grenzland* bezeichnet, als ein Art drittes Land, das sich permanent im Fluss befindet und dessen Bewohner:innen jene sind, die unzulässig und nicht tolerierbar sind.[301] Innerhalb dieses Territoriums, dieser Grenzkultur, findet das Leben der Frau statt, über die sie schreibt, einer Frau, die von ihrer eigenen (patriarchalen, von Gewalt geprägten) Kultur ebenso entfremdet ist, wie sie eine Fremde in der weißen Kultur ist, sodass ihr Gesicht in den Zwischenräumen (*intersticios*) gefangen ist, „in den Räumen zwischen den verschiedenen Welten, die sie bewohnt“[302]. In einem solchen Raum findet sich das Handlungsvermögen doppelt ausgesetzt, wir können uns, so Anzaldúa, nicht zurück-, aber auch nicht voranbewegen – wir können uns nicht voll engagieren und das meiste aus unseren Fähigkeiten machen, wir verleugnen uns selbst.[303] Die einzige Möglichkeit, sich zu bewegen, besteht Anzaldúa zufolge darin, an die Rebellionsgeschichte indigener Frauen anzuknüpfen, an die aztekischen Trauerrituale, an das mystische und traumartige Bild der Schlange, das sie als Symbol des dunklen Sexualtriebs, als chthonische, sexuelle Kreatur beschreibt. Durch diese mystische

301 Ebd.

302 Ebd., S. 20.

303 Ebd.

Erfahrung erschließt sich ein anderes Bild des Körpers, eines Körpers, der „nicht unterscheidet zwischen äußeren Reizen und Reizen, die aus der Imagination rühren. Er reagiert gleichermaßen viszeral auf Ereignisse aus der Imagination wie auf ‚reale' Ereignisse."[304] Es geht um ein Wissen, das Anzaldúa als *la facultad* bezeichnet und das sich mit Lordes „Macht der Erotik" vergleichen ließe, es geht aber auch um eine Macht der Angst, die Gago als „dunkles Vermögen" beschreibt. Anzaldúa beschreibt *la facultad* als „das Vermögen, an Oberflächenphänomenen die Bedeutung tieferer Wirklichkeiten zu sehen, die Tiefenstruktur unter der Oberfläche zu sehen"[305]. Wer dieses Wissen besitzt, wird der Welt gewahr. *La facultad* ist von besonderer Bedeutung, so Anzaldúa, wenn wir Opfer von Unterdrückung und Gewalt sind, gegen die Wand gedrückt werden; „wir sind gezwungen, dieses Vermögen zu entwickeln, damit wir es wissen, wenn die nächste Person sich daranmacht, uns zu schlagen oder wegzusperren. Wir werden ein Gespür für den Vergewaltiger haben, wenn er noch fünf Häuserblocks entfernt ist. Der Schmerz lässt uns angstvoll danach trachten, weiteren Schmerz zu vermeiden, sodass wir dieses Radar schärfen."[306] Angst ist aber nur eine Seite dieses Wissens, dieser *facultad*, denn dieses Vermögen verknüpft sich eng mit einer Verschiebung der Wahrnehmung: mit der Macht, durch Dinge und Menschen hindurchzusehen, in die Unterwelt zu blicken. Wir streifen also unsere Unschuld und fraglose Ignoranz ab und es tut sich ein chthonisches Territorium auf,

304 Ebd., S. 38.

305 Ebd.

306 Ebd., S. 39.

ein Territorium des Lebens, das keine Leugnung von Depression, Krankheit und Gewalt kennt.[307] Es handelt sich um ein Körpervermögen, das sich aus einer spezifischen Situierung und Partialität des Körpers als Territorium (der paradoxerweise jedes Territoriums beraubt ist) ableitet; das Vermögen des Wissens verknüpft sich hier eng mit Heilung und Genesung, mit einer Form von Selbstsorge und einer Intensivierung von Fähigkeiten, die konkret sind und eingebettet in Verhältnisse der Ausbeutung, Herrschaft und Unterdrückung.

Guadalupe Maravilla, früher bekannt als Irvin Morazan, ist ein Künstler, dessen Arbeit von seiner Flucht aus El Salvador in die USA im Jahr 1984 geprägt ist, als er als unbegleiteter Jugendlicher vor dem Bürgerkrieg floh.[308] Seine Werke (Performances, Installationen, Skulpturen) sind Heilungsprozesse auf persönlicher wie auch gesellschaftlicher Ebene und setzen sich mit traumatischen Vertreibungserfahrungen, mit persönlichen Erfahrungen von Krankheit, Flucht, Sexualität und Existenz auseinander. Er bezeichnet seine Werke als *Heilungsmaschinen*, Schreine, Altare, die mit vielen rituellen, körperlichen, indigenen, traditionellen, intimen, familiären und kommunalen Verhältnissen verflochten sind. Er arbeitet an Heilungs- und Genesungsprozessen in der Kunst, organisiert regelmäßig Workshops für nichtdokumentierte Migrant:innen

---

307 Ebd.

308 2016 änderte er seinen Namen von Irvin Morazan zu Guadalupe Maravilla, aus Solidarität mit seinem Vater, der illegal und ohne Papiere unter diesem Namen lebte. Siehe die Website des Festivals Fusebox 2020: Jeanne Claire van Ryzin, „Irvin Morazan makes new rituals", https://schedule.fuseboxfestival.com/blog/irvin-morazan-makes-new-rituals (letzter Zugriff: 15.7.2021). Siehe auch die Website des Künstlers: https://www.guadalupemaravilla.com.

und verwendet dabei seine Skulpturen zur therapeutischen Unterstützung, erschafft Klangwerke (Klangbäder), die der therapeutischen Heilung dienen. Vor allem seine Skulpturen entstehen aus einer Verschmelzung von Erfahrungen mit Trauma und Krankheit, aber auch mit Flucht, Sexualität und Magie. In seiner Performance *New Mythologies* setzt er sich autobiografisch mit der Erfahrung des illegalen Grenzübertritts auseinander, die er machte, als er als achtjähriges Kind in die USA geschmuggelt wurde. Die Perfomance nimmt die Form einer öffentlichen Prozession durch die Stadt an, unter Teilnahme verschiedener fiktiver Charaktere: von trauernden *quinceañeras*[309] über eine Gruppe fahrender Sängerinnen *(songstresses)*[310], *La Momia* (die Mumie) und eine eingewanderte Vampirfamilie, die das Blut von Amerikaner:innen trinkt, bis hin zur mexikanischen Gothic-Electro-Band *La Rubia te Besa* („Die Blondine küsst dich"). Maravilla erfindet eine neue poetische und visuelle Sprache, um Geschichten von Grenzübertritten zu erzählen; diese Sprache rückt von archivalischen Zeugnissen ab und wiederholt nicht die an Menschen

---

309 *Quinceañera* ist die Bezeichnung für eine Feier, die zum 15. Geburtstag eines Mädchens stattfindet, um dessen Übergang zur Frau zu ehren. Dieser Brauch hat seinen Ursprung in Mexiko, ist aber in ganz Lateinamerika verbreitet; die Mädchen tragen dabei charakteristische Festkleider.

310 *Songstress* ist eine Bezeichnung für eine fahrende Sängerin und Musikerin im Süden der USA im späten 19. und frühen 20. Jahrhundert. Das Repertoire von *songstresses* setzte sich aus Balladen und Spirituals zusammen. Sie reisten nicht nur allein, sondern begleiteten oftmals der Heilkunde gewidmete Wandermessen, die damals sehr beliebt waren und auf denen diverse Salben, Mixturen und Elixiere verkauft wurden. Aufgabe der Sängerinnen war es, das Publikum anzulocken, das im Anschluss an die Auftritte verschiedene Heilpräparate kaufte.

verübte Gewalt durch Zeugnisse über jene, die an dieser Gewaltausübung beteiligt waren. Es geht um die magische, spektrale, kosmopolitische Dimension von Leben, die ebenso in seiner Performance *Crossing the Border* aus dem Jahr 2011 sichtbar wird, welche an der Grenze zwischen den USA und Mexiko entstand. Maravilla überschritt in diesem Werk die mexikanische Grenze beim Rio Grande, hin und zurück. Statt sich beim Überschreiten der Grenze in Tarnfarben zu hüllen, legte er vielmehr ein leuchtendes, überdimensioniertes, magisches Kostüm an, mit einer riesigen Kopfbedeckung, die mit einem Solarreflektor ausgestattet war, welcher die Lichtstärke verdoppeln konnte; auf diese Weise schuf er, so Maravilla, ein Lichtritual und verwirrte die Grenzpatrouillen. Das Kostüm diente zugleich als Schwimmvorrichtung, das ihm die Durchquerung des Flusses ermöglichte. Diese Performance kann als ein paralleles, magisches, beschwörendes Erschaffen von Erinnerungen und Bildern von Grenzüberquerungen verstanden werden, als eine spirituelle und kosmopolitische Widerspiegelung des Zustands der gegenwärtigen Welt, als ein Auftun von Geschichten über Grenzüberquerungen, die parallel zu denjenigen existieren, die in den Archiven und Dokumenten von Grenzschutzbehörden und humanitären Organisationen aufbewahrt sind. An dieser Stelle können wir zur Sorge als Präsenz zurückkehren, zu jener spektralen Arbeit des Wachens, die nicht nur menschlich ist, sondern mehr-als-menschlich: Es handelt sich um ein Aussetzen der Zeit und zugleich um eine poetische Erfindung von Leben inmitten der offenen, blutenden Wunde der Welt.

7. Übertragung von Sorge: Das Unbehagen der künstlerischen Freiheit

Rex Edmunds ist Mitglied des Karrabing Film Collective, einer Gruppe von indigenen Filmschaffenden, die im australischen Northern Territory leben. Zusammen schaffen sie Filme, die die politische Kultur in Australien herausfordern, mit ihrem Siedlerkolonialismus sowie diversen staatlichen Interventionen, die das Leben und die Umwelt indigener Bevölkerungsgruppen zerstören. Ihre Filme beleben unterschiedliche Praxen des Verhältnisses zur Erde, zu Ahnen und Ahninnen, zu Geologie und Umwelt neu und geben Einblick in eine ausgedehnte Geschichte des Wissens und Lebens in ihren Gemeinschaften. Elizabeth A. Povinelli, die mit dem Karrabing-Kollektiv regelmäßig zusammenarbeitet, sprach mit Rex Edmunds in Bamayak und Mabaluk, in den Küstengebieten der Emmiyengal gelegen, wohin sie gemeinsam mit anderen Mitgliedern des Kollektivs gelangten, indem sie sich, wie in der Einleitung des Interviews zu lesen ist, einen Weg durch die Wälder und Sümpfe bahnten. Der Dialog beginnt wie folgt:

> Povinelli: Ich bin eingeladen worden, einen Text schreiben, und zwar von einigen Leuten in Europa, von *L'Internationale Online* – was, denke ich, ein Mob von europäischen Museen in Spanien, Slowenien, Belgien, der Türkei, Polen, den Niederlanden, Schweden und Irland ist. Sie haben ein Projekt mit dem Titel „Our Many Europes". Sie interessieren sich für nichtfaschistische Formen der Zugehörigkeit zu einem Land. Ich dachte also, warum nicht ein Gespräch mit dir führen über die verschiedenen Länder, denen wir patrilinear angehören?
>
> Edmunds: Warum sollten sie daran interessiert sein?

Povinelli erwidert, dass es in Europa und Nordamerika gegenwärtig viele Politiker (Orbán, Erdoğan, Putin, Trump usw.) gebe, die die Idee verfechten, der Staat gehöre nur *uns* und nicht *diesen anderen Leuten*, es gebe eine ursprüngliche Bevölkerung und diese müsse der Staat zuallererst schützen. Viele rechte politische Parteien hätten sich um diese Idee herum organisiert, weswegen es besonders in Europa zurzeit viele Menschen gebe, die besorgt seien, dass der Faschismus zurückkehren könnte.

> Povinelli: Sie fragen sich, ob Menschen starke Gefühle für das Land haben und Formen der Zugehörigkeit zu einem Ort entwickeln können, ohne deswegen zu Faschisten zu werden.
>
> Edmunds: Gut, das Erste, was ich sagen kann, ist, dass in Wirklichkeit ganz Australien indigen ist. Es gehört unserem Mob an, den verschiedenen indigenen Gruppen und den verschiedenen Arten, wie sie ihrem Land angehören. Was meinen sie also mit „Faschist“? Was bedeutet dieses Wort?[311]

Das Gespräch beginnt mit einer Nichtübereinstimmung, die die Gesprächspartner:innen nicht aufklären wollen; stattdessen umkreisen sie sie und fördern dabei eine Reihe von unterschiedlichen, mitunter kontradiktorischen Bedeutungen von so fundamentalen Begriffen wie Zugehörigkeit, Eigentum, Verwandtschaft, Land, Besiedlung und Ahnenschaft zutage. Diese Bedeutungen verbinden sich eng mit ihrer jeweiligen Situierung: Sie haben nicht nur unterschiedliche historische

---

311 Elizabeth A. Povinelli, Rex Edmunds, „A Conversation at Bamayak and Mabaluk, Part of the Coastal Lands of the Emmiyengal People“, 3.10.2019., *L'Internationale Online*, https://www.internationaleonline.org/people/elizabeth_a_povinelli_and_rex_edmunds.

Erfahrungen mit Besiedlung und Migration gemacht, sondern haben auch unterschiedliche Einstellungen zu Ahnenfolge und Zugehörigkeit. Povinelli ist Nachfahrin einer italienischen Familie, die in die USA migriert ist und von einem alten italienischen Clan aus dem Umland der Alpen abstammt; Edmunds wiederum ist ein Angehöriger der Emmiyengal-Aborigines. Der in linken und progressiven Kunstszenen in Europa, aber auch allgemeiner im globalen Norden anerkannte Wunsch nach einer anderen Form der Zugehörigkeit, der als Folge der Angst vor einem aufkommenden Faschismus und dem Wiederaufleben von Nationalismen identifiziert wird, findet sich vom Gesprächspartner, der Angehöriger einer Aborigines-Gemeinschaft ist, in Frage gestellt: Zugehörigkeit und Faschismus können nicht per definitionem als Hand in Hand gehend betrachtet werden. Deshalb erweist es sich für Edmunds als schwierig, über die Frage nichtfaschistischer Zugehörigkeit nachzudenken, der eine ganze Nummer der Zeitschrift *L'Internationale* gewidmet ist, mit der die Herausgeber:innen eine Reflexion über die Verbindungen zwischen Formen des Faschismus in Europa und Kolonialgeschichte anregen wollen. Povinelli, mit ihrer europäisch-amerikanischen Erfahrung, erörtert den Faschismus und die Angst vor ihm primär im Zusammenhang unterschiedlicher Artikulationen des Internationalismus sowie neuer Bestimmungen des Lokalen, und die Unterscheidung zwischen verschiedenen Artikulationen der Idee von Zugehörigkeit bereitet ihr auf begrifflicher Ebene keine Schwierigkeiten. Edmunds andererseits, auch wenn seine Gemeinschaft durch eine brutale Geschichte kolonialer Gewalt tief geprägt wurde, braucht keine solchen Differenzierungen – ob auf begrifflicher oder auf existenzieller

Ebene –, weil in seiner Kultur die Zugehörigkeit zu einer Kultur und Geschichte nicht schon definitionshalber durch einen solchen Ausschluss anderer charakterisiert ist und weil seine geschichtliche Erfahrung eine minoritäre ist. Seine Gemeinschaft hat Verhältnisse mit der Welt immer schon aus einer minoritären Perspektive entworfen, in der sich Zugehörigkeit und Differenz in unterschiedlichen Verknüpfungen miteinander verflechten. Zwischen den beiden wird also eine grundlegende kognitive Asymmetrie erkennbar sowie ein existenzieller Unterschied in Bezug auf die Frage, was Zugehörigkeit eigentlich ist. In der Geschichte der Moderne wird Zugehörigkeit oft im Verhältnis zum Ausschluss des Anderen artikuliert und durch Machtkonstellationen befestigt, sie ist also auch modernen Prozessen des Siedlerkolonialismus zentral eingeschrieben: Europäische Zugehörigkeit verbindet sich eng mit der Fiktion eines Niemandslandes *(terra nullius)* sowie mit den Fiktionen einer Hierarchie zwischen den – sozial als solche konstruierten – verschiedenen „Rassen". Edmunds ist Angehöriger eines Volkes, welches die kolonialen Regime durch diverse – teils genozidale – Enteignungsprozesse auslöschen wollten und dessen materielles und imaginäres Gewebe tiefe Schnitte erfahren hat. Sein Verständnis von Zugehörigkeit ist minoritär und existenziell, es bezieht sich auf die Verflechtung von Leben und Erde, die Abhängigkeit von atmosphärischen und geografischen Bedingungen, die Verbindung mit Generationen von Ahn:innen und ihren Lebensformen, es reicht über bloß menschliche Zugehörigkeit hinaus. Aber diese Zugehörigkeit ist nicht nur eine Sache der Vergangenheit, sondern auch eine Frage der Zukunft, und so schließt Edmunds das Gespräch mit den Worten ab: „Alles, was ich sagen kann, ist, dass Europa seine Chance hatte, zu zeigen, was es kann. Jetzt ist unsere Zeit gekommen."

Das Gespräch zwischen Elizabeth A. Povinelli und Rex Edmunds ähnelt der Asymmetrie, die in der Kunst am Werk ist, wenn wir über das Verhältnis zwischen Kunst und Leben nachdenken. Sorge, wenn wir sie als situierte Sorge begreifen, unterminiert die apriorische Freiheit der Kunst, die, spätestens seit der Romantik und den historischen Avantgarden, als Kernbestand des künstlerischen Weltverhältnisses und des Lebens des Kunstwerks betrachtet wurde. Künstlerische Freiheit ist eng verknüpft mit der Progressivität der Moderne sowie den Systemen eines institutionellen, moralischen und ethischen Schutzes, den die Kunst genießt, und oft flicht sich ein ganzes Netz von politischen und rechtlichen Mechanismen, welche das Verhältnis zwischen Kunst und Leben regulieren, um eben jene künstlerische Freiheit. Kunst kann intervenieren, sich mit dem Leben verflechten, wenn sie zugleich von ihm ausgenommen wird, wenn sie in beständiger Differenz zu ihm existiert. Wie sich an Jacques Rancières Fortführung von Kants Kunstdenken zeigt, begreifen wir so auch die Autonomie der Kunst. Rancière schreibt über das ästhetische Regime der Kunst, das seine Autonomie gerade dann etabliert, wenn Kunst den Unterschied zwischen ihren eigenen und anderen Prozessen verwischt und das mimetische Kriterium des Darstellens überschreitet: Was ist wirklich und was ist es nicht?[312] Alle Darstellungen sind möglich, aber sie sind dies aufgrund der fundamentalen Distanz, der Ausnahmestellung, der Autonomie

312 Jacques Rancière, *Aisthesis. Vierzehn Szenen.* Wien, Passagen Verlag, 2013.

der Kunst. Rancière weist auf die Möglichkeit eines unendlichen Erfindens von Verfahrensweisen in der Kunst hin, auf ihre Verschmelzung mit dem Leben und die Demokratisierung ihrer Formen. Aber jede Kunst, die in das Leben eingreift, läuft auch mit ihm ineinander, verklebt sich mit ihm; sie trägt die Spuren der Kräfte des Lebens. Auf dieselbe Art ist auch die Sorge der Kunst nicht rein, künstlerische Sorgeethik ist nicht autonom und kollidiert mit dem Kriterium des eigenen Schutzes; eine solche Ethik ist zutiefst situiert, partikular und in einem asymmetrischen Verhältnis zu anderen verortet. Freiheit ist kein universelles Kriterium, sondern hängt von der Beziehung zum Leben ab, von der ethischen Relationalität, die der künstlerische Akt herstellt, von der Dynamik der Macht und der Komplexität der Eindrücke, die das Leben in der Kunst hinterlässt. Diese Position unterscheidet sich von jener der modernen, romantischen Kunsttradition, welche sich mit demokratischen, rationalen und universellen Kriterien der künstlerischen Freiheit verknüpft. Jede künstlerische Handlung ist im Hinblick auf eine partikulare Verflechtung mit dem Leben zu betrachten, im Hinblick auf den klebrigen poetischen Humus, auf den sie sich einlässt und der, indem sie sich ihrem Verhältnis zur Welt öffnet, einen tiefen Wandel ihres Werdens und ihrer Zugehörigkeit bewirkt. Dieses Werden bringt die institutionellen Schutzmodelle und die Rolle der Künstler:in ins Wanken und rüttelt am Wert selbst: Es versucht, ein anderes Leben der Kunst zu finden, vor allem eines, das die bestehenden Machtverhältnisse fundamental erschüttert. In einer Zeit, die von Kulturindustrien, ausgedehnten Kunstsystemen, Diktaten der Produktionseffizienz, Finanzialisierung und einem globalen Kunstmarkt geprägt ist, ist eine solche Forderung ungewöhnlich. Aber die Freiheit der Verfahrensweisen und die Demokratie der *aisthesis* machen Kunst zu einem idealen Produkt für die Wertzirkulation und verdecken dabei ihre Macht- und Ungleichheitsverhältnisse, die eben auf dieser Fähigkeit zur Distanz und zur Behauptung einer Ausnahmestellung beruhen. Betrachten wir Kunst aber unter dem Gesichtspunkt einer radikalen Ungleichheit und nehmen wir die Gewalt gegen Menschen und Umwelt ernst, die diese Welt in ihrem Werden zutiefst prägt, dann können wir Kunst nicht länger auf dieselbe Weise denken. Die Distanz, die im Kern ihrer Autonomie steckt, löst sich auf und anstatt Distanz zu wahren, kann sich Kunst den Wunden und Kräften des Lebens nicht entwinden, sondern tilgt und unterbricht grundlegend die Wertströme sowie die um sie errichteten Institutionalisierungen.

Unsere institutionalisierten Wert- und Erkenntnissysteme weisen tiefe Spuren einer Geschichte der Exklusion und Entmenschlichung Anderer auf. Wenn wir wirklich über die Zukunft nachdenken wollen, dann müssen wir die Wahrnehmung unserer eigenen Freiheit einem gründlichen Wandel unterziehen. Selbst wenn wir über die ethische Rolle der Kunst nachdenken, können wir solche existenziellen Konstellationen nicht ausblenden. Wir müssen sie uns nicht nur zu Gehör bringen, sondern ihnen auch Rechnung tragen; die Unstimmigkeiten, die diese Rolle der Kunst erzeugt, sind wirklich und konkret. Jede Sorge, die in der Kunst am Werk ist und eine Art von Sorge ist, die ehrlich ist hinsichtlich des Leidens anderer und der Welt, in der sie entsteht, ist eine situierte Sorge, eine Sorge, die sich zu den Prozessen des eigenen Tuns und Wertens verhält, und zwar nicht nur auf metaphorischer oder symbolischer Ebene:

Sie interveniert wirklich in das Leben selbst und verändert es, und sie tut dies auch in Bezug darauf, wie Kunstwerke existieren. Sorge unterbricht und verwandelt ihren Schutz, ihre Existenzweise und ihre Bewertung, aber sie greift zugleich auch tief in ihre Produktion ein und verändert das Sein und Werden der Werke selbst, weil die Wirklichkeit buchstäblich das Leben der Kunst berührt und mit ihm ineinanderfließt. Ich verstehe Ethik der Kunst nicht als ein distanziertes und enthobenes Leben der Kunst, sondern als eine verwobene, berührte, ungeordnete Relationalität, Sensibilität und Sensitivität bezüglich der Welt und des Lebens in ihr. Das Leben hinterlässt in der Kunst seine Spuren und folglich verändert es die Art und Weise, wie Kunst unter uns existiert und lebt.

Sam Durant ist ein US-amerikanischer Künstler, der 2012 in Den Haag und auf der dOCUMENTA in Kassel seine Installation *Scaffold* zur Ausstellung brachte, die aus sieben historischen Schafottkonstruktionen bestand. Unter diesen befand sich auch das Schafott, auf dem 38 Angehörige der Dakota, die gegen Enteignung und Vertreibung von ihrem Land gekämpft hatten, im Jahr 1862 ihr Leben verloren. Dieses Massaker in Mankato ist die größte Massenhinrichtung in der Geschichte der USA und wurde von Präsident Lincoln höchstpersönlich angeordnet. Die Installation wurde in einem Park in Kassel aufgestellt und versuchte, indem sie auf ihre Geschichte hinwies, ein Nachdenken über die Todesstrafe anzuregen sowie Mitgefühl und Widerstand hervorzurufen. Aber die Struktur im öffentlichen Raum hatte auch einige andere praktische Funktionen: Sie konnte als Rastplatz oder Kinderspielplatz genutzt werden und griff mithin auf ambivalente Weise in den

Raum ein, um verschiedene Gefühle und Momente des Wiedererkennens anzusprechen. Fünf Jahre später errichtete Durant diese Installation im öffentlichen Garten des Walker Art Center in Minneapolis. Es sollte bald zu lautstarken Protesten seitens der Dakota kommen, die sich gegen die Installation verwahrten und ihre sofortige Entfernung verlangten. Das Werk hatte sie tief verletzt, das historische Trauma wiederbelebt und gewaltsam die Erinnerung an ihre Ahn:innen und deren Totenruhe missachtet. Für sie war die erneute Installation des Schafotts ein Eingriff in das Recht der Toten und ihrer Nachfahr:innen, ein Eingriff in das Nachleben der Gemeinschaft, der die Dakota ihres Rechts auf Trauer und Gedenken beraubte. Sie fühlten sich enteignet in ihrem Gedenken an die Tragödie, und zwar durch den künstlerischen Akt als solchen, der in eine Art universellen Wert umwandelte, was für sie von größtem Wert und größter Bedeutung war. Durant und das Walker Art Center reagierten schnell mit einer Entschuldigung, ließen nach Verhandlungen mit indigenen Repräsentant:innen das Werk entfernen, und Durant übertrug im Zuge weiterer Verhandlungen das Urheberrecht an seinem Werk auf die Repräsentant:innen der indigenen Völker. Zusammen führten sie zuerst eine rituelle Reinigung der Installation durch und zerlegten das Werk anschließend in seine Teile. Die Dakota wollten das Werk zunächst verbrennen, entschieden aber später, dass eine rituelle Beisetzung die angemessenste Form sei, den Reinigungsprozess zu vollenden.

Unter dem Gesichtspunkt der Sorge ist dieser Fall nicht so sehr wegen der institutionellen Entschuldigung interessant, die allerdings sicherlich begründet war, zumal im Zuge des Aufbaus der Installation viele Fehler gemacht wurden, eine gründliche Erklärung fehlte und es vorab keinerlei Konsultation mit den Dakota gab. Denn es geschah hier noch mehr, nämlich etwas, das über eine zusätzliche Aufmerksamkeit für den wirklichen Zusammenhang und den Sinn für symbolische Gerechtigkeit hinausreicht. Die Urheberrechte an dem Kunstwerk wurden in diesem Fall auf jene übertragen, die das Werk direkt berührte und deren Leben ihre Spuren an dem Werk hinterlassen haben. Durant erklärte den Verzicht auf seine Rechte als Urheber und enteignete sich selbst des Werkes, damit es zum Eigentum der Dakota werden konnte. Er setzte also eine Übertragung in Kraft, welche in den Schutz des Kunstwerkes eingreift, der sich um Eigentumsverhältnisse, Urheberrechte und die Freiheit des künstlerischen Schaffens herum organisiert. Es wäre allemal zu kurz gegriffen, in dieser Geste nichts anderes zu sehen als ein In-die-Knie-Gehen vor Forderungen nach kulturpolitischer Korrektheit oder einen Akt der Selbstzensur künstlerischer Freiheit; sie muss vielmehr als Geste gesehen werden, die, gerade aufgrund ihrer situierten Sorge, eine massive Erschütterung dessen bedeutet, was ich als das Leben eines Kunstwerks begreife.

Paradoxerweise wird das Leben von Kunstwerken oft besser geschützt als das Leben von Menschen, Tieren und Pflanzen. Kulturelle Barbarei oder ein großes kulturelles Desaster rufen bei den Menschen schneller geschlossene Verachtung hervor als die Barbarei der Gewalt gegen Menschen, die Tag für Tag in unserer Nähe geschieht. Es ist viel einfacher, sich mit einem Kunstwerk zu identifizieren als mit der Vielzahl opaker individueller Schicksale, viel einfacher, solidarisch für die Freiheit der Kunst einzustehen als die grundlegenden

Überlebensrechte von Menschen und Umwelt zu verteidigen und direkt für sie zu kämpfen. Dieses Paradox entstammt nicht einem metaphysischen Wunsch nach Ewigkeit und nach der Bewahrung von Gedächtnis (menschliches Leben lässt sich nicht konservieren, während ein Werk noch lange von ihm Zeugnis ablegen kann, obwohl auch das davon abhängig ist, um welches Leben es sich handelt), es entstammt der spezifischen historischen Situation, die unser Erbe ist: der Geschichte der westlichen Moderne. Diese hat die Werte der Unantastbarkeit der Kunst aufgerichtet und geformt, durch die vergangene Formen und Erinnerungen an Kulturen des Lebens beglaubigt werden, und eben diese Verankerung von Gedächtnis und Unantastbarkeit ist eng mit der Zerstörung anderer Kulturen verbunden; Kolonialität mit ihren Regimen der Zerstörung, Gewalt und Enteignung ist nichts anderes als die Kehrseite der Moderne. Kunst wird zu „unserem“ Wert auch deshalb, weil die Moderne andere Kulturen zerstört hat oder aber sich diese aneignete und ihre Überreste in ihre überdimensionierten Kolonialmuseen verbrachte, und genau diese Enteignungen und Verbringungen sind es, durch die sich die Ideen des sakrosankten Kunstwerkes, des kulturellen Artefakts und seines Wertes ausbildeten. Durch solche Verbringungen von Kunstartefakten und Erinnerungen bildeten sich auch die Prinzipien des Eigentums und des Rechts an einem Kunstwerk aus, die keine abstrakten Kategorien sind, sondern sich unmittelbar mit geschichtlichen Enteignungsprozessen verbinden und auf der Voraussetzung von Ungleichheit basieren. Kunst, wie wir sie heute kennen, mit ihrer institutionellen und ökonomischen Struktur, ist immer noch Teil dieser Geschichte, auch wenn es in den letzten Jahrzehnten wenigstens in einigen Zusammenhängen zu einem ausgedehnten Prozess der kritischen Reflexion und Selbsthinterfragung von Kunstinstitutionen und künstlerischen Ansätzen kam, der auch den sakrosankten Status des Kunstobjekts ins Wanken brachte. Doch dieser Prozess führte zu keinem Wandel bezüglich der Mechanismen, die sich mit der Vorstellung künstlerischer Freiheit und dem Schutz ihres Lebens verbinden, er beeinträchtigte nicht das Privileg der Distanz, das jede Kunst genießt, mag sie auch noch so interventionistisch sein und sich mit dem Leben verschmelzen. Diskussionen über die Dekolonisation der Kunst legen eine sehr viel grundlegendere Dimension dieses Problems frei, das nicht nur Fragen der Repräsentation und die symbolische Ebene betrifft. Es geht um einen Prozess, der nicht nur die Kategorien unterminiert, mit denen wir die Kunst beschreiben, sondern der auch den institutionellen Schutz der Kunst, ihre „Freiheit", in Frage stellt. Dieser Prozess findet zwischen Künstler:innen, Kunstwerken sowie institutionellen und sozialen Umgebungen ebenso statt wie zwischen Künstler:innen und Umwelt, Tieren und Pflanzen, Ahnenschaft und Gedächtnis, der Erde, der Gemeinschaft, der Atmosphäre und dem Wetter, und er ist tief verwoben mit der Situierung des Kunstwerks. Der Prozess der Dekolonisation ist, wie Eve Tuck und K. Wayne Yang in einem ihrer zentralen Texten schreiben, keine Metapher, sondern ein extrem instabiler, verstörender Prozess, der immer sämtliche bestehenden Verhältnisse erschüttert.[313] Er beginnt mit einer Ethik der Inkommensurabilität (Asymmetrie),

313 Eve Tuck, K. Wayne Yang, „Decolonisation is not a metaphor", *Decolonisation: Indigeneity & Society*, 1/1, 2012, S. 1–40.

der hervorhebt, was im Zusammenhang von Prozessen sozialer Gerechtigkeit different und souverän ist; soziale Gerechtigkeit ist letztlich nicht genug, sie fasst nicht, was im Prozess der Dekolonisation geschehen muss: nämlich eine Anerkennung des Rechts auf Zugehörigkeit und eine Wiedererlangung dessen, was enteignet wurde. Tuck und Yang haben diesen Essay als scharfe Kritik an der Appropriation von Dekolonisationsprozessen verfasst, zu der es in akademischen und künstlerischen Diskursen häufig kommt, anstatt dass Prozesse der Rückgabe von Land sowie der Wiederherstellung der Souveränität und des Eigentums der ursprünglichen Bewohner:innen (in ihrem Fall: indigener Völker) in Gang gesetzt würden. Oder aus der Kunstperspektive gesprochen: Entscheidende Fragen erscheinen oft als bloßes Thema von Kunst, anstatt dass der fraglos in Anspruch genommenen Freiheit und Distanz sowie dem institutionellen und diskursiven Schutz, den sie zur Voraussetzung haben, der Boden unter den Füßen weggezogen würde; nur diese erlauben es nämlich der Kunst heute, politische, ethische, das Leben betreffende Probleme anzusprechen und ihre Macht auszuüben, in jegliche Wirklichkeit zu intervenieren. Die Ethik der Inkommensurabilität verweist auf eine andere Materie der Solidarität und ist auch weit von der Kultur politischer Korrektheit entfernt, die in medialen und politischen Manipulationen so geschickt zur Anwendung gebracht wird. Sie zeigt, dass der Prozess der Dekolonisation kein Vergnügen ist, sondern oft mit Konflikten einhergeht – und dass jegliche Solidarität mit ihm „eine unbehagliche, von Reserviertheiten begleitete und ungelöste Angelegenheit ist, die weder gegenwärtigen Gram und Kummer beilegt noch zukünftige

Konflikte ausschließt“[314]. Zugleich lässt sich dieser Prozess nicht als Kulturkampf beschreiben, handelt es sich doch um einen materiellen, konkreten Prozess, der aus unterschiedlichen Verständnissen von Gemeinschaften und Leben hervorgeht und der grundlegende Veränderungen bezüglich der Verhältnisse zwischen Menschen, aber auch zur Umwelt und Gemeinschaft erforderlich macht, sodass unsere institutionellen Formen die Souveränität anderer künftig respektieren: Dekolonisation verlangt, wie Frantz Fanon schreibt, eine Veränderung in der Weltordnung.[315]

Die Sorge der Kunst ist nie neutral oder an und für sich gut, sie verflicht sich immer schon mit vielen nicht-unschuldigen Geschichten der Sorge, die ihr vorgelagert sind. Tatsächlich erscheint Sorge heute oft als etwas, das die Unschuld der Kunst, ihr a priori gutes Verhältnis zur Welt garantiert (es gibt viele Werke wie *Scaffold*, die Bedeutungen und Erfahrungen rekombinieren), aber das ist nur aufgrund des Privilegs möglich, das humanistischer Sorge in ihrem Kern eingeschrieben ist, des Privilegs von Freiheit und der mit ihr verbundenen Macht. In der Kunst gehören diese nicht-unschuldigen Geschichten der Moderne und dem Fortschrittsglauben an, aber auch einer Affirmation der Gegenwart, die eine Aufgeschlossenheit der Kunst für viele verschiedene Interventionen und Verflechtungen mit dem Leben, für Diversität sowie zahllose Prozeduren und Artikulationen bewirkt; aber diese Art von Offenheit kann auch gewaltsame und destruktive Interventionen zur Folge haben,

---

314 Ebd., S. 3.

315 Frantz Fanon, *Die Verdammten dieser Erde*, übers. v. Traugott König, Frankfurt am Main: Suhrkamp, 2008.

die aus einer arroganten Position der Macht geschehen. Die Sorge der Kunst ist nie unschuldig und muss stets im Hinblick auf die Asymmetrie zwischen den mannigfaltigen Verhältnissen betrachtet werden, in denen sie situiert ist. Diese Verhältnisse betreffen nicht nur die Poetik, sondern auch ihre sozialen, institutionellen und ökonomischen Verhältnisse. Das Leben der Kunst wird geschützt durch die Voraussetzung ihrer Freiheit, die sich aber als problematisch erweist, wenn die Machtverhältnisse freigelegt werden, die dieser Voraussetzung eingeschrieben sind: Freiheit ja, aber für wen? Strukturelle und institutionalisierte Ungleichheiten sind auch in der Gegenwartskunst am Werk, so sehr diese politisch engagiert sein mag, und genau diese Ungleichheiten standen in den letzten Jahrzehnten im Fokus feministischer, queerer und antirassistischer Bewegungen, die zusammen mit Dekolonisationsprozessen viele dringliche Fragen aufgeworfen haben. Diese Fragen betreffen nicht nur eine größere Offenheit und Diversität sowie die Herstellung von Kontexten und Aufmerksamkeit, die auf eine offenere Repräsentation abzielen, sie betreffen auch wirkliche Veränderungen in Ökonomie und Produktion sowie bezüglich des Status und der Verantwortung von Kunstinstitutionen, Kunstwerken und Künstler:innen, die bis hin zu Fragen des Eigentums- und Urheberschaftsrechts, bis hin zu einem Wandel der Wertesysteme der Kunst reichen.

Freiheit ist, wie gesagt, keine unantastbare Kategorie, denn Freiheit ist immer relational (man kann nur frei sein, wenn alle frei sind), sie ersteht aus Verhältnissen. Sie ist nicht bloß die Befreiung des Begehrens, sie ist eine Praxis der Freiheit, wie Michel Foucault 1984 in einem Interview sagte. „Die Befreiung eröffnet ein Feld für neue Machtbeziehungen, die es durch Praktiken der Freiheit zu kontrollieren gilt."[316] Foucault formuliert diese Position unter Bezugnahme auf antikoloniale Kämpfe und sexuelle Befreiungskämpfe, unter Bezugnahme auf Situationen also, die nach Befreiung verlangen, in denen die bloße Beseitigung von Unterdrückung und Verboten aber nicht genug ist, in denen Freiheit auch praktiziert werden muss. Und eben die Ethik ist es, welche die Praxis der Freiheit darstellt, sich in Beziehungen zu anderen ethisch zu verhalten.[317] Das Leben der Kunst lässt sich also als ein Praktizieren von Freiheit beschreiben, aber es hat nicht als solches Anspruch auf Freiheit. Die Ethik der Freiheit steht stets in einem Verhältnis zu jenen, mit denen wir diese Welt teilen, und sie ist zugleich der Sorge um die Welt (Befreiung) verpflichtet. Unter diesem Gesichtspunkt lässt sich Durants Entscheidung, das Urheberrecht an dem von ihm geschaffenen Kunstwerk auf die Dakota zu übertragen, als Befreiung von den politischen Dilemmata lesen, die sich mit der Unantastbarkeit von Kunst verbinden. Was soll Unantastbarkeit in diesem Fall überhaupt heißen? Etwas war zerbrochen an der Einbettung dieses Kunstwerks in die Welt, die wir mit anderen teilen, an seiner Verflechtung mit der Welt, und die rituelle Verbrennung des Werkes war für die Dakota-Gemeinschaft die einzige Möglichkeit, diesen Bruch zu heilen. Das ist nicht bloß ein Problem der Repräsentation, wie auf den

316 Foucault, „Die Ethik der Sorge um sich als Praxis der Freiheit", S. 878.

317 Siehe: ebd., S. 879, wo Foucault dies am Beispiel der Sexualität beschreibt: „Im Bereich der Sexualität geht es, indem man sein Begehren befreit, darum, zu wissen, wie man sich zu anderen in den Beziehungen der Lust ethisch zu verhalten hat."

ersten Blick vermutet werden mag; es geht nicht so sehr um die Frage, wer für wen spricht, noch auch um einen Kurzschluss zwischen Form und Inhalt, sondern um ein tiefrührendes ethisches Problem, das Durant neu denkt, indem er dem Kunstwerk eine andere Bedeutung gibt und es für andere Formen des Lebens öffnet. Die Eigentumsübertragung ist also ein Versuch, die Wunde zu heilen, das Kunstwerk zu reinigen und zu transformieren, und zugleich ein Versuch, die Perspektiven anderer wahrzunehmen und sich auf eine Ethik der Inkommensurabilität einzulassen, welche über die strukturellen, biopolitischen und institutionellen Formen des Schutzes eines Kunstwerks hinausgeht. Nur so können wir von Praktiken der Freiheit sprechen, die in ihre eigenen Machtmechanismen intervenieren.

In einem seiner Interviews sagt Durant, dass er Freiheit nicht in Frage stelle, dass jede und jeder frei sei, zu sprechen und Kunst zu machen. Es geht mehr um die Frage, wie Kunst dies tut, um die Praktiken der Freiheit, um die Ethik ihrer Ausübung. Durants Installation thematisierte öffentliche Hinrichtungen und versuchte, an unser gemeinsames humanistisches Interesse zu appellieren und Reflexionen über die Ambivalenz von Strukturen im öffentlichen Raum anzuregen; ungeachtet ihrer guten Absichten aber, ihrer „guten" Sorge, blendete sie die Asymmetrien sowie die nichtunschuldige Geschichte aus, in die Kunst eingeschrieben ist. Aus diesem Grund würden eine genauere Kontextualisierung, zusätzliche Informationen bzw. Bild-und Werkunterschriften, Gespräche und Veranstaltungen das Problem nicht voll und ganz lösen, sie könnten vielmehr noch weiter zu dem beitragen, was Tuck und Yang als Beteuerung von „Siedlerbewegungen in Richtung

Unschuld"[318] bezeichnen. Viele politische Verfahrensweisen in der Kunst gehen in diese Richtung, in die Richtung einer Bekräftigung der eigenen Unschuld, sie ist charakteristisch für die globale Kunstindustrie und die Arbeitsweise internationaler Kunststiftungen. Diese Vorgangsweisen tragen nichts zu einer Veränderung des Verhältnisses zwischen unterschiedlichen Machtpositionen bei, angefangen mit grundlegenden Rechten auf Bewegung und Zugehörigkeit. Tuck und Yang entfernen sich auf diese Weise von Rancières Position bezüglich einer radikalen Gleichheit, die pädagogische und künstlerische Verfahrensweisen neu zu denken versucht, um den Weg zu einer Demokratisierung künstlerischer Verfahren und einem grundlegend emanzipierten Verständnis dieser Verfahren zu öffnen. Emanzipation wird hier auch aus der historischen und materiellen Tatsache der Ungleichheit heraus verstanden, die Teil jeglicher Solidarität sein muss, von den ästhetisch- poetischen bis zu den ökonomisch-sozialen Aspekten eines Kunstwerkes.

Die Beziehung auf Realität ist von vornherein von Ungleichheit durchzogen im Verhältnis zwischen Künstler:innen und jenen, die in einem Werk etwas Traumatisches wiedererkennen und die es aufgrund der prekären und verletzlichen Wirklichkeit ihrer Welt nicht einfach als eine weitere humanistische Ansage zum Zustand der Welt wahrnehmen können. Das Werk verletzt sie, beraubt sie ihres Rechts auf Gedächtnis. Wenn wir an der Unantastbarkeit der Freiheit festhalten, dann verteidigen wir diese oft auf Kosten eines Schweigens bezüglich der Ungleichheit historisch-politischer Umstände sowie unterschiedlicher Verletzlichkeiten – und

318 Tuck, Yang, „Decolonisation is not a metaphor", S. 1.

unterdrücken dadurch ein grundlegendes Merkmal künstlerischer Komplexität an deren Wurzeln, zumal diese nicht nur in der Komplexität dessen besteht, was Kunst alles weiß über die Zusammenhänge, in denen sie entsteht, sondern auch ihre äußerste Ehrlichkeit, ihr Affiziertsein durch die Gewalt und die Ungerechtigkeiten der Welt. Dieses Affiziertsein ist immer asymmetrisch, immer situiert, es erzählt von einer Machtposition und von Verhältnissen, die wir in unseren eigenen Freiheitspraktiken in Betracht ziehen müssen, und zwar mitunter so, dass wir für unser Kunstwerk eine Lebensform finden, die sich von der, die wir bereits kennen, unterscheidet. Nur so kann Kunst engagiert sein, einen wirklichen Einsatz in der Welt bilden. Es kam zu einem Eingriff in die Trauer und die Verletzlichkeit anderer, deren Geschichte nicht auf der Seite institutioneller Macht sowie der Freiheit, Bedeutungen zu verschieben, verortet ist, deren Geschichte und Trauma nicht über die Freiheit der Ambivalenz und den Luxus der Anerkennung von Schuld verfügt. Kunst ist engagiert, wenn sie sich auf die Art und Weise bezieht, wie sie mit der Welt verflochten ist, und einen Umgang mit der Wirklichkeit findet. Wenn Kunst sich der Wirklichkeit ehrlich stellt, dann fällt es nicht ins Gewicht, wenn sie sich in der Folge selbst verändern muss. Durant begreift die Übertragung der Eigentumsrechte an seinem Werk auf die Dakota nicht als dessen Zerstörung und auch nicht als Verlust von Freiheit bezüglich des Werkes, sondern als die Freiheit zu seiner Transformation, als Erfindung einer neuen Art und Weise, wie das Werk weiterleben kann – tief affiziert von dem, was es transformiert hat. Hier geht es um einen Wandel in der Bewertung von Kunst, aber auch um eine Akzeptanz der Potenzialität des Kunstwerks, durch die es der unausdenkbaren Möglichkeit des Lebens geöffnet wird. Das Werk selbst legt somit nicht Zeugnis von der Freiheit des künstlerischen Aktes ab, sondern charakterisiert sich vor allem durch eine Immanenz der Berührung durch die Wirklichkeit derer, mit denen wir diese Welt teilen. Und so treffen die Dakota die Entscheidung, das Werk abzubauen, es spirituell zu transformieren und zu reinigen; wie Durant selbst sagt, lebt es eben durch diese physische Zerstörung weiter, zumal es sich um eine spirituelle Transformation des Werkes handelt, nicht einfach nur um seine Beseitigung.

Dieses Beispiel öffnet den Blick für eine komplexe Dimension der Sorge, die Teil des Lebens der Kunst ist und – als Praxis der Freiheit – jegliche vorgefasste Distanz und jeglichen Schutz auflöst. Diese Sorge ist nicht die paternalistische, generalisierende Sorge um den Zustand der Welt, für die sich heute viele Kunstwerke aussprechen, sondern eine sehr viel verbindlichere Sorge, die aus einer situierten Ethik einer konkreten Beziehung rührt, aus einem Gleichheitsverhältnis zwischen jenen, die diese Welt nichtsdestoweniger auf ungleiche Weise teilen. Das Trauern der Dakota, ihr Totengedenken, erfuhr durch dieses Werk eine brutale Störung, noch schlimmer aber ist, dass das Engagement und das Spiel mit der Komplexität von Bedeutungen einmal mehr jenen zufiel, die immer schon dieses Privileg hatten. Die Art, wie Kunst frei ist, die Art, wie sie sich in die Welt einbettet, ist von extremen Asymmetrien durchzogen und birst vor unausgewogenen Verbindungen zwischen uns, die von Machtverhältnissen und Machtpraxen erfüllt sind. Deshalb ist die Übertragung des Rechts am Leben eines Werkes von dessen Urheber auf die Dakota von entscheidender Bedeutung, denn durch sie wird anerkannt, dass die Wirklichkeit – auch wenn wir ähnliche menschliche Züge (im gegebenen Fall das Betrauern der Toten) teilen – nicht für alle gleich ist. Es genügt nicht, verschiedene Ansichten zu diesem Thema zu versammeln oder zu sagen, das Ergebnis wäre vielleicht besser ausgefallen, wenn kulturelle Differenzen ausreichend berücksichtigt worden wären und man sich über die Kontexte informiert, ihnen Aufmerksamkeit geschenkt hätte; denn selbst dies beruht auf der Annahme, dass die Wirklichkeit für alle gleich ist. Das ist auch ein zentrales Problem der globalen Gegenwartskunst, aber auch ein zentraler Bestandteil ihrer Ökonomie sowie der Weise, wie Inhalte in ihr geteilt werden: die Vorannahme, ja das Miterzeugen einer vereinheitlichten Realität, die sich in der Art und Weise bekunden, wie Kunst sich selbst als ethisch und politisch begreift. Betrachten wir nur die Beispiele von Großausstellungen und Biennalen. Es ist keine Überraschung, dass Durants Installation in Kassel niemanden so sehr berührte, dass ihre Entfernung verlangt worden wäre. Aber durch einen sorgenden Umgang mit der Wirklichkeit, indem wir es zulassen, von ihr berührt zu werden, offenbart sich das Gegenteil: Trotz unserer Gemeinsamkeit und Nähe teilen wir nicht die gleiche Wirklichkeit bzw. ihre Erfahrung. Sie kann uns auf eine völlig andere Weise verbinden, nämlich durch eine Asymmetrie, die, wann immer wir uns engagieren, unsere Selbstgewissheit erschüttert sowie den Boden, auf dem wir stehen. Sie kann die Formen von Sorge verändern, sodass wir Sorge nicht unter der Annahme von Gleichheit üben, sondern durch Dissonanzen hindurch, die wir nicht zu überwinden vermögen. Das bedeutet, dass wir auch in der Lage sind, die Asymmetrien zwischen Machtpositionen anzuerkennen, Asymmetrien, die nie universell sind, sondern immer kontextuell, dynamisch und verkörpert, auch wenn sie sich an universellen Prinzipien orientieren. Diese Asymmetrien sind die Folge historischer Prozesse sowie der Macht konkreter Aneignungen, durch die bestimmt wird, wie wir Kunst schaffen und produzieren. Als ich an diesem Kapitel schrieb, dachte ich auch ständig an die Konflikte, die in den letzten Jahren zwischen Kunstprojekten und der katholischen Kirche entstanden sind, wie etwa die Proteste gegen Romeo Castelluccis Performance in Paris 2011 oder die Proteste gegen die Performances von Oliver Frljić in Warschau 2017.[319] In gegenwärtigen Kulturkämpfen kommt es schnell zu Gleichsetzungen zwischen Konflikten, die unterschiedlich situiert sind, begleitet von wiederholten Verweisen auf die Freiheit der Kunst einerseits sowie das Recht auf sakrosankte Werte andererseits. Wenn ich aber von der Übertragung des Urheberrechts am besprochenen Werk auf die Dakota spreche, dann spreche ich von der materiellen Transformation eines Werkes, dessen Expropriation sich mit dem Vermögen verbindet, eine minoritäre Dimension des Daseins hörbar zu machen, damit, dass Macht in einem bestimmten Zusammenhang losgelassen wird und es zu einer Erschütterung des Eigenen kommt. Die Dakota protestierten hier nicht von einer Position der Macht aus, sie protestierten im Gegenteil,

319 Castellucci brachte 2011 im Pariser Théâtre de la Ville seine Performance *On the Concept of the Face, Regarding the Son of God* zur Aufführung. Diese wurde unterbrochen durch eine Gruppe von Angehörigen der katholischen Civitas-Bewegung, die gegen Blasphemie protestierten. Frljić inszenierte 2017 im Warschauer Powszechny-Theater *Klątwa* („Der Fluch"), was zu Massenprotesten Anlass gab.

weil ihnen die Aneignung durch die Kunst im Namen des Universellen genau das entzog, was ihnen im Unterschied zu anderen nie zu besitzen gestattet wurde – das Recht auf Trauer. Die Proteste gegen Blasphemie hingegen, die etwa im Fall von Frljić auch von politischen Interessen angetrieben wurden, wurzeln in einem Bekenntnis zur Macht und einer Affirmation von Macht, und zwar nicht nur der Macht über eine Kunst, die sich über korrekte und akzeptable Darstellungsformen nicht hinwegsetzen dürfe, sondern einer Macht des Verbots von jeglichem Flüchtigsein der Kunst. An dieser Stelle stoßen wir also auf die Asymmetrie der Sorge: Während sich Sorge im einen Fall als angemessen erweist und es notwendig ist, Verabsäumtes nachzuholen, um die Schuld zu begleichen, ist Sorge im anderen Fall nur eine gewaltvolle Form der Erhaltung von Machtpositionen sowie der Disziplinierung flüchtiger Existenz.

Es ist genau diese Inkommensurabilität, die auch im Gespräch zwischen Elizabeth A. Povinelli und Rex Edmunds spürbar wird. Sie zeigt uns, wie Tuck und Yang am Schluss ihres Textes schreiben, dass „dekoloniale Kämpfe hier/dort nicht parallel verlaufen, nicht gleich verteilt sind“ und dass sie auch „keinen sauberen Abschluss für die Sorge aller Beteiligten bringen – schon gar nicht für die Siedler:innen. Dekolonisation ist nicht gleichbedeutend mit anderen antikolonialen Kämpfen. Sie ist inkommensurabel.“[320]

Das Beispiel von Sam Durant und den Dakota mag Unbehagen hervorrufen, aber daran ist nichts falsch, wie Tuck und Yang schreiben, denn Unbehagen ist Teil des Prozesses der Dekolonisation; es besänftigt nicht,

320 Tuck, Yang, „Decolonisation is not a metaphor“, S. 31.

sondern verstört und erzeugt Verschiebungen, gerade weil sich in ihm eine Beeinträchtigung der Asymmetrie und des Privilegs unserer Freiheiten äußert. Vor allem rührt dieses Unbehagen aus einem beständigen Begehren nach einer anderen Ordnung der Welt, das deren Zukunft und Alternativen in Zusammenhang mit einer Geschichte denkt, welche durch eine Allianz zwischen Kapitalismus und Kolonialismus geprägt ist, was auch Einfluss auf die Art und Weise nimmt, wie die Zukunft der Kunst imaginiert wird.

Diese Imagination findet nicht statt, weil wir die Freiheit der Kunst für unantastbar halten, sondern weil wir anerkennen und einberechnen, wie sehr wir in zutiefst ungleiche Verhältnisse, in ungleiche Rechte auf Differenzen, Leben und Zugehörigkeit verstrickt sind, die ungleich selbst dann bleiben, wenn wir für ähnliche Dinge eintreten. Es wäre falsch, die Kategorie der Freiheit unangetastet zu lassen, weil sie – grob gesprochen – Angriffen seitens der politischen Linken ebenso wie der politischen Rechten ausgesetzt ist: einerseits Angriffen im Namen politischer Korrektheit, durch die unablässig zensuriert wird, wer für wen sprechen darf, andererseits Angriffen im Namen des Wunsches nach einer allgemeinen Läuterung, die jegliche Singularität von Sprecher:innen und unterschiedlichen Formen der Auseinandersetzung mit dem Leben auszulöschen versucht. Wenn wir uns darauf einlassen, dann willigen wir in eine binäre, manichäische Welt von Gut und Böse ein, welche die öffentliche Diskussion über Kunst ohnehin bereits stark prägt und in Richtung der verschiedenen Lager von Kulturkämpfen abflacht, ungeachtet zahlreicher Unterschiede in Bezug auf Positionen und historische Bedingungen. In einer solchen Situation wird es schwierig, wenn auch zugleich immer wichtiger, anders – nämlich partikular und mikropolitisch – zu denken. Tun wir das nicht, dann übersehen wir die Unvergleichbarkeit einzelner Positionen und die Souveränität der Kämpfe anderer, mit denen wir verwoben sind und uns solidarisieren können, wenn wir die Unvergleichbarkeit unserer Leben respektieren.

Dies ist auch der Grund, warum Kunstinstitutionen sich heute im Zentrum der Beziehung zwischen der Krise der Sorge und der Krise der Nachhaltigkeit des Lebens wiederfinden. In jüngeren Jahrzehnten zeigte sich in der bildenden Kunst ein starkes Interesse an der Sammlung und Ausstellung von Performance-Kunst, mithin von Werken, deren wichtigster Stoff der Körper und die Akte des Lebens sind, und dies führte auch zu veränderten Vorstellungen in Bezug auf vermittelnde Rollen. Hier geht es nicht bloß um die Öffnung und Verschiebung der institutionellen Grenzen einzelner Kunstfelder, um die Folgen der Kritik an der Objekthaftigkeit der bildenden Kunst und um die Öffnung der Räume der bildenden Kunst für stärkere Partizipation und Situiertheit. Vielmehr handelt es sich um eine materielle Verschiebung innerhalb der transversalen Linien der Sorge und in Bezug auf die Frage, was eigentlich den Wert des Sammelns und Ausstellens von Kunst konstituiert. Betrachten wir diese Verschiebung unter dekolonialen Gesichtspunkten, so treten einige ihrer Effekte zutage; Effekte, die im Zusammenhang einer Unterminierung der institutionellen Basis des Sammelns und Ausstellens selbst verstanden werden müssen, welche auf der Geschichte der Moderne beruht sowie auf den künstlerischen Werten, die sich aus diesen Verfahren ableiten. Es geht nicht nur um ästhetische und formale Verschiebungen im Verhältnis der Institution zum Kunstwerk und umgekehrt, sondern um eine Unterminierung eben jener Sorgemechanismen, die das Produkt der ursprünglichen Gewalt von Kunstinstitutionen sind, wie sie sich in der Moderne herausbildeten. Wie Ariella Aïsha Azoulay schreibt, war Kunst „von Anfang an ein bevorzugtes Terrain des Imperialismus"[321], während die Bestandserhaltung in Kunstinstitutionen und Museen „das Ergebnis einer breit angelegten Zerstörung [ist], unternommen auf Kosten von und als Ersatz für zerstörte Welten"[322]. Obwohl es in den letzten Jahrzehnten viele kritische Zugänge und Beobachtungen bezüglich der Plünderung der kulturellen Schätze kolonisierter und besetzter Völker gab und obwohl wir uns inmitten von Diskussionen über die Rückgabe von Kunstwerken sowie von Reflexionsprozessen bezüglich der Repositionierung kolonialer Sammlungen befinden, beteiligen sich zeitgenössische Museumsinstitutionen – teils maßgeblich – an diesen Debatten oft unter Verwendung von Kategorien, die Teil ihrer eigenen Geschichte sind (wobei Kunst eine dieser Kategorien ist). Azoulay stellt in diesem Zusammenhang fest, dass Museen sich in großer Mehrzahl noch immer weigern, Verantwortung für die Gewalt zu übernehmen, die sie mit herbeigeführt haben, und dass sie stattdessen „als Schiedsinstanzen und autoritative Stimmen angesehen werden, die über das Schicksal geplünderter Objekte entscheiden können"[323]. So wurde „Kunst zu einer Weise, wie es vermieden wird, sich auf die Welt, die wir mit anderen

321 Ariella Aïsha Azoulay, *Potential History, Unlearning Imperialism*, London, New York: Verso, 2019, S. 58.

322 Ebd., S. 19.

323 Ebd., S. 64.

teilen, einzulassen; sie ist nunmehr ein Expertisefeld, welches von imperialen Prinzipien beherrscht wird, die, wenn überhaupt, nur wenig mit einer Sorge für die geteilte Welt zu tun haben“[324]. Es ist daher notwendig, den Kern zu erschüttern, um den herum sich die Werte von Kunstobjekten organisieren und herstellen – ihre gewaltvolle Absonderung von der Welt. Wir müssen die Konsequenzen von Kategorien und Verfahrensweisen entwirren, die sie zu Kunstwerken werden ließen, oder wie Azoulay schreibt: „Ich beziehe mich auf sie als Objekte, in welche die Rechte von Gemeinschaften eingeschrieben sind, an denen Gewalt verübt wurde.“[325] Diese Vorgangsweisen führten zu einer Abtrennung von den facettenreichen und vielschichtigen Praxen der Gemeinschaften wie auch von der Diversität und Dichte der Lebenswelt, um die Objekte scheinbar neutralen Prozeduren zu unterwerfen – was von Azoulay als transzendentale Bedingung der Kunst bezeichnet wird. Teil dieser Prozesse ist es zugleich, dass Menschen und Gemeinschaften ihrer materiellen Welt entkleidet werden, mithin eben jener Art von Welt, die wesentlicher Bestandteil des autonomen Selbstverständnisses moderner Bürger:innen ist. Azoulay nimmt die Akzeptanz der gewaltvollen Konsequenzen des Kolonialismus nicht hin, die den Archiven eingeschrieben ist, sie verweigert sich jeder Form der Bewertung, die auf der Trennung dieser Objekte von der materiellen Welt basiert. Die Objekte der Kunst sind Zeugnisse eines Situiertseins in der Welt, während es zugleich zutreffe, dass „Rufe nach Umkehr, Restitution oder Reparationen untrennbarer Teil einer

324 Ebd., S. 64.

325 Ebd., S. 39.

politischen Ontologie sind, und zwar nicht weniger, als Gewalt es ist"[326].

Aber wie lässt sich in dieser Perspektive das aktuelle Interesse von Museen und Galerien an Live Art und Performances verstehen, an Handlungen von Körpern und ihren Leben? Sind wir in den vergangenen Jahrzehnten nicht Zeug:innen einer Wende von der Sorge für Objekte zur Sorge für Körper (und Leben) geworden, die im Zentrum der Sammel- und Ausstellungstätigkeit in den bildenden Künsten steht? Hat dieses Interesse etwas mit der initialen Gewalt der modernen Kunstinstitutionen zu tun, von der Azoulay schreibt? Kann dieses Interesse jene Gewalt hinter sich lassen, oder setzt sie sie mit anderen Mitteln fort, nur dass der Stoff diesmal ein anderer ist? Wenn wir Objekte konsequent so denken, wie Azoulay sie begreift, nämlich „als Delegierte menschlicher Welten in den neuen Formationen, in die sie gewaltsam integriert wurden, und als die Grundlagen, von denen aus das Gemeinsame und eine geteilte politische Existenz neu gestaltet werden können"[327], dann gibt es keinen allzu großen Unterschied zwischen dem Status von Objekten und dem von Körpern in Museen, trotz der Veränderungen in Bezug auf die ästhetischen und formalen Werte des Ausstellens, welche die offenkundig andere Zeitlichkeit und Räumlichkeit lebendiger Körper möglicherweise erforderlich macht. Auch an Körpern lassen sich die Verhältnisse der ursprünglichen Gewalt ins Werk setzen. Aber sie nehmen die Form von Werten an, die empathischer, unmittelbarer und dynamischer sind, sowie die Form einer Politik und Emanzipation,

326 Ebd., S. 57.
327 Ebd., S. 56.

die den Idealen von Bürger:innen näherstehen, welche sich der Verbesserung der Welt und den Prozeduren der Sorge verpflichtet fühlen – während zugleich das Bild des Museums als eines dauerhaften Raumes der Fortschrittlichkeit und Demokratisierung weiter gepflegt wird, in dem nun gerade der Wert der Emanzipation und Freiheit anderer es ist, der in der Beförderung des künstlerischen Werts sein Werk tut. Aber was, wenn wir Körper und Leben als Grundlage für eine mögliche Neugestaltung des Gemeinsamen wahrnehmen, als etwas, das mit dem Leben ineinanderläuft und das mit seiner Forderung nach Symmetrie und Schutz die Vielzahl von Trennungen ins Wanken bringt, die sich um den Begriff der Kunst und um deren Institutionen herum organisieren?

SCHLUSS: TRANSVERSALE LINIEN DER SORGE

I.

Die Kunst musste nach dem Zweiten Weltkrieg, auch aufgrund der Erfahrung der Grauen des Krieges, neue Wege des Sprechens und der Auseinandersetzung mit der Wirklichkeit erfinden, nicht länger konnte sie ihre eigene Blindheit und die Irrtümer übersehen, die sich mit ihren manifesten Zukunftshoffnungen verbunden hatten: Obgleich bereits von Vorahnungen des Grauens durchzogen, wurden diese Hoffnungen von der Wirklichkeit der Gewalt der beiden Weltkriege noch weiter zerschmettert. Das ist auch der Grund, warum das Sprechen über Leid und die Bezeugung von Gewalt in der ästhetischen Theorie der zweiten Hälfte des 20. Jahrhunderts neu erörtert wurden, insbesondere in Bezug auf Theodor W. Adornos Aussage, dass es barbarisch sei, nach Auschwitz ein Gedicht zu schreiben.[328] Diese Aussage, die zu zahlreichen Interpretationen Anlass gab, ist auch relevant bezüglich der Differenz zwischen den ästhetischen Philosophien von Jacques Rancière und Jean-François Lyotard, die auf je eigene Weise über die Möglichkeiten und Probleme der Repräsentation von Gewalt in der Kunst nachdachten; Rancière öffnet Repräsentation den Möglichkeiten der Bezeugung durch die Wahl bestimmter Formen, während Lyotard davon überzeugt ist, dass bestimmte Dinge nicht repräsentiert werden können, dass Kunst von der Gewalt gerade durch das Unaussprechbare Zeugnis ablege – wobei beide Strömungen einen starken Einfluss auf das Verständnis von

---

328 „Nach Auschwitz ein Gedicht zu schreiben, ist barbarisch", lautet Adornos Gedanke aus dem 1949 verfassten und 1951 veröffentlichten Text „Kulturkritik und Gesellschaft".

politischer Kunst im 20. Jahrhundert hatten.[329] Aber an dieser Stelle gilt es eine weitere Lektüre hinzuzufügen, nämlich das Werk des karibischen Dichters und Aktivisten Aimé Césaire, der in einem 1950 verfassten Essay von der materiellen und spirituellen Verwüstung durch den Kolonialismus spricht und den Niedergang Europas durch die Gewalt der Weltkriege in den Zusammenhang von Europas Kolonialgeschichte stellt. Am Anfang seines Essays *Über den Kolonialismus* lesen wir also:

> Eine Zivilisation, die sich unfähig zeigt, die Probleme zu lösen, die durch ihr Wirken entstanden sind, ist eine dekadente Zivilisation. Eine Zivilisation, die beschließt, vor ihren brennendsten Problemen die Augen zu verschließen, ist eine kranke Zivilisation. Eine Zivilisation, die mit ihren eigenen Grundsätzen ihr Spiel treibt, ist eine im Sterben liegende Zivilisation.[330]

Césaire rückt in seinem Essay die grauenerregenden Erfahrungen der Weltkriege in die Perspektive der kolonialen Gewalt ein und schreibt darüber, wie die Kolonisation den Kolonisator entmenschlicht und dass jede kolonisierende Zivilisation immer schon eine kranke Zivilisation ist.[331] Viele Gesellschaften seien um ihre Identität gebracht worden, er schreibt von „niedergetrampelten Kulturen, von ausgehöhlten Institutionen, von konfisziertem Land, von ausgelöschten

---

329 Siehe auch: Rok Benčin, *Okna brez monad: estetika od Heideggerja do Rancièra*. Ljubljana: Filozofski inštitut ZRC SAZU, 2015.

330 Aimé Césaire, *Über den Kolonialismus*, übers. v. Heribert Becker, Berlin: Alexander Verlag, 2017, S. 27.

331 Ebd., S. 40.

Religionen, von vernichtetem künstlerischem Glanz, von vereitelten großen *Möglichkeiten*".[332] Aber Kunst bleibt eine Kraft und eine Macht der Imagination von Welt, und diese poetische Kraft durchdringt das Werk dieses Dichters und den Text, der nicht Programm oder Manifest ist, sondern vor allem eine poetische Rebellion, ein Erfinden von Weisen, in der Welt zu sein und über die Welt, wie wir sie kennen, hinaus. Diese Widerstandskraft steht feministischer Theorie und Praxis nahe, die von allem Anfang an Kunst mit dem Körper und seinen materiellen und sinnlichen Welten ineinanderfließen lässt; Kunst ist relational, und sie wird von Wirklichkeit berührt, ist erfüllt von Wirklichkeit. Der Feminismus eröffnete einen Übergang im Begriff der Kunst, nicht nur im Sinne einer Kritik der westlichen Kunst und ihres Verhältnisses zur Repräsentation von Geschlecht, sondern auch im Sinne der Möglichkeit, Kunst als verkörperte, immer schon situierte und verwobene Praxis zu betrachten, die sich durch all ihre Verfahren mit dem Leben verflicht; die Prozesse der Kunst sind Teil dieser Berührung, dieses Begehrens, dieser Erfahrung, des Stoffs, aus dem das Leben besteht. Auf diese Weise ist Kunst auch dezentriert (Kritik der Autorschaft), enteignet (sie gehört uns nicht) und fließt mit tagtäglichem Existieren ineinander (ist nicht autonom), sodass neue Formen einer Interdependenz des Lebens Raum zu Atmen finden. Dieses Ineinanderfließen von Kunst und Leben bedeutet vor allem eine Fusion zahlreicher Ungleichheiten, während Sorge in dieser Perspektive eine Form der Artikulation, Politisierung, aber auch Erfahrung dieser Verwebungen darstellt. Es

332 Ebd., S. 46.

ist die feministische Denktradition, die uns den Sorgebegriff in Kunstdiskussionen einzuführen erlaubt, die es uns durch diesen Begriff ermöglicht, zu sehen, wie Kunst der Berührung durch das Leben standhält, wie durch Kunst eine lange Reihe von Kollisionen zwischen den sinnlichen, körperlichen und materiellen Territorien von Körpern und Leben stattfindet.

Denise Ferreira da Silvas Werk denkt die schwarze feministische Perspektive konsequent neu und unternimmt den Versuch einer Zurückweisung „der onto-epistemologischen Grundlagen der Welt, wie wir sie kennen“[333]. Die Welt, wie wir sie kennen, ist ein Ergebnis der modernen westlichen Geschichte und des modernen westlichen Denkens, die – im Ineinandergreifen von juridischen, symbolischen und ökonomischen Ebenen und trotz aufklärerischer Ideen von Freiheit, Emanzipation und Autonomie – sowohl bezüglich der rassistischen Unterwerfung indigener und nichtweißer Menschen als auch bezüglich der beschleunigten Zerstörung der Biosphäre der Welt, in der wir leben, von entscheidender Bedeutung waren. Den breitangelegten und tiefen modernen Kritiken an dieser Art von westlicher Philosophie zum Trotz zeigt Ferreira da Silva auf, wie diese Kritiken unvollständig blieben hinsichtlich der systemischen Funktion, die dem Konzept des transparenten Ich, des selbstbewussten Subjekts bei der Unterordnung rassisierter Subjekte zukommt, zumal dieses Konzept nach wie vor zu ihren Werkzeugen gehört.[334] Wie viele ähnliche Philosoph:innen eines schwarzen Denkens (Fred Moten, Sylvia Wynter, Saidiya Hartman)

333 Ferreira da Silva, „Towards a Black Feminist Poethics“, S. 82.

334 Ferreira da Silva, *Toward a Global Idea of Race.*

interessiert sich Ferreira da Silva für die Schließungen des Denkens auf der Ebene von Begriffen, die uns daran hindern, das Ende der Welt, wie wir sie kennen, zu denken, und die eine Fortschreibung des juridischen und ökonomischen Subjektbegriffs ermöglichen, durch den alles, was *äußerlich* ist, noch tiefer in den Abgrund stürzt. Daher bleibt für sie eine Rassismuskritik unzureichend, die sich damit begnügt, Diagnosen und Beobachtungen bezüglich der Entwertung jenes Teils der menschlichen Bevölkerung anzustellen, der als nicht-weiße Europäer:innen konstruiert wird. Eine solche Kritik

> stellt diese Entwertung im schlimmsten Fall als einen Effekt von Glaubenshaltungen oder einer Ideologie dar, mithin als eine Abweichung von den universellen (moralischen) Prinzipien, welche die moderne Existenz angeblich beherrschen; im besten Fall stellt sie Entwertung zwar als konstitutiv für das moderne Denken dar, bewegt sich dann aber in Richtung eines Arguments, das sich auf die Idee einer Unvollständigkeit (wonach Universalität noch zu verwirklichen bleibe) oder die Idee einer Fehlauslegung (wonach Partikulares fälschlicherweise als das Universelle begriffen wurde) stützt.[335]

Eine der entscheidenden Ausblendungen dieser Kritik betrifft die Beziehung zwischen Sklavenarbeit und Eigentum am Anfang der kapitalistischen Moderne, wo diese Beziehung als eine juridische Regulierung etabliert wird, die nicht den kapitalistischen Verhältnissen angehört, was es erlaubt, die ökonomische Charakteristik des produktiven Vermögens der Sklavenarbeit zu

335 Ferreira da Silva, „An end to ‚this' world".

verschleiern: Sklaverei wird auf diese Weise als außerhalb der kapitalistischen Produktion stehend gedacht. Ferreira da Silva analysiert diesen Punkt eingehend am Beispiel des Marx'schen Denkens und des historischen Materialismus, vor allem deshalb, weil die damit verbundene Geschichte des Denkens und der Praxis politischer Bewegungen dermaßen prägend war für die Vorstellungen von einer besseren Welt und die Prozesse der Emanzipation. Es handelt sich, so Ferreira da Silva, um eine initiale Geste, durch die koloniale Ausbeutung verdeckt und der Körper versklavter Menschen aus dem Register des Lebendigen in das der Abstraktion verschoben wird, sodass noch heute „der gesamte Wert, der durch Sklavenarbeit geschaffen wurde, das globale Kapital zu stützen nicht aufhört“[336]. Wie auch feministische Kritiken des Marx'schen Denkens (Federici, Dalla Costa) es getan hatten, zeigt Ferreira da Silva auf, wie Marx' Fokus auf produktive Arbeit damit einhergeht, dass die unproduktiven Dimensionen der Schöpfung von Wert komplett ignoriert werden. Sie interessiert sich dabei besonders für die Formen, wie Kapital rechtlich konzipiert wurde, wie es seine Werte genau in der Spaltung etabliert, die innerhalb des Menschlichen hergestellt wird. An der Seite der unsichtbaren Reproduktionsarbeit von Frauen werden auch versklavte Körper sowie ganze Umwelten und Habitate aus der kapitalistischen

336 Auf dieser Verschiebung, der Transfiguration des versklavten Körpers in ein abstraktes Register hinein, in einen gleichsam entkörperten Körper, beruhen auch der ethische Universalismus der Menschenrechte sowie die nachaufklärerische Anerkennung kultureller Differenz, in deren Zentrum nach wie vor die Voraussetzung eines transparenten, selbstbewussten Subjekts bzw. seiner Rolle in zeitlichen Verhältnissen steht. Siehe dazu: Ferreira da Silva, „Towards a Black Feminist Poethics“, S. 84.

Schöpfung von Wert ausgeschlossen. Heute leben wir mit den Konsequenzen dieser Ausschlüsse, wie etwa ökologischen Krisen, der Auslöschung ganzer Spezies und der Enteignung von Menschen und Mehr-als-Menschlichem. Ferreira da Silva sucht auf die Probleme eines Universalismus hinzuweisen, in dessen Zentrum das Streben nach Gleichheit, nach einer besseren Welt und nach den Rechten von Arbeiter:innen steht. Rassisierte Wissensformen transformieren auf diese Weise die Materie versklavter Körper und verschieben sie vom Register des Lebendigen in das formelle Register, was zur Folge hat, dass übersehen wird, wie groß der Gesamtwert von (vergangener, gegenwärtiger und zukünftiger) Sklavenarbeit in der Struktur von Körper und Leben, im Blut und Fleisch des globalen Kapitalismus tatsächlich ist.[337]

Ferreira da Silvas weitreichende Analyse greift meines Erachtens eng ineinander mit einigen wichtigen Fragen, die die Verwebung von Kunst und Leben berühren, wobei die Paradoxe des gegenwärtigen Lebens der Kunst sowie ihrer Rolle und Verortung in der Welt freigelegt werden und sich ein besonderer Einblick in die Rolle und die Linien der Sorge eröffnet. Was also ist die Rolle der Kunst bezüglich dieser radikalen Ausblendung, wenn Kunst selbst Teil der Textur der modernen Welt ist? Reicht eine aktive Rolle der Kunst aus, um die Welt besser zu machen? Wann hat Kunst teil an der Extraktion im Verhältnis zu einem Leben, das bereits enteignet ist, anstatt mit diesem ineinanderzufließen, und sei es auf Kosten ihrer eigenen juridischen, ökonomischen und symbolischen Sicherheit?

---

337 Ebd.

Die Analyse Ferreira da Silvas bezieht sich eng auf die Enteignung der Erde, die Zerstörung der Biosphäre von Körpern, das Erzeugen vergifteter Umwelten, also auf Prozesse, die Hand in Hand gehen mit der Enteignung von Körpern und der anatomischen Zäsur einer Differenzierung innerhalb des Bereichs menschlicher Körper. Daher ist es, so Ferreira da Silva in einem ihrer Vorträge, auch nicht möglich, einfach zu den Kategorien der westlichen Metaphysik zurückzukehren, wie es viele posthumanistische Philosophien getan haben (indem sie etwa über den Status des Objekts oder der Welt jenseits des Menschen nachdachten), sondern wir müssen den tiefgreifenden Wandel in der Materialität von Natur, die Spaltung zwischen Natur und Mensch, die die Natur in Abstraktheit transsubstantiiert, vielmehr auf ähnliche Weise erörtern wie das Blut und Fleisch von (mehr-als-menschlichen) Körpern, die im Zentrum der kapitalistischen Wertschöpfung stehen. Auf dieselbe Weise lässt sich auch eine Kunst, die inmitten des Klimawandels, des Verschwindens menschlicher und natürlicher Biosphären sowie der Auflösung von Umwelten existiert, nicht von den biosphärischen Verhältnissen dieser Welt abtrennen bzw. von der Frage, welchen Einfluss diese Verhältnisse auf ihre Institutionen, ihre Formen von Zirkulation und Verteilung haben; diese Fragen müssen vielmehr einen untrennbaren Teil ihrer Imagination bilden. Und wie sollen wir über das Leben der Kunst nachdenken angesichts der außerordentlichen Gewalt und der Nekropolitik, deren Herrschaft die Existenz zahlreicher Menschen und vieler Umwelten umspannt? Wie also sollen wir über die Rolle der Kunst, über ihre Kritik der Verhältnisse der gegenwärtigen Welt nachdenken – oder, mit anderen Worten: *Wie könnte Kunst der Welt, wie wir sie kennen, ein Ende bereiten*?

Diese Fragen sind von entscheidender Bedeutung auch für die Betrachtung der gegenwärtigen Beziehungen zwischen Kunst und Politik sowie der Formen einer kritischen Einbettung der Kunst in Reflexionen über die gegenwärtige Welt. Auch Kunst ist nämlich Teil der kritischen Tätigkeit, die ihrem Engagement zugrunde liegt, besonders dann, wenn diese sich auf der Basis von Gleichheit (alles kann zu einem künstlerischen Verfahren werden), Autonomie und Freiheit ins Leben ausdehnt; zugleich aber ist sie engstens verbunden mit der Geschichte der Moderne und ihrer problematischen onto-epistemologischen Charakteristiken. Es scheint, als wäre Kritik alles, was wir haben, antwortet Ferreira da Silva auf die Frage, ob die Kunst es vermeiden kann, zu einem Teil der problematischen Kritik des Rassismus zu werden, welche, wie sie sagt, an den Prinzipien von Universalität und Gleichheit partizipiert. Kritik „fließt offenkundig in jedes Werk der Kunst ein, das sich explizit mit früheren und zeitgenössischen Formen kolonialer oder rassisierter Gewalt, mit den gegenwärtigen Formen von Ausbeutung, Enteignung und Extraktion durch das globale Kapital auseinandersetzt; oder auch mit der Weise, wie der Staat dem globalen Kapital zuarbeitet, mit den Machenschaften des Cis-Heteropatriarchats. Es hat keinen Sinn, etwas anderes zu erwarten.“[338]

Aus diesem Grund ist die Künstler:in oftmals Teil einer empirischen Anthropologie, innerhalb deren sich die Arbeit von Künstler:innen durch die anthropologische Vorstellung von kultureller Differenz vermittelt findet, die sich heute eng mit dem Leben von Künstler:innen (Migration, Kriegs- und Gewaltbiografien usw.) oder

---

338 Ferreira da Silva, „An end to ‚this‘ world“.

mit den kritischen Themen von Enteignung und Extraktion verknüpft. All diese Themen sind wichtig, doch sind sie, wie Ferreira da Silva schreibt, gefährdet durch den Druck, der von der Logik des Marktes ausgeht, dessen hervorstechendstes Merkmal die Simplifizierung dessen ist, was Kunst tut. Kunst kehrt mithin zu den vertrauten Tropen der Repräsentation zurück, indem sie Themen des Rassismus anspricht und untersucht, sich mit ihnen auseinandersetzt und die Existenz von Differenz vor dem Hintergrund eines universellen humanistischen Interesses affirmiert. Aber es geht weniger um Aneignung durch den Markt, sondern vielmehr um eine Vermengung und Fusionierung von Kunst mit kapitalistischen Formen von Wertschöpfung und Arbeit; diese bildet den Kern des Problems und des Gefühls einer Ohnmacht der Kritik. Kunst erkennt solcherart Diversität an und ist integraler Bestandteil dessen, was Judith Butler und Athena Athanasiou die neoliberale Anerkennung kultureller Differenz nennen, welche in Verhältnisse von Eigentum und Normativität eingebettet ist.

Häufig partizipiert Kunst an dieser Bestimmung von außen, die heute durch die neoliberale Vorstellung von kultureller Differenz stattfindet. Im Dialog mit Athanasiou beschreibt Butler dies als die regulative Idee des neoliberalen und kapitalistischen Multikulturalismus, durch den Alterität heute verwaltet wird. Die Anderen werden zu verständlichen Wesen nur, wenn sie zugleich von Begriffen abhängig sind, die sie für sich selbst nicht gewählt hätten.[339] Butler und Athanasiou reflektieren über die berühmte Passage aus Frantz Fanons *Schwarze*

339 Siehe: Butler, Athanasiou, *Die Macht der Enteigneten*, bes. das 7. Kapitel.

Haut, weiße Masken, die eine direkte Anrufung betrifft, welche seinem Körper gilt. Eine Anrufung des Körpers kommt mehrfach vor, unter anderem im Zusammenhang der Beschreibung einer Begegnung mit einem Knaben, der auf ihn zeigt und zu seiner Mutter sagt: „Sieh mal, ein Neger!“[340] Butler fragt sich, warum Fanon, nachdem er eine rassistische Anrufung erfahren hat, zu jemandem werden möchte, der fragt, und warum er im abschließenden Gebet des Buches den eigenen Körper anruft: „O mein Leib, sorge dafür, dass ich immer ein Mensch bin, der fragt!“[341] Butler liest diese Worte als Appell an Fanons „eigene körperliche Existenz – als ein Wiedereinsetzen des Leibs als Grund der Handlungsfähigkeit – ebenso wie an den Anderen: eine Berührung, tatsächlich eine Anrede, zu der erst der Körper Gelegenheit bietet“[342]. Butler zufolge macht Fanon an dieser Stelle deutlich, dass niemand „sich ohne ein Du erfinden [kann], und das Selbst gründet gerade in einer Form der Anrede, die sich zu ihrer konstitutiven Gesellschaftlichkeit bekennt“[343]. Wie Fanon sagt: „Wir wünschen uns, dass man, am Ende dieses Buchs, mit uns die Offenheit jeden Bewusstseins spürt.“[344] Athanasiou fügt hinzu, diese Anrede des Körpers verweise „auf einen intensiven Moment der Restrukturierung in den Korrelationen von Körpern, Ereignissen, gespenstischen Figurationen, verletzenden Worten und Mächten, die

340 Siehe Frantz Fanon, *Schwarze Haut, weiße Masken*, übers. v. Eva Moldenhauer, Frankfurt am Main: Suhrkamp, 1985, bes. S. 79–81.

341 Ebd., S. 166.

342 Butler, Athanasiou, *Die Macht der Enteigneten*, S. 117 (Übers. mod.).

343 Ebd.

344 Fanon, *Schwarze Haut, weiße Masken*, S. 166.

unsere begrenzte menschliche Existenz einrahmen"[345]. Zugleich öffnet sie das Vermögen von Körpern, die mit ihrer Unbestimmtheit und konstitutiven Heterogenität die Anerkennungsmechanismen von Staat, Ökonomie und bestehenden Rechtssystemen unterminieren. „Gibt es einen Weg der rechtlichen, kulturellen und affektiven Anerkennung nicht-normativer Subjektivitäten, Lebensweisen und Verbindungen, das heißt eine Möglichkeit, jenseits aller normativen Eigenheit und ausschließenden Eigentümlichkeit zu leben, die das Funktionieren liberaler Anerkennung beherrschen?"[346] Diese Frage betrifft auch die Kunst bzw. das Vermögen von Körpern, die Anerkennungsmechanismen im Kunstfeld zu unterminieren. In diese Richtung müssen wir das grundlegende Vermögen denken, das sich mit den Linien der Sorge verbindet, denn es geht nicht nur darum, Empathie, Emotionalität und affektive Zuwendung herzustellen, sondern um einen Umgang mit der Welt, der imstande ist, die Berührung durch die Welt zu vermitteln, um Erfindungen und imaginative Praxen, die auch das Kunstschaffen verwandeln, dem keine ethische oder ästhetische Ausnahmestellung zukommt.

Wie also sich die Macht der Körper und ihres Handelns nicht aneignen, wie die emanzipatorischen und politischen Vermögen der Kunst anders miteinander verweben, nämlich ohne die historischen und institutionellen Machtdynamiken zu perpetuieren? An erster Stelle gilt es zu verstehen, dass Globalität keine universelle, formale Entität ist; Ferreira da Silva zufolge ist sie alles andere als das, nämlich

---

345 Butler, Athanasiou, *Die Macht der Enteigneten*, S. 118.
346 Ebd., S. 119.

> ein materieller Zusammenhang, eine spezifische Konfiguration, die juridische Mechanismen totaler Gewalt und rechtlicher Einschränkungen ebenso mit einschließt wie Expropriation und Ausbeutung ermöglichende ökonomische Mechanismen (extraktiver, industrieller und finanzieller Art) und die symbolischen Werkzeuge der Rassisierung, die die Reichweite des modernen ethischen Programms begrenzen, welches von der Vorstellung der Menschheit bzw. der ihr zukommenden Schutzmechanismen beherrscht wird.[347]

Diese globale Konfiguration bildet heute auch die grundlegende und entscheidendste Struktur des makropolitischen Lebens der Kunst. Sie löscht mikropolitische Gesten der Präsenz und Situiertheit aus und verdeckt die mikropolitischen Fluchtbewegungen aus vorentworfenen Bestimmungen und Bezeichnungen, die Ferreira da Silva – von Kunst als einem bestimmten Augenblick, einem raumzeitlichen Punkt innerhalb dieser Konfiguration sprechend – als singuläre künstlerische Praxen beschreibt.[348] Diese Singularitäten oder mikropolitischen Potenzen sind „eine Zurückweisung von kultureller Differenz als primärem Beschreibungselement für das, was sie ins Bild setzen"[349]. Sie lassen sich weder generalisieren noch definieren, sie können nicht ohne Gewalt aus ihren Zusammenhängen gelöst werden, sie sind Situationen, die sich den Kategorien entziehen, innerhalb deren wir zu denken und wahrzunehmen gewohnt sind. Aus diesem Grund entziehen sich mikropolitische Potenzen auch den Kategorien, innerhalb deren wir sie erweitern

---

347 Ferreira da Silva, „An end to ‚this' world".

348 Ebd.

349 Ebd.

gewohnt sind; und genau deshalb stellen sie eine radikale Öffnung des institutionellen und produktiven Lebens der Kunst dar.[350] Eben diese radikale Öffnung ist in der schwarzen feministischen Poetik am Werk (in Werken von Autorinnen wie Audre Lorde, Octavia E. Butler oder Hortense Spillers), die, so Ferreira da Silva, *achtsam ist gegenüber Materie im Rohzustand*, die angeeignet (eliminiert, niedergetrampelt), jedoch nicht zur Gänze ausgelöscht wurde. Diese Materie im Rohzustand ist in ihrem Schreiben das Leben schwarzer Frauen, das aufgrund der Geschichte der Sklaverei durch eine Reihe von patriarchal-kapitalistischen Aneignungen geprägt und aus dem vieles eliminiert wurde: Sexualität, Mutterschaft, Feminität, jeglicher Rechtsstatus. Ferreira da Silva liest daher den Status der schwarzen Frau in der Moderne nicht als eine Negation (des Menschlichen), sondern vielmehr als gänzliche Leere.[351] Aber zugleich gibt es im Schwarzsein eine Affirmation „des Vermögens einer Loslösung der Imagination aus dem Griff des Subjekts und seiner Formen“, und mithin eine Öffnung, die auf andere Wege des Lebens der Kunst hinführt, auf andere Wege, Kunst zu verstehen und wahrzunehmen. Das Schwarzsein der Materie des Lebens wird somit zu einem Index der Schöpfungskraft, der mannigfaltige Ebenen betrifft und der sich mit der Forderung nach einer Neugestaltung der Welt verbindet, und zwar „einschließlich der Rückgabe des Gesamtwertes, ohne den das Kapital nicht zur Entfaltung gekommen wäre und

350 Siehe dazu z. B.: André Lepecki, „Decolonizing the Curatorial“, *Theater* 47(1), 2017, S. 101–115.

351 Denise Ferreira da Silva, *Hacking the Subject: Black Feminism, Refusal, and the Limits of Critique*, Vortrag, https://youtu.be/T3B5Gh2JSQg.

von dem es noch immer lebt“[352]. Zugleich gibt es auch einer kollektiven Imagination Raum, in deren Prozess epistemologische, künstlerische und politische Werkzeuge erfunden werden können; nur so wird es möglich, dass wir uns trennen von der spezifischen Welt, die wir kennen. Ferreira da Silva schreibt von den Werkzeugen einer poetischen Lektüre von Kunstwerken, denen es gelingt, aus den Kategorien der westlichen Ästhetik auszubrechen, wie etwa Schwarzlicht, Infrarotlicht, ein Licht, das für das menschliche Auge unsichtbar ist und durch das Materie *Recodierungen* zugänglich gemacht wird, mithin Praktiken der Komposition, die nicht in der Form gefangen sind und die durch Ausschluss oder Determinierung auch nicht erkannt werden. Durch dieses infrarote, unsichtbare, *schwarze* Licht wird die Materie poetischen Lektüren zugänglich gemacht. Was durch das unsichtbare, *schwarze* Licht möglich gemacht wird, was es den Aufgaben des Denkens anbietet, ist die Gelegenheit, das Denken auf eine andere Weise zu verstehen: „Was wenn das, worauf es im Werk der Kunst wirklich ankommt, über Repräsentation nicht wegen seines ‚Warum‘, ‚Wann‘ und ‚Wo‘ hinausgeht, sondern wegen seines ‚Wie‘ und ‚Was‘?“[353]

Das Vermögen der schwarzen Poetik, *ein Auge auf die Materie im Rohzustand zu haben*, verknüpft sich eng mit der Verflechtung von Kunst und Leben, die ich als eine Artikulation des Lebens der Kunst denke, durch die es möglich wird, einen Beitrag zum Ende der Welt, wie wir sie kennen, zu leisten. Diese Artikulation ist nicht

352 Ferreira da Silva, „An end to ‚this‘ world“.

353 Denise Ferreira da Silva, „In the Raw“, *e-flux Journal*, 93, 2018, https://www.e-flux.com/journal/93/215795/in-the-raw.

neu, aber sie ist eine intensivierte und *recodierte* (Ferreira Da Silva) poetisch-politische Macht der Kunst, die immer schon Teil von Kunst war, auch wenn sie im modernen, westlichen kolonial-kapitalistischen Aufbau nur sichtbar gemacht wurde durch ihre Ausnahmestellung, als Teil der formalen – später demokratischen und globalen – Ordnung der Kunst. Eine solche Verflechtung von Kunst und Leben reicht über die historische Genealogie der Erweiterung von künstlerischen Verfahrensweisen hinaus. Diese Verfahrensweisen mögen die Praxis der Kunst demokratisieren – um doch zugleich deren institutionelle Absicherung, ihre Einbettung in Autonomieprozeduren aufrechtzuerhalten. Wir müssen die Probleme sehen, die solche Demokratisierungen im Namen der Autonomie der Kunst aufwerfen, und verstehen, wie eine solche Erweiterung künstlerischer Verfahren auch zu etwas wird, das normativ geboten ist, zu etwas, das notwendig ist für die ökonomische Zirkulation künstlerischer Werte. Diese Frage ist gerade heute entscheidend, in einer Situation, in der ein riesiger Teil der Kunst bereits zur Gänze von ökonomischer und spekulativer Zirkulation abhängig ist (aufgrund der Rolle von Kunst auf den Finanzmärkten, in Spekulationsökonomien etc.), und zwar ungeachtet der Art und Weise, wie sie vom Leben geprägt ist oder ihre Zugänge zum Leben paradoxerweise im Namen einer Universalität ausdifferenziert, die Hand in Hand geht mit globalen Kapitalströmen (globale Kunstevents, Wettstreit zwischen kulturellen Zentren, Industrien der Kunstproduktion usw.). Solche Aussagen können in einer Zeit, in der Künstler:innen und ihre Werke vonseiten etlicher autoritärer Politiken attackiert werden, auch gefährlich sein, weil sie die Freiheit der Kunst problematisieren und diesbezüglich den Methoden diverser Populist:innen und Autokrat:innen nahezustehen scheinen, gegen die Kunst als Raum von Freiheit und Unantastbarkeit automatisch in Schutz genommen werden muss. Aber gerade jene Künstler:innen, die sich Angriffen durch Formen autoritärer Gouvernementalität ausgesetzt sehen, zeigen auch auf, dass Kunst mit den Mitteln, die wir kennen, nicht geschützt werden kann. Diese Situation verlangt von uns, dass wir erfindungsreicher werden hinsichtlich des Künstlerischen, des Ökonomischen, des Ästhetischen und des Sozialen, bis in die juridische und ökonomische Infrastruktur der Kunst hinein. Nicht nur das Kunstwerk selbst, sondern das Leben der Kunst muss zu einem Vermögen werden, der Welt, wie wir sie kennen, Einhalt zu gebieten. Kunst muss daher ihre ökonomischen, produktiven und institutionellen Abläufe verändern und sich in der komplexen, widersprüchlichen Realität der gegenwärtigen Welt verorten. Sie muss sich auf ein mikropolitisches Zuhören einlassen, Individualitäten auflösen und ihre Vermögen darauf verwenden, eine Biosphäre der Künste zu kompostieren, die Vielfalt auch um den Preis des eigenen Schutzes und der eigenen Sicherheit verteidigt. Ganz konkret erfordert dies die Rückgabe von Werken der Kunst und des kulturellen Erbes an die Gebiete, aus denen sie geraubt wurden, eine durch Institutionen erfolgende Anerkennung der Tatsache, dass sie auf enteignetem indigenem Land erbaut wurden, die Verflechtung von Kunst mit zivilen und sozialen Bewegungen, die Partizipation von Kunstinstitutionen am Schutz von Menschen und Umwelt usw. Aber damit das geschehen kann, ist es notwendig, dass mikropolitische, sinnlich-sensorische Biosphären, affektive, poetisch-politische Atmosphären aufgebaut werden, die darauf Einfluss nehmen, wie Kunst geschaffen und produziert wird.

II.

Wie das feministische Denken uns lehrt, ist Sorge in Ungleichheiten eingebettet und stets Teil von Machtverhältnissen, und eine Kunst, die sorgt, bildet diesbezüglich keine Ausnahme. Weil es sich um eine schwierige Position handelt, erweist sich Kunst allzu oft als abgetrennt von der Welt. Diese Kunstidee ist in der modernen westlichen Kunstgeschichte sehr präsent, was natürlich keineswegs überraschend ist, zumal Kunst auch häufig als Rechtfertigung bzw. zur Abgrenzung unterschiedlicher Existenzformen diente und die Verlaufsformen der modernen Kolonialgeschichte mitgestaltete. Vielleicht ist dies der Grund dafür, dass die Kunst des 20. Jahrhunderts, im Gefolge außerordentlicher Menschheitskatastrophen und aufgrund der Berührung durch die Wirklichkeit, eine andere, verwobenere Rolle annahm und sich stärker dem Handeln, der Umsetzung von Aktionen und Prozeduren verpflichtete. Das bedeutet allerdings nicht, dass nicht auch eine solche Kunst in Exklusivität endet und im Rahmen ihrer eigenen Privilegien und Machtverhältnisse operiert, welche die Grundlage für ihre manifeste politische Haltung bilden.

Heute können wir von einem Unbehagen sprechen, das aus dem Aufeinanderprallen rhetorischer, performativer und materieller Praktiken der Sorge rührt, in denen Kunst in den letzten Jahrzehnten die verschiedenen mikropolitischen Reartikulationen und Dimensionen der Krise der Nachhaltigkeit des Lebens oft bezeugt, besprochen, sichtbar gemacht und lebhaft zur Anschauung gebracht hat; Kunst bezieht sich auf diese Welt durch solche Zeugnisse, durch Formen des Engagements bezüglich der Probleme der Welt, durch Untersuchungen von alternativen Formen des Lebens und der Selbstorganisation, durch die Arbeit des

Mitgefühls, durch die Darstellung von Leid und Situationen, in denen es um das Überleben geht. In der Kunst wird vielerorts lebhaft *I actually care!* zum Ausdruck gebracht, und auch ich habe viele Einblicke und viel Wissen über diese Praxen und Gestaltungsweisen des Lebens durch Kunstwerke gewonnen. Die Schwierigkeit liegt vor allem darin, dass diese Arten von Sorge in der Kunst sich oft auf andere Gemeinschaften beziehen sowie auf gelebte Praxen, die sich von den gelebten Praxen jener unter uns, die Kunst konsumieren und sich um Kunstevents herum bewegen, unterscheiden. Somit werden geopolitische Verhältnisse, die mit der Sorgekrise in Zusammenhang stehen, in der Kunst häufig noch weiter verfestigt: Gerade die Sorgekrise im globalen Norden führt dazu, dass Kunst oft Kunde gibt von den verschiedenen Krisen der Nachhaltigkeit des Lebens. Die Bewohner:innen des globalen Südens finden sich also paradoxerweise erneut in der Rolle wieder, für das politische, emotionale und menschliche Wohlbefinden der Bewohner:innen des globalen Nordens zu sorgen. Ihre emanzipatorischen Potenziale und ihre Fähigkeit, ihr Leben neu zu organisieren, bringen gute Gefühle zurück unter jenen, die gerade aufgrund der Sorgekrise ein verstärktes Bedürfnis danach verspüren, Artikulationen der Sorge zu erfinden. Dieser Widerspruch ist schwierig und weckt Unbehagen, aber ich glaube zugleich daran, dass die Verflechtung der Kunst mit prekären Leben eine ethische Notwendigkeit ist, dass sie ein wichtiges Element ihrer poetischen Erfindungen ist. Dennoch trifft es zu, dass viele Kunstwerke ein Problem mit der Asymmetrie der Sorge um das Leben anderer haben, was oft zu von Ungleichheit durchwirkten Beziehungen führt, in denen die eigenen (empathischen und körperlichen) Privilegien nie wirklich in den Griff gebracht werden bzw. es an Auseinandersetzung mit dem Ort mangelt, von dem aus sie ihre Sorge artikulieren können. Das hat viel mit der fortdauernden Kolonialität zu tun, aber auch mit dem kapitalistischen Management des globalen Kunstfelds, das die ökonomischen Verhältnisse privilegierter kultureller Umgebungen und Äußerungen nicht zu umgehen verstanden hat; diese wirken nach wie vor als wesentliche Katalysatoren der Kulturindustrien, unter Einschluss der Industrien politisch gefärbter Kunst.

Die transversalen Linien der Sorge machen deutlich, dass das Leben der Kunst nichts mit einem Selbstgespräch zu tun hat, sondern von allem Anfang an in einem Dialog mit anderen steht, dem sie tief verpflichtet ist, weil wir selbst abhängige Wesen sind, Wesen, die zutiefst verletzlich und von anderen abhängig sind, die ohne diese Interdependenz nicht überleben können. Kunst muss einfach Zeugnis geben, sich äußern, Wege erfinden, um von dieser Verwandtschaft zu erzählen, der einzige Unterschied besteht in der Art und Weise, wie sie dies tut. Durch die Beobachtung und Analyse dieser Wege wird eine tiefere Untersuchung des Anteils möglich, den Kunst an Sorge hat: wann sie an dem teilhat, was die Soziologin Darja Zaviršek als Gewalt der Sorge bezeichnet, und wann sie wirklich in die Situation unserer Leben interveniert, sie ethisch heftig erschüttert und aus der Fassung bringt, sodass wir nach dem Aufruhr schlicht nicht länger dieselben sind, sondern auf andere Weise verbunden und verwoben bleiben. Zugleich erlaubt uns dies einen näheren Blick auf die makropolitischen Probleme der Kunst und die Fragen, die sich aus einer westlichen künstlerischen Perspektive mit aktivistischem Kunstengagement verbinden.

Sorge konfrontiert Kunst mit einer ziemlich komplexen Frage und unterminiert die Legitimität des Mitgefühls: Wenn wir sorgen, dann geht es nicht länger um uns selbst, und wenn es nicht länger um uns selbst geht, dann bedeutet das einen tiefen Einschnitt und Wandel bezüglich der Weisen, wie Kunst stattfindet, wie sie benannt wird und wie sie uns erreicht. Im Leiden und Leben von Menschen, wie auch von Wesen jenseits des Menschen, ist Kunst mit den Grenzbereichen der Existenz befasst, was ihre eigene Berechtigung ins Wanken bringt. Wenn Kunst Verflechtungen mit dem Leben eingeht und sich von ihm berühren lässt, dann wird sie zu einer Überschreitung, zu etwas Außerordentlichem, zu etwas, wofür wir keinen Namen haben, geschweige denn Formen der Sichtbarkeit. Ihre Autonomie flicht sich nicht länger um den Begriff des Menschen, sondern ist mehr als menschlich. Darum weisen diese klebrigen, verwobenen, zerbrechlichen und prekären Leben über einen bequemen Übergang zwischen Kunst und Leben hinaus und erfordern eine andere Art des Engagements, ein Engagement, das unsere eigenen sicheren Äußerungspositionen ebenso erschüttert wie die Kategorien, mit denen wir ausgerüstet sind, um uns in bestimmten Moment aus der Affäre zu ziehen. Nur so können wir an die Grenzen der Existenz rühren und uns mit der Auslöschung von Leben auseinandersetzen, die durch die menschlichen, ökologischen und sozialen Veränderungen unserer Zeit vor sich geht.

Leben ist ein starker Begriff auch in den Parolen autoritärer und populistischer Bewegungen, die – im Gegensatz zu den Imaginarien flüchtiger Existenz – die Rückkehr zu einer hartnäckig fortbestehenden Welt wollen und so hierarchische wie fiktive Unterscheidungen zwischen Körpern und Umwelten verfechten. Wir haben es hier mit einem fundamentalen biopolitischen Konflikt zu tun, der nicht von ungefähr kommt, leben wir doch in einer Zeit, die von ökologischen Krisen und dem Verschwinden ganzer

Biosphären geprägt ist, und zugleich – ungeachtet unseres ganzen emanzipatorischen Potenzials – in einer Zeit der gewaltsamen Intensivierung von körperbezogenen Formen der Enteignung und Extraktion sowie von Differenzierungen innerhalb des Menschlichen. Leben und Tod stehen im Zentrum politischer und sozialer Konflikte, Reibungen und Zusammenstöße, und die Regulierung des Lebens steht in einem Zusammenhang mit einer Regulierung des Todes, einer Form der politischen und körperlichen Regulierung, die Mbembe als Nekropolitik bezeichnet.[354] Das feministische Denken aber erschließt uns Leben kontinuierlich als einen relationalen Begriff, als ein Leben zwischen vielen, das eingewoben in Interdependenzverhältnisse und prekär ist; und es tut dies auch bezüglich des Todes als eines relationalen, jedoch unbegreiflichen existenziellen Horizonts der Welt und der Menschen. Wenn wir von der Beziehung zwischen Kunst und Leben sprechen, so können wir sagen, dass das Leben sich in sie ergießt, überquillt, denn Leben ist immer schon eine Relation; Kunst und Leben verflechten sich durch das, was Ahmed eine *life-line* nennt, eine Rettungsleine/Lebenslinie/Lebensader. „Ich denke an jene Momente, wenn dir eine Rettungsleine zugeworfen wird. Dass ein solcher Moment geschehen ist, wissen wir manchmal erst, nachdem er geschehen ist; der Moment, als das, was dir gegeben wurde, dir eine Chance bot, Raum zum Atmen."[355] Aber diese Option einer *life-line* bedeutet nicht nur Unterstützung und Hilfe, sondern auch das Vermögen,

354 Achille Mbembe, „Nekropolitik", übers. v. Brigitta Kuster, in: Marianne Pieper et al. (Hg.), *Biopolitik – in der Debatte*, Wiesbaden: VS Verlag für Sozialwissenschaften, 2011, S. 63–96.

355 Sara Ahmed, „Black feminism as Life-Line", *Feminist Killjoys*, 27.8.2013, https://feministkilljoys.com/2013/08/27/black-feminism-as-life-line.

„dass wir uns den Welten, die unsere Existenz schwierig machen, zuwenden, anstatt uns von ihnen abzuwenden“[356]. Ahmed führt weiter aus, sie habe ihre *life-line* von „all jenen schwarzen Feministinnen“ erhalten, „die mich dies lehrten: die mich lehrten, mich einer Schwierigkeit zuzuwenden, auch wenn diese Wendung das Leben, zunächst wenigstens, schwieriger macht“[357]. Es handelt sich also um eine Verflechtung von Kunst und Leben, in der die Kunst sich vom Leben nicht abwendet, sondern sich in einem Verhältnis zu dessen Materie im Rohzustand ansiedelt und mit ihr sorgend umgeht, auch wenn dies das Leben der Kunst schwieriger, ja manchmal unmöglich macht. Das ist es, was ich als jene Ehrlichkeit gegenüber der Wirklichkeit verstehe, von der Marina Garcés schreibt, und das ist die Forderung, mit der ich dieses Buch begann. Sie kann dabei helfen, der gegenwärtigen Verzweiflung, katastrophischen Vorahnungen und apokalyptischen Szenarien ebenso zu entgehen wie dem Zynismus und dem Opportunismus, die im Kontext wachsender globaler Gewalt und Entzweiung heute erschreckende Ausmaße annehmen. Und sie kann stattdessen – auf singulären, mikropolitischen Wegen – Verwandtschaften etablieren, transversale Linien der Sorge weben und eine mehr-als-menschliche Welt imaginieren.

---

356 Ebd.

357 Ebd.

III.

Ich interessiere mich in diesem Buch für Entschleunigung, für eine Rückbesinnung, die einen Weg zur Affirmation, Entdeckung und Geschichte der poetischen Immanenz der Kunst und ihrer stets gegenwärtigen Verschmelzung mit dem Leben öffnet, und ich interessiere mich für die Konsequenzen, die eine solche Entschleunigung und Entstaubung des Schaffens von Neuem für das Leben der Kunst hat. Deshalb habe ich meine Aufmerksamkeit der Sorge gewidmet, nicht zuletzt aufgrund ihrer klebrigen, repetitiven, anhaltenden und kaleidoskopischen Zeitlichkeit, die mit dem Neuen und mit Fortschritt wenig zu tun hat. Wir alle sind in langwierige und unabschließbare Prozesse der Sorge verwickelt. Die flüchtige Existenz der Sorge interessiert sich nicht für das Neue; sie ist ein wesentlicher Teil jeder kolonialen Geschichte, die ohne Fluchtbewegungen aus der Gewalt, der Entmenschlichung und der Zerstörung nicht bestehen kann. Durch Fluchtbewegungen widersteht das Leben der Enteignung, die im Namen des Neuen geschieht. Eine solche flüchtige Existenz destabilisiert das Leben der Kunst und unterminiert die Kategorien und Verfahren, die Bedingung von Kunst sind, wie wir sie kennen. Das Leben der Kunst in flüchtiger Existenz ist nicht einfach und nicht gemütlich, es ist sumpfig, instabil, überschwemmt, wir finden uns aus dem Gleichgewicht gebracht und in einem zeitlichen Schwindelgefühl verfangen, das uns, anstelle von Progressivität und Repräsentation in den Schützengräben der Zeit, in eine Reihe von verwobenen zeitlichen Potenzen fallen lässt, die Azoulay als „mögliche Geschichten“[358]

---

358 Ariela Aïsha Azoulay, *Potential History, Unlearning Imperialism*, London, New York: Verso, 2019.

bezeichnet. Aus diesem Grund schreibt Azoulay, dass wir den Imperialismus entlernen müssen; oder, im Zusammenhang des vorliegenden Buches, wir müssen die Werte und Verfahren entlernen, die das Ergebnis eines fortdauernden Kolonialismus sind. Entlernen bedeutet nicht Fortschritt, nicht besseres Verhalten oder die Schaffung eines ganz anderen Weges, sondern es bedeutet das Vermögen, sich mit dem Leben und seinen Welten so zu verflechten, dass die Wiederherstellung einer Reihe von Werten, die wir kennen, nicht länger möglich ist. Es handelt sich weniger um eine Korrektur, eine Aufmerksamkeit oder eine Reparatur, die sich aus einem spezifischen zeitlichen Moment der Moderne in Verbindung mit einem empathischen, ökonomischen, geopolitischen Privileg ergibt, sondern um eine Art von Sorge, die eben jenen zeitlichen Moment bezüglich seines Privilegs erschüttert und die somit auch die Reihe von Werten und Existenzen ins Wanken bringt, die ihn ermöglichen. Azoulays Blick ist auf den Status geplünderter Objekte in Museen gerichtet, welcher zeigt, dass die Forderung nach Restitution und Rückgabe von Kunstwerken an die Völker und Umwelten, aus denen sie herausgerissen und mithin von ihren eigenen Welten getrennt wurden, weder eine Stufe des Fortschritts in der Kunst noch auch einen Beweis für den Fortschritt unserer modernen Demokratien darstellt, zumal wir den Punkt noch nicht erreicht haben, an dem eine Umsetzung möglich ist. Die Forderung nach Gerechtigkeit, nach der Rückgabe von Kunstwerken, ist Azoulay zufolge nicht Teil einer Zeitlinie, sondern war schon immer Teil der Ontologie imperialer Plünderungen, in der es keine fortschreitende Zeitlichkeit gibt, sondern einen kontinuierlichen Kampf gegen die Weltlosigkeit, die sich mit der imperialistischen Eroberung von Welten verbindet und in der Kunst eine konstitutive Rolle spielt.[359] Dasselbe ließe sich über feministische Kämpfe sagen, die allzu oft dem modernen Fortschritt zugeschrieben werden, statt dass sie als Teil der stets gegenwärtigen Vielschichtigkeit und der mannigfaltigen Bedeutungen von Geschlecht betrachtet würden, als Teil der Kämpfe um kosmopolitische Formen des Lebens und Widerstand gegen Geschlechterdifferenz als koloniale Macht, als Teil des Widerstands gegen die kapitalistische Zerstörung von versklavten, migrierenden und arbeitenden Körpern. Darum geht es im Werk schwarzer Feministinnen und dekolonialer Philosophinnen. Wir müssen entlernen, in den Körpern von Frauen und Arbeitenden die Geschichte eines Fortschritts zu erblicken, wodurch geschlechtliches Leben und seine Sichtbarkeit lediglich in die Zeitlinie der Moderne gestellt wird, und müssen stattdessen die widerstreitenden Zeitlichkeiten ganz anderer möglicher Geschichten aufspüren. Es geht darum, zu erkennen, wie sämtliche Geschichten des Kolonialismus und Imperialismus sich mit permanenten Kämpfen gegen sie (Kämpfe von Frauen mit eingeschlossen) verbunden haben, weswegen sie nicht allein auf der Grundlage der Zeit des Fortschritts und des Wunsches nach der Schaffung von Neuem erzählt werden können. Auf diese Weise können wir die Komplexität dessen verstehen, womit wir es in heutigen politischen Auseinandersetzungen und Kulturkämpfen zu tun haben, von den Bewegungen gegen Abtreibung und Frauenrechte bis hin zur Gewalt gegen Andere und Forderungen nach dem Erhalt von Sicherheit und dem Schutz von Werten.

359 Ebd., S. 12.

Diese Forderungen suchen paradoxerweise ihr Recht auf den Besitz von Zeit (sowohl der Moderne als auch der Regressivität) aufrechtzuerhalten, und dies ausgerechnet in einer Zeit ökologischer Krisen, die Folge dieser zeitlichen Privilegien sind. Es gab jedoch immer auch andere mögliche Zeitlichkeiten und mit ihnen verbundene Forderungen, die die verarmte Linearität der Weltwahrnehmung durchströmen und deren Weisen, zu sein und die Welt wahrzunehmen, die vielfältigen Möglichkeiten der Immanenz von Kunst in sich tragen. Sorge ist also mit Kunst verflochten, weil sie nicht nur eine gesellschaftliche Kategorie ist, sondern auch ein kosmopolitisches – ja man könnte sagen: poetisches – Vermögen, aber dazu wird sie nur wirklich, wenn sie der gesellschaftlichen Regulierung von Kunst, ihren Ökonomien, ihrer Verbreitungsweise und ihren Rechtsformen, den Boden entzieht. Zugleich tritt Kunst auf poetische Weise in Verhältnisse mit der Sorge vor allem dann ein, wenn sie die Kategorien unterminiert, durch die sie sich selbst definiert. Sie steigt ab in eine Zeitlichkeit vielschichtiger Verwandtschaften und Gemeinschaften, in denen Körper durch dichte Netze des Prekärseins interdependent miteinander verbunden sind, wobei sich Gefährt:innen mit größerer Wahrscheinlichkeit in der Vergangenheit finden lassen als in der Gegenwart; wir treffen sie in jenen Praxen an, die die Absonderung der Kunst von ihren Praxen, Leben und Welten nicht akzeptieren. Diese Zeitlichkeit mannigfaltiger Interdependenzen und (anhaltender) paralleler Kämpfe verändert auch die Art und Weise, wie wir erzählen, lehren, handeln, Vergangenheit denken, wie wir Kunstgeschichte schreiben, welche Narrative und Bilder wir kreieren und welche Formen von Zukunft wir imaginieren, wem wir zuhören und an welchem Punkt wir dies zu tun aufhören, im unablässigen Versuch der Realisierung von Prozessen des Entlernens in Bezug auf die Kategorien, die auf der Anmaßung einer fortdauernden Kolonialität beruhen. Das ist nicht nur ein abstrakter Denkprozess, sondern es bedeutet auch konkrete gemeinschaftliche Praxen und erfinderische Akte der Flucht, durch die Werte anders geteilt, Kontinuitäten der Kreativität und der Lebensvielfalt ermöglicht sowie gerechtere, nachhaltigere und gemeinschaftliche Ökonomien der Kunst geschaffen werden. Die Berührung von prekären Leben, die Sorge um das Rohmaterial der Kunst, die körperliche Situierung in den Biosphären mehr-als-menschlicher Lebensformen sind Weisen des Ineinanderfließens von Leben und Kunst, das wie ein breiter, dynamischer Fluss die Zeitlichkeit des Fortschritts überzieht und dessen verfestigte Sedimente an die Ränder schwemmt.

Literaturverzeichnis

Adolphs, Stephan, und Serhat Karakayalı: „Mikropolitik und Hegemonie. Wider die neuen Para-Universalismen: Für eine anti-passive Politik", in: *transversal* 09/2007, https://transversal.at/transversal/0607/karakayal-adolphs/de.

Ahmed, Sara: „Affective Economies", in: *Social Text* 79, 22 (2), 2004, S. 117–139.

— „Black feminism as Life-Line", in: *Feminist Killjoys*, 2013, https://feministkilljoys.com/2013/08/27/black-feminism-as-life-line.

— „Orientations: Toward a Queer Phenomenology", in: *GLQ: A Journal of Lesbian and Gay Studies* 12, 4, 2006, S. 543–574.

— *Queer Phenomenology: Orientations, Objects, Others*, Durham, London: Duke University Press, 2007.

— „Selfcare as Warfare", *Feminist Killjoys*, 2014, https://feministkilljoys.com/2014/08/25/selfcare-as-warfare.

Akomolafe, Bayo: „Cancel Culture and the limits of Identity Politics", 2020, https://youtu.be/3CaQ2Ggc7f0.

— „We are coming down to Earth: We will not arrive intact", https://bayoakomolafe.net (letzter Zugriff: 15.7.2021).

Anzaldúa, Gloria: *Borderlands / La Frontera: The New Mestiza*, San Francisco: Aunt Lute Books, 1978.

Arsanios, Marwa: „Who's Afraid of Ideology? Ecofeminist Practices Between Internationalism and Globalism", in: *e-flux Journal* 93, 2018, https://www.e-flux.com/journal/93/215118/who-s-afraid-of-ideology-ecofeminist-practices-between-internationalism-and-globalism.

Avendaño, Lukas: *Queer: no. Queer-po muxe: yes*, Goethe-Institut Mexiko, 2019, https://www.goethe.de/ins/us/en/kul/wir/swl/qpe/21586998.html.

Azoulay, Ariela Aïsha: *Potential History: Unlearning Imperialism*, London, New York: Verso, 2019.

Barad, Karen: *Meeting the Universe Halfway: Quantum Physics and the Entanglement of Matter and Meaning*, Durham, London: Duke University Press, 2007.

Bärtsch, Tobias, Daniel Drognitz, Sarah Eschenmoser et al. (Hg.): *Ökologien der Sorge*, Wien et al.: transversal texts, 2017.

Benčin, Rok: *Okna brez monad: estetika od Heideggerja do Rancièra*. Ljubljana: Filozofski inštitut ZRC SAZU, 2015.

Berlant, Lauren: „The Commons: Infrastructures for Troubling Times“, in: *Society and Space* 34, 3, 2016, S. 393–419.

Bishop, Claire: „Black Box, White Cube, Gray Zone: Dance Exhibitions and Audience Attention“, in: *TDR: The Drama Review* 62, 2, 2018, S. 22–42.

Boyer, Anne: *Die Unsterblichen: Krankheit, Körper, Kapitalismus*, übers. v. Daniela Seel, Berlin: Matthes & Seitz, 2021.

Butler, Octavia E.: *Parable of the Sower*, New York: Four Walls Eight Windows, 1993.

Butler, Judith, und Athena Athanasiou: *Die Macht der Enteigneten: Das Performative im Politischen*, übers. v. Thomas Atzert, Zürich, Berlin: Diaphanes, 2014.

Butler, Judith: *Frames of War: When is Life Grievable?*, New York: Verso, 2009.

— *Gefährdetes Leben*, übers. v. Karin Wördemann, Frankfurt am Main: Suhrkamp, 2005.

Césaire, Aimé: *Über den Kolonialismus*, übers. v. Heribert Becker, Berlin: Alexander Verlag, 2017.

Cuomo, Chris: *Feminism and Ecological Communities: An Ethic of Flourishing*, New York: Routledge, 1997.

Cvejić, Bojana: „Kollektivität? Sie meinen Kooperation!“, übers. v. Therese Kaufmann, in: *transversal* 01/2005, https://transversal.at/transversal/1204/cvejic/de.

— „Če me ne vidiš, se sežgem: nekromoč ognjenih protestov“, in: *Maska* 35, 2020, S. 132–143.

Cvetkovich, Ann: *Depression. A Public Feeling*, London: Duke University Press, 2015.

Davis, Angela: „Women, Race and Class. The Approaching Obsolescence of Housework: A Working-Class Perspective“, 1982, https://www.marxists.org/subject/women/authors/davis-angela/housework.htm.

Deloria jr., Vine, und Daniel R. Wildcat: *Power and Place: Indian Education in America*, Golden: Fulcrum, 2001.

Despret, Vinciane: *Que diraient les animaux si… on leur posait les bonnes questions?*, Paris: La Découverte/Les Empêcheurs de penser en rond, 2012.

De Veaux, Alexis: *Warrior Poet: A Biography of Audre Lorde*, New York: WW Norton & Co, 2006.

Edelman, Lee: *No Future: Queer Theory and the Death Drive*, Durham, London: Duke University Press, 2004.

ElDahab, Mai Abu (Hg.): *Why Call It Labor? On Motherhood and Art Work*, Berlin: Mophradat and Archive Books, 2021.

Fanon, Frantz: *Schwarze Haut, weiße Masken*, übers. v. Eva Moldenhauer, Frankfurt am Main: Suhrkamp, 1985.

— *Die Verdammten dieser Erde*, übers. v. Traugott König, Frankfurt am Main: Suhrkamp, 2010.

Federici, Silvia: *Caliban und die Hexe*, übers. v. Max Henninger, Wien: Mandelbaum, 2012.

— *Revolution at Point Zero. Housework, Reproduction, and Feminist Struggle*, Oakland, Brooklyn NY: PM Press, 2008.

Ferreira da Silva, Denise: „An end to ‚this' world. Denise Ferreira da Silva interviewed by Kerstin Stakemeier and Susanne Leeb", in: *Texte zur Kunst*, 12/04/2019, https://www.textezurkunst.de/articles/interview-ferreira-da-silva.

Ferreira da Silva, Denise: „Hacking the Subject: Black Feminism, Refusal, and the Limits of Critique", 2015, https://youtu.be/T3B5Gh2JSQg.

— „In the Raw", in: *e-flux Journal* 93, 2018, https://www.e-flux.com/journal/93/215795/in-the-raw.

— „On Difference Without Separability", in: Jochen Volz, Júlia Rebouças, Isabella Rjeille (Hg.), *A Question of Power: We Don't Need Another Hero*, São Paulo: Fundaçao Bienal de São Paulo, 2016, S. 57–65.

— „Towards a Black Feminist Poethics: The Question of Blackness Towards the End of the World", in: *The Black Scholar* 44, 2, 2014, S. 81–93.

— *Toward a Global Idea of Race*, Minneapolis, London: University of Minnesota Press, 2007.

Foucault, Michel: „Die Ethik der Sorge um sich als Praxis der Freiheit" (Gespräch mit H. Becker, R. Fornet-Betancourt, A. Gómez-Müller), übers. v. Hermann Kocyba, in: *Schriften. Dits et Ecrits*, Bd. 4, Frankfurt am Main: Suhrkamp, 2005, S. 875–902.

— „Technologien des Selbst", übers. v. Michael Bischoff, in: *Schriften. Dits et Ecrits*, Bd. 4, Frankfurt am Main: Suhrkamp, 2005, S. 966–999.

Fowle, Kate: „Who Cares? Understanding the Role of the Curator Today“, in: Sara Arrhenius, Steven Rand, Heather Kouris, Apex Art C. P., *Cautionary Tales: Critical Curating, Shared Item from Curating and Ethics*, New York: apexart, 2007, S. 10–19.

Gago, Verónica, Raquel Gutiérrez Aguilar, Susana Draper, Mariana Menéndez Díaz, Marina Montanelli, Marie Bardet / Suely Rolnik: *8M – Der Große Feministische Streik*, übers. v. Michael Grieder u. Gerald Raunig, Wien et al.: transversal texts, 2018.

Gago, Verónica: *Für eine Feministische Internationale: Wie wir alles verändern*, übers. v. Katja Rameil, Münster: UNRAST-Verlag, 2018.

Garcés, Marina: „Honesty with the real“, in: *Journal of Aesthetics and Culture* 4, 2012, https://www.tandfonline.com/doi/full/10.3402/jac.v4i0.18820, PDF, S. 4.

Gielen, Pascal: *The Murmuring of the Artistic Multitude: Global Art, Memory and Post-Fordism*, Amsterdam: Valiz, 2015.

Graziano, Valeria (Marcell Mars, Tomislav Medak): *Pirate Care*, https://pirate.care.

— „Pirate Care“, in: *Artforum International Magazine* 5/11/2020, New York, https://www.artforum.com/slant/valeria-graziano-marcell-mars-and-tomislav-medak-on-the-care-crisis-83037.

Grosz, Elizabeth: *Volatile Bodies: Toward a Corporeal Feminism*, Bloomington: Indiana University Press, 1994.

Groys, Boris: „The Loneliness of the Project“, in: Julieta Aranda, Anton Vidokle, Brian Kuan Wood (Hg.), *Going Public*, Berlin: Sternberg Press, 2010.

Guattari, Félix: „Für eine Neubegründung sozialer Praktiken“, in: Tobias Bärtsch et al. (Hg.), *Ökologien der Sorge*, Wien et al.: transversal texts, 2019, S. 209–229.

— *Mikro-Politik des Wunsches*, übers. v. Hans-Joachim Metzger, Berlin: Merve, 1977.

— *Die drei Ökologien*, übers. v. Alec A. Schaerer, Wien: Passagen Verlag, 1994.

Haraway, Donna: *Companion Species Manifesto: Dogs, People, and Significant Otherness*, Chicago: University of Chicago Press, 2003.

— „Situiertes Wissen. Die Wissenschaftsfrage im Feminismus und das Privileg einer partialen Perspektive“, übers. v. Helga Kelle, in: *Die Neuerfindung der Natur. Primaten, Cyborgs und Frauen*, Frankfurt am Main u. New York: Campus, 1995, S. 73–97.

— *Unruhig bleiben. Die Verwandtschaft der Arten im Chthuluzän*, übers. v. Karin Harrasser, Frankfurt am Main: Campus, 2018.

Hartman, Saidiya: *Aufsässige Leben, schöne Experimente: Von rebellischen schwarzen Mädchen, schwierigen Frauen und radikalen Queers*, übers. v. Anna Jäger, Berlin: Claassen Verlag, 2022.

— *Lose Your Mother: A Journey Along the Atlantic Slave Route*, New York: Farrar, Straus and Giroux, 2008.

— *Scenes of Subjection: Terror, Slavery, and Self-Making in Nineteenth-Century America*, Oxford: Oxford University Press, 1997.

— „Venus in zwei Akten“, in: *Diese bittere Erde (ist womöglich nicht, was sie scheint)*, übers. v. Yasemin Dinçer, Berlin: August Verlag, 2022, S. 85–116.

Hedva, Johanna: „Sick Woman Theory“, in: *Mask Nr. 24: The Not Again*, 2016, http://www.maskmagazine.com/not-again/struggle/sick-woman-theory (letzter Zugriff: 15.7.2021); deutsch: https://www.kunstverein-hildesheim.de/assets/bilder/caring-structures-ausstellung-digital/Johanna-Hedva/bd504a3f7d/AUSSTELLUNG_1110_Hedva_SWT_d.pdf.

Hester, Helen: „Gender Is a Workplace Technology“, in: Rebecca Jagoe & Sharon Kivland (Hg.), *On Care*, London: Ma Bibliothèque, 2020.

Hogg, Justin: „Resignation Letter to Care“, in: Rebecca Jagoe & Sharon Kivland (Hg.), *On Care*, London: Ma Bibliothèque, 2020.

hooks, bell: „Sisterhood: Political Solidarity Among Women“, in: *Feminist Theory: From Margin to Center*, Boston: South End Press, 1984, S. 43–65.

Jirmanus Saba, Mary: „Boston, June 2019 (Or ‘Artistic Genius is a Myth of the Colonial Patriarchy: Part One’)“, in: Mai Abu ElDahab (Hg.), *Why Call it Labor? On Motherhood and Art Work*, Berlin: Mophradat and Archive Books, 2021, S. 25–40.

Juri, Christian: „Applause as a form of social distancing“, in: *Open Democracy* 1/5, 2020, https://www.opendemocracy.net/en/can-europe-make-it/applause-form-social-distancing.

Kline, Mala: *Gledališča potencialnosti: Med etiko in politiko*, Ljubljana: Maska, 2020.

Kunst, Bojana: *Umetnik na delu: Bližina umetnosti in kapitalizma*, Ljubljana: Maska, 2012.

— „Institution between Precarisation and Participation“, in: *Performance Research* 20, 4, 2015, S. 6–13.

Laertius, Diogenes: *Leben und Meinungen berühmter Philosophen*, Hamburg: Felix Meiner Verlag, 1967.

Lepecki, André: „Brasil experiments“, in: *Women & Performance: a journal of feminist theory*, 31, 2, 2021, S. 93–103.

Lepecki, André: „Decolonizing the Curatorial“, in: *Theater* 47, 1, 2017, S. 101–115.

Lorde, Audre: *A Burst of Light*, London: Sheba Feminist Press, 1988.

— *Sister Outsider: Essays*, übers. v. Eva Bonné u. Marion Kraft, München: Carl Hanser Verlag, 2021.

— *Auf Leben und Tod: Krebstagebuch*, übers. v. Renate Stendhal u. Margarete Längsfeld, Frankfurt am Main: Fischer, 2000.

— „Die Werkzeuge der Herrschenden werden das Haus der Herrschenden niemals einreißen“, in: *Sister Outsider: Essays*, München: Carl Hanser Verlag, 2021, S. 7–12.

Lorey, Isabell: „Constituent Immunisation: Paths Towards the Common“, in: *open!* 1/20, 2015, https://www.onlineopen.org/constituent-immunisation.

— „Gouvernementale Prekarisierung“, in: *transversal* 01/2015, https://transversal.at/transversal/0811/lorey/de.

— *Die Regierung der Prekären*, Wien, Berlin: Turia + Kant, 2020.

Ludemann, Marina, und Lučezar Bojadžijev (Hg.): *Pleasure & Pressure*, Sofia: Goethe-Institut Bulgarien, 2021.

Lugones, María: „Toward a Decolonial Feminism“, in: *Hypatia* 25, 4, Hoboken: Wiley, 2010.

Ma, Nathan: „A supposedly poignant symbol of the migrant crisis, the Venice Biennale's big, bad boat says more about bureaucracy than anything else“, in: *Prospect Magazine*, 20/05/2019, https://www.prospectmagazine.co.uk/arts-and-books/venice-biennale-barca-nostra-boat-ship-migrant-criticism.

Maldonado-Torres, Nelson: *Outline of Ten Theses on Coloniality and Decoloniality*, http://caribbeanstudiesassociation.org/docs/Maldonado-Torres_Outline_Ten_Theses-10.23.16.pdf.

Mantero, Vera: „The Caldeirão Highlanders, exercises in fictional anthropology", in: *O Rumo do Fumo*, 2012, https://www.orumodofumo.com/en/em-circulacao/the-caldeirao-highla_11.

Marder, Michael: „We Couldn't Care More", in: Joke Brouwer, Sjoerd van Tuinen (Hg.), *To Mind Is to Care*, Rotterdam: V_2, 2019, S. 158–173.

Mbembe, Achille: „Nekropolitik", übers. v. Brigitta Kuster, in: Marianne Pieper et al. (Hg.), *Biopolitik – in der Debatte*, Wiesbaden: VS Verlag für Sozialwissenschaften, 2011, S. 63–96.

McKittrick, Katherine (Hg.): *Sylvia Wynter: On Being Human as Praxis*, Durham, London: Duke University Press, 2015.

Mignolo, Walter: *The Darker Side of Western Modernity: Global Futures, Decolonial Options*, Durham, London: Duke University Press, 2011.

Moten, Fred: *Black and Blur (consent not to be a single being)*, Durham, London: Duke University Press, 2017.

— *In The Break: The Aesthetics Of The Black Radical Tradition*, Minneapolis, London: University of Minnesota Press, 2003.

Moten, Fred, und Stefano Harney: *Die Undercommons: Flüchtige Planung und schwarzes Studium*, übers. v. Birgit Mennel u. Gerald Raunig, Wien et al.: transversal texts, 2016.

Murphy, Michelle: „Unsettling care: Troubling transnational itineraries of care in feminist health practices", in: *Social Studies of Science* 1, 21, 2015, S. 717–737.

Ndikung, Bonaventure Soh Bejeng: *The Delusions of Care*, Berlin: Archive Books, 2021.

NourbeSe Philip, M.: *Zong!*, Middletown: Wesleyan University Press, 2008.

Painter, Nell Irvin: *The History of White People*, New York: WW Norton & Co, 2011.

Palladini, Giulia: *La utopía de la mariposa: Giulia Palladini in conversation with Lukas Avendaño*, Konferenca Feminismos Antipatriarcales and Poetic Disobedience, Queer Feminist Currents, London: University of Roehampton, 2021, https://youtu.be/2nEq2Ixxras.

Pascual, Carlos, „Živeti v rokadi“, *LUD Literatura*, 19/12/2018, https://www.ludliteratura.si/esej-kolumna/ospoljene-reci/ziveti-v-rokadi.

Phillips, Patricia C., und Tom Finkelpearl, Larissa Harris, Lucy R. Lippard: *Mierle Laderman Ukeles: Maintenance Art*, München, New York, London: Prestel, 2016.

Povinelli, Elizabeth A., und Edmunds, Rex: A Conversation at Bamayak and Mabaluk, Part of the Coastal Lands of the Emmiyengal People, 3. October 2019, https://www.internationaleonline.org/people/elizabeth_a_povinelli_and_rex_edmunds/.

Precarias a la deriva: „Globalisierte Sorge“, in: Tobias Bärtsch et al. (Hg.), *Ökologien der Sorge*, Wien et al.: transversal texts, 2017, S. 96–125.

Primorske novice, uredništvo: „Simona Semenič: Domoljubje začutim ob umetnosti“, *Primorske novice*, 2018, https://www.primorske.si/plus/7-val/simona-semenic-domoljubje-zacutim-ob-umetnosti.

Pristovšek, Jovita: *Strukturni rasizem, teorija in oblast*, Ljubljana: Sophia, 2019.

Puig de la Bellacasa, Maria: *Matters of Care: Speculative Ethics in More Than Human Worlds*, Minneapolis, London: University of Minnesota Press, 2017.

Quijano, Aníbal: „Coloniality of Power, Eurocentrism, and Latin America“, in: *Nepantla: Views from South* 1, 3, Durham, London: Duke University Press, 2000.

Rancière, Jacques: *Aisthesis: Vierzehn Szenen*, Wien, Passagen Verlag, 2013.

Raunig, Gerald: *DIVIDUUM. Maschinischer Kapitalismus und molekulare Revolution*, Band 1, Wien et al.: transversal texts, 2015.

Roberts, Dorothy: *Killing the Black Body: Race, Reproduction, and the Meaning of Liberty*, New York: Pantheon, 1997.

Rogoff, Irit: „Preface, The Expanded Field“, in: Jean-Paul Martinon (Hg.), *The Curatorial: A Philosophy of Curating*, London: Bloomsbury, 2013.

Rohwetter, Antonia: *Prekär, verletzlich, in Beziehung: Optimistische Figuren relationaler Subjektivität*, Gießen: ATW Justus-Liebig-Universität, 2019.

Rolnik, Suely: *Archive Mania / Archivmanie*, dOCUMENTA (13): 100 Notes –100 Thoughts, 100 Notizen – 100 Gedanken, #022, Ostfildern: Hatje Cantz, 2011.

— „The Spheres of Insurrection: Suggestions for Combating the Pimping of Life“, übers. v. Vivian Mocellin, in: *e-flux Journal* 86, 2017, S. 1–11, http://worker01.e-flux.com/pdf/article_163107.pdf; deutsch: https://www.springerin.at/2017/4/spharen-des-aufstands-teil-eins/.

— „Wie machen wir uns einen Körper? Suely Rolnik im Gespräch mit Marie Bardet“, in: *8M – Der große feministische Streik. Konstellationen des 8. März*, übers. v. Michael Grieder u. Gerald Raunig, Wien et al.: transversal texts, 2018, S. 129–152.

Russell Hochschild, Arlie: *The Managed Heart: Commercialization of Human Feeling*, Berkeley: University of California Press, 2012.

Savoy, Bénédicte, Felicity Bodenstein, Merten Lagatz (Hg.): *Translocations: Histories of Dislocated Cultural Assets*, Bielefeld: Transcript, 2021.

Schwartz, Wagner: La Bête, https://www.numeridanse.tv/en/dance-videotheque/la-bete, CN D – Centre national de la danse, Paris, 2018.

Seiler, Cotten: „The Origins of White Care“, in: *Social Text* 142, 38 (1/3), 2020, S. 17–38.

Sharp, Hasana, und Chloë Taylor (Hg.): *Feminist Philosophies of Life*, McGill-Queen's University Press, 2016.

Sharpe, Christina: *In the Wake: On Blackness and Being*, Durham, London: Duke University Press, 2018.

Sholette, Gregory: *Dark Matter: Art and Politics in the Age of Enterprise Culture*, London: Pluto Press, 2006.

Spinoza, Baruch de: *Die Ethik nach geometrischer Methode dargestellt*, übers. v. Otto Baensch, Hamburg: Meiner, 1989.

Šalamun, Tomaž: „Duma 64“, in: *Naši razgledi* 13/9, 1964.

Šindelka, Marek: *Utrujenost materiala*, Ljubljana: Beletrina, 2021.

Toupin, Louise: *Le Salaire au travail ménager. Chronique d'une lutte féministe internationale (1972–1977)*, Montréal: Éditions du remue-ménage, 2014.

Tronto, Joan C.: *Moral Boundaries: A political Argument for an Ethic of Care*, New York: Routledge, 1993.

Tronto, Joan C. & B. Fisher: „Toward a Feminist Theory of Caring“, in: E. Abel, & M. Nelson, *Circles of Care*, SUNY Press, 1990, S. 36–54.

Tuck, Eve: „Suspending Damage: A Letter to Communities", in: *Harvard Educational Review* 79/3, 2009, S. 409–428.

— „Biting the Hand that Feeds You", Vortrag auf dem Symposium *Theories of Change in the Settler State and its Universities, Public Engagement and the Politics of Evidence in an Age of Neoliberalism and Audit Culture*, University of Regina, 2015, http://www.joenorrisplaybuilding.ca/?page_id=2368, https://youtu.be/lXEEzqIjA3I.

Tuck, Eve, und K. Wayne Yang: „Decolonisation is not a metaphor", in: *Decolonisation: Indigeneity & Society*, 1/1, 2012, S. 1–40.

Ukeles, Mierle Laderman, „Manifesto For Maintenance Art 1969! Proposal For An Exhibition ‚CARE'", in: Journal of Contemporary Painting 4, Nr. 2, 2018, S. 233–237, https://www.wikiart.org/en/mierle-laderman-ukeles/manifesto-for-maintenance-art-1969-1969.

Von Osten, Marion: „Irene ist Viele! Or What We Call Productive Forces", in: *e-flux Journal* 08, 2009.

Wynter, Sylvia: „No Humans Involved: An Open Letter to my Colleagues", *Forum N.H.I., Knowledge for the 21st Century, Knowledge on Trial* 1/1, 1994.

Zaviršek, Darja: *Skrb kot nasilje*, Ljubljana: Založba /*cf., 2018.

Zupančič, Alenka: „Lacan in sram", *Problemi* 44–7/8, 2006.

Žižek, Slavoj: *Körperlose Organe. Bausteine für eine Begegnung zwischen Deleuze und Lacan*, Frankfurt am Main: Suhrkamp, 2005.

Soweit nicht anders vermerkt, gilt für alle angegebenen Websites als letztes Abrufdatum der 11. Juli 2023.

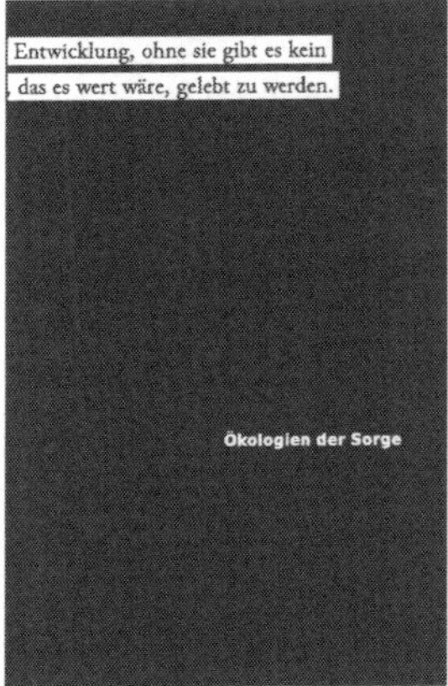

Tobias Bärtsch, Daniel Drognitz, Sarah Eschenmoser, Michael Grieder, Adrian Hanselmann, Alexander Kamber Anna-Pia Rauch, Gerald Raunig, Pascale Schreibmüller, Nadine Schrick, Marilyn Umurungi, Jana Vanecek (Hg.)

Ökologien der Sorge

„Die Abwertung der Sorge ist nicht weit entfernt von der Abwertung der Umwelt, von einer Gesellschaft, die die Umwelt zerstört, von der Negation der Körper." (Precarias a la Deriva)
Ohne Sorge keine Liebe, keine Arbeit, keine Freude, keine Kunst, kein Leben. Die Gegenwart aus der Perspektive translokaler Sorgearbeit zu betrachten, heißt einen vielschichtigen, weitreichenden Gegensatz hervorzukehren: Wenig steht der kapitalistischen Logik dermaßen stark entgegen, wie die vielfältigen Schichten der Sorge. Gerahmt von den militanten Untersuchungen der Precarias a la Deriva und den ökosophischen Überlegungen Félix Guattaris unternimmt der vorliegende Band eine Reise durch queer-feministische, aktivistische und theoretische Räume gegenwärtiger Ökologien der Sorge.
Mit Texten von Manuel Callahan und Annie Paradise, Emma Dowling, Feel Tank Chicago, Félix Guattari, Isabell Lorey, Precarias a la Deriva, Maria Puig de la Bellacasa und Francesco Salvini.

ISBN: 978-3-903046-13-9
Januar 2018
231 Seiten, broschiert, 15,- €

transversal texts

transversal.at

Aus dem Programm 2018

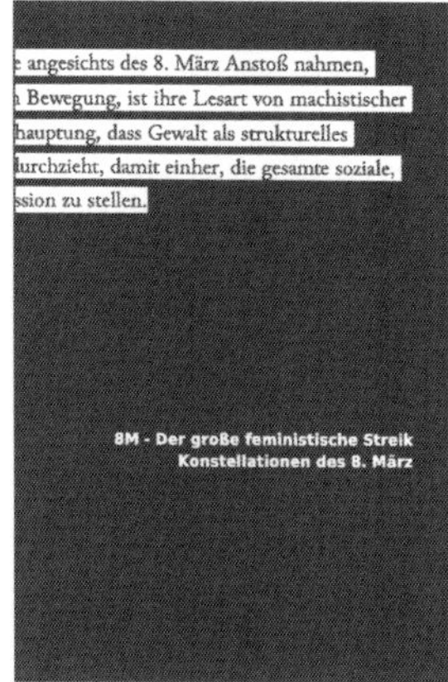

Mit Texten von Verónica Gago, Raquel Gutiérrez Aguilar, Susana Draper, Mariana Menéndez Díaz, Marina Montanelli und Suely Rolnik.

8M
Der große feministische Streik. Konstellationen des 8. März

#VivasNosQueremos, #NosMueveElDeseo, #NosotrasParamos – Wir wollen uns lebend(ig). Uns bewegt der Wunsch. Wir Frauen streiken. So gelangen die Slogans neuer feministischer Bewegungen aus Lateinamerika seit 2016 als Hashtags zu uns. Die hier versammelten Texte untersuchen die Genealogien dieser vielfältigen Bewegungen, die aus einem lauten Aufschrei gegen blutige, regelmäßig ungestrafte Feminizide entstanden und schließlich als internationaler feministischer Streik 2017 und 2018 massive Dimensionen erreichten. Die Mitte dieses Streiks bildet allerorts die entscheidende Frage, wie Sorgearbeit bestreikt werden kann. Ausgehend von einem tiefen Überdruss gegenüber allen Formen machistischer Gewalt tritt der Streik hier als sorgfältiges Flechten eines gemeinsamen Gewebes, als gemeinsames Organisieren und Lernen auf, aber auch als unmissverständliche Warnung: Mujeres en huelga, se cae el mundo – Wenn die Frauen streiken, verfällt die Welt.

ISBN: 978-3-903046-18-4
November 2018
130 Seiten, broschiert, 10,- €

transversal texts

transversal.at

Aus dem Programm 2023

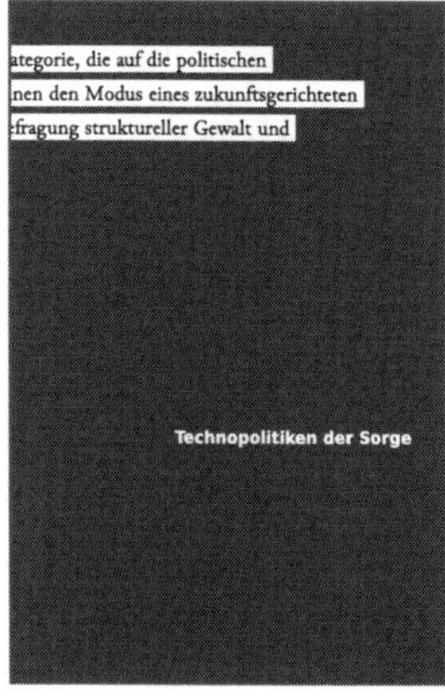

Christoph Brunner,
Grit Marti Lange,
nate wessalowski (Hg.)

Technopolitiken der Sorge

Technopolitiken der Sorge wenden sich sorgetragenden Praktiken zu, die mit und durch Technologien hindurch Teil sozialer Bewegungen werden. Dabei bezeichnen Technopolitiken das Politisch-Werden von Technologien ebenso wie das Technologisch-Werden von Politik. Das Buch versammelt Beiträge zu Projekten und Initiativen, für die Sorge in ihrer technopolitischen Verfasstheit zum Ausgangspunkt eines (techno-)kollektiven Widerstands wird: Sorge für akut krisenhafte Gegenwarten, für die gewaltvollen Dispositive der Vergangenheit, für eine bessere Zukunft. Ausgehend von der diskriminierungsreichen Vorgeschichte technologischer Entwicklungen, rücken die versammelten Perspektiven das emanzipatorische und reparative Potenzial von Technologien ins Zentrum ihrer Auseinandersetzungen.
Entlang der thematischen Schwerpunkte Infrastrukturen, Ästhetiken und Kollektivität interveniert der Band in Debatten einer algorithmisierten Gegenwart und stellt alternative Formen zunehmend translokal vernetzter Sorgepraktiken in den Vordergrund.
Mit Beiträgen von Christoph Brunner, Janna Frenzel, Valeria Graziano, Bernardo Gutiérrez, Radjawali Irendra, Grit Marti Lange, Alessandra Renzi, Lorena Ruiz, Spideralex, Yvonne Volkart, nate wessalowski.

ISBN: 978-3-903046-38-2
Mai 2023
225 Seiten, broschiert, 15,- €

Precarias a la deriva
Was ist dein Streik?
10,- € / ISBN: 978-3-9501762-6-1

Birgit Mennel, Stefan Nowotny (Hg.)
Die Sprachen der Banlieues
10,- € / ISBN: 978-3-9501762-7-8

Gerald Raunig
DIVIDUUM
15,- € / ISBN: 978-3-9501762-8-5

Gin Müller
Possen des Performativen
15,- € / ISBN: 978-3-9501762-5-4

Félix Guattari, Antonio Negri
Neue Räume der Freiheit
10,- € / ISBN: 978-3-9501762-9-2

Antonio Negri,
Raúl Sánchez Cedillo
Für einen konstituierenden Prozess in Europa
10,- € / ISBN: 978-3-903046-06-1

Birgit Mennel, Monika Mokre (Hg.)
Das große Gefängnis
15,- € / ISBN: 978-3-903046-00-9

Rubia Salgado / maiz
Aus der Praxis im Dissens
15,- € / ISBN: 978-3-903046-02-3

Gerald Raunig, Ulf Wuggenig (Hg.)
Kritik der Kreativität
20,- € / ISBN: 978-3-903046-01-6

Stefano Harney, Fred Moten
Die Undercommons
10,- € / ISBN: 978-3-903046-07-8

Stefan Nowotny, Gerald Raunig
Instituierende Praxen
15,- € / ISBN: 978-3-903046-04-7

Lina Dokuzović
Struggles for Living Learning
15,- € / ISBN: 978-3-903046-09-2

Brigitta Kuster
Choix d'un passé
12,- € / ISBN: 978-3-903046-05-4

Isabell Lorey, Gundula Ludwig,
Ruth Sonderegger
Foucaults Gegenwart
10,- € / ISBN: 978-3-903046-08-5

Maurizio Lazzarato
Marcel Duchamp und die Verweigerung der Arbeit
10,- € / ISBN: 978-3-903046-11-5

Isabell Lorey
Immer Ärger mit dem Subjekt
15,- € / ISBN: 978-3-903046-10-8

Gerald Raunig
Kunst und Revolution
20,- € / ISBN: 978-3-903046-15-3

Christoph Brunner, Niki Kubaczek,
Kelly Mulvaney, Gerald Raunig (Hg.)
Die neuen Munizipalismen
10,- € / ISBN: 978-3-903046-12-2

Tobias Bärtsch et al. (Hg.)
Ökologien der Sorge
15,- € / ISBN: 978-3-903046-13-9

Lucie Kolb
Studium, nicht Kritik
15,- € / ISBN: 978-3-903046-14-6

Lucie Kolb
Study, not critique
15,- € / ISBN: 978-3-903046-19-1

Raimund Minichbauer
Facebook entkommen
12,- € / 978-3-903046-17-7

- Cornelia Sollfrank (Hg.)
  Die schönen Kriegerinnen
  15,- € / 978-3-903046-16-0

- Christoph Brunner, Raimund Minichbauer, Kelly Mulvaney und Gerald Raunig (Hg.)
  Technökologien
  12,- € / ISBN: 978-3-903046-21-4

- Boris Buden, Lina Dokuzović (eds.)
  They'll never walk alone
  15,- € / ISBN: 978-3-903046-20-7

- Verónica Gago et al.
  8M - Der große feministische Streik
  10,- € / ISBN 978-3-903046-18-4

- Gerald Raunig
  Maschinen Fabriken Industrien
  20,- € / ISBN: 978-3-903046-23-8

- Sofia Bempeza
  Geschichte(n) des Kunststreiks
  12,- € / ISBN: 978-3-903046-22-1

- edu-factory
  Alle Macht der selbstorganisierten Wissensproduktion
  10,- € / ISBN: 978-3-903046-25-2

- Sofia Bempeza, Christoph Brunner, Katharina Hausladen, Ines Kleesattel, Ruth Sonderegger
  Polyphone Ästhetik
  12,- € / ISBN: 978-3-903046-24-5

- Gerald Raunig
  Maschinischer Kapitalismus und molekulare Revolution Bd. 1: DIVIDUUM | Bd. 2: Ungefüge
  25,- € / ISBN: 978-3-903046-28-3

- Gerald Raunig
  Ungefüge
  15,- € / ISBN: 978-3-903046-27-6

- Niki Kubaczek, Monika Mokre (Hg.)
  Die Stadt als Stätte der Solidarität
  15,- € / ISBN: 978-3-903046-26-9

- Raúl Sánchez Cedillo
  Das Absolute der Demokratie
  15,- € / ISBN: 978-3-903046-29-0

- Manuela Zechner
  Commoning Care & Collective Power
  15,- € / ISBN: 978-3-903046-31-3

- Kike España
  Die sanfte Stadt
  15,- € / ISBN: 978-3-903046-30-6

- Jana Vanecek
  ID9606/2a-c
  12,- € / ISBN: 978-3-903046-33-7

- Stefano Harney, Fred Moten
  Allseits unvollkommen
  15,- € / ISBN: 978-3-903046-34-4

- Stephan Trinkaus
  Ökologien des Prekären
  20,- € / ISBN: 978-3-903046-35-1

- Raúl Sánchez Cedillo
  Dieser Krieg endet nicht in der Ukraine
  20,- € / ISBN: 978-3-903046-36-8

- Luci Cavallero, Verónica Gago
  Der Haushalt als Versuchslabor
  10,- € / ISBN: 978-3-903046-37-5

- Christoph Brunner, Grit Marti Lange, nate wessalowski (Hg.)
  Technopolitiken der Sorge
  15,- € / ISBN: 978-3-903046-38-2

- Eran Schaerf
  Gesammeltes Deutsch
  12,- € / ISBN: 978-3-903046-40-5

Auslieferung: GVA ■ Barsortimente: Libri, Umbreit, Zeitfracht